Esquisses Historiques: Marseille Depuis 1789 Jusqu'en 1815, Volume 2

Anonymous

MARSEILLE

Depuis 1789 jusqu'en 1815.

ESQUISSES HISTORIQUES.

MARSEILLE

Depuis 1789 jusqu'en 1815,

PAR

UN VIEUX MARSEILLAIS.

In turbas et discordias
pessimo cuique plurima vis.
Tac. Hist. IV.

TOME II.

MARSEILLE,

IMPRIMERIE DE MARIUS OLIVE, RUE PARADIS, 47.

—

1844.

ESQUISSES HISTORIQUES.

MARSEILLE

Depuis 1789 jusqu'en 1815.

CHAPITRE NEUVIÈME.

· De 1795 à 1996.

M. Jourdan des Bouches-du-Rhône. — Son caractère. — Fréron persécute les princes d'Orléans en prison. — Le commandant Betems. — Eva-
sion manquée. — Fréron quitte Marseille pour aller trôner à Arles
quoique rappelé à Paris.

———

L'ÉMEUTE déconcertée avait reculé devant Pichegru,
comme les flots irrités devant Neptune. La gloire et le devoir ayant ramené l'illustre général sur les bords du Rhin,
les conjurés du 12 germinal, mettant à profit une absence
si favorable à leurs desseins, reprirent la trame en sous-
œuvre. Peu de jours leur suffirent pour ranimer un feu
mal éteint, de sorte que le 1er prairial trente mille insurgés des deux sexes, sortis en tumulte du faubourg St.-
Antoine, envahirent la Convention prise au dépourvu.

Il n'entre point dans notre plan de raconter en détail
des événements que tous les historiens ont mis en lumière
chacun à son tour. Nous sommes d'ailleurs trop intime-
ment pénétré de notre faiblesse pour oser refaire un
tableau si bien peint par les maîtres. Nous renverrons
donc le lecteur aux fidèles récits de nos devanciers,
sauf exception, et surtout aux belles pages de M. de
Lacretelle. Exactitude dans l'exposition des faits, élévation dans la pensée, élégance de style, rien ne manque,
selon nous, à l'émule des Michaud, des La Harpe et des
Marmontel (1).

Dans la crise de prairial, la garde nationale de Paris
figura par sa bonne volonté, la jeunesse dorée par un

———

(1) L'honorable académicien jouit encore d'une bonne santé;
c'est un grand sujet de joie pour les amis du talent sans charla-
tanisme, phénix de l'école actuelle.

élan de témérité qui faillit lui coûter cher, la troupe de
ligne par son beau dévouement et par cette espèce d'intrépidité qui ne s'acquiert que sur les champs de bataille.
Pour balayer des myriades de prolétaires en révolte, ayez
de bons escadrons à vos ordres : le comité de salut public
le savait fort bien. Cet enseignement de l'histoire n'a pas
été perdu pour tout le monde. Honneur à la mansuétude,
malheur à qui la prodigue !

Le rayon insurrectionnel se prolongeait jusque sur les
bords de la Méditerranée. La malheureuse ville de Toulon
n'était plus depuis son désastre de 93 qu'une vaste caverne.
Les proconsuls de la terreur avaient, en se retirant, laissé
tomber de leur bagage leur esprit de rapine et de sang :
ce funeste germe s'était acclimaté. La rébellion, la mutinerie, le mépris des lois, telles étaient les habitudes de
la population bâtarde qui occupait le sol de la population
légitime après l'avoir étouffée. Robespierre et ses associés
étaient toujours les dieux de la horde ; à l'entendre, le 9
thermidor était un être de raison, les commissaires de la
droite des hommes à pendre.

A la faveur de la loi du 22 germinal, qui fut mal inter-
prétée, plusieurs fugitifs obscurs étaient revenus à Toulon.
Les hommes sages demeurèrent à Marseille. Quelques-uns
toutefois s'étaient hasardés à venir dans celles des communes voisines où régnait un bon esprit ; ils n'osaient pas
s'avancer davantage, car dix ou douze individus de la
classe ouvrière, prévenus d'émigration et conduits à Toulon, sous prétexte que leurs papiers n'étaient pas en règle,
avaient été assassinés par une bande de forcenés, au
moment où ils sortaient de l'hôtel du commandant de la

place. De nouveaux revenants avaient en outre été amenés à la ville, garottés, la cocarde blanche méchamment attachée à leurs chapeaux par les Jacobins d'un village des environs. On parvint cependant à mettre en sûreté à l'hôpital du Saint-Esprit ces *ennemis du peuple* qui avaient eu l'audace de se montrer sur les confins de leurs propriétés volées. Les sicaires ayant tenté d'escalader les murs de l'hôpital, on transféra les prisonniers au fort La Malgue. Bientôt après, les assassins virent du rivage de la mer leur proie manquée s'embarquer sur une felouque hospitalière et faire voile pour Marseille. Les mesures énergiques du général Bisanet et du commandant Bertolosé rassurèrent enfin les habitants. Ceci se passait à-peu-près à l'époque de la tentative échouée du 12 germinal. La trêve fut courte. Vers les premiers jours de prairial, au moment même où la Convention était aux prises avec les faubourgs de Paris, une insurrection violente vint jeter l'effroi dans Toulon.

. La division navale de Brest réunie à celle de Toulon stationnait dans la rade en attendant de mettre à la voile; un ordre du comité de salut public avait chargé Nion, spécialement préposé aux affaires maritimes, de faire appareiller. Le mandataire se rendit à bord du vaisseau amiral pour faire exécuter son mandat; les équipages de Toulon, recrutés en majorité parmi le rebut de la marine étrangère, refusèrent d'obéir. Les instances du conventionnel thermidorien ne firent que redoubler l'obstination des récalcitrants. Nion est insulté, battu, fait prisonnier. Les mutins descendent à terre pour se mêler à la révolte de la ville. Grossis de ce renfort, des réfugiés du jacobinisme

marseillais et des déserteurs de la garnison, les brigands (1), se dirigent sur l'arsenal maritime. Ils y trouvent de nouveaux camarades dans la fourmillière
d'ouvriers nationaux et étrangers. On pille des armes,
des canons, des munitions de guerre, et la rébellion
en masse se dispose à prendre la route de Marseille pour
y venger, disait-elle, le sang des patriotes exterminés.
En vain les représentants s'épuisent en efforts. Brunel
l'un d'eux, l'honnête Brunel, accablé d'outrages, meurtri
de coups, perd la tête, court s'enfermer et se suicide :
tant il est vrai que dans une position sans issue la secousse
d'une âme sensible et timorée entraîne souvent le plus
sage au dernier désespoir ; Poultier, Guérin et Chambon
se montrent (2), leur voix impuissante se perd dans les
airs, ils sont conspués, maltraités comme Brunel et jetés
en prison.

Les nouvelles de Toulon parvinrent à Marseille dans la
matinée du jour de la Pentecôte. Aussi rapide que l'étincelle électrique, la peur change tout à coup en un deuil

(1) La division de Brest se conduisit mieux ; elle resta immobile. Les hussards de Berchini répartis entre Marseille et Toulon
firent merveilleusement leur devoir.

(2) Poultier, cerveau faible, tantôt soldat, tantôt bénédictin,
puis encore soldat, pamphlétaire, journaliste, hableur, menteur
et toujours mauvais écrivain, poète encore pire. Ce régicide
maniaque qui pouvait passer pour un autre Fréron par une commune inconsistance, s'étant déchaîné au 31 mai contre les Giron-
dins, Pétion, l'un d'eux, lui imposa silence : « Silence à ce moine
jaseur ! » Les collègues de Poultier à Toulon, ayant soupçonné
sa bonne foi, le dénoncèrent inutilement, Carnot dont il était
sinon l'ami, du moins la créature, ayant pris sa défense. Guérin
(du Loiret), homme de droiture, de poids et de cœur, était le
contrepied de Poultier. Nous avons parlé de Chambon plus haut.

profond les douces joies d'une solennité catholique depuis longtemps interrompue. A midi sonnant la foule encombrait tous les parvis, le souvenir de l'entrée de Cartaux se présente hideux et sanglant aux imaginations épouvantées, on s'exagère le nombre des ennemis; c'est la peur qui les compte, ils sont mille, ils sont dix mille, et quels ennemis! auprès d'eux les Allobroges étaient des agneaux! Marseille sera saccagée, car Marseille est sans défense. Deux meutes de loups affamés s'apprêtent à envahir la bergerie; au midi les chapeaux luisants de la flotte, au nord les bonnets rouges des Grands-Carmes.

Comme en 93, les maisons de campagne se repeuplent, non sans que les propriétaires par une précaution fort sensée, aient mis autant que possible leurs trésors et leurs bijoux hors de la portée des pillards. L'hôtel du représentant Mariette est assiégé par une population, inoffensive cette fois mais tremblante, effarée. On demande à longs cris secours, consolations et conseil. Mariette se trouvait alors en conférence avec la municipalité. Le termidorien était homme de sens, de résolution et de cœur : son affabilité de bon goût attirait vers lui la sympathie universelle, hormis celle des méchants (1). Il rompt l'assem-

(1) Le nom de Mariette brille par son absence dans toutes les grandes biographies. C'est une lacune, disons mieux, un passe-droit à réparer. Dans ses mémoires étincelants de naturel et de vérité, le duc de Montpensier, alors enfermé au fort St.-Jean, a rendu pleine justice à Mariette. Nous transcrivons, sans appréhender d'être trop long, ses expressions bienveillantes autant que légitimes; elles peignent à la fois le bon caractère du jeune prince et l'honnêteté du représentant :

« Nous dînions un jour chez des jeunes gens royalistes qu'on avait enfermés au fort pour avoir fait du train à la comédie.

blée et descend dans la rue, les édiles lui faisant cortège, l'honorable président M. François Lemée à la tête. Les groupes s'ouvrent, se taisent, Mariette s'y mêle et s'écrie avec une assurance qui n'était peut-être pas très sincère : « Hommes de peu de foi, calmez vos craintes, les brigands seront battus, le dévoûment et l'habileté de Pacthod nous en répondent. Les mesures arrêtées et mises à exécution d'un commun accord avec vos magistrats sont suffisantes et au-delà. L'ennemi peu nombreux, quoi qu'on dise, et mal commandé, sera confondu. La troupe de ligne sera fidèle, nos volontaires bien soutenus feront rage, et la terreur sera domptée encore une fois. Rentrez dans vos maisons et sachez attendre. »

Echauffés malgré nous par les vins du midi, nous fîmes chorus dans des chansons anti-républicaines, ce qui nous attira une dénonciation en forme de la part des prisonniers Jacobins qui nous avaient entendus, et qui voulurent y voir les indices d'un grand complot ; ils ajoutèrent que nous avions des armes cachées dans nos chambres ; en effet, nous possédions deux ou trois sabres que des soldats nous avaient vendus. Nous ne nous en étions munis que pour nous défendre en cas de besoin contre les Jacobins alors en très grand nombre dans le fort. Heureusement pour nous, le représentant auquel cette dénonciation fut adressée était un homme modéré, il avait même de fort bons sentiments ; son nom était Mariette. Il nous fit instruire de la dénonciation, en nous assurant qu'elle n'aurait aucune suite, parce qu'il en méprisait la source, que quant aux armes, il nous priait de les rendre, et qu'au lieu de faire visiter nos chambres, il se contenterait de notre parole d'honneur. Il était impossible d'agir plus loyalement. Nous fûmes extrêmement sensibles à un genre de procédé auquel nous étions peu accoutumés : un représentant de la même trempe que la plupart de ceux qui avaient précédé celui-là, n'aurait pas manqué de nous mettre au cachot et de nous expédier ensuite par un procès révolutionnaire.

« Un autre jour, passant en bateau devant le fort et nous ayant aperçus à une fenêtre, il ôta son chapeau et nous salua fort poliment quoique sans affectation ; on peut concevoir qu'une bagatelle gné du corps municipal, vint à la rencontre de ses collègues et du général auquel M. F. Lemée offrit, au nom des habitants heureux et consolés, une branche de laurier (1). La victoire avait peu coûté sans doute: pour Marseille elle était sans prix.

A l'arrivée de Cadroi dans Toulon, tout changea de face; le terrorisme abattu s'étant caché, les lois reprirent leur cours.

L'aspect de Marseille n'était pas le même : les révoltés de Toulon avaient eu des intelligences dans notre ville; en cas de succès, les incorrigibles n'auraient pas manqué de préparer, par des excès, l'entrée de leurs amis; il fallait donc les tenir en respect. De là de nouvelles arrestations. On entassait les hommes tarés au fort St.-Jean, à travers les périls de l'exaspération publique; ils y trouvèrent une multitude de camarades. Les Jacobins du grand numéro étant, fort heureusement pour eux, logés dans la partie supérieure de la place et dans la tour, les nouveaux venus encombrèrent les cachots voûtés de la première cour. Parmi les anciens prisonniers se trouvaient l'abbé Emmanuel de Beausset et le maître ès-arts, le vieux Chompré. Le premier avait pu moraliser sur les vicissitudes humaines, en se voyant aux fers dans une forteresse d'où son oncle le major n'était sorti que pour tomber as-

(1) L'honorable M. François Lemée, Breton d'origine, Marseillais par adoption, a joui jusqu'à son dernier jour d'une considérition due à son beau caractère autant qu'à son habileté. consommée dans la théorie, heureuse dans la pratique des affaires; sa maison figurait parmi les notabilités de la bourse de Marseille; elle est continuée avec les mêmes avantages par des fils et des petits-fils dignes de leur ascendant.

sassiné presque sur le pont-levis. Deux prêtres zélés à outrance avaient entrepris de *désanculotiser* le chanoine-
comte ; ils avaient affaire à un cœur endurci, ils
échouèrent ; c'était vraiment dommage : une conversion
de cette importance aurait fait grand honneur aux apô-
tres. Quant à Chompré, le fléau des cloîtres féminins, le
compère d'Albitte, le greffier de Brutus, le factotum de
Maignet, il avait demandé, au moment de son arrestation, si Maillet était pris : « c'est celui-là, dit-il, qui est
un fier scélérat ! » Il ne savait que trop bien à quoi s'en
tenir. On n'est jamais trahi que par les siens. Là se trouvait
aussi Paris d'Arles, ancien président du département.

L'adjudant Pagès commandait le fort. C'était au physique un homme de trente ans, vigoureux, de haute stature ; au moral, un soldat vaillant, au caractère fougueux, ne dissimulant pas son invincible antipathie
contre les Jacobins, qui finirent par le dévorer lorsqu'ils re-
fleurirent en 97, après le 18 fructidor. Pagès avait pour
secrétaire un adolescent bien né, spirituel, beau parleur,
renfermant une âme de feu dans une enveloppe débile.
La tête du bouillant secrétaire était une fournaise d'où
sortait un torrent de paroles enflammées. Au demeurant,
plein d'honneur et d'une probité qui, certes, n'était pas
une probité de parade, car il la tenait de ses pères.
Nourri dans de pareils principes, l'horreur à l'égard
des méchants dominait le caractère de notre ami. Il
avait vu 93, et dès lors une haine vigoureuse contre les
scélérats de cette époque avait occupé toutes ses pensées.
Trop jeune encore pour savoir tout ce que les hommes
sans frein sont capables de faire (qui le sait à vingt ans)?

il était arrivé à ce point que les héros de la terreur ne lui paraissaient pas appartenir à l'espèce humaine et qu'il en avait conclu que les monstres devaient être traités comme on traite les monstres. Incapable de feinte et cédant à sa faconde, il prêcha peut-être dans le fort St.-Jean cette doctrine d'extermination; nous ne nions pas davantage qu'il eût poussé, au delà des bornes posées par la philosophie, un flux d'apostrophes menaçantes en présence d'une multitude de misérables enchaînés, sans songer que l'infortune est chose sacrée. Ce fut là son unique tort. Nous ne chercherons pas à l'en absoudre, puisqu'il s'en fit lui-même le reproche dans la suite; mais qu'il ait souillé ses mains de sang, qu'il ait pris part aux égorgements de la nuit funeste du 17 prairial, voilà ce que nous démentirons hautement (1).

Après la défaite des insurgés de Toulon, il semblait que Marseille, désormais affranchie du jacobinisme, ne devait plus songer qu'à jouir en paix de son bonheur, à renouer le fil violemment rompu des affaires; en un mot, à oublier dans le travail du lendemain les malheurs de la veille. La tranquilité publique reposait enfin sur des bases solides que la vigilance d'une autorité protectrice aurait bien su maintenir. Ainsi pensaient les hommes de sens, mais les têtes exaltées n'étaient pas satisfaites. Le massacre des prisonniers, à Lyon, qu'on venait d'apprendre, trouva parmi nous des imitateurs que l'exemple, comme un autre

(1) Manoly s'éteignit en 1809 dans une longue maladie de langueur ; il avait à peine atteint sa trente-cinquième année. La lame usa le fourreau. Perte à jamais regrettable pour l'amitié qui nous unissait comme le lierre et l'ormeau, étreinte que la mort seule a pu dissoudre en la déchirant.

philtre de Circé, transforma en bêtes fauves; le crime changea de camp.

Le décret qui exilait Collot-d'Herbois, ne parut aux Lyonnais qu'une impunité accordée au monstre qui s'était baigné dans leur sang. Leur fureur n'en devint que plus vive contre les satellites de sa barbarie. Plusieurs avaient été arrêtés. Le tribunal allait prononcer sur un des plus atroces. Le public s'était porté en foule à l'audience pour entendre ou plutôt pour condamner le jugement. La salle était entourée de soldats. La foule comprit qu'on donnait l'ordre de charger les armes; le peuple s'émut; un nombreux rassemblement se porte sur la prison voisine du tribunal, la garde est forcée; on lui arrache les prisonniers qu'on entraîne; des furieux se rendent leurs juges et leurs bourreaux, les assassins se répandent dans la ville les bras ensanglantés. Le peuple se joint à eux; ils continuent le massacre dans d'autres prisons; ils en livrent aux flammes une toute entière, et là périssent peut-être les hommes les plus indifférents à leur vengeane. Le nombre des prisonniers égorgés fut de soixante et dix (1).

Tel fut le désastre qui des bords du Rhône vint retentir sur le rivage de la Méditerranée (2).

Les mémoires du duc de Montpensier, racontent les avant-coureurs et les assassinats de la fatale nuit du 17

(1) Lacretelle.

(2) Pourquoi la presse libérale, que la catastrophe de Lyon n'a que faiblement touchée, s'est-elle acharnée avec une persistance passionnée contre l'événement identique du fort St-Jean de Marseille ? Qu'on nous explique ce contraste, car nous ne pouvons y voir qu'une revoltante partialité. Aux yeux de l'histoire, le crime doit-il changer d'aspect en changeant de théâtre ?

prairial avec toute l'exactitude d'un témoin occulaire
exempt de préjugés. Mettant de côté des détails plus ou
moins apocryphes, convaincu, d'ailleurs qu'en retouchant
la véridique narration du jeune prince, nous ne pourrions
que la gâter, nous allons la reproduire sans y changer
une syllabe, le lecteur y gagnera sous tous les rapports.
Au surplus, nous avouons d'avance le plagiat afin de ne
pas être pris en flagrant délit.

« Les jacobins, dont le nombre augmentait journellement dans le fort et particulièrement ceux qu'on avait
enfermés sous clé, étaient comme de vrais tigres ; lorsque
nous passions près de leurs grilles, ils ne manquaient jamais de vomir mille injures contre nous, notre famille et
tous les ci-devant, pour lesquels ils prétendaient avoir
été beaucoup trop doux lorsqu'ils avaient eu le pouvoir
en main.

« Les compagnies du Soleil composées de jeunes gens
dont les parents avaient été sacrifiés par les jacobins, se
croyaient autorisées à venger leur mort par le meurtre de
tous ceux de ces misérables qu'ils pouvaient trouver. Souvent lorsqu'ils en rencontraient qu'on menait en prison,
ils se faisaient jour à travers ceux qui les gardaient et les
accablaient de coups de sabre. Ils disaient, en outre, que
si on ne s'empressait pas de faire justice des sabreurs qu'on
tenait en prison, ils se chargeraient eux-mêmes de ce soin
et suivraient à cet égard l'exemple des Lyonnais.

« Le 6 juin de 1795, vers cinq heures après midi,
nous entendîmes tout d'un coup des cris aux armes! levez
le pont. Nous vîmes les soldats de garde accourir à leur
poste, s'emparer de leurs armes et se porter à la hâte vers

le pont levis: un moment après, ces même soldats revinrent en désordre, suivis d'une foule d'hommes armés de sabres et de pistolets, sans uniforme et la plupart ayant les manches retroussées jusques au-dessus des coudes. Au milieu d'eux était un officier qu'on portait et qui paraissait blessé. Il était impossible d'avoir le moindre doute sur les intentions de ces forcenés et même sur la facilité de l'exécution puisqu'ils étaient parvenus dans le fort sans que les soldats parussent leur opposer aucune résistance. Il était certain que nous n'étions pas du nombre de ceux auxquels ils en voulaient; mais il y avait à craindre que, ivres comme ils étaient, ils ne commissent quelque erreur dont nous pouvions devenir les victimes, nous nous hâtâmes en conséquence de nous barricader comme nous pûmes; broches, chenets, bûches, tables et caisses furent empilés contre la porte. Cette opération à peine terminée, on frappe à notre porte; nous ne répondons pas; on redouble, en criant : Ouvrez, qui que vous soyez, nous ne voulons pas vous faire du mal, nous apportons l'adjudant du fort qui se meurt. Nous nous déterminons à ouvrir. Aussitôt dix à douze jeunes gens assez bien habillés, mais les manches retroussées et le sabre à la main entrèrent: N'êtes-vous pas messieurs d'Orléans? Sur notre réponse affirmative ils nous assurent que loin d'en vouloir à notre vie ils la défendraient au contraire si elle était en danger. Ils nous demandèrent de l'eau-de-vie dont assurément ils ne paraissaient pas avoir besoin. Nous leur offrîmes de l'anisette, ils s'en versèrent dans des assiettes à soupe, et se retirèrent ensuite laissant l'un d'eux en sentinelle à notre porte. L'adjudant était pâle comme un mort, mais il

n'était pas blessé. Revenu à lui, il voulut sortir pour tâcher de s'opposer à l'horrible scène qui allait se passer,
la sentinelle de la porte l'en empêcha. Dans ce moment,
nous entendîmes enfoncer à grands coups la porte d'un
des cachots de la seconde cour, et bientôt après des cris
affreux, des gémissements déchirants, des hurlements
de joie. Au bout d'environ vingt minutes que dura cette
boucherie, nous entendîmes l'horrible troupe revenir dans
la première cour sur laquelle donnait une de nos fenêtres,
et nous étant approchés par un mouvement machinal indéfinissable, nous les vîmes qui s'efforçaient d'enfoncer la
porte du cachot nº 1, qui contenait une vingtaine de prisonniers; ils en avaient déjà égorgé vingt-cinq dans l'autre cachot. Ceux du nº 1, dont la porte s'ouvrait en dedans
se barricadèrent si bien, qu'après avoir travaillé inutilement pendant un quart d'heure, les massacreurs l'aban-
donnèrent après avoir tiré quelques coups de pistolets à
travers les barreaux. Vers six heures, le commandant du
fort (Pagès) nous fut amené. On ne lui avait laissé que le
fourreau de son sabre. Il s'était présenté au pont levis
qu'il avait trouvé levé, et ne pouvant parvenir à le faire
baisser, il avait pris le parti d'escalader la courtine par
le fossé. Il jurait, il tempêtait, il reprochait à son adjoint
sa pâleur et son effroi.

« On entendait toujours les cris des victimes et les coups
de pistolet et de massue. Vers sept heures nous entendîmes un coup de canon et nous sûmes depuis qu'il avait été
tiré par les assassins contre le cachot nº 9, dont les prisonniers, au nombre de plus de trente, furent mitraillés et
brûlés. Ils avaient imaginé, pour accélérer la besogne, sui-

vant leur odieuse expression, de mettre le feu au cachot après y avoir introduit une grande quantité de paille par les soupiraux. Il était près de neuf heures et nuit close lorsque nous entendîmes crier dans la première cour : Voici les représentants. Je me f.... des représentants, dit l'un des égorgeurs, et je brûle la cervelle au premier qui voudra leur obéir. Allons camarades à la besogne. Pendant qu'ils s'éloignaient, les soldats baissèrent le pont et les représentants entrèrent au milieu des flambeaux suivis d'un grand nombre de grenadiers et de hussards à pied. Malheureux ! s'écrièrent-ils en entrant, faites cesser votre horrible carnage ; au nom de la loi, cessez de vous livrer à ces vengeances odieuses ! plusieurs répondirent : Si la loi nous avait fait justice de ces scélérats, nous n'aurions pas été réduits à la nécessité de nous la faire nous-mêmes ; à présent le vin est tiré, il faut le boire », et le massacre continuait. Grenadiers, crièrent les représentants, arrêtez ces forcenés et faites-nous venir le commandant du fort, où est-il-donc ? On leur apprit qu'il était dans une chambre en haut, ils s'y firent conduire. Ces représentants étaient Isnard et Cadroi. En entrant dans notre chambre, ils demandèrent au commandant compte de sa conduite et ils parurent convaincus de l'impossibilité où il avait été d'empêcher cette horrible scène. Puis s'asseyant sur mon lit et se plaignant de l'excessive chaleur ils demandèrent à boire, on leur apporta du vin, Isnard le repoussa en criant d'un ton tragique : c'est du sang. Un moment après ils passèrent dans la chambre à côté et s'y enfermèrent avec le commandant. Au bout de quelques minutes ils rentrèrent. Cinq ou six massacreurs arrivèrent alors tous couverts de sang. — Représentants, dirent-ils laissez-nous achever, cela sera bientôt fait et vous vous en trouverez bien. — Misérables, vous nous faites horreur. — Nous n'avons fait que venger nos pères, nos frères, nos amis, et c'est vous-mêmes qui nous y avez excités. — Qu'on arrête ces scélérats, s'écrièrent les représentants. — On en arrêta en effet quatorze; ils furent relâchés deux heures après. »

Le nombre des morts, sans y compter ceux qui moururent à l'hôpital, fut de 80 selon les uns, de 107 selon les autres; ce dernier chiffre nous paraît exagéré. Mais dans un bouleversement pareil une irrégularité de recensement n'est pas chose étonnante; nous pourrions donner les diverses listes, nous jugeons leur enregistrement parfaitement inutile, attendu qu'à deux ou trois exceptions près, et par exemple, le maître d'école Demare, et Perrin, juge au tribunal révolutionnaire de Paris, ces listes ne contiennent que des noms obscurs, des noms absolument inconnus hors de leurs quartiers ou de leur pays, car tous n'étaient pas de Marseille; des jacobins de bas étage, n'ayant pour toute distinction sociale que le sceau de la terreur au front. Certes, une méprise eût été difficile quand on les prit, car la voix publique les montrait au doigt. Nous avons cherché vainement dans la foule quelque individu regrettable n'importe à quel titre, et nous pouvons affirmer en toute sûreté de conscience que, l'un portant l'autre, chacun de ces malheureux avait fait pendant sa vie plus de mal à la race humaine que n'en font les chenilles à la végétation des champs. A l'égard des chenilles, il est au moins permis de s'en défaire en les écrasant : ce qui ne veut pas dire pourtant qu'il faille écraser *in globo* les malfaiteurs comme des insectes. Nous pensons au contraire que, pour une âme bien née, le plus grand coupable du monde à son heure suprême est digne de pitié. Les notabilités de la faction renfermées, comme nous l'avons dit, dans la partie supérieure du fort furent sauvées par l'intervention des représentants Isnard et Cadroi. Ainsi l'ordonna la Providence pour leur laisser sans doute le temps de s'amender, ce qui n'arriva pas.

En admettant le chiffre le plus élevé, voilà donc cent sept prolétaires plus ou moins atroces immolés par des assassins. Quinze ou vingt jours après, Tallien le septembriseur, au mépris d'une capitulation solennelle, fait fusiller à Quiberon huit cents Français. Plus ils sont grands par leur naissance, par leur vieille renommée, par leurs héroïques services et par leur malheur présent, plus le féroce conventionnel met d'acharnement à les livrer au feu des soldats de Hoche. Le caractère épiscopal ne fut qu'un motif de condamnation de plus. La périrent les Rohan, les Périgord, les d'Hervilly, les Monthazon, les Contades, les deux Talhouet, les deux Laferrière, les Tinteniac, les Sombreuil, les d'Avarai, les Broglie, les Loc-Maria, les Coëtlogon, les Chevreuse, les Fénélon, l'Evêque de Dole et sept cents autres victimes non moins honorables. Lecteur, mettez les deux tableaux en regard, comparez et jugez, mais pour Dieu, trêve de déclamations.

Les prisonniers de Toulon, pris les armes à la main, attendaient leur jugement : on ne les fit pas attendre longtemps. Mille raisons concouraient à demander la diligence. Il était urgent surtout d'imposer, par une prompte

et bonne justice, silence aux murmures, et de contenir
l'impatience des sabreurs. Une commission militaire en
condamna quarante-sept au dernier supplice, et la sentence fut exécutée sur la Plaine St.-Michel en trois expéditions. Presque tous virent la mort avec une intrépidité
digne d'une meilleure cause, saluant l'assistance avec un
imperturbable sang-froid avant de se livrer à l'exécuteur;
quelques-uns avaient exhalé pendant le long trajet d'horribles imprécations.

Un événement ridicule signala la dernière journée.
Tout venait de finir et quarante mille curieux se disposaient à reprendre paisiblement le chemin de la ville.
Tout-à-coup le centre prend peur, s'ébranle et se met à
courir à toutes jambes vers la circonférence. De proche
en proche, tout le monde en fait autant. Femmes, enfants,
et vieillards se précipitent à l'envi. On ne savait pas pourquoi, mais on courait toujours. Vraiment il le fallait bien,
pour n'être pas écrasé par les masses effarées fondant sur
vous serrées comme des hannetons. La Plaine n'avait pas
assez d'issues, quoiqu'elle n'en manque pas. Dans un clin
d'œil le terrain est balayé, et le bourreau ébahi reste
seul à côté de l'instrument de mort. Au point de vue des
allées de Meilhan, en portant le regard au sommet de la
rue Curiol, rue à descente rapide couverte de grès, pavée
à demi, on apercevait un torrent de têtes humaines s'en-
gouffrant dans la gorge avec une indicible rapidité. On
eût dit le Rhône charriant des blocs de glaçons après la
débâcle. Quelle avait été la cause de cette cohue? la voici :
Pour mieux y voir, des gamins en très grand nombre
avaient enfourché d'avance la crête du mur de clôture

voisin de l'échafaud. L'exécution terminée, ces gamins s'étant glissés à terre avec leur prestesse instinctive, étaient venus en courant se mêler au gros de la foule. Aussitôt un cri s'éleva : Voici les Toulonnais ! Chose radicalement absurde, impossible, de toute impossibilité. C'est égal, on y croit. *Bibit ore vulgus* (1).

L'onde est agitée longtemps après la tempête. Le calme ne s'établit profondément que d'oscillations en oscillations décroissantes. Quoi qu'en ait dit Isnard, de nouveaux meurtres souillèrent les rues de Marseille après la catastrophe du 17 prairial, mais à d'assez longs intervalles ; ils cessèrent enfin, grâce à la bonne police du représentant Guérin, administrateur pacifique et ferme (2). Il est vrai encore que les sabreurs du fort St.-Jean restèrent ensuite et pendant quelque temps maîtres du pavé. Ils abusèrent sans doute de l'intimidation qui les accompagnait ; sans doute aussi leur insolence était sans bornes, toutefois les citoyens paisibles et bien famés furent constamment à l'abri de leurs coups (3). Cependant depuis l'affaire de

(1) Nous étions du nombre des coureurs et des plus diligens, je vous jure, nous avions alors de bonnes jambes. Hélas ! *quantum mutatus.*

(2) M. Guerin du Loiret avait été envoyé de nouveau dans les Bouches-du-Rhône, dans le même temps où M. Durand-Maillane accepta la mission du Var par une espèce de simulation, le député provençal ne pouvant pas être ostensiblement chargé de l'administration de son propre pays, Durand-Maillane avait des pouvoirs illimités mais tacites sur l'un et l'autre département. Guérin arriva à Marseille vers la fin de messidor an 13.

(3) Ils épargnèrent même quelquefois leurs ennemis ; nous en citerons un exemple. Nous avons tous connu, de réputation du moins, Raynaud des chandelles, ce sale et vilain débauché, qui s'était fait révolutionnaire dans l'intérêt de ses poches, meublant sa cave et son escarcelle des emprunts forcés qu'il imposait aux

Saint.-Jean, la popularité du sabre s'était évanouie (1), seulement on la redoutait toujours. Les plus mauvais sujets de la bande sortirent enfin d'une ville où la surveillance des magistrats et le revirement de l'opinion publique leur

aristocrates de sa connaissance en feignant de les protéger ; très friand du bien d'autrui, accapareur d'office des propriétés nationales, c'est-à-dire de celles des émigrés. Au nombre de ses acquisitions à bon marché, il y avait une jolie maison de campagne voisine de Marseille ; Raynaud s'y était établi avec sa famille. Il prit un jour fantaisie aux Enfans du Soleil d'aller visiter Raynaud. Ils arrivent au moment où le dîner venait d'être servi ; le maître averti à temps s'échappe et prend la clef des champs. Nos gaillards avaient gagné de l'appétit en marchant. Ils s'asseyent sans façon autour de la table et dévorent un repas succulent. Bien repus et convenablement abreuvés, ils reviennent gaiement à la ville. Raynaud en fut quitte pour sa peur et pour son dîner ; il se plaignit, le commandant de place, Grillon, fit arrêter les visiteurs, il en fut puni par la destitution.

(1) Un historien n'a pas craint d'avancer que les autorités marseillaises de cette époque, influencées par la crainte, dominées par l'esprit de vengeance, ou *complices de pareils attentats*, enveloppaient dans les procédures criminelles les malheureux que les meurtriers avaient épargnés ; que la justice, prostituée au crime triomphant, immolait *l'innocence* avec le fer des lois ; qu'il n'y avait plus alors ni commerce, ni industrie, ni sécurité, ni repos. Nous pensions qu'il n'y avait au monde que Fréron capable de se livrer à de pareilles déclamations, tranchons le mot, à de pareilles calomnies. L'historien en question nous a détrompé car tout ce qu'on vient de lire n'est qu'un tableau fait à plaisir dans un intérêt de parti. L'autorité civile fut impuissante, mais irréprochable : la vengeance des lois ne tomba que sur des malfaiteurs dénoncés par la notoriété publique, et condamnés sur des témoignages irrécusables. En ce qui concerne le commerce et l'industrie, ces deux branches inséparables de la prospérité marseillaise, bien loin de souffrir et de sécher, refleurissaient au contraire avec bonheur. Elles subirent une rechute après le 13 vendémiaire, qui valut à Marseille la seconde mission de Fréron. Qu'on interroge les contemporains. Ce n'est pas tout : le même écrivain, mal renseigné, ajoute que 4,000 matelots de l'escadre de Toulon désertèrent pour aller s'enrôler chez l'étranger. 1° Ces prétendus déserteurs n'étaient pas 4,000, il s'en faut de la moitié au moins ; 2° Ces hommes indisciplinables étaient des matelots

étaient devenues insupportables. Ils se répandirent dans la banlieue, y commirent des excès de toute sorte, et poussant en avant de clocher en clocher, ils allèrent prendre part aux vengeances des villes provençales du second ordre, l'incendie ayant envahi jusqu'aux plus petites localités où les inimitiés sont mortelles. Malheureusement, les grands moyens de répression manquaient à l'autorité centrale qui ne pouvait pas, sans tout compromettre de nouveau, affaiblir la garnison de Marseille en la morcelant.

Iliacos intrà muros peccatur et extrà.

Le récit de tant de meurtres commis sous nos yeux a fatigué notre plume et contristé notre âme, ayons pourtant le courage de poursuivre nos investigations depuis les portes de Marseille jusques aux confins du département. Aubagne, Gémenos, Lambesc, Sénas, Eyguières, Pélissane Salon, eurent leurs victimes et leurs meurtriers. Dans cette dernière ville, le tonnelier Granet, de Marseille, ancien président du département, frère du conventionnel du même nom, fut tué sur le seuil même de la prison. Cette mort est d'autant plus déplorable qu'elle n'était guère méritée. L'aîné des Granet ne ressemblait ni au physique ni au moral au cadet. Le président était de haute taille et bel homme, le montagnard avait l'air d'un singe. Laurent était homme de médiocre capacité, de mœurs assez douces; Omer se croyait un habile parce

non nationnaux dont le service était fini et dont on ne voulait plus à cause de leur penchant à l'insubordination. La marine étrangère, par la même raison, se serait bien gardée de les admettre dans ses équipages; 3° Il y avait en outre parmi ces gens là des Français qui fuyaient pour échapper à la justice.

Et voilà justement comme on écrit l'histoire.

qu'il avait lu Mably, il était en outre très violent et
très vain. Il tua son frère avec le poison de ses prédications et de son exemple. Heureux le tonnelier s'il n'eut
pas quitté sa doloire. *Ne sutor ultrà crepidam.* Truche-
ment, de Salon, ce plat coquin qui avait fait pendre à
Marseille les deux Coudoulet en 92, avait péri dans
la prison d'Aix. Le misérable! il méritait mille morts
pour une.

Mais ce fut à Tarascon qu'on porta les grands coups. Un
château fort, dont l'existence remonte aux premiers temps
du moyen-âge, bâti sur le roc aigu que le Rhône baigne
de ses eaux, domine cette ville antique, c'est là qu'on
avait entassé les terroristes de la contrée environnante
avec ceux de chef-lieu. Pendant l'été, le fleuve laisse le
rocher à découvert. On jetait les victimes toutes vivantes du
haut de la tour très élevée du château fort, sur les pointes
acérées du rivage. Lorsque Durand-Maillane arriva à Tarascon, avec l'unique escorte de 2 dragons, les domina-
teurs, non contents d'avoir déjà fait périr à deux reprises
trente ou quarante prisonniers en les précipitant, avaient
résolu de se débarrasser par la voie de l'air, dans la journée de l'anniversaire du 9 thermidor, de ceux qui restaient, au nombre de plus de cent. Les réacteurs se présentèrent pendant la nuit de la veille à la tour pour
exécuter leur coupable dessein; mais les prisonniers, prévenus de l'assaut, s'étaient bien barricadés; ils tinrent bon
jusqu'au jour. Les assassins irrités de l'inutilité de leurs
efforts, jurèrent de revenir la nuit suivante ave des
moyens sûrs. Dans la soirée, Durand-Maillane arriva à
l'Hôtel-de-Ville; la procession civique parcourant encore

les rues, il fut assailli de mille propos injurieux. Heureusement les hommes en place, qui étaient de fort honnêtes gens, se déclarèrent ouvertement pour lui, et lui promirent de faire transférer, ainsi qu'il le demandait, les prisonniers hors de Tarascon. On tint parole; la surveillance pendant leur translation fut efficace; aucun d'eux ne fut maltraité. Enfin, cette ville qui avait si mal commencé, finit assez bien.

En quittant Tarascon, Durand-Maillane vint à Toulon. Les émigrés de 93, retenus à Marseille par la crainte, se hâtèrent de recourir à lui. Une pétition collective lui fut adressée; elle contenait plus de deux cents signatures, parmi lesquelles figuraient honorablement les hommes les plus recommandables. Le pacificateur ayant pris sans délai la supplique en considération, rendit un arrêté au moyen duquel les Toulonnais injustement proscrits purent rentrer sans périls sous leurs toits domestiques, et se remettre en possession de leurs propriétés sequestrées.

Cette conduite généreuse attira sur Durand Maillane la considération et l'amour des deux départements; c'était justice, puisque chacun des jours qu'il y passa tour-à-tour fut signalé par des bienfaits, et son départ, forcé par la péripétie du 13 vendémiaire, fut accompagné des regrets unanimes, la canaille à part. Il laissait nos contrées dans un calme parfait, noblement secondé qu'il était par son collègue Guérin : le député de St.-Remy fut prophète dans son pays, au rebours du proverbe. On voit donc que Fréron a menti, en s'attribuant dans sa seconde mission l'entière pacification de la Provence.

Quelle fut à Paris la récompense de Durand-Maillane ?

une dénonciation aussi atroce que mensongère de la part de Fréron, la haine de Barras, et un long emprisonnement.

Tel fut en 93, tel fut en 1815, tel sera éternellement le sort du bon droit à Paris, lorsque ce seront des Provençaux qui l'exposeront avec leur naïve sincérité. Il est vrai qu'en 1815 on fit grâce de la prison aux commissaires-royaux de Marseille; certes, il furent fort heureux.

La jonglerie de 92, que les régicides intitulèrent la république, fut inventée pour dissimuler la tyrannie; mais le fantôme républicain fit surgir des géants qui remuèrent la base du monde, le levier d'Archimède à la main. La victoire se mit de leur côté, et les armées françaises triomphantes ne jurèrent plus que par la république. Ce dévouement militaire n'est pas inexplicable.

Le guerrier aime la guerre, c'est son élément. Avec la guerre, comme on la faisait alors, on pille, on ravage, on détruit; la manie de la destruction n'est-elle pas instinctive dans l'espèce humaine? Avec la guerre, on renverse les vieux trônes, on en fabrique de neufs, on tue, on est tué; tant mieux pour le survivant: le conscrit devient capitaine, le capitaine passe à l'état de général. Les mauvais jours sont fréquents à la guerre; est-ce qu'on les compte lorsqu'il en survient de bons? Vive la guerre! c'est le cri du soldat, c'est son unique vœu. Or, la république, dans la pensée du troupier, c'était la guerre; la monarchie, c'était la paix, la paix avec ses désenchantements. Donc, la Convention dut constamment trouver les baïonnettes fidèles. Le 13 vendémiaire en fournit une preuve entre mille.

Trois ans de misère publique avaient usé la Convention. Tout le monde désirait sa chute, et du désir à une conspiration il n'y avait qu'un pas. Les comédiens-modèles, obligés par les sifflets de rentrer dans la coulisse, s'arrangèrent pour reparaître sur la scène avec leurs habits retournés. Ils annoncèrent leur clôture, en déterminèrent l'époque et bâclèrent, pendant l'intervalle réservé, la constitution de l'an III.

Par cette espèce de testament politique, deux conseils étaient créés. Les deux tiers de la Convention y entraient de droit ; le dernier tiers pouvait y être appelé par voie d'élection. Le pouvoir exécutif était confié à cinq directeurs, choisis en dehors ou en dedans de la Convention : c'était le partage du lion.

Les sections de Paris, où le jacobinisme avait cédé le terrain à l'opinion opposée, frémirent d'indignation en présence d'une constitution qui, bien loin de paraître une garantie de repos, semblait, au contraire, un acheminement à des perturbations nouvelles. Des pétitions furent rédigées, et l'élite de la littérature accepta la mission périlleuse de les exhiber à la barre. La Convention en fureur refusa d'entendre Marmontel et Lacretelle, et cette tentative aboutit, de part et d'autre, à un redoublement d'irritation. Une collision devint inévitable, et vingt-cinq mille bourgeois prirent les armes (1).

_____

(1) La rébellion des sections de Paris en 95 avait quelque ressemblance avec celle des Marseillais en 93 ; mais l'esprit monarchique était bien autrement enraciné parmi nous que parmi les Parisiens. Les trois couleurs au chapeau et les fleurs de lis dans les entrailles, nous étions républicains par les apparences, et Vendéens par la réalité. Nous fûmes vaincus en 93, mais non pas désa-

Le danger commun avait confondu toutes les nuances dans le sein de la Convention. Les Jacobins, qu'elle avait persécutés naguère, redevinrent ses amis et ses auxiliaires, et de nombreuses troupes aguerries furent introduites dans la ville : c'était le point essentiel. Il ne manquait qu'un homme propre à diriger la défense. Barras eût été cet homme, si la nature, en ne lui accordant qu'une capacité médiocre, l'avait doué de cette énergie prédominante qui caractérise les grands capitaines. Barras préféra jeter sa destinée au vent en la confiant à une de ses créatures qui se l'appropria ; Vendémiaire prépara la transition. Le canon de St.-Roch écrasa les insurgés réduits à une poignée de braves, et le trône de Bonaparte fut inauguré. Barras, il est vrai, régna trois ans, mais d'une royauté bâtarde et, pour ainsi dire théâtrale.

Tandis qu'on se battait à Paris, Marseille jouissait de ce calme intérieur de la convalescence, qui est la volupté même ; cependant la recrudescence du jacobinisme parisien devait avoir son contre-coup dans le midi. La Convention profita de sa victoire pour faire rentrer de force Marseille dans son giron ; Fréron fut chargé du revirement, et la direction d'une grande contrée qui ne demandait, pour prix de sa résignation, que le maintien d'une tranquillité très chèrement achetée, fut livrée en pâture à la voracité d'un maniaque.

Fréron, vilipendé, ruiné, criblé de dettes, réduit au rôle de valet du tout-puissant Barras, jadis son égal, par-

busés ; peut-être même ne succombâmes-nous à cette époque que pour n'avoir pas su nous entendre avec nos frères de l'Ouest, en marchant comme eux sans feinte et le cœur sur la main.

vint, à force de bassesses et d'importunités, à se faire nommer l'unique légataire des députés honnêtes qui avaient pacifié le midi. Abandonné de ses amis de la montagne, il n'avait pas été compris dans la série des conventionnels conservés ; il avait échoué dans les colléges électoraux ; et je ne sais quelle nomination d'ontre-mer ne fût pas trouvée de bon aloi. La seconde mission de Fréron fut donc le terme de sa carrière politique, et sa conduite à Marseille, dans sa dernière visite, prouva qu'on l'avait bien jugé (1).

Il semble que le respect humain, à défaut d'un sentiment plus honorable, aurait dû retenir l'ancien démolisseur. Les décombres de Marseille, restés sur place, racontent les extravagances du proconsul de 93. Fréron s'en glorifie, son ouvrage lui est cher ; il brûle de le contempler, de l'achever peut-être, afin de pouvoir se dire, comme Néron : « Quel grand ouvrier je suis ! » *qualis artifex*. Encore si le fléau du midi s'était montré l'olivier dans la main droite et la balance de la justice dans la main gauche, on aurait pu lui en tenir compte. Ce génie des ruines, au contraire, réapparut parmi nous la verge haute, la menace sur les lèvres. Pouvait-on attendre autre chose du Pasquin éhonté ? Celui qui avait eu envie de combler le port de Marseille avec la montagne voisine et de démolir l'Hôtel-de-Ville de Paris, aurait volontiers

(1) Que la nature est fantasque ! Fréron, le critique conservateur, donna le jour à Fréron le Vandale. Les doctrines du toît paternel tombent en gouttes limpides dans un récipient impur et s'y corrompent. Celui qu'un roi vertueux, Stanislas, ancien roi de Pologne, beau-père de Louis xv, avait daigné nommer à son berceau, épouse la révolution, et cette alliance est scellée par le *régicide*. Le Pygmée se croit un Titan, parce que son forfait est gigantesque !

changé Marseille en désert. Le directeur Barras, ou plutôt
la Providence, qui se sert quelquefois des instruments
les plus vulgaires, ne le voulut pas. La politique conven-
tionnelle, dit Lacretelle, repoussait alors la cruauté comme un moyen fatal à ceux qui l'employaient.

Fréron, pressé de se dédommager sur Marseille des
dédains de Paris, franchit la porte d'Aix le 31 octobre
1795, au milieu des canons, des chevaux et des baïonnettes. On eût dit une ville prise d'assaut, ridicule simulacre qui consterna les bons et réjouit les méchants; mais
à quoi bon cet hostile appareil? Le nom seul du faux
conquérant aurait suffi pour semer l'épouvante, en admettant qu'il en eût le dessein; mais alors sa folle vanité
n'eût pas été satisfaite.

Fréron, à peine établi dans un hôtel somptueux, ses
anciens amis les jacobins, attirés par l'instinct et le cœur
palpitant d'espérances, arrivèrent en foule. On fraternisa,
on s'exalta; les visiteurs contèrent des choses inouïes de
leur oppression, le maître se confondit en regrets de commande, en promesses plus sincères, et la cause du bon
ordre fut perdue. Le jacobinisme allait reprendre le haut
du pavé; toutefois Fréron, avant de se mettre à l'œuvre,
essaya de se faufiler dans les maisons considérées de la
ville.

Bonaparte, à la veille de son départ pour l'Italie, avait
recommandé son ami Fréron à Mᵐᵉ Clari-Gueit. Le jeune
officier corse, entré, comme on sait, dans la maison Clari
par billet de logement, avait su apprécier cette femme
d'élite, belle comme une belle journée d'automne, mais
bien plus remarquable encore par ses vertus domestiques

et par la justesse de son esprit que par sa beauté. C'est par elle que s'accomplirent les royales destinées de ses deux belles-sœurs, Julie et Désirée (1).

On avait donné pour acolytes à Fréron deux débutants dans la politique révolutionnaire, les citoyens Julian et Alexandre Méchin : ils étaient sages et modérés, à la bonne heure ; ils empêchèrent beaucoup de violences révolutionnaires et de fautes ; passe encore. Mais qu'aurait donc fait Fréron sans mentor, puisque avec deux il commit tant de sottises ? ne pourrait-on pas en inférer que, commissaire et conseillers, étaient coupés sur le même patron (2) ?

Fréron, jouant le proconsul, destitua d'emblée les administrateurs existants ; c'étaient de fort honnêtes gens, raison péremptoire pour les renvoyer. Il les remplaça par ses anciens amis, cela va sans dire. Après tout, le public

(1) Le hasard fit, longtemps après, tomber la lettre autographe de Bonaparte dans nos mains pour quelques instants ; elle était à peu près indéchiffrable, passablement longue et pleine de sentiments d'affection respectueuse ; la missive ne disait que peu de chose du porteur. « Fréron est un bon enfant... » et voilà tout, à peu près.

(2) Le citoyen Méchin, il faut en convenir, fut plus sage et surtout plus heureux que son supérieur, car il nous semble que le second de Fréron, en 95, et M. le baron de Méchin, de 1844, sont identiques. Fréron termina misérablement sa carrière au-delà des mers, à 35 ans ; son subordonné se trouve aujourd'hui confortablement casé dans une préfecture du premier ordre, après avoir figuré très longtemps sur les bancs de l'extrême gauche. Les révolutionnaires émérites sont de singulières gens. Les hochets de la féodalité, c'est ainsi qu'ils appelaient jadis les distinctions nobiliaires, ces hochets, éternel objet de leur mépris railleur, lorsque ces messieurs n'étaient encore que des hommes de néant, sont devenus, par le temps qui court, l'objet de leur ambition. O comédiens !

ne prit pas grand souci d'un remue-ménage provisoire,
parce que, au fond, il n'y avait depuis longtemps d'autorité positive que celle des députés en mission. Toutes les
affaires, grandes et petites, passant par leurs mains, rien
n'étant réglé que par eux, les administrations locales,
telles que des comparses de théâtre, n'avaient qu'une
existence passive. L'écharpe de soie passait donc à tour
de rôle à des hommes d'opinion et de mœurs opposées,
suivant les variations de l'atmosphère politique, sans que
la population s'en occupât beaucoup. L'état de siége, dont
l'établissement rémontait à l'occupation républicaine, n'é-
tait que nominal, les généraux étant partout subordonnés aux représentants; mais cette fiction permettait
d'échapper, au moyen des commissions militaires improvisées, aux lenteurs des tribunaux ordinaires. Fréron ne s'en
tint pas là; sûr de trouver dans, ses créatures, des exécu-
teurs ardents de ses moindres caprices, il fit la guerre aux
émigrés rentrés, paralysa, repoussa les démarches des
familles dont le chef était encore absent, neutralisa la
restitution des biens des condamnés, jetant ainsi le trouble et le chagrin dans les familles intéressées. Le clergé
fut persécuté par lui; les caisses publiques mises à contribution pour satisfaire à ses passions dispendieuses, et, s'il
ne releva pas les échafauds, s'il ne rouvrit pas les prisons, c'est que les ordres d'en-haut étaient absolument
prohibitifs sur ce point, l'intérêt de sa conservation l'obligeait à ne pas s'en écarter.

On a fait un mérite à Fréron d'avoir dissipé les sabreurs; en vérité, cela ne valait pas la peine d'en parler.
Les spadassins batteurs de pavé, réduits depuis quelque

temps à une vingtaine de mauvais sujets, ne quittèrent la
ville qu'en apparence, puisqu'ils y entraient la nuit qu'ils
passaient chez des filles de joie, très peu flattées de pareils hôtes, et en ressortaient avant l'aurore pour gagner
le rendez-vous indiqué d'avance, tantôt dans un quartier, tantôt dans un autre de la banlieue. Une fois réunis,
ils allaient marauder çà et là, tombant à l'improviste
dans les hameaux pour y faire main basse sur les habitants atteints de terrorisme ou supposés tels. Leur tournée
finissait par des vols commis en plein midi sur les grands
chemins. Nous pourrons revenir avec quelque détail sur
ce déplorable sujet, car l'existence des bandes de malfaiteurs se prolongea dans les campagnes du département
jusques au consulat qui les extirpa radicalement (1).

En présence d'une situation si désepérante, le commerce, à peine remis à flot, replia toutes ses voiles. L'argent se cacha, le discrédit s'établit, les transactions s'arrêtèrent, les expéditions maritimes cessèrent ; l'étranger
attentif, retirant sa confiance, s'isola de Marseille comme
d'une ville empestée, et le mouvement de la place se
restreignit à un stérile agiotage.

Le bruit de tant de maux retentit dans la double assemblée que la constitution improvisée venait d'imposer au
pays. Les députés du Midi, dont la droite s'était enrichie,
firent entendre leurs voix puissantes, et le mensonge dis-

---

(1) Fréron, dans les intervalles de ses paroxismes, s'acharnait
à la recherche des documents relatifs à la réaction de 94. Le pam-
phlet qu'il appelle sérieusement ses mémoires en est plein ; quant
aux atrocités personnelles de son premier proconsulat, Fréron
n'en parle pas :

Quis tulerit Gracchos de seditione querentes?

paraissant devant les lueurs de la vérité, l'iniquité d'un administrateur en délire parut au grand jour. Fréron fut donc universellement blâmé, son rappel décidé, et Siméon lui-même oubliant un moment son caractère tout personnel, fut un des premiers à se prononcer énergiquement contre lui. M. Lejourdàn'ne crut pas devoir, dans cette occasion solennelle, rompre son silence étudié :

Nous ne reproduirons pas ici les improvisations véhémentes de Maximin Isnard ; on pourrait, malgré l'exactitude de ses allégations, taxer d'exagération la brûlante philippique du député de Draguignan contre le nouveau Verrès. Mais qui pourra contredire les paroles accablantes d'un législateur uniquement inspiré par son vertueux désir d'être utile au pays où il avait reçu le jour ? Nous avons nommé Durand-Maillane. L'insertion partielle des deux discours de cet homme de sens est indispensable à l'édification de nos lecteurs, et comblera la confusion du sycophante.

« Le directoire ayant témoigné lui-même son indignation, Jourdan et Isnard dont le gouvernement avait jusques-là négligé les avis, dénoncèrent Fréron comme dévastateur au conseil des cinq-cents ; et point de dénonciation plus vraie, point d'acte qui honore tant ces deux représentants. Poultier crut pouvoir défendre Fréron en disant qu'il n'avait point eu connaissance de son rappel à cause des neiges et des glaces ; tandis que le commissaire du pouvoir exécutif tenait dans ses mains la signification du *rappel en personne*. Eh ! comment se fait-il que, depuis ce rappel, Fréron ait continué sa mission et ses dépenses énormes ; car ce dernier article est un des plus scandaleux de sa conduite? On sait qu'il avait des affaires personnelles à régler du côté de Toulon, où il n'a pas manqué de se rendre en fixant son principal séjour à Marseille, et néanmoins il a tiré des caisses publiques de Nîmes, tout l'argent qui s'y trouvait. Il est vrai que le département du Gard était compris dans sa mission, mais l'histoire rapporte que de ce département on lui fit parvenir à Avignon l'avis que, s'il passait le Rhône pour y rentrer, il ne le repasserait plus. Il se l'est tenu pour dit. Qu'en est-il résulté? C'est que dans le Gard et dans l'Hérault, l'ordre règne ainsi que la tranquillité, tandis que les départements de Vaucluse et des Bouches-du-Rhône ne présentent, depuis huit mois que Fréron y a paru, que des laves dévorantes. Aucun des élus du peuple n'y est en ce moment en place, et de tous ceux que Fréron a nommés ou fait nommer, au moins les trois quarts et demi ne doivent leur liberté qu'à l'amnistie. »

Et plus loin :

« Il est remarquable que Fréron n'ait rien dit de la commune d'Arles où il s'est rendu, sur la fin de sa mission, dans la pompe et l'appareil d'un vice-roi de Perse. C'est là, où, comme à Toulon, sont réunis tous ces hommes dont les *vertus* sont trop connues dans le lieu de leur domicile. C'est là où il a organisé des bataillons à bonnet rouge, comme il organisait, un an auparavant à Paris, son armée de muscadins. C'est là où il se faisait donner des spectacles, des courses de taureaux, pendant lesquels on le divertissait, en insultant, sur des mannequins, les députés qui ont paru dans cette ville depuis le 9 thermidor, en jetant par les fenêtres du ci-devant archevêché les procès-verbaux qui attestaient des milliers de crimes. C'est enfin à Arles qu'il chassa, de son autorité, une garnison qui gênait et contenait les anarchistes, comme il substitua aux élus du peuple les plus coupables parmi les amnistiés. Si Fréron désavoue un seul de ces articles, on l'accablera de pièces pour la preuve de tous. »

Fréron ne désavoua rien.

Cette série de griefs accusateurs présentée les preuves à la main, était à coup sûr à la connaissance de l'écrivain louangeur de l'accusé ; il n'en a pourtant fait aucune mention et pour cause. Est-ce bien là, nous le demandons, l'impartialité de l'histoire ?

Aux dénonciations si positives de M. Durand de Maillane, il ne sera pas inutile d'adjoindre celle d'un député marseillais (1), qui fut, pendant le cours de sa vie politique, l'honneur et la gloire de la Provence, d'un homme entouré jusques dans sa vieillesse de la considération universelle de ses concitoyens, disons mieux de la France entière, tant à cause du souvenir de sa noble et courageuse conduite dans des temps difficiles, que par l'effet irrésistible d'une probité pure comme le jour, dont l'empreinte resplendissait sur sa belle physionomie. Un tel homme doit être cru sur parole, à plus forte raison lorsqu'il s'appuie sur des preuves authentiques. Voici donc en quels termes s'exprimait à la tribune du conseil de cinq-cents, sur le compte de Fréron, l'honorable M. Jourdan :

_____

(1) M. Jourdan, des Bouches-du-Rhône, était né à Aubagne, distant de Marseille de 3 lieues seulement. Son domicile habituel était dans cette dernière ville, où il est mort il n'y a pas bien longtemps.

« La terreur et le désespoir écrasent les villes du Midi. Le commerce fuit à pleines voiles, les capitaux s'enfouissent, l'ordre des propriétés est ébranlé. Fréron, rappelé depuis un mois par le directoire, et depuis quatre mois par la constitution, continue à régner sur ce cahos, c'est-à-dire qu'il jouit de son ouvrage. Fréron, le plus insensé des hommes, s'il n'en est pas le plus coupable, poursuit son étrange mission malgré le directoire lui-même. »

Tout n'est pas dit encore sur le chapitre de Fréron.

Lorsque l'ambassadeur du 13 vendémiaire entra dans Marseille, la détention dans le fort St.-Jean des princes cadets d'Orléans durait encore; commencée vers le 31 mai 93, elle paraissait devoir se prolonger indéfiniment. Par politique, par indifférence peut-être, ou simplement par distraction, Robespierre ne les avait pas fait tuer. Qu'y aurait-il gagné? Les princes étaient trop jeunes pour être déjà redoutables individuellement. Leur nom, le plus impopulaire de tous les noms, était trop compromis pour qu'un parti quelconque pût s'en faire un drapeau, et leur patrimoine était trop appauvri pour déterminer un homicide. Le dictateur se contenta de les tenir étroitement resserrés comme une garantie contre les éventualités, ou comme des prisonniers à grosses rançons. Leur captivité avait subi toutes les vicissitudes de l'époque. Jetés d'abord dans un cachot, transférés dans la tour, oubliés ou négligés par l'administration fugitive des sections, probablement en mémoire des iniquités de leur père; persécutés ensuite par la direction inquisitoriale de Barras et par les taquineries de son digne partenaire Fréron, le sort des deux adolescents ne devint supportable qu'après le 9 thermidor.

Les députés thermidoriens les traitèrent avec douceur. On leur donna le fort pour prison, et des appartements propres et décents, sinon magnifiques. On leur permit des délassements ; ils purent conférer avec les détenus de bonne compagnie et recevoir des visites du dehors. Quelle n'est pas, d'ailleurs, la force de l'accoutumance ! plusieurs occasions de fuir s'étaient offertes, car ils avaient affaire à ce bon vivant de Betems, qui avait succédé à Pagès, lequel Betems avait pourtant, tout royaliste qu'il était, commandé la place sous Robespierre. Le jovial adjudant procurait à ses nobles prisonniers toute sorte de distrac-tions, jusques à leur permettre le théâtre sur leur seule parole d'honneur. En un mot, les jeunes princes étaient presque heureux, et ce bonheur, quoique relatif, eut sur eux un charme assez puissant pour les empêcher de s'exposer aux chances d'une évasion. Ils se nourrissaient, en outre, de l'espoir d'un élargissement prochain, pré-paré par une mère dont les lettres, indépendamment de tout le reste, étaient un immense dédommagement de ce qui pouvait exister encore d'amer au fond du vase. Fréron arrive, et les inquiétudes réveillées par les nouvelles de Paris redoublent à son apparition ; car ce triste nom fut toujours de sinistre augure.

Le commissaire infatué de son pouvoir, apprend ce qu'il appelle les déportements du fort ; furieux, il mande le commandant ; Betems refuse d'obtempérer à l'ordre ; des agents de police surviennent, il les traite de vils gre-dins, de serviteurs du plat sultan. Le plat sultan répond à l'apostrophe par un mandat d'arrêt. Mais le délinquant parvient à s'esquiver en dépit des perquisitions des gendarmes. Betems est remplacé par un ancien caporal, nommé Grippe, enragé comme Marat, ivrogne comme Bacchus.

Les deux frères, croyant apercevoir, dans la situation, des symptômes d'une seconde terreur, songèrent sérieusement alors à se sauver. Ils achètent, à prix d'or, un passage par mer pour l'Italie, se procurent de la même manière deux faux passeports, et se préparent à décamper la veille du départ du bâtiment. Dans la crainte de ne pouvoir franchir librement le pont-levis, ils s'étaient précautionés d'une longue corde pour descendre par la fenêtre de leur chambre qui donnait sur la mer. Ils arrêtent, enfin, de ne pas sortir ensemble, et choisissent pour s'en aller le moment du crépuscule. Beaujolais parti le premier, passa sans mauvaise rencontre. Il en fût de même de l'aîné; mais à peine eut-il fait quelques pas sur la chaussée, qu'il fut reconnu par Grippe, rentrant au quartier. Le caporal le fait rentrer dans son appartement. Hélas! le bon jeune homme avait cru ne plus le revoir. Aidé par sa servante, il attache alors la corde secourable à un piton; le duc de Montpensier, moins dégourdi que son frère, enjambe la fenêtre et se coule en bas. Au milieu de la descente, qui avait 60 pieds, la corde casse : le fugitif tombe dans l'eau salée, se brise le pied droit, un bateau pêcheur le ramasse après deux mortelles heures d'angoisses, et l'équipage se met en devoir de l'emporter, d'après son indication, chez l'honnête perruquier Maugin, lorsqu'il est reconnu par les groupes de curieux. La garde arrive et Fréron est averti. L'impitoyable ex-conventionnel, sans égard pour la douleur excessive du prince, lui fait subir un long interrogatoire, et Grippe lui offre, de la part du maître, le choix entre la prison et l'hôpital. Le malade opte pour le fort, où on le transporte dans un état déplorable.

Beaujolais, instruit de l'accident, maudit une liberté que son frère ne doit pas partager, il rentre en toute hâte dans le fort, et les deux fils de la bonne duchesse reprennent leurs fers en commun pour un an de plus (1). Trait touchant d'amour fraternel, qui peint admirablement le bon naturel du cadet d'Orléans et contraste de tout point avec l'inhumanité d'un tyranneau.

Tout cela se passait le 18 novembre 95, quinze jours après l'entrée du filleul dénaturé du roi de Pologne. Deux ans plutôt, l'aventure du fort Saint-Jean aurait infailliblement fini par deux têtes de moins, Fréron l'exterminateur aidant. Cependant, après trois mois et plus d'asservissement, Marseille est enfin délivrée de son oppresseur. Fréron sort de nos murs, le 8 janvier, entouré, comme à sa venue, d'une petite armée ; il se flatte, malgré la volonté du gouvernement, de revenir bientôt. Un ordre itératif de rappel immédiat le rencontre dans sa marche belliqueuse à travers les champs de la Provence, il n'en tient pas compte. Ne faut-il pas pour digne supplément à son étrange pérégrination qu'il aille, avant d'obéir, parodier dans l'arène d'Arles un empereur romain, au milieu des brocards.

(1) La duchesse de Bourbon et le prince de Conti avaient obtenu leur délivrance dans le mois d'août précédent.

CHAPITRE DIXIÈME.

De 1795 à 1796.

—

SOMMAIRE.

Fréron à Arles. — Sa folle conduite dans cette ville. — Son départ. — Ses déportements à Avignon. — M. Job Aymé de Montélimar. — Le marquis de l'Estang. — Les partis en présence à Montélimar. — Assassinat d'un républicain.—Celui d'un prêtre, par réprésailles.—Troubles appaisés par M. Delestang. — Il est calomnié par Fréron. — Les conventionnels Genissieux, Goupilleau, Boursault —Condamnation injuste de M. Delestang.— Lettre du conventionnel Olivier de Gerente, qui le justifie. — Scène de désordre dans l'église de St.-Martin, à Marseille. — Intrigues de Granet. — Le bureau central. — Amy, Servel et M. Beaussier, administrateurs. — Micoulin, procureur du directoire. — Anecdote sur Micoulin. — Elections municipales, — Les Jacobins s'en emparent par violence. — Leurs attentats dans les sections. — Assassinat de M. de Bourguignon à la section des Recollets. — Scène de la section St.-Ferréol. — L'auteur y est houspillé. — Continuation du désordre. — Le restaurateur Laplaine. — L'état de Marseille pris en considération par les conseils. — MM. Siméon, Portalis. — Nomination du géneral Willot au commandement de Marseille. — Les fuyards. — Leurs faits et gestes. — On les poursuit. — Biographie de Willot. — Etat du commerce. — Vie de Willot à Marseille. — Modes indécemment ridicules. — Les dames Bonaparte. — Détails. — Condamnation du commandant Pagès. — Les deux princes cadets d'Orléans. — Madame de la Cherche. — Le perruquier Mangin. — Négociations pour la délivrance des princes. — Scène d'alarme. — Le commandant Mariencourt. — Conditions de l'élargissemeut des princes. — Leur position s'améliore. — M. Etienne·Cathalan. — Visite de Willot au fort St.-Jean. — Le nom des princes rayé de l'écrou. — Leur départ pour les Etats-Unis. — Etat du commerce. — Election du second tiers des conseils. — Willot est nommé aux 500. — Session de 97. — Clichi. — Note sur Thibaudeau. — Préliminaire du 18 fructidor. — Hoche, Augereau et Bonaparte. — Le 18 fructidor. — Ses effets sur les affaires. — Proscriptions. —

M. Noguier de Malijai et Thibaudeau exceptés. — Arrestations. — M.
Portalis et Siméon se sauvent. — Déportation à Sinamary de 400 proscrits.
Dilapidations de Barras.—Assassinat à Marseille de M. Louis Guiraud. —
Débâcle commerciale. — Le tiers consolidé.

ARLES avait traversé le temps de la réaction provençale
sans effusion de sang. L'exemple des autres villes, celui
même de Tarascon si voisin n'y avait pas eu d'imitateurs;
des magistrats sages et prudents, la fleur de la bonne population, étaient parvenus à force de vigilance et de zèle,
à contenir les passions ardentes d'une ville où la plus petite étincelle alluma souvent un incendie. A leur voix, les
opprimés de la terreur s'abstinrent de violences sanglantes, les jacobins purent être mis sans risque en lieu sûr,
et l'amnistie les retrouva sains et saufs jusqu'au dernier;
les mesures furent si bien prises, que les amnistiés n'osè-
rent pas abuser de leur absolution. Sans nul doute, la
belle conduite de l'autorité locale était digne de la reconnaissance de tout le monde, Fréron ne l'entendait pas
ainsi. A peine entré à Arles avec sa troupe en manière de
garde d'honneur, le proconsul, qui n'avait ajourné sa visite
que pour la rendre plus solennelle, destitua les pacifica-
teurs du pays comme des fonctionnaires prévaricateurs.
Les bons citoyens s'alarment, les jacobins se redressent et
Fréron s'applaudit. On a pu lire dans le fragment de M.
Durand-Maillane, les dernières folies du satrape de contrebande. Lorsque Fréron partit d'Arles pour Avignon, sa
bourse était à sec, l'argent extorqué çà et là était tombé
dans des mains percées, et la ressource des caisses publiques du Gard lui manquant à l'improviste, force lui fut de

retourner à Paris en philosophe , c'est-à-dire par la diligence (1).

Avant de nous séparer de notre ami Fréron , jetons un
coup d'œil retrospectif sur le début de sa mirifique et dernière campagne dans le Midi.

La réaction anti-jacobine qui avait parcouru la Provence dans tous les sens , s'était arrêtée sur la frontière
de cette province. Le Bas-Dauphiné n'avait pas été troublé. Les partis ennemis s'y détestaient sans se faire une
guerre ouverte. Les révolutionnaires étaient comprimés
par une administration énergique et probe. Les ressenti-
ments de leurs antagonistes , amis de l'ordre , couvaient
sous une cendre brûlante que personne ne voulait re-
muer de peur d'un embrasement. Cette situation moyenne,
la meilleure possible dans la circonstance , avait été faite
par M. Job Aymé , procureur-général du département ,
riche propriétaire de Saint-Paul-Trois-Châteaux. La fortune , le talent , le caractère de cet homme distingué , ses
opinions modérément monarchiques , son dévoûment au
pays, exerçaient la plus vaste et la plus heureuse influence
sur l'arrondissement de Montélimart (1). M. Job Aymé

---

(1) Suivant toute apparence, Fréron n'aurait pas tenu bon si
longtemps sans l'appui d'une main invisible; probablement celle
de Barras.
(2) M. Jean-Jacques Aymé , moins connu par son véritable pré-
nom que par celui de Job, que la tradition lui a laissé, est le
député des cinq-cents, que son talent de tribune, la loyauté de
ses opinions rendirent célèbre dès son apparition sur le grand-
théâtre politique. M. Job Aymé prit une part très active au mouvement quasi-royaliste du 18 fructidor, dont l'échec fut causé par
de funestes tâtonnements. Condamné à la déportation , il s'en
préserva momentanément en se tenant à l'écart; l'ayant subie au
bout de quatre mois, le directoire le rappela dans la suite. La restauration en fit un directeur des droits réunis.

avait pour seconds son frère cadet et son beau-frère, l'infortuné marquis de l'Estang, l'un et l'autre hommes de cœur et de capacité.

Les décrets de la Convention, des 5 et 13 fructidor, qui continuaient sous une forme nouvelle, une assemblée dont la France se croyait enfin délivrée, troublèrent passagèrement l'harmonie mal assurée de Montélimart et des petites villes voisines. Les hommes de désordre rêvant l'impunité, aiguisèrent leurs poignards, les bons citoyens alarmés se préparèrent à la résistance, mais ne voulant agir qu'avec prudence et circonspection, ils réclamèrent au préalable la direction du sage administrateur et l'obtinrent. La conjoncture était difficile. M. Job Aymé se dévoua.

Les partis étaient en présence, lorsqu'un républicain fut tué, on ne sut ni par qui ni comment; les jacobins par représailles, assassinèrent un saint prêtre, fort innocent, à coup sûr, du meurtre précédent. Alors M. Job Aymé, en sa qualité de procureur-général, donna l'ordre aux gardes nationales des environs, de se réunir à Montélimart, et nomma pour les commander, le loyal et brave marquis de l'Estang. Une démonstration imposante lui paraissait indispensable pour couper court à tout mauvais projet. Tel était son unique dessein, quoiqu'il ait été accusé méchamment par Fréron et ses amis d'avoir organisé la guerre civile.

M. de l'Estang, accompagné d'un groupe de gardes nationaux, monte à l'Hôtel-de-Ville, non certes pour y intimer des ordres menaçants, mais pour demander l'arrestation et la mise en jugement des meurtriers. Le maire qui était un brave homme, donné sa parole, et M. de l'Estang, satisfait, consent à se retirer avec ses gens. Ainsi finit une échauffourée sur laquelle Fréron bâtit un roman insensé qui n'eut de réel que la fin tragique du héros.

Les conventionnels Genissieux et Goupilleau parcouraient alors le Comtat en rumeur. Le représentant Boursault, qui venait de quitter les planches et son nom de coulisse Malherbe, se tenait à Cavaillon, petite ville républicaine à outrance. Fréron, simple commissaire, paraît dans Avignon, l'imagination échauffée par ses souvenirs de 93. Montélimart est situé hors des limites de sa mission, il avise aux moyens d'y étendre sa juridiction en procédant par le mensonge. A l'entendre, Montélimart est un foyer de royalisme, une seconde Vendée avec M. Job Aymé pour chef, son frère et M. de l'Estang pour lieutenants. N'osant pas aller jusqu'au premier, que les électeurs venaient de nommer aux cinq-cents, il s'acharne contre son beau-frère, l'accuse d'avoir fomenté, ouvert la guerre civile autour de ses foyers, de l'avoir propagée jusques à Avignon, qu'il avait bouleversé par une irruption à main armée et aux cris de *vive le roi*; abominable invention dont la tête d'un homme d'honneur fut le prix. M. de l'Estang ainsi menacé, se cache (1), les jacobins de Fréron le découvrent, le garottent, le traduisent à Avignon, une commission militaire, à la façon de 93, le condamne à mort. Ecoutons maintenant un témoin irrécusable, le représentant Olivier Gerente :

(1) Fréron a osé avancer, dans son libelle, qu'on avait pris M. de l'Estang les armes à la main.

« Si je démens la relation mensongère donnée par Fréron sur les événements d'Avignon dans le courant du mois de vendémiaire, c'est que je le dois à la vérité que Fréron outrage..... Mon assertion est fondée sur ce que j'ai vu, sur des faits auxquels j'ai coopéré et dont j'ai été le témoin oculaire, et enfin, sur des milliers de témoignages des hommes de tous les partis.

« Le 7 vendémiaire, je trouvai Avignon en désordre, des citoyens armés s'y étaient rendus et continuaient de s'y rendre. Fortement sollicité par les autorités constituées et la généralité des citoyens, j'entrepris de ramener à l'ordre, de faire entendre la voix de la raison à des hommes ulcérés et agités de mille passions diverses. Je travaillai cinq jours et cinq nuits à préparer les esprits, aidé que j'étais par des magistrats dont je ne saurais trop louer la conduite. Dénué de toute force, sans autre moyen que la confiance, tout fut néanmoins contenu dans l'ordre. Malgré la malveillance de tous les genres qui ne cessait de manœuvrer et qui voulait du sang, je parvins à rassembler tous ces hommes égarés, qu'on ose peindre comme des royalistes effrénés, qu'on persécute aujourd'hui sous ce prétexte, ils m'accueillirent aux cris redoublés : *Vive la Convention ! vive la république !* Je les exhortai à retourner dans leurs foyers, ce qui fut exécuté avec les signes les moins équivoques de respect pour l'autorité nationale, sans trouble et sans désordre.

« Il est faux, comme l'avance Fréron, qu'Avignon ait jamais été au pouvoir de l'Estang. Il est faux qu'il y ait même paru dans cette circonstance.

« Il est faux qu'il ait demandé la tête de Boursault.

« Il est faux que des cris de *vive le roi* aient éclaté dans les airs, car on a vu que c'était tout le contraire.

« Il est faux que Boursault ait repris Avignon sur l'Estang qui n'y a pas paru. Enfin, tout ce que dit Fréron à ce sujet n'est qu'une fiction créée pour étayer un système dénué de tout fondement.. »

Nous nous sommes appesantis sur Fréron, parce que nous avions à cœur de le couler à fond. Quoique nous ayons autant que possible raccourci notre excursion lointaine, nous craignons qu'on ne la trouve encore trop longue, arriérée surtout; hâtons-nous donc de rentrer à la fois dans nos murs et dans l'ordre chronologique.

L'homme fatal nous avait quittés, mais son maudit esprit s'était infiltré dans les carrefours de la vieille Marseille. Il faut que la populace d'une grande ville commerçante soit occupée, le désœuvrement seul la porte au désordre; c'est bien pis lorsque la misère arrive. Les germes pernicieux jetés à profusion par une main enfiévrée ne tardèrent au pas à pousser; la stagnation du commerce leur donna l'accroissement.

On apprend dans un ouvrage sérieux que, peu de temps après le départ de Fréron, un attroupement de dévotes, armées de grosses pierres, tomba sur des patriotes à la place Saint-Martin et en blessa plusieurs. En bonne conscience, de si niaises pauvretés heurtent par trop le bon sens public. Quoi! de faibles femmes, des mains pieuses, auraient lapidé tout à leur aise ces honnêtes jacobins, si débonnaires, comme chacun sait. Non! cela n'est pas possible; cela n'est pas. Voici la vérité;

Vers le soir d'une journée de mai 95, une foule d'âmes

religieuses remplissait la vaste enceinte de l'église parois-
siale de St.-Martin pour assister au salut. Les hommes, la
plupart d'un âge avancé, y formaient la majorité incon-
testablement inoffensive; l'autre sexe, par je ne sais quel
pressentiment, y était clairsemé. Le service avait commencé. Tout-à-coup les battants de la porte d'entrée s'ouvrent avec fracas, un groupe compacte de misérables mal
vêtus inonde le temple en faisant retentir l'air de menaces
et d'imprécations sacriléges. Le tumulte devient affreux,
la peur gagne la timide assistance; on court, on se précipite vers les issues, on s'y presse, on s'y culbute, surtout à celle que précède un long escalier boueux, sombre
et raide. Les assaillants, munis de bâtons et de gourdins,
tombent à bras raccourcis sur de bonnes gens sans défense
qui fuient éperdus. On les foule aux pieds, on les assom-
me, on les poursuit sans relâche jusques sur les parvis.
Des contusions, des membres cassés, des vêtements en
lambeaux, des têtes dénudées, des femmes insultées,
rouées de coups, en butte à d'obscènes railleries; celui-ci
revient au logis sans perruque, celui-là sans chapeau, un
autre sans chaussure, tous gâtés, traînant l'aîle, à demi-
morts.

Les malfaiteurs avaient à leur tête le nommé Duplat,
ouvrier expert en droguerie, comme son père, non moins
enragé que lui.

Au milieu de la bagarre, M. Roubaud de la Croix-de-
Malte, cet homme de bien et de foi dont la mémoire vé-
nérée ne s'éteindra point, M. Roubaud, tremblant pour la
sûreté des vases sacrés, monte vivement à l'autel, force
la serrure du tabernacle, en retire les trésors, les tient

cachés dans ses habits, et, traversant la cohue, emporte dans son domicile, peu éloigné, le pain céleste, qui ne changea que de sanctuaire. C'est par ce coup de main hardi que le zèle d'un juste déjoua le projet d'une horrible profanation (1).

Une enquête fut ouverte; plusieurs délinquants, principalement l'émeutier en chef Duplat, furent arrêtés et traduits pardevant le tribunal criminel séant à Aix. Une multitude de témoins pris parmi les victimes du guet-à-pens furent assignés; plusieurs d'entre eux, et dans le nombre deux honorables industriels, le bon M. Guérin, ancien tailleur, et Bourdon, le vieux cordonnier, dont les cicatrices très apparentes parlaient bien haut, ne voulurent reconnaître personne parmi les accusés; toutefois, d'infamantes condamnations furent prononcées contre les plus coupables. Pour le dire en passant, les archives du tribunal criminel auraient pu servir à rectifier la version erronée de l'historien; rien n'était plus facile, il n'y avait qu'à le vouloir. Au surplus, l'émeute de St.-Martin n'était qu'un coup d'essai, une sorte de pelotage en attendant partie. Des troubles d'une gravité bien autrement déplorable éclatèrent deux mois après.

Tandis que les négociants, absorbés par la soif du lucre, ne faisaient que peu d'attention à la haine invétérée de la veste contre l'habit; on conspirait dans les quartiers gangrenés. Factieux Granet, ardent à justifier, à glorifier à

(1) L'authenticité de l'anecdote est garantie par les paroles prononcées sur le cercueil de M. Roubaud par un membre de sa famille; ce personnage honorable n'a quitté cette vie périssable que depuis environ deux ans.

sa guise un surnom postiche qu'il avait pris dans la boue,
Granet, sans existence politique, sans mission, avait ap-
paru sur le pavé de Marseille. Il portait encore la carmagnole, les souliers à cloux et le bâton noueux emblématique.

En vertu de la constitution de l'an III, les administrations municipales devaient être triples à Paris, à Lyon, à
Marseille et à Bordeaux, avec un bureau central de trois
membres et un commissaire du gouvernement, dont les
fonctions répondaient à celles de l'ancien agent national ;
ce bureau supérieur occupant l'Hôtel-de-Ville. Les nominations étaient dévolues aux assemblées primaires, con-
voquées un mois après l'inauguration du directoire ;
cependant le pouvoir exécutif voulant, avant de lâcher
la bride aux passions électorales, laisser dissiper tout-à-
fait les miasmes pestilentiels exhalés à Marseille par Fréron, renvoya les élections municipales au 1er thermidor ;
il avait, en attendant, procédé à une organisation provisoire. Le choix du directoire était tombé sur des hommes
qu'on pouvait comparativement trouver modérés ; sujets
en général fort médiocres en talents administratifs. Un
négociant nommé Amy, plus connu au club qu'à la Bourse ; Servel fils, trafiquant en cotonnade et en biens nationaux ; M. Beaussier, l'ancien directeur du Théâtre, personnage recommandable, issu d'une bonne et vieille souche
marseillaise, qui n'avait d'autre défaut que celui d'une
timidité qui le rendait peu communicatif. M. Beaussier,
en outre, avait la langue empêchée par un grasseiement
pareil à celui de cette Mme. de Ludre, que Mme. de Sé-
vigné immortalisa, comme Coulanges, Corbinelli, Pillois,

Vatel et tant d'autres ; la divine marquise, vous le savez, faisait des immortels ni plus ni moins que le fauteuil académique. Probablement M. Beaussier n'avait été nommé que pour donner quelque relief au tableau ; il n'avait accepté peut-être que par déférence et à contre-cœur, par faiblesse peut-être encore. On avait investi notre ancienne connaissance, le folliculaire clerc de procureur Micoulin, de la charge de délégué du directoire. C'était le bel esprit, le génie du quatuor.

Après tout, Micoulin n'était pas un antropophage. Loin de là, son grand principe consistant à bien vivre avec peu d'argent, c'était le plus tolérant des républicains, quand il avait dîné aux dépens d'autrui. Cet homme de pâte grossière était moins révolutionnaire par la tête que par le ventre ; les destinées de la république le préoccupaient bien moins que ses goûts favoris (1).

---

(1) Régulièrement, tous les samedis de l'automne, Micoulin, endossait la grosse veste du braconnier, assortie avec les guêtres et la chaussure du pâtre. Le fusil double sur l'épaule, une lourde carnassière sur les reins, il s'acheminait pédestrement, et sans chien, vers le château de Ruffi, à St.-Barnabé. On ne l'avait pas prié vraiment, mais on l'y attendait, et les arrangements du noble ménage avaient été pris en conséquence. Le magistrat déguisé s'asseyait, sans façon, autour de la table hospitalière, prenait sa part d'un souper copieux dont la bonne et sainte Mme de Ruffi faisait de son mieux les honneurs, à son corps défendant ; puis il allait s'étendre dans le meilleur lit de la maison. Le lendemain, avant l'aurore, le chasseur au petit pied, précédé d'un valet de ferme, se dirigeait, le cœur gonflé d'espérance, vers le phénix des cabanes à grives de la contrée. Midi sonnant, le parasite, dûment averti, quittait le poste pour la salle à manger, où il s'empiffrait à plaisir. Au jour tombant, notre homme bien repu meublait sa sacoche de son gibier propre et, parfois, de gibier détourné, puis retournait à la ville, enchanté d'une journée complétée par l'ineffable plaisir d'avoir

Le 1er thermidor arrive enfin et Marseille est changée
en un champ de bataille. Le sujet de la guerre était bien
mince, comme pour le plus grand nombre des guerres
d'autrefois. Mais ici ce n'était qu'un prétexte, une merveilleuse occasion que les meneurs saisirent crainte de ne
plus la retrouver s'ils la laissaient échapper. Les jacobins
de Marseille, émancipés par un fou, étaient impatients
de reprendre 93 en sous-œuvre, comme s'il leur eût été
loisible de braver impunément la volonté du Directoire,
intéressé plus que personne au maintien de l'ordre avec
le nouveau système de gouvernement encore mal affer-
mi ; comme si notre ville eût été séparée du reste de la
France par un infranchissable barrière ; en un mot, les
loups, bien éveillés, étaient revenus après la battue : ils
prirent leur revanche sur les moutons endormis à moitié.
Ils se croyaient à la veille de regagner le terrain perdu.
La simultanéité, l'uniformité de l'attaque prouvèrent, au
surplus, l'existence d'une conspiration longuement médi-
tée et des mesures stratégiques habilement préparées dans
les conciliabules du parti ; au lieu que ceux des habitants
qui avaient tout à perdre se laissèrent prendre au dépourvu.

Au lever du soleil de la journée néfaste, presque toutes les sections étaient envahies par les vieux coryphées

---

bien ri, dans sa barbe, de la gêne et du trouble qu'il avait causés, car il savait tout. Son départ bien constaté, les prisonniers,
c'est-à-dire les prêtres orthodoxes, il y en avait ordinairement quatre ou cinq, sortaient de leur trou. Micoulin, qui les
connaissait parfaitement, pouvait les perdre et n'en fit rien. Le
trait est méritoire, pourvu que la crainte de compromettre ses
plaisirs n'y fût pas pour quelque chose.

de la rue Thubaneau et leurs affidés. Des bandes formidables de prolétaires ameutés, arrivant à la file, occupaient les dehors. Cependant la droite des assemblées était la plus forte en la comptant par tête. Les vieillards, les poltrons, les tièdes, les indécis et les paresseux retranchés, l'avantage restait aux révolutionnaires à bras de fer.

Dès sept heures du matin, le bureau provisoire était formé par les patriotes section, 2 (les Capucins) et 18. Dans le même temps, l'apothicaire Vernet, clubiste célèbre par sa sottise et son excentricité, entrait au numéro 3 (la Palud) en criant de toutes ses forces : Point de chouans, mais des montagnards ! Soixante vauriens armés de bâtons le suivaient. On fit résistance, on essaya de lire, au milieu du tumulte, la liste légale des votants. Peine perdue. Un intrus s'assit au fauteuil provisoire; les réclamations furent vives, opiniâtres, on les confondit en expulsant brutalement l'opposition. On traîna plusieurs citoyens honorables par les cheveux; l'un d'eux fut blessé à la main d'un coup de couteau. A la section n. 4 (le Concert), scène pareille; formation avant l'heure du bureau, plaintes étouffées par des vociférations, des chicanes ridicules, des querelles individuelles, des coups enfin. Un homme de bien, M. Bonifay, est gravement blessé, et la faction reste maîtresse du terrain.

La section 5 (les Augustins) présenta un spectacle plus épouvantable encore. Les opérations, commencées assez paisiblement, sont tout-à-coup interrompues par des cris sauvages venant de la porte; c'était le peuple souverain qui pénétrait dans la salle. Les soldats-citoyens, ferrés sur leur rôle d'immobilité traditionnelle, se sont fait statues. Les votants, indignés, refoulent les envahisseurs; on en arrête plusieurs; le commandant du poste chargé de les garder retrouve l'usage de ses membres pour les relâcher. La séance ayant repris son cours, les assaillants reviennent à la charge, cette fois bien armés; ils s'emparent du scrutin de haute lutte, balayent l'enceinte, battent les plus lents à sortir; ils auraient tué le président malgré ses 84 ans, sans l'intervention d'un piquet de cavalerie.

Depuis l'élection de Mouraille on n'avait rien vu de pareil. Les sans-culottes de 95 recommençaient leurs dévanciers de 92. Nous cherchons vainement dans nos notes l'histoire du numéro 11, dans la journée du 1er thermidor : il n'y avait donc que des jacobins dans cette caverne, puisque tout s'y passa bien, révolutionnairement parlant ! Est-ce que par hasard on avait déserté la section pour aller faire ailleurs du patriotisme de coupe-jarrets ?

Mais nous n'avons pas tout dit. Abrégeons, car nos entrailles se soulèvent devant l'obligation d'avoir à raconter tant d'abominables choses.

Partout la même tactique, les mêmes excès, la même fin. Les actes de brutalité furibonde d'une section se reproduisaient simultanément dans les autres avec les mêmes formes et la même intensité : les rôles avaient été bien enseignés et bien appris; il y eut pourtant des variantes qui coupent la monotonie de l'ensemble : nous enregistrerons les plus saillantes.

Dans la section 31 (les Minimes), le bureau changé, les votants mis en fuite, un très honnête garçon Maria, fils du juge de paix de ce nom, moins diligent que les autres, reçut d'un groupe de furieux acharnés contre lui une telle averse de coups de toute espèce, qu'il eut à peine le temps d'aller rendre l'âme dans son lit. Sauf erreur, un descendant de ce Maria exerçait au palais, sous la présidence de M. Rigordy, les fonctions d'huissier audiencier.

Mais, nulle part la fureur des conjurés ne fut aussi loin que dans la section n. 1 (les Recollets). Séjour privilégié, exempt jusque-là de la contagion, séjour heureux, où la paix descend du ciel, peuplade à part, où les mœurs antiques sont héréditaires, où le luxe extérieur est inconnu, où chacun connaît son devoir et l'accomplit, sans prétention et sans hypocrisie, reflet sans ombre du Marais parisien ; salut !

Le pays classique de la vertu modeste quoique dorée, eut de tout temps des détracteurs : on ne pénètre pas l'envie ? Il était réservé à la révolution de lui envoyer des assassins. Le bureau provisoire installé, on procédait à la formation définitive ; ces préliminaires n'avaient pas été troublés, mais un bruit sourd annonçait l'approche des bandits. Bientôt la garde de la porte est forcée, une agglomération nauséabonde de prolétaires ou, pour mieux dire, de brigands armés en corsaires s'introduit dans l'assemblée. Ils portaient des bâtons, des sabres et des poignards. L'aspect sinistre de la bande disait assez à quel usage ce formidable appareil était destiné. Les misérables se précipitent sur des citoyens sans armes. N'importe ; les plus braves, car, les braves ne manquaient pas, essayent une résistance impossible. Au milieu du désordre, le président s'empare avec adresse des papiers et des votes, et s'esquive. La troupe de ligne survient, empoigne les scélérats qui lui tombent sous la main, nettoie le pourpris de tout le reste, et ferme la porte. Jusques-là, rien d'extraordinaire, il semble que les agresseurs avaient manqué leur coup, puisque le bureau n'était pas tombé en leur pouvoir. Cependant, un homme avait été frappé mortellement, et cet homme était un de nos plus honorables compatriotes; le dernier mâle de l'ancienne famille des Bourguignon de la place Vivaux.

Le jeune et malheureux enfant de Marseille avait à peine franchi le dernier degré du péristyle, lorsque un coup de poignard l'atteint mortellement par derrière à l'épaule. Il essaye de marcher, il fait qnelques pas encore, et va tomber sans vie dans la rue des Dominicaines, vis-à-vis la boutique du serrurier jacobin Rome. C'est ainsi que l'inexorable révolution venait de dévorer l'unique reste d'une famille qui n'avait jamais forfait à l'honneur. M. de Bourguignon, chef de la race, et son fils aîné avaient péri sur l'échafaud de Brutus, et le marquis de Nioselles, beau-père de la victime du 1er thermidor, les y avait précédés sous le glaive de Maillet (1).

---

(1) M. Nègre, père de l'honorable avocat de ce nom, une des sommités du barreau de Marseille, se trouvait à la section des Recollets le jour où le malheureux Bourguignon fut assassiné; il était au milieu de la salle. Décidé à ne pas recevoir les coups que d'autres électeurs se laissaient donner, M. Nègre démancha une chaise dont il prit le barreau pour s'en faire une arme et se frayer un passage. Il tenait dans la main gauche une autre chaise qui lui servait de bouclier. Il parvint de cette façon jusques au milieu de la rue d'Aix; mais il avait recu un coup de stylet sous l'œil droit et un grand nombre de contusions. Les frères Laure

Soit que le comité directeur eût jugé convenable de m'employer la violence qu'avec une force proportionnée au grand nombre de jeunes gens déterminés qui protégeaient la section 4 (St.-Ferréol), soit qu'il y eût parmi les émeutiers des gens peu disposés à maltraiter l'aristocratie commerçante qui les nourrissait, les opérations électorales s'étaient accomplies dans la séance du matin, sinon sans opposition, du moins sans violence. L'affaire devint plus sérieuse dans l'après midi. A deux heures, les fiers à bras des Carmes, tombés des nues, entrent de force dans la salle (c'était un des salons de la préfecture actuelle), houspillent la réunion, la poursuivent dans la cour à grand renfort de bourrades, et la jettent dans la rue encombrée par la canaille. L'auteur de ces essais qui n'avait pas assisté à la séance du matin, le vieux marseillais que vous savez, cède à la fantaisie d'aller voir ce qui se passait à la section. C'était à coup sûr une insigne folie. En entrant dans la rue Mazade, je démêle dans la foule agitée un monsieur déjà sur le retour, M. Xavier Nouvel, que je ne connaissais que depuis peu, des gaillards l'étrillaient d'importance. Poussé par le diable, je pense, je vole à son aide. Le battu s'étant esquivé, je le remplace au milieu des battants. Je fuis, on me poursuit; les pavés volent dans ma direction, aucun ne m'atteint, j'étais invulnéra-

---

vinrent à son secours et le conduisirent ensanglanté jusqu'à sa fabrique de cire, boulevart de la paix. M. Nègre dut son salut à sa force athlétique, peut-être aussi à la situation de son domicile. Les assassins se tenaient dans la partie inférieure de la rue d'Aix. Il répétait souvent à son fils qu'il aurait infailliblement péri comme M. Bourguignon si, blessé au visage comme il l'était, il lui avait fallu passer par la rue des Dominicaines ou par la rue latérale du Cours.

ble, comme Achille aux pieds légers, sans quoi j'aurais
bien pu mourir comme le premier martyr, après avoir
subi la prison comme le premier apôtre; mon chapeau
tombe, on le met en lambeaux; cet incident protège ma
course; la porte de mon domicile, situé sur la place même, s'ouvre par enchantement; je m'y jette à corps perdu,
je me barricade; deux minutes après, j'entends le cliquetis des vitres cassées qui dégringolent du haut en bas.
Cette lapidation appaise la colère de l'ennemi; de sorte
qu'à la fin du jour je pus, sans trop de danger, prendre
le chemin de mon asile héréditaire de St.-Antoine. J'aper-
çois du tumulte à St.-Louis, je n'ai garde de m'y arrêter,
chat échaudé que j'étais; j'arrive enfin au gîte tout pantelant et j'y trouve ma pauvre femme dans des transes mortelles. Je jurai, mais un peu tard, qu'on ne m'y prendrait
plus, et j'ai tenu parole.

La tempête du 1er thermidor ne s'appaisa que le quatrième jour. Les tapageurs venaient tous les soirs épou-
vanter les habitants de la rue Saint-Ferréol. La grande
tourmente avait cessé; les flots de l'émeute menaçaient
encore.

Il y avait dans le local même où prospère aujourd'hui
le café Bodoul un restaurant bien fréquenté. C'était dans
ce temps-là le seul rendez-vous un peu décent des gas-
tronomes proprement vêtus; car Marseille était alors fort
arriérée en fait de confort. Le maître s'appelait Laplaine,
il avait servi, lui et sa femme, dans la maison Bourguignon; nourris longtemps tous deux dans une famille où
les patriotes de révolution étaient en fort mauvais prédi-
cament, les Laplaine en avaient conservé les opinions,

ou si l'on veut les préjugés, ils faisaient assez bien leurs
affaires sans être riches. Ces braves gens devinrent le
point de mire de la canaille qui les avait pris en grippe ;
les scènes bruyantes se renouvelaient tous les jours dans
leur établissement. Des bandes de galopins se faisaient
servir et resservir à tour de rôle d'un ton absolu, et
payaient la carte en brisant tout ; ils en firent tant qu'ils
ruinèrent le bon Laplaine de fond en comble ; il ne s'en
releva pas. Lui et les siens, jusqu'au dernier, sont morts
dans la dernière misère.

Tant d'énormités fixèrent l'attention des assemblées lé-
gislatives ; les députés de Marseille portèrent à la tribune
une pétition collective souscrite par deux mille cinq cents
citoyens honorables. La supplique fut prise en considération ; le député d'Aix, M. Siméon, tonna. Les inspirations
d'une âme bien née, le souvenir des anciennes amitiés, le
cri du bon droit et l'attachement au pays natal prévalurent
sur la politique réservée de l'avocat provençal (1). Le
conseil, sur le rapport de Thibaudeau, prononça la nullité des élections et envoya au directoire un message qui
resta sans réponse. Le directoire avait annoncé aupara-

(1) Portalis premier, qu'on pourrait appeler dans un sens rela-
le Grand-Portalis, était beau-frère de Siméon et son supérieur en
talent. Portalis, dit un écrivain dont Marseille a longtemps subi la
domination, était presque aveugle : lorsqu'il débitait à la tribune
ses beaux discours, il ressemblait à Homère déclamant des vers
immortels. On croyait en général qu'il improvisait, c'était une
erreur ; ce n'est pas que dans l'occasion il ne fût pas capable de
rendre très bien les inspirations soudaines qu'elle pouvait faire
naître, mais toutes les fois qu'il n'était pas pressé, il écrivait ou
dictait son discours, le relisait, le retenait par cœur et le débitait
à l'aide d'une mémoire infaillible. (*Mém. de Thibaudeau*. vol. 2,
pag. 113.)

vant qu'informé des orages qui menaçaient le Midi, il avait cherché à en prévenir les effets, et qu'un général sage et énergique y serait envoyé.

Le 13 vendémiaire avait préparé l'avénement du nouveau pouvoir. On congédia les jacobins auxiliaires, considérés, lorsqu'on n'eut plus besoin d'eux, comme des instruments inutiles; on avait, d'un autre côté, ménagé les chefs de l'insurrection sectionnaire au point de laisser en liberté les plus compromis. Qu'inférer de cette conduite? était-ce faiblesse? La longanimité du pouvoir n'était-elle pas plutôt l'effet d'une pensée politique? On cherchait à prendre enfin une situation stable, et les mesures violentes ne sont qu'un moyen éphémère. Les désordres de Marseille ne pouvaient donc être regardés que comme un incident fâcheux dont il était indispensable d'arrêter les progrès. Le directoire, toutefois, par une sorte d'escobarderie, maintint dans leurs fonctions ses premiers élus. C'étaient précisément ceux là même que les anarchistes du 1er thermidor avaient portés, de manière que l'élection faite par le bâton était condamnée par le décret qui prononçait sa nullité, et tout à la fois indirectement approuvée par le *statu quo*. Mais, nous le répétons, là n'était pas la véritable question pour Marseille. Une seule chose nous importait: c'était celle de savoir auquel des deux le terrain appartiendrait de la barbarie ou de la civilisation. Les révolutionnaires virent un assentiment tacite dans la confirmation des municipaux existants. La nomination du général Willot au commandement de la 8e division leur fit voir qu'ils se trompaient; car, dès son arrivée, les plus coupables d'entre les jacobins furent enfermés; les autres se cachèrent.

Marseille fut donc enfin gouvernée ; les despotes ambulants, stupidement atroces ou fous à lier, qui avaient tour-à-tour, sauf quelques honorables exceptions, tourmenté, dévoré le Midi, faisaient de la tyrannie et non pas du gouvernement. Qui l'eût dit ? le bienfait d'un commandement régulier et protecteur sortit de l'épée, tant il est vrai que, dans certains temps, il n'y a de probable que l'imprévu, et que l'union entre la force et la sagesse fait quelquefois fléchir le destin (1). L'essentiel était de faire diligence. Les plaies du Midi, encore saignantes, exigeaient un prompt appareil qui les empêchât de s'envenimer.

Les Hercules anti-sectionnaires n'étaient ni désarmés, ni soumis, et par contraste les fuyards, c'est le nom qu'on donnait aux sans-quartier de la réaction, recommençaient de plus belle leurs brigandages dans la partie nord de la banlieue ; la déroute du 1er thermidor les avait ressuscités. Tout en s'attribuant la mission de venger la société, ces hommes pervers s'en faisaient les fléaux. Amis ou ennemis, pour eux la seule différence consistait en ce qu'ils rançonnaient les uns sans les tuer, et tuaient les autres en les dépouillant. Voici, comme épisode, un ou deux exemples de leurs prouesses ; nous parlons *de visu* sur le premier.

Une escouade de soi-disant dragons à pied, recrues ti-

(1) Le général Willot fut le premier gouverneur militaire de Marseille qui n'eut d'autre contrôle à subir que celui de l'autorité suprême. Ses successeurs, placés sous l'influence des opinions et de circonstances diverses, le firent plus ou moins regretter. Quoiqu'il en soit, Marseille fut maintenue en état de siège jusqu'au consulat, qui créa de nouvelles institutions.

rées du village, paysans déguisés en soldats , stationnait,
par mesure de police , au point de jonction de la route
d'Aix à la route de Martigues. Le 14 août 96 , vers cinq
heures du soir , la brigade, mal disciplinée , était sortie du
poste sans sans y laisser de sentinelle. Les fuyards, arrivés
à l'improviste sur la hauteur, descendent en courant et
sans bruit, entrent dans le corps-de-garde désert, s'emparent des carabines , fondent sur les uniformes éparpillés,
croient reconnaître un terroriste campagnard qui cherche
à s'abriter derrière une charrette : un coup de fusil l'atteint, il est achevé par la bayonnette en présence des
voyageurs et des rouliers arrêtés par ordre aux deux avenues du grand chemin. La circulation rétablie, les exploi-
tants voyant venir d'en haut une berline de belle apparence , volent à sa rencontre et la dévalisent devant une
population de 500 âmes qui encombrait l'espace. Les voyageurs avaient mis pied à terre; on reconnut parmi eux
M. et Mme. de Robineau qui croyaient rêver. Sans perdre
de temps , et chargés de la partie portative du butin, les
fuyards prennent précipitamment le chemin des Aygalades , envoyant aux échos le cri : Vive le prince Charles ?
Notez que le vaillant archiduc venait de battre Jourdan et
de forcer Moreau à rétrograder. Vraiment on ne s'attendait pas à cette étrange ovation ; le noble prince l'aurait
à coup sûr maudite en la répudiant s'il avait pu l'entendre.

Deux ou trois jours après, nouvel exploit dans le vallon
des Pennes, passage célèbre en mésaventures. Une caravane de villageois revenant du marché de Marseille ,
où les denrées s'étaient converties en espèces sonnantes ,

est couchée en joue par cinq ou six brigands et débarrassée de son pécule. L'opération fut exécutée avec une merveilleuse dextérité. On fit déchausser les manants ; un écu de six francs découvert dans un soulier ne fut pas plus épargné que tout le reste, malgré les lamentations du propriétaire. Enfin, lorsque les voleurs sont bien assurés d'avoir tout pris, ils lèvent l'embargo ; cependant, l'un d'eux aperçoit dans le groupe une ancienne connaissance, un jacobin avéré : Hors des rangs, coquin ! — Pardon, prenez pitié de ma misère et de ma fièvre quarte. — Ah, ah ! tu as la fièvre, *as lei febre*, nous allons t'en guérir ! et deux balles dans la poitrine l'étendent raide mort.

L'argent du vol ne tient pas longtemps aux mains du voleur, il se volatilise dans la débauche ; une alternative de brigandages et de plaisirs, c'était la vie des fuyards, c'était un qui vive perpétuel qui, du reste, ne les inquiétait guère : n'avaient-ils pas des hôtes complaisants et des partenaires assidus dans les petites localités qu'ils hantaient de prédilection ? et qui eût osé d'ailleurs les refuser ou les trahir ? Prendre aux riches avares pour rétablir la circulation des espèces, c'était rendre service au public ; c'est ainsi qu'ils entendaient l'égalité.

Les attraits du vice séduisent et empoisonnent : les fuyards se recrutèrent de jeunes prosélytes qui voulurent courir au butin après avoir pris leur part de l'orgie. Il s'en trouva qui appartenaient à des familles probes et considérées ; un surtout dont nous tairons le nom, beau, brillant de jeunesse et d'intrépidité, qui fut par la suite le chef de la bande. Il y avait dans cet adolescent égaré l'étoffe d'un grand capitaine ; sa bravoure et son intelligence étaient sans égales (1) ; son père au désespoir se jeta dans un puits, et celui d'un camarade qu'il avait gagné fut trouvé pendu. Révolution, voilà tes présents !

La haute et basse police se mit aux trousses des fuyards, ou les atteignait quelquefois ; nouveaux Protées, tantôt lions terribles, tantôt fluides vaporeux, ils s'échappaient toujours ; ils étaient bien avertis, bien cachés et d'un abord périlleux à l'excès. Avec de l'or, ou parvint à fourrer des espions dans la confrérie : au premier soupçon, le traître était fusillé sans miséricorde.

L'impunité des fuyards donnait la mesure de l'état maladif sorti des derniers désordres. Une autorité mésestimée manquant de confiance en elle-même, incapable par conséquent de travailler avec fruit au réveil de l'esprit public, une garde nationale composée d'éléments hétérogènes, s'acquittant à contre-cœur d'un service importun, mais indispensable à la sauve-garde des propriétés, la torpeur du corps social, le découragement du commerce, le repos menaçant du lion prolétaire, l'inquiétude sur l'avenir ; en un mot, cette situation tourmentée qui pronostique les crises, telles étaient les calamités de Mar-

---

(1) S... rôdait seul, par une soirée de dimanche, sur les hauteurs qui dominent le quartier St.-Louis, à une petite lieue de Marseille ; il guettait un jacobin nommé Giraud, le basilic des prêtres et des honnêtes gens, quoique juge de paix ; Giraud se trouvait par hasard sur la place, au milieu de la population désarmée ; S... le démêle et d'un bond, apparaissant aux regards de l'assistance ébahie, il ajuste le jacobin, et le coup mal dirigé va frapper mortellement un excellent homme nommé Jourdan, placé malheureusement côte à côte de Giraud, qui s'était glissé dans une ruelle. S... maudit sa maladresse, plaignit un instant sa victime et disparut comme la foudre. Cet événement est postérieur au 18 fructidor.

seille, avant qu'une main puissante lui fût tendue pour la
retirer du bourbier. Cet honneur était réservé à l'énergique plénipotentiaire du gouvernement, et l'on peut dire
que le directoire, en mettant ainsi le doigt sur la plaie,
et réparant jusques à un certain point et sans y songer
peut-être, les dommages de trois années de malheur, venait de nous faire un don précieux, don d'autant plus
inestimable, que la pentarchie n'était pas trop prodigue
de bienfaits.

Le général de division, Amédée de Willot avait reçu
le jour, en 1757, à St.-Germain-en-Laye. Le double W
de son initiale semble indiquer l'origine de sa famille,
probablement issue d'un jacobite écossais fidèle au malheur. Le taille de M. de Willot était bien proportionnée,
quoique peu élevée; ses traits brunis et altérés par le soleil
et les fatigues des camps, portaient, sans être remarqua-
blement beaux, l'empreinte de la grandeur tempérée par
la bonté. D'une noble popularité dans ses habitudes, on
l'abordait avec respect, mais sans crainte, et bientôt on
se trouvait à son aise auprès de lui. Ses manières affables,
la bienveillante simplicité de ses paroles, sa franchise et
son allure de gentilhomme de cour bien élevé, attiraient
sur sa personne un inexprimable penchant à l'affection.
Willot était royaliste, disait-on; nous sommes porté à le
croire ainsi. Pouvait-il ne l'être pas avec tant d'élévation
dans la pensée, de désintéressement et de probité dans le
cœur ?

Destiné par son père au métier des armes, Willot,
après une éducation facilitée par beaucoup d'esprit naturel, entra dans un régiment avec le grade de sous-lieute-

nant. Son ton de bonne compagnie et sa bravoure chevaleresque le firent distinguer parmi ses camarades, en
général assez mal appris dans ces temps de confusion. Son
avancement fut rapide; il était général de brigade dans
la campagne de 93 contre les Espagnols. Un échec éprouvé
faute de renforts suffisants pour tenir tête aux masses opposées, contre-temps d'ailleurs exagéré par l'envie, fut
la cause d'une disgrâce absolue. Il prit ensuite une brillante revanche contre les Espagnols, et fut nommé général de division.

On l'adjoignit alors à Hoche, guerroyant dans la Vendée, avec la mission particulière d'une tentative de pacification générale. Willot, appelé par son supérieur au
concours de l'accomplissement d'une entreprise si scabreuse, accepta de grand cœur un travail conforme de
tout point à ses convictions intimes. L'ouvrage était avancé; il l'eût été bien davantage sans les procédés cauteleux
et perfides du général Hoche. La franchise du subordonné
ne s'accordait pas avec les tergiversations et le manque
de foi du chef. Willot s'en plaignit dans une lettre qui est
restée comme un monument de sa loyauté. « Quoi! écrivait-il, mes propositions sont admises, mes conditions
acceptées, et vous me désavouez! J'offre des amnisties,
et vous prononcez des condamnations! » Une scission éclatante entre les deux officiers termina la querelle : c'était
inévitable. Willot sollicita son rappel, qui suivit de près
la demande. Ce fut alors que Barras jeta les yeux sur le
futur ami des Marseillais pour lui confier les intérêts de
Marseille. Le caractère conciliant de l'envoyé avait déterminé la préférence du maître.

Sous les auspices de Willot, le culte catholique, délivré de l'inquisition proconsulaire, reparut au grand jour. La piété claquemurée put enfin se manifester librement. En attendant la restauration complète des églises encore debout, mais vandalisées, on construisit à la hâte, avec les grosses aumônes du riche et le denier de la veuve, des chapelles de bois, l'une au boulevard Dumuy, sous l'invocation de St.-Mathieu, patron du bienheureux martyr, dernier curé de St.-Ferréol, l'autre dans la partie de la rue Paradis qui avoisine le théâtre. Ces barraques n'attestaient que trop la misère des temps ; elles étaient petites, sans ornements ; la pompe en était exclue ; le concours des fidèles en tenait lieu, car la solitude du temple nuit à sa majesté. Un clergé nombreux que l'étranger venait de nous rendre en faisait le service : il était assisté par des prêtres regnicoles, revenus de l'exil, qui s'étaient arrêtés sur nos bords hospitaliers. En un mot, Marseille redevint ostensiblement chrétienne, et ce retour aux saintes pratiques fut si général, qu'on vit des sans-culottes de renom aller dévotement à la messe.

Sous les auspices de Willot, le commerce marseillais reprit courage. Les fournisseurs gorgés des richesses de l'Italie importèrent des grosses sommes d'argent, les uns pour les dissiper au plus vite, les autres pour les faire valoir. Les pavillons étrangers visitèrent de nouveau notre port, et les quais reconquirent leur animation. Plusieurs maisons américaines s'établirent à demeure, les navigateurs des Etats-Unis commençaient à fréquenter nos parages ; ils apportaient des marchandises de toutes les parties du monde, des denrées coloniales surtout, à demi

anglaises à la vérité, mais ce commerce avait cela d'utile,
qu'il décuplait le mouvement, jetait l'abondance sur le
marché, et principalement en ce que le produit des ventes
servait, en majeure partie, à payer les factures de Nîmes, d'Avignon et de Lyon qui trouvaient dans l'échange
un écoulement longtemps obstrué de leurs produits. Paris
même eut sa part du profit par l'emploi de ses ouvrages
de luxe, d'agrément et d'utilité. Cette agitation mercantile du port de Marseille qui n'a pas de pareille, en temps
de paix, en Europe, Londres excepté, prenait de jour en
jour un admirable développement. L'intérieur pompait le
superflu des approvisionnements. Les grandes spéculations
remplacèrent les mesquines transactions des dernières années. Le peuple heureux d'un travail bien rétribué, bénissait Willot, sa seconde providence, et le jacobinisme
faisant le mort, la folle gaîté de la place St.-Louis rentra
dans son vieux privilége d'égayer les passants avec ses
burlesques refrains au gros sel provençal. La *Marseillaise*
et le *Réveil du peuple* s'éclipsèrent, et le hideux *ça ira*
s'engloutit à tout jamais dans un égoût.

Sous les auspices de Willot, les mariages se multipliè-
rent. La population réduite d'un tiers, revint insensiblement à son chiffre normal. Le théâtre purgé des ordures
révolutionnaires repeupla ses banquettes ; le parterre qui
n'en avait pas encore, respecta les loges et les acteurs.
L'esprit de famille reverdit, la sécurité vint habiter le toit
domestique et la sonnette portière cessant de vibrer jusqu'au fond des entrailles perdit le don d'épouvante.

Le général, philosophe en action, vivait sans faste
quoique sans parcimonie. Deux aides-de-camp coupés sur

son modèle étaient ses commensaux et ses amis, en dehors des nécessités du service.

A chacun son métier, l'éloquence manquait au militaire. Il avait la parole brève, la conversation piquante
et de bon goût, ne ressemblant guère à ces tyrans de
société qui s'emparent du dé de haute lutte et ne lâchent
prise qu'après avoir poussé à bout la patience de l'auditeur.

Willot acceptait volontiers les invitations bourgeoises
sans que sa présence occasionnât la moindre gêne. Les
parties de campagne, dans toute la simplicité du genre,
étaient fort de son goût.

Une société de vivants, presque tous échappés de Ste.-
Claire, s'avisa d'offrir un banquet au général. La proposition ayant été acceptée et le jour fixé, le gouverneur
de Marseille, accompagné de son premier aide-de-camp,
s'achemina à pied vers le pavillon Samatan situé au bas
de la montagne de la Garde, il y trouva une réunion de
gaillards qui n'engendraient pas mélancolie. On servit. A
vrai dire, le menu n'était pas de nature à contenter les
docteurs de l'art de la gueule. Grosse chère et grand appétit, vive la campagne pour l'appétit ! Le général mangea comme un chasseur satisfait de sa journée. Au bout
d'un quart d'heure les rangs étaient confondus, l'aide-de-
camp ouvrit le feu des gueulées par une ronde de grenadier, le général fit chorus. Un digne Marseillais soutint
l'honneur du drapeau dans sa langue maternelle et malheur aux oreilles pudibondes ; le provençal, c'est l'idiôme
que je veux dire, est sans pitié. Mais il n'y avait là que des
hommes et point d'hypocrites. On porta des toasts, il y

en eut *in petto*, ceux-là n'étaient pas les moins sincères, il y en eut d'autres pour la forme, ceux-ci ne l'étaient pas du tout. On but enfin à Willot, les convives s'étant respectueusement levés, l'orateur d'office lut quelques phrases compassées qui ne firent pas fortune. Le porte paroles s'appelait Michel, honnête libraire de la rue St.-Ferréol. Le héros de la fête balbutia une courte réponse qui prouva que tous les hommes ne sont pas propres à tout (1).

Barras voulut éblouir ses sujets d'emprunt par le clinquant d'un luxe désordonné; il trouva dans sa cour dépravée des femmes-modèles qui le servirent à souhait. Les modes renouvelées des Grecs et des Romains de l'empire furent outrées jusqu'aux devergondage. Les robes décolletées, aux longues queues, aux tissus translucides, aux manches à peines indiquées, les reseaux de la première femme de Claude parurent de bon ton; on eût dit des naïades sortant de l'eau. On ganta les pieds, dont on entoura le *pollex* et ses quatre diminutifs d'anneaux enrichis de pierreries. Quelques dames du haut parage d'abord, les prétendues moitiés des fournisseurs ensuite, puis les princesses de théâtre en petit nombre s'engouèrent de ces extravagances; la véritable bonne compagnie s'en pré-

---

(1) Invité de droit en ma qualité d'enfant de Sainte-Claire, j'eus l'honneur de causer, avant le repas, assez longtemps avec le général Willot dans une promenade solitaire, nous parlâmes de tout, et de politique en particulier. Passant sous silence ce qui doit rester secret, je puis attester du moins mon enthousiasme pour les hautes pensées qui, dans ce moment d'abandon, s'échappèrent comme un torrent de l'âme du personnage, homme de cœur, homme d'état, que je ne pouvais pas me lasser d'écouter! Instants délicieux qui ne s'oublient plus!

serva. Du centre, l'indécence des vêtements féminins gagna les rayons, et, de proche en proche, s'introduisit à
Marseille. On y apporta néanmoins quelque tempérament, dans la crainte d'être montrée au doigt et d'avoir
à subir le cortège des gamins, ce qui, du reste, n'eût pas
été nouveau. Consciencieusement parlant, nous ne pouvons pas nous vanter d'avoir aperçu sur les trottoirs de
Marseille des brodequins de vestale. Les prudes tinrent
bon contre le mauvais exemple. On dit pourtant que des
coquettes archi-majeures, à qui la nature n'avait départi
que les belles proportions de la base, ne sortaient jamais
de la maison sans avoir consulté l'augure du baromètre :
il leur fallait de la pluie ou de vent ; le ridicule et les
fluxions de poitrine les rendirent plus sages. Le mystère
avait été dévoilé par les femmes de chambre renvoyées,
engeance traîtresse et bavarde.

Au surplus, le scandale des parures ne dura pas plus
longtemps que le Directoire.. Nos françaises eurent le bon
sens de ne pas attendre, pour s'amender, les avertissements de la pruderie britannique.

Depuis quelques mois, la mère et les sœurs de Bonaparte avaient quitté leur île de montagnes pour venir
essayer à Marseille les avant-goûts de la grandeur. Elles
habitèrent l'hôtel de l'émigré M. de Cipières, qu'on leur
avait concédé, et dont on disposait comme étant de bonne
prise. Tout était à refaire dans cette demeure livrée au
bras séculier quatre ans auparavant. Les dames s'acco-
modèrent au désarroi comme de franches troupières, et,
dans peu de temps, le logement devint tolérable. Mme.
Letitia était bonne ménagère, précieuse qualité qu'elle

conserva au sein de l'opulence; de plus, elle ne manquait pas d'esprit. Accoutumée dans son pays à recevoir du monde, elle sut concilier ce goût avec la stricte économie exigée par la modicité de ses ressources. La fortune de son fils ayant rejailli sur l'hôtel Cipières, on put tenir un état de maison, sinon somptueux, du moins honorable. On ouvrit les salons, on eût un cercle. Les notabilités aristocratiques ayant fait défaut, je ne les en blâme pas, on prit le menu fretin des notabilités intellectuelles; le jeune barreau, les poètes à versicules, les beaux esprits à la douzaine, les étudiants au boisseau, les employés supérieurs ou non, les officiers de tout acabit, composèrent cette cour de révolution, ce bureau d'esprit en parodie. On y faisait des lectures, on y débitait des vers de société qui ne sont pas la perle du genre tant s'en faut, la prose ne valait guère mieux. Tout est bon quand on a faim; mais l'ennui arriva. Alors on eut l'heureuse idée de la comédie; on joua donc la comédie aux chandelles entre deux paravents. Les jeunes maîtresses de la maison daignèrent prendre des rôles. Paoletta, espiègle enjouée, fit les soubrettes, et s'y distingua. Ces magnificences à bon marché divertissaient *madame mère*, qui ne sortait presque jamais, attendu qu'elle n'avait pas d'équipage. Ses filles, au contraire, couraient la ville du matin au soir. Elles étaient toutes trois assez bien : sveltes et dégagées, leur désinvolture italienne n'était pas sans attrait; il ne leur manquait pour charmer les regards les plus difficiles qu'un épiderme moins méridional. Paoletta, si célèbre et si célébrée sous le nom de Pauline quand elle fut assise sur les marches d'un trône, était la plus piquante de la

couvée. Sa démarche libre, son laisser-aller naturellement
gracieux la faisaient remarquer ; sa toilette était simple,
sans apprêt, et tant soit peu grelée ; elle suivait la mode,
mais n'en était pas le moins du monde l'esclave.

Mme. Bonaparte (Joséphine Tascher) visita Marseille
en passant, à son retour d'Italie, après la conclusion du
traité de *Campoformio*. Il nous souvient de l'avoir vue au
théâtre, dans la grande loge de droite des secondes. Cette
aimable femme, qui eût été parfaite sans son excessive
légèreté et sa passion immodérée pour les colifichets,
source éternelle de chagrins domestiques, nous parut encore belle. Resplendissante de pierreries, sa tête, prélu-
dant au diadème, était ornée d'une riche toque en forme
de turban, et surmontée d'une aigrette immense qui dissi-
mulait à merveille la médiocrité de sa stature.

Les révolutionnaires, fidèles à leur instinct de méchanceté, avaient exploité à leur manière une prépondérance
momentanée, c'est-à-dire qu'une fois maîtres du pavé de
par l'émeute, ils avaient persécuté ceux qu'il n'était plus
en leur pouvoir de faire mourir. Les princes, encore en
prison, n'avaient pas été oubliés dans la distribution de
leurs maléfices.

Vers les premiers jours de juin, on amena au fort St.-
Jean l'ancien commandant Pagés. Les jacobins avaient
juré sa perte ; ils menaçaient de venir eux-mêmes l'expédier, si on ne le condamnait pas sans délai ; ils annonçaient en même temps qu'ils comprendraient dans l'expédition ces infâmes *Capets* qui avaient pris part au massacre. Heureusement pour les princes, les prérogatives
du jacobinisme n'allaient plus jusques-là ; ils n'avaient la

majorité dans aucune administration ; mais Pagès fut livré à une commission militaire, qui le fit fusiller comme complice des sabreurs, bien que son absence du fort dans la funeste soirée, fût indubitable.

Le décret d'échange entre les Bourbons, prisonniers en France, et les conventionnels, détenus en Allemagne, semblait ne pas concerner les jeunes d'Orléans. Ils s'en plaignirent à leur mère qui, de son côté, s'épuisait en vaines sollicitations. Mme. la duchesse, afin de faire prendre patience à ses enfants, fit partir alors pour Marseille une de ses dames, Mme. de La Charce, qui était aussi son amie ; elle apportait des lettres et des secours, en attendant l'ordonnance de mise en liberté, toujours ajournée, ce qui tempéra fort la joie de nos jeunes gens.

Un jour, le perruquier Maugin, brave homme qui avait donné aux hôtes du fort mille preuves d'attachement, vint leur faire part d'une conversation qu'il avait entendue entre cinq ou six jacobins déterminés, sur le projet d'une visite pour le soir même : là-dessus les prisonniers se barricadèrent à tout événement. Ces précautions terminées à peine, leur domestique Louis raconta en rentrant que le concierge venait d'être attaqué par une bande de forcenés qui voulaient s'emparer des clés. Malgré leur position critique, les jeunes prisonniers se couchèrent. A minuit, des coups redoublés à la porte les réveillèrent en sursaut. — Que nous veut-on ? Dites-nous qui vous êtes ? — La ronde de nuit. — Nous n'ouvrirons pas. Après un déluge de vociférations, le bruit cessa pour recommencer une heure après ; mais enfin tout rentra dans le silence. On apprit le lendemain que les deux visites nocturnes avaient été cau-

sées par un caporal ivre. Quant à l'issue de la tentative jacobine, la garde, accourue au secours du concierge, avait
forcé la bande à lâcher prise.

On vient de voir que les fils d'Egalité passaient fort mal
leur temps en prison ; mais le mois d'août arrivé, les choses prirent une meilleure tournure. Quoique jacobin, le
nouveau commandant Mariencourt n'était pas méchant ;
il aimait l'argent : c'était-là son faible. Il offrit à ses prisonniers un logement donnant sur l'entrée du port, ce qui
s'effectua deux jours après ; il leur permit, en outre, de
descendre sur le bord de la mer. Ces démonstrations n'é-
taient pas spontanées ; Willot était arrivé. Toutefois, les
princes impatientés d'une captivité assujétie à tant de vis-
sicitudes, invitèrent leur mère à consentir à toutes les
conditions imaginables. Ils envoyèrent le bon Maugin à
Paris ; il en revint au bout d'un mois. Mme. la duchesse
mandait à ses enfants que le Directoire les ferait embarquer pour les Etats-Unis aussitôt qu'on apprendrait le départ pour la même destination de leur frère aîné qui était
alors à Hambourg. Le commissaire de la marine, chargé
de l'exécution de l'arrêté, confirma ces dispositions dans
une visite ; mais il fallait encore trois semaines pour les
préparatifs du voyage, le bâtiment américain qui devait
prendre les princes ne pouvant mettre à la voile qu'à pareille époque. On était alors au commencement d'octobre.
Cependant le fort St.-Jean n'était presque plus une prison
pour ses deux jeunes habitants ; le général Willot qui,
dès son arrivée, était venu les voir, ne cessait pas, dans
ses fréquentes entrevues, de leur prodiguer les plus aimables procédés. Ils purent sortir tous les soirs, aller au

théâtre ou souper chez le consul américain, M. Étienne Cathalan (1), qui se conduisit en tout avec eux d'une manière parfaite. Ce sont les propres expressions du duc de Montpensier. Le général les fit prier un jour par son premier aide-de-camp de lui permettre de venir partager leur dîner.. Etes-vous bien disposés, leur dit-il en les abordant, à recevoir une bonne nouvelle? Eh bien! sachez que je suis venu tout exprès pour vous dire que dès ce soir vous sortirez de votre prison. A ces mots, les deux frères se jettent dans les bras l'un de l'autre, et puis se mettent à pleurer, à rire, à sauter comme des fous. Le général ajouta : Le bâtiment ne devant mettre à la voile que dans cinq ou six jours, vous passerez ce temps-là chez M. Cathalan.

Après dîner on fit venir le concierge et le nom des princes fut rayé de l'écrou, non sans une indicible joie des parties intéressées. Un détachement de grenadiers les accompagna jusques à la chaloupe qui les conduisit à bord du vaisseau américain, ainsi qu'il était convenu. Un quart d'heure après ils se rendirent chez M. Cathalan, qui les reçut à bras ouverts, et chez lequel ils trouvèrent Mme. de La Charce et le général. A sept heures du matin, du 6 novembre, ils vinrent à bord en compagnie de Willot, de Madame de La Charche, de M. Cathalan, et de leurs deux fidèles domestiques, Louis et la bonne Françoise, qui voulurent être de la partie. La population, instruite

_____

(1) Lors du passage à Marseille de Madame d'Orléans, douarière, cette excellente princesse reçut avec une extrême bonté Madame Samatan, née Cathalan, la digne fille de celui qui avait mis tant de complaisance dans ses rapports avec ses enfants.

de leur départ, se rassembla bientôt pour les voir. Le fort était garni de gens aux fenêtres et sur les parapets, les uns les félicitant de leur délivrance, c'était le plus grand nombre, quelques-uns enviaient leur sort et d'autres souhaitaient qu'une bonne soupape les débarrassât promptement de deux membres de *l'odieuse race.*

En même temps, le général leur exprimait à la hâte ses vœux sincères pour une heureuse traversée et un plus heureux retour; il appuyait sur son dévoûment à la bonne cause et l'espérance de lui être utile; paroles inspirées sans doute par les nobles pensées dont Willot était préoccupé: il ne fallait pas moins pour le décider à accepter dans la suite la mission qui l'éloignait d'une ville aimée et reconnaissante (1).

L'hiver de 96 à 97 se passa sans événement remarquable. Ce fut une de ces époques toujours trop courtes dont l'histoire, par son silence même, signale le bonheur. Heureux sont les peuples lorsque leurs annales se taisent. Moins attentive aux intrigues parisiennes qu'à son commerce, Marseille n'ayant à regretter que la liberté des mers, florissait sous l'égide de son généreux gouverneur. Le temps des élections pour le renouvellement du second tiers des conseils approchait, et tout promettait que le repos public ne serait point troublé. Les électeurs, quoique appartenant à des partis divers, étaient dominés par l'influence de l'opinion régnante, en général hostile au gouvernement. Le scrutin fut

(1) Le duc de Montpensier mourut en Angleterre, en 1807, d'une maladie de poitrine. La même maladie enleva son frère à Malte l'année suivante.

paisible et les votes à-peu-près unanimes. Le général Willot, qui avait de bonnes raisons pour se faire nommer, obtint toutes les voix. Ainsi Marseille sacrifia son repos présent à sa reconnaissance. Il est vrai que ses intérêts ne pouvaient pas tomber en de meilleurs mains, car les sympathies politiques du député correspondaient de tout point aux vœux secrets des commettants.

La session de 97 s'ouvrit à la fin de mai. Les députés royalistes, qu'il faut bien désigner ainsi, puisqu'ils étaient regardés comme tels par le public, se rendaient après la séance dans une maison de campagne à Clichy, lieu voisin de Paris. Cette réunion célèbre, appuyée sur l'opinion dominante, devint redoutable à Barras. C'est là qu'on préparait les attaques de tribune contre le Directoire; c'est là que furent posés les fondements d'une conspiration destinée, si sa réussite eût été possible, à relever l'ancienne monarchie. Willot, uni à Pichegru par la conformité de vues et par une vieille amitié, y prit d'emblée une haute position (1).

(1) Dans un passage de ses mémoires, Thibaudeau confondant, par boutade républicaine, la lumière avec les ténèbres, assimilant, pour ainsi dire, le portique au sabbat, qualifie de club blanc l'honorable réunion de Clichy. Toutefois, Thibaudeau, lorsqu'il n'était pas dominé par la violence et l'inflexibilité de son caractère, pouvait être pris pour un homme de grand sens et de haute intelligence ; son républicanisme n'était qu'un étalage de parade, un texte d'oiseuses déclamations. Ses discours au conseil des Cinq—Cents, à la veille du 18 fructidor, si nous en jugeons par les citations complaisantes dont il a grossi ses mémoires, sont très remarquables, autant par l'abondance et la justesse des raisonnements, que par l'élégante facilité du style. Avec moins de présomption et de vanité, et surtout sans la fatale tache du 21 janvier, Thibaudeau serait peut-être aujourd'hui compté, malgré la sévérité qui fit détester son administration de dix ans à Mar-

La société de Clichy fut dénoncée par la presse jacobine comme une réunion de contre-révolutionnaires. Le
peuple de Paris s'en inquiéta peu, mais ces bruits confir-
més par des missives secrètes du Directoire allant retentir
dans les camps, y causèrent une violente fermentation, à
la grande satisfaction de Barras, décidé à faire vider la
querelle par les baïonnettes. Cependant les Clichiens n'a-
vaient eu jusques là pour objet constant que la réforme
des lois révolutionnaires; il fallait bien, dit M. Lacretelle, que leurs principes fussent modérés, puisque M.
Boissy-d'Anglas y assistait souvent. Par l'influence de cette
réunion, Pichegru fut nommé président du conseil des
Cinq-Cents, et lorsque le bureau annonça le résultat du
scrutin, l'assistance tout entière se leva pour connaître
et honorer le héros législateur.

Tandis que les conseils perdaient un temps précieux à
délibérer, le triumvirat agissait sans le concours de Carnot
et Barthélemy, qui n'était arrivé que depuis peu. Le général Hoche répondit aux sollicitations du Directoire par
l'envoi d'une somme importante prise dans le trésor de son
armée, dont il détachait en même temps quatorze mille
hommes qui franchirent sans scrupule le rayon constitu-
tionnel malgré les plaintes des deux conseils. Hoche ne

---

seille, parmi les personnages éminents de son époque. Son dévoûment bonapartiste était un rôle joué contre sa conscience. Combien de fois ne lui sont pas échappées des confidences intimes qui
le prouvent; mais il avait à complaire à un pouvoir qui l'avait
fait comte. J'étais bien jeune au 21 janvier, disait-il à table chez
d'honnêtes gens, assez peu circonspects pour le mettre sur un
pareil terrain, j'étais bien jeune. Thibaudeau maudit la restauration parce qu'il était régicide, il l'aurait probablement bénie s'il
eût été franc du collier.

voulut pas se mettre à leur tête. Bonaparte, imitant son exemple, envoya le plus inepte, mais non pas le moins ambitieux de ses lieutenants, Augereau, doué tout juste de la capacité d'un grenadier. En arrivant à Paris, Augereau fut nommé au commandement de la division, et ne remplit que trop bien son mandat. De son côté, le conquérant de l'Italie exhala dans des ordres du jour emphatiques un républicanisme trop outré pour être sincère, sans se faire faute de menaces et d'imprécations contre les royalistes de Clichy et leurs *infâmes* partisans. A son instar et pour lui complaire, toutes les divisions de son armée renchérirent en langage de matamore sur les grands mots de leur chef. Il devint dès lors évident que la victoire resterait à Barras, et que la cause des royalistes était encore une fois perdue. Leur parti dans les conseils vit le danger mieux que personne, et bien loin de songer à une capitulation quelconque qui eût été une lâcheté, il reprit sans espérance une trame mal ourdie. Nous avons dit que Hoche et Bonaparte refusèrent de se rendre à Paris; quant à Moreau, il se renferma dans une inexplicable neutralité, qu'il ne rompit qu'après l'événement par une lettre célèbre qui, répandue dans l'univers entier, fit une brèche immense à sa gloire.

Les Français, avec leur incurable légereté, commençaient à oublier leurs malheurs dans le travail et le bienêtre qu'il donne. La foudre du 18 fructidor les replongea dans de nouveaux abîmes. Les grandes villes frémirent, et le commerce étourdi ne rêva plus que des catastrophes.

Le coup d'état, habilement comploté par Barras et ses deux âmes damnées, l'alsacien Reubell et le bossu la Reveillère, plus quelques initiés, exécuté nuitamment sans tumulte et sans bruit, parce que les faubourgs n'y furent pas mêlés, ne fit naître d'abord qu'une surprise univer selle, quoique les esprits attentifs eussent prédit la se cousse. Les Parisiens avaient appris en se réveillant que les sommités de Clichy, celles du moins qui n'avaient pas voulu songer à leur sûreté individuelle, avaient été arrê tées. Le public s'en occupa dans la matinée du 18, sans s'en affliger outre mesure. Lorsqu'on se crut assuré que les vengeances directoriales ne sortiraient pas du cercle déterminé des royalistes des deux conseils et de leurs amis de la presse, chacun reprit courage ; on alla dîner et les spectacles du soir furent garnis de spectateurs comme s'il n'était rien arrivé. La bourse, toutefois, réfléchit sérieu sement à l'événement de la nuit précedente, attendu qu'elle y était directement intéressée. Tout ce qui n'était pas or ou argent devint à l'instant invendable comme par enchantement ; mauvais pronostic pour le lendemain.

En effet, toutes les espérances de transition, d'amélio ration du moins, s'évanouissaient par l'arrestation des personnages politiques qui les avaient entretenues jus qu'au dernier moment. Deux membres du Directoire, MM. Barthélemy et Carnot, les généraux Pichegru et Willot, ainsi qu'une foule d'hommes éminents à divers ti tres, se voyaient, non-seulement réduits à l'impuissance, mais encore à la veille de subir la mort lente d'une dé portation au-delà des mers.

La première liste des proscrits contenait soixante-sept à soixante-huit noms ; elle avait été commentée, remaniée à plusieurs reprises. Des additions et des soustractions avaient précédé la rédaction définitive. Thibaudeau en avait été retranché par les soins de son ami Boulay (de la Meurthe). Le prétexte officieux ou fondé d'incapacité politique avait plaidé avec succès en faveur d'une douzaine de députés. Le breuvage était amer, il faut en convenir mais qu'importe. Ce n'était guère le cas en pareille occurence de se piquer d'amour-propre ; *tous les remèdes sont bons quand il y va de l'existence* ; car il fait bon vivre, et qui n'aimerait mieux passer toute sa vie pour un sot, que d'aller, par vanité, périr misérablement dans un désert avec la réputation d'un homme d'esprit? M. Nouguier de Malijay, député de Marseille de l'année précédente, fut, dit-on, inscrit dans la catégorie des nullités ; à sa place, j'en aurais été bien aise (1). Dix noms provençaux restèrent parmi les proscrits.

MM. Portalis et Siméon en étaient. Ils trouvèrent ensemble des asiles sûrs et des guides fidèles qui les conduisirent sains et saufs, mais non sans périls, en dehors des frontières. On fit des recherches acharnées pour s'assurer de ceux qu'on avait manqués : plusieurs députés des deux conseils furent pris en entrant dans leur salle, et le chiffre des réclusions grossissant de jour en jour, s'éleva jusqu'à quatre cents. De cette multitude d'infortunés pas un n'échappa à la déportation ; mais le 18 fructidor s'était accompli sans effusion de sang. Le Directoire mutilé se réservait une vengeance plus douce en jetant ses victimes

(1) M. de Malijay se rencontre fort impertinemment qualifié de bon homme dans les mémoires de Thibaudeau. Le financier Malijay était pourtant très versé dans la science des nombres ; il eût été fort utile par le temps qui court à la confection d'un budget.

dans les solitudes pestilentielles de Sinnamary. Le Barras de 97 vainquit en cruauté celui de 93.

Nous n'entreprenons pas le triste récit des tourments de la traversée, des maux de l'exil, des ravages du climat. Il ne nous reste encore à raconter que trop de malheurs qui touchent Marseille de plus près. Nous dirons en peu de mots que des quatre cents déportés, huit, et pas un seul de plus, s'échappèrent, après de longues misères, avec Pichegru, Willot, Barthélemy et son fidèle domestique. Deux ou trois moururent en mer, et de ceux des proscrits que leur mauvais sort avait cloués sur les bords inhospitaliers du Nouveau-Monde, dix recouvrèrent leur liberté au 18 brumaire. La mort avait moissonné tout le reste.

Si le premier retentissement du 18 fructidor n'avait pas eu sur une population démoralisée la puissance d'ébranler son égoïsme, si le sybaritisme parisien, un moment déconcerté, reprit bientôt ses habitudes favorites, si Paris fut épargné, la situation des grandes villes de commerce, qui ne vivent que d'industrie, n'en était pas moins grosse de désastres. La politique de Barras était double. Il voulut asservir Paris par les attraits du luxe et l'enivrement des plaisirs, et tyranniser en même temps les provinces. Il est vrai que le voluptueux Barras était quelquefois aux expédiens et que le trésor public était souvent à sec. Les rentes, cette admirable découverte qui met la fortune des peuples à la merci de leurs maîtres, n'étaient pas inventées, et le règne d'Israël n'était pas encore arrivé. Le trafic des fournitures parait aux exigences du moment, et la banqueroute, après tout, n'était-elle pas là pour rétablir l'équilibre ?

Quoiqu'il en soit, Marseille, ce souffre-douleur des révolutions, arriva tout-à-coup devant la perspective d'une
reprise de ses anciens drames. Raisonnant *à priori*, le bon
sens public prophétisa la désolation; un meurtre confirma l'augure.

Le bureau central était renouvelé depuis peu. Les nouveaux magistrats étaient MM. Louis Guiraud, protestant
intraitable en politique; à tout autre égard, bon, humain,
sans rancune et sans fiel; Richaud l'aîné, tête carrée rem-
bourrée de jacobinisme comme celle de son frère le courtier; Fabre, homme peu répandu, dont la profession et
les principes se résumaient à n'en avoir aucun; nous lais-
serons ses mœurs à part.

Le 24 fructidor, M. Guiraud fut poignardé en plein
midi, dans la rue des Récollettes, au coin de la rue du
Musée; on le transporta encore palpitant dans un magasin
où il expira. Quelque fût l'assassin, car son nom est resté
inconnu, c'était un grand misérable, il venait d'assassiner
l'homme du monde le plus inoffensif. Guiraud, dont nous
avons cité dans son temps un trait de courageuse humanité, s'était depuis lors tenu à l'écart, vivant des débris
d'une fortune honorable aux trois quarts absorbée par les
assignats, sans vouloir, comme il le pouvait, à l'exemple
de ses confrères en patriotisme, réparer ses brèches avec
un ciment mal acquis. La manie de figurer à l'Hôtel-de-
Ville l'ayant repris dans des temps moins rudes, il avait
montré, dans son court passage à l'administration municipale, un désintéressement exemplaire et des opinions
conciliantes.

La mort tragique de M. Guiraud excita des regrets una-

nimes, autant à cause de l'estime généralement accordée
à sa personne que par l'horreur d'un attentat empreint
du caractère d'une rechute ; on put juger bientôt que la
perturbation politique menaçait à la fois l'existence et
les intérêts matériels de Marseille retombée sous le joug.

Avec de pareils avertissements, comment le commerce
pouvait-il, sinon prospérer, du moins conserver quelque
stabilité ? La débâcle, provoquée par le 18 fructidor, fut
le complément des calamités antérieures.

Après neuf ans de révolutions, on ne comptait plus
dans Marseille, qu'un nombre très limité de maisons
véritablement riches. Il ne restait à la plupart des autres
que le prestige d'un beau nom. Le commerce ne possédait
donc pas, en général, des capitaux suffisants pour la
moindre entreprise de quelque étendue. On y pourvut par
l'emploi des valeurs de service, c'est-à-dire qu'on jeta
sans mesure dans la circulation des lettres de chauge
qui n'avaient pour toute garantie que la solidité
respective des engagés, garantie d'ailleurs fort suspecte (1). Le principal inconvénient de cette ressource
éphémère, c'est que la chute de l'un des souscripteurs
entraîne presque forcément la chute des autres. Cela
va bien tant que le crédit subsiste ; tout est perdu, le crédit venant à manquer ; c'est précisément ce qui arriva. Au
premier souffle de la panique, les banquiers de Paris refusèrent d'accepter les traites à découvert ; de là les

(1) Il y a longtemps que le gouvernement fait usage des emprunts remboursables à jour fixe ; la rareté des placements solides
et le bas agio des bonnes valeurs favorise ce moyen commode
d'avoir de l'argent. Dieu sait comment cela finira !

protêts, les remboursements et les faillites en définitive.
Chaque courrier annonçait de nouvelles déconfitures, les
négociants n'ouvraient leurs lettres qu'en tremblant, les
sinistres tombaient sur eux comme une grêle. Pour tenir
bon, les hommes de probité s'achevèrent à force de sacrifices. Les magasins se vidèrent, les immeubles se vendi-
rent à des prix misérables, les pertes furent immenses et
les ruines absolues. Faibles et forts, la bourrasque n'é-
pargna personne, La banqueroute du trésor public combla
la mesure en envoyant à l'hôpital la classe égoïste des
rentiers ; l'ancienne dette fut réduite, d'un trait de plume,
au tiers de sa valeur nominale, c'est ce qu'on appela le
tiers consolidé. Or le tiers consolidé ne valait en espèces
que douze ou quinze pour cent, ce qui faisait descendre
le capital primitif à 14 ou 15 francs; c'était l'assimiler
aux assignats dans leur plus forte dépréciation. Du reste,
cela nous intéressait peu, puisque nous n'avions plus rien
à perdre, et d'ailleurs Marseille n'est pas une ville de rentiers, fainéants de profession.

Les revers du commerce étaient grands, sans doute, le
despotisme militaire et les atrocités jacobines les aggra-
vèrent encore.

CHAPITRE ONZIÈME.

De 1797 à 1798.

—

SOMMAIRE.

Danger des émigrés rentrés et des prêtres orthodoxes.—Emprisonnements — Conseil de guerre et Commission militaire. — Pillage de l'hôtel Bacri. — Le général Sahugnet. — Le général Lannes et sa proclamation. — Pilles et Quentin. — Séances des tribunaux militaires. — Mme. Rey d'Aubagne fusillée. — Gobet et l'abbé Baudin. — Son histoire. — Le père Donnadieu. — Détail de l'arrestation et du meurtre des deux saints prêtres. — Anec- dote honorable sur Bonaparte. — Le père Garagnon fusillé. — L'abbé Vendéen Romegas. — Long épisode des frères Laure.

—

Après le 9 thermidor, les émigrés de la terreur, sem- blables aux grenouilles de la fable, reparaissaient un à un intimidés qu'ils étaient par leurs souvenirs. La renommée du gouvernement paternel de Willot, donnant du cœur aux poltrons, ils arrivèrent en foule à Marseille : le cler- gé, presque tout entier, se repatria. L'émigration, de re- tour, jouissait paisiblement parmi nous d'une hospitalité bienveillante. Il n'y avait guère de famille plus ou moins aisée qui n'eût adopté soit un parent, soit un ami, car tous les arrivants n'étaient pas Marseillais. Chacun s'était arrangé volontiers pour leur faire place autour de son foyer. Provençaux, Languedociens, Lyonnais, Bordelais, Toulonnais surtout, dont le domicile plus rapproché de Marseille était situé sur un terrain encore trop brûlant pour oser s'y hasarder, formaient un énorme appendice à la population indigène. En un mot, environ dix mille étrangers mangeaient notre pain. Ajoutez à cela nos propres concitoyens rentrés, et voyez l'immense perturbation que le 18 fructidor allait occasionner. Quelle ne fut donc pas la douleur publique en apprenant une explosion qui, renversant les projets de bonheur, ramenait au contraire de nouveaux périls !

La cruelle loi du 19 fructidor forçait les émigrés, sans distinction d'âge ni de sexe, à s'expatrier une seconde fois, sous peine de mort. Boulay (de la Meurthe) et Syeyès, cette réputation menteuse, voulaient même qu'on chassât tous les nobles et tous les prêtres, avec confiscation de biens ; cette proposition aurait probablement passé si Barras, Bonaparte et Talleyrand n'avaient pas été nobles.

Quel parti prendre dans une pareille extrémité ? Retourner aux lieux d'où l'on était revenu, c'était la misère ; affronter le danger en demeurant, c'était la mort. Le très grand nombre prit un terme moyen qui, contre l'ordinaire, réussit à la majorité, grâce à la vigilance de l'amitié et aux vacillations du pouvoir : on se cacha.

La banlieue de Marseille regorgea bientôt de campagnards forcés. Ils disparaissaient en vrais oiseaux de nuit, tant que le jour durait. Les fréquentes incursions de la police les tenaient sur un qui-vive perpétuel ; mais les précautions étaient si bien prises, l'affection des serviteurs si alerte ; ou était si ponctuellement averti d'une visite projetée que le danger s'évitait facilement. Il ne manquait pas de braves gens dans les hameaux pour don-

ner l'éveil dès l'instant de l'apparition des chercheurs de
prêtres et d'émigrés. Ceux-ci, s'ils en étaient à portée,
gagnaient les hauteurs désertes pour en descendre sur un
signal convenu. D'ailleurs, les perquisitions étaient presque toujours faites légèrement, quoique les commissaires visiteurs ne fussent pas tous bons (1). Quant aux
recherches *intrà-muros*, un Dieu semblait protéger les
habitations suspectées. Cinq où six prêtres étaient cachés
dans une grande maison au bout du Cours, ou la fureta
tout le jour sans trouver la cache, peut-être à dessein. Certes, l'alarme fut chaude chez Mme. Truilhier, la pieuse,
l'excellente dame.

Cependant, tous nos reclus n'eurent pas le même
bonheur. Le Directoire, raffermi par un coup-de-main,
ne songeait guère à sévir à Paris contre les anciens émigrés. Indépendamment de la faiblesse qui succède à la
crise dans un corps malade, diverses causes concouraient
à cette tiédeur; le besoin d'abord de ménager le sybaritisme parisien, ensuite la crainte de faire avorter, par la
réapparition des échafauds, une paix désirée et prochaine, enfin la peur d'irriter Bonaparte blâmant la violence
excessive, malgré ses premières démonstrations. A Marseille, au contraire, on agissait en sens opposé. Dans le
mois de décembre, il n'y eut pas moins de deux cents
emprisonnements environ. Des prêtres, des émigrés, ou
supposés tels, des sabreurs, des fuyards furent entassés
au fort Saint-Jean. On fit même des suspects par une ré-

---

(1) Le curé de Saint-Antoine, le bon abbé Martely, passa deux
ans dans une chaumière sans être découvert, malgré l'acharnement
de ses ingrats ennemis.

trogradation de quatre ans. Deux tribunaux militaires reçurent la mission de procéder au jugement des prisonniers, l'un sous le nom de commission était spécialement destiné aux délits d'émigration, et l'autre, qualifié de conseil de guerre, avait à s'occuper des accusations des massacres et généralement de toute espèce de voies de fait. Les condamnations se suivaient avec une déplorable rapidité. Les juges, interprétant la loi à leur manière, se prétendaient obligés à prononcer sur la simple constatation de l'identité, on conçoit combien de sentences iniques furent la suite de cette étrange jurisprudence. Tel n'était point, à notre avis, l'esprit de la loi, il était indispensable, selon nous, d'ajouter la preuve du délit à celle de l'identité. Il ne suffisait pas d'être certain que l'accusé présent était l'individu porté sur l'accusation, il fallait encore s'assurer de la vérité de l'accusation même; à défaut de quoi les jugements n'étaient que des assassinats et les juges des bourreaux. Au fond, la loi ne pouvait être strictement exécutée dans toutes ses dispositions sans exhumer 93; car elle frappait sur trop de têtes, et c'est ce que le gouvernement ne demandait pas. Mais parmi nous, le jacobinisme enragé prévalait sur la volonté du gouvernement. L'émigration, au surplus, n'était un crime aux yeux des délateurs qu'autant qu'elle se rattachait aux objets particuliers de leurs anciennes rancunes, et les faux témoins firent condamner plus d'une fois des individus qui n'avaient jamais perdu de vue le clocher des Accoules. Il ne manquait, pour copier la terreur, que la confiscation des biens des condamnés. Nous reviendrons, quoique à notre grand regret, sur ces infamies en les circonstanciant.

A défaut de confiscation, le patriotisme larron entreprit par dédommagement le changement de mains des propriétés mobilières, c'est-à-dire qu'il se mit à dévaliser les habitations des riches, quels qu'ils fussent, émigrés ou seulement absents; il s'attacha au mieux étoffées. Le juif Bacri avait somptueusement meublé, sans goût et sans mesure, l'hôtel Samatan qu'il venait d'acheter de gré-à-gré. Il y avait amoncelé tant d'objets de prix, que cela ressemblait à un gros magasin de la rue Vivienne, puis il partit pour Paris où ses affaires et ses plaisirs le retinrent longtemps; de sorte que son acquisition de Marseille resta pendant son absence sous la sauve-garde de la foi publique : Bacri s'en trouva mal. Une société anonyme d'amateurs du bien d'autrui conçut le noble projet de s'approprier ces magnificences entassées, et l'exécuta comme une spéculation régulière, comme si le tien et le mien n'existaient plus à dater de la constitution de l'an III. Les voleurs s'emparèrent, on ne sait comment, des clés de l'hôtel du stupide circoncis, et procédèrent sans obstacle et sans délai à la locomotion du mobilier ! On eût dit un déménagement ordinaire, avec cette différence toutefois qu'on ne travaillait qu'au clair de la lune et que le corps du délit était dépaysé (1). Glaces, fauteuils, tapis, lits et matelas, consoles et garnitures, jusqu'aux ustensiles de la cuisine et de l'office; depuis la cave jusqu'au grenier, tout fut enlevé avec une diligence merveilleuse : on fit

(2) Pendant plusieurs nuits consécutives je vis de ma croisée des hommes pesamment chargés traverser la place St.-Ferréol dans la direction de la rue de Rome. Ils allaient et venaient en passant, autant que j'en pouvais juger, par la porte du jardin de l'hôtel pillé qui donne sur le boulevart.

maison nette. Jamais l'astre ami des voleurs, n'avait éclairé une spoliation si commodément accompli au centre d'une grande ville munie d'une grosse garnison. Au lieu de plume, il faudrait un fer chaud pour stigmatiser comme il le mérite le brigandage émancipé.

Le public glosait sur l'apathie de l'état-major de la place. Le scandale fut grand. Que faisait, disait-on, une administration chargée de la police, tandis qu'on dépouillait impunément ses administrés ? Les murmures prirent même le ton de la calomnie. Quelques habitants, dans la classe niaise bien entendu, résolurent de stationer du soir au matin à la croisée. C'est de là qu'on peut dater l'utile établissement des gardes de nuit.

Le général Sahugnet avait gouverné Marseille après Willot. Sa tâche était facile, son prédécesseur lui ayant transmis la direction d'une ville heureuse et pacifiée. Le caractère du nouveau gouverneur s'accomodait fort bien à la situation. Le neveu de l'abbé d'Espagnac semblait avoir hérité de l'esprit philosophique et méditatif de l'économiste. Le 18 fructidor surprit le froid Sahuguet au milieu d'un calme qui lui avait permis jusque là de laisser mollement flotter les rênes administratives sur une route applanie. A la reprise de l'orage, le général, malgré son indécision naturelle, se prononça, faiblement à la vérité, pour les révolutionnaires, qui n'en furent que médiocrement satisfaits, ils auraient voulu davantage. Les amis de l'ordre s'alarmèrent d'une manifestation peu rassurante. Il en advint que Sahugnet mécontenta tout le monde ; il s'en plaignit, et le séjour de Marseille lui étant devenu odieux, il résida de préférence à Toulon où, du reste, sa présence était réclamée par l'effervescence d'une faction implacable. Accablé de dégoûts, il vit arriver son remplacement sans regret.

Bonaparte, aussitôt qu'il eût appris les événements de Paris, écrivit au Directoire qu'il envoyait sur-le-champ, avec des troupes, le général Bon à Lyon et le général Lannes à Marseille. Le premier, en effet, vint à Lyon qu'il quitta bientôt parce qu'il avait trouvé cette ville soumise et résignée; il réjoignit à Marseille son collègue Lannes, qui remit dans ses mains un commandement inconciliable avec son goût pour la vie des camps.

La station de Lannes à Marseille fut donc, en quelque sorte une parenthèse. Peu fait à la marche mesurée d'un homme d'état, le fougueux guerrier s'était annoncé par une proclamation en style de matamore. « Tremblez, royalistes, disait le placard en grosses lettres, j'arrive, et demain je vous extermine. » La boutade militaire produisit l'effet de la foudre qui s'éteint dans le vide. On en trembla, puis on en rit. Jupiter ne fut pas impitoyable; il eut son *quos ego*, c'est-à-dire qu'il menaça les Marseillais sans les anéantir. A proprement parler, l'apostrophe anti-royaliste était d'autant plus hors de saison qu'elle s'adressait à des hommes radicalement dégoûtés des luttes à main armée. Depuis les derniers désordres, le royalisme marseillais s'était condamné à ronger son frein en silence, et sa torpeur apparente dura jusques à la restauration. Il est triste d'ajouter que la crudité soldatesque de la proclamation redoubla l'insolence des révolutionnaires et fut le prologue des scènes de sang qui épouvantèrent

Marseille sous deux généraux stupidement impitoyables : Pille et Quentin.

Tandis que la loi du 19 fructidor tombait insensiblement et partout devant l'opinion, le Midi présentait le plus déplorable spectacle. On avait trouvé, pour étayer la démagogie ébranlée, des juges ignorants et passionnés, des militaires indignes, des monstres sympathisant avec des monstres qui, tournant à dessein prémédité le dos à la vérité baffouée, firent couler comme à plaisir et plusieurs années durant, des flots de sang humain. Les débris du terrorisme, les échappés des massacres encombraient, la gueule béante, une salle d'audience changée en tanière, provoquant, hâtant les sentences de mort (1). Marseille subissait alors, dans l'enceinte du temple de la justice, le retour du bon temps, sans que pour cela l'aspect de la ville se fût notablement assombri. Hormis aux heures de la fusillade, on eût dit que le siége du tribunal homicide était placé aux antipodes. L'homme ne s'habitue-t-il pas aux mauvais jours comme aux bons, lorsque les malheurs ne le touchent pas de trop près ?

---

(1) Les salles d'audience, dit M. Augustin Fabre, que nous citons volontiers, parce qu'ici du moins il a été bien inspiré, les salles d'audience étaient encombrées par une foule d'énergumènes qui accueillaient en silence les jugements d'absolution, et poussaient d'horribles clameurs lorsqu'ils entendaient prononcer les sentences de mort. Quelquefois les accusés, en allant au tribunal, où les condamnés, en marchant au supplice, étaient assaillis de coups de pierre.... La populace jacobine des vieux quartiers descendait en masse, se précipitait sur le passage des malheureux que l'on conduisait à la mort et les suivait au lieu de l'exécution en les accablant d'injures. Les sans-culottes dansaient la carmagnole dans l'ivresse de leur triomphe : la commission militaire et le conseil de guerre leur jetaient des cadavres en abondance.

On aurait pu croire que des militaires, des officiers épar-
gneraient au moins le beau sexe ; on se trompait. La
commission fructidorienne fut plus cruelle encore que la
terreur elle-même. Fallait-il apprendre à ce tribunal sauvage qu'en 94 Mme. Rostan de Louvicou fut prise sur
mer ainsi que son mari en flagrant délit d'émigration, et
que la terreur en fit une veuve, mais non un cadavre ?
Qu'importait en effet une femme de plus ou de moins
dans la république ? mais si l'émigration était le prétexte
et le royalisme la cause positive des condamnations fémi-
nines de 98, c'était trop peu d'une ou deux marseillaises immolées, trente mille autres ne méritaient pas
moins qu'elles de passer par les armes.

On amène devant la commission la plus irréprochable
de nos compatriotes, la dame Rey. Quel était son crime ?
l'émigration, accusation banale et radicalement fausse. Le
nom de l'accusée avait été des premiers inscrits sur la
table de proscription, depuis longtemps il en avait disparu.
L'autorité compétente, malgré ses préjugés de parti, avait
reconnu l'évidence du mensonge de l'inscription, et la
mère de famille, ainsi justifiée, n'avait pas quitté depuis
lors son modeste domicile pour un seul instant. Les voisins, après comme avant sa radiation, l'avaient vue tous
les jours aller et venir dans la rue, et ses amis l'avaient
visitée dans ses maladies. D'irréfragables preuves la blan-
chissaient d'un crime imaginaire. La faible main qui présentait cette défense matérielle fut impitoyablement
repoussée ; la commission se boucha les oreilles : la loi
avait parlé, l'indentité était constatée ; on ne sortit pas
de là, et l'innocence fut condamnée sans miséricorde ; des

juges, trop aveugles observateurs de ce qu'ils appelaient un devoir, ôtèrent la vie à celle que la haine avait amenée devant eux : on vit à Marseille un groupe d'automates fusillant une femme (1).

A l'immolation d'une fille d'Eve, succéda le spectacle de l'héroïsme royaliste. Deux généreux enfants de Marseille parurent à court intervalle sur la grève aux fusillades. D'abominables faux témoins y conduisirent des malheureux uniquement coupables de grandeur d'âme et de courage. Le vaillant Pierre Isnard s'écria vis-à-vis du peloton meurtrier : « Je tiens votre constitution à la main, vous la fusillerez avec moi. » Son compagnon, à la lecture de l'arrêt fatal, prononça ces mots solennels : « Après ma mort, faites ouvrir mon cadavre, vous trouverez mon cœur empreint des fleurs de lys. » Nous ignorons le nom

(1) Mme. Rey d'Aubagne portait un nom honorable. Son long veuvage et trois enfants mâles à élever ayant épuisé son faible héritage, elle avait pris comme une ressource un magasin de comestibles. Ses garçons avaient grandi lorsque la révolution arriva. Une éducation négligée, et l'indépendance que donne le foyer domestique privé de son chef avaient jeté les fils Rey dans les premiers désordres révolutionnaires. On avait vu lors du sac du château épiscopal le cadet parcourir les rues d'Aubagne revêtu des ornements pontificaux. Venus à résipiscence, lorsque l'âge des réflexions fut arrivé, ces jeunes hommes avaient changé de parti, et malheureusement doués d'un caractère ardent ils étaient devenus les fléaux des terroristes. Leur mère partageait l'aversion de ses enfants pour les hommes de sang du pays ; c'était son crime et telle fut la véritable cause de sa mort. Après le 18 fructidor, Mme. Rey était incessamment en bute à la haine du jacobinisme local. Sa position devenant de plus en plus critique, l'infortunée était allée chercher quelque repos dans le petit port de Cassis à deux lieues d'Aubagne. C'est là qu'elle fut saisie à l'improviste comme émigrée sur une dénonciation mensongère de ses ennemis, traduite au fort St.-Jean, elle y séjourna quelque temps ; elle en sortit enfin pour comparaître devant des juges iniques et prévenus, et subir à la Tourrete une détestable condamnation.

du noble bourbonien et nous en avons le plus vif regret ; car de si beaux noms sont éminemment dignes d'être conservés et l'histoire leur doit une apothéose. Sans doute le cœur de quelques Français de la vieille roche palpite encore aujourd'hui pour la royauté malheureuse ; que ces vieux fidèles en puisent la récompense dans le foyer de leur fidélité.

Au surplus, tous les condamnés sortis de cette glorieuse école firent montre au moment suprême d'un courage surhumain, leur dernier cri fut celui de: *Vive le Roi !*

Convenons pourtant que les tribunaux militaires de Marseille furent équitables quelquefois. Ils punirent de mort certains malfaiteurs de profession, la faveur impérative de l'audience en sauva d'autres. Des fuyards en petit nombre livrés par des femmes publiques ou traqués dans les faubourgs, reçurent le prix de leurs exploits de grand chemin.

Tant de sang répandu devait, ce semble, lasser des bras se raidissant ou fléchissant au gré d'une faction. Hélas ! de nouvelles victimes leur étaient préparées, et quelles victimes, grand Dieu !

Une échoppe en planches mal jointes, éclairée par une lucarne à coulisses, s'appuyait en 89 au mur méridional du presbytère de St.-Ferréol. Dans cette loge immonde pataugeait le savetier Gobet.

Illustre Gobet, toi qui fus, pendant la longue période de seize ans, le Vidocq et le Bobèche marseillais, le tyran et le bouffon du marché, le fléau du sacerdoce après en avoir été le valet ! O Gobet, nous ne te refuserons pas une mention que tant d'êtres aussi méprisables que toi, ce

qui n'est pas peu dire, ont obtenue dans ces essais. Justice
sera d'autant mieux faite de toi, que nous te tenons pour
une spécialité. Je t'en avertis, nous ne serons pas court,
car ta vie de vaurien fut aussi longue que ton individu.

Qu'on se figure des épaules d'Hercule, une stature
presque gigantesque, une tête d'ours ornée de deux joues,
dont l'énormité laissait à peine entrevoir dans l'enfonce-
ment un nez assez bref pour donner à la face de son propriétaire tout autre air que celui d'un visage, nez sans
pareil si l'historien Gibbon n'eût jamais existé. Tel était
l'objet risible des éternelles railleries des commères et des
cuisinières du voisinage, groupées autour de ce bel oiseau,
comme les petits habitants de l'air autour de la chouette.
Gobet avait pris le sage parti d'en rire, et l'estomac du
camus, (c'était son nom de guerre), se reconfortait aux
dépens de son nez ; car il jouissait du monopole des roga-
tons. Le drôle était heureux par sa laideur, comme un
autre aurait pu l'être par sa bonne mine. D'ailleurs, il
restaurait fort proprement la chaussure de ses pratiques.

L'ambidextre de la savatte avait deux cordes à son arc.
Le bienfaisant curé de St.-Ferréol, M. Mathieu Olive, qui
connaissait mal le pèlerin, le jugea digne de la robe vio-
lette de bedeau de chœur. Il fallait voir aux jours de fête,
Gobet précédant, d'un air composé, jusqu'au bas de maî-
tre-autel les dalmatiques et les chasubles dorées, puis du
coin de la balustrade, place affectée à sa dignité, gour-
mandant les petits garçons et faisant une vive guerre aux
chiens mal appris, qu'il menaçait de sa courte verge d'é-
bène au chef d'argent. On pouvait deviner à son âpreté
poursuivante, que le bedeau de la paroisse serait un jour
le bras droit de la police.

A force d'hypocrisie et d'adresse, Gobet avait conquis les bonnes grâces de la sacristie, entr'autres d'un jeune prêtre, le candide abbé Baudin, qu'il paya plus tard bien cruellement de ses bienfaits. Gobet devint peu-à-peu le factotum du presbytère. C'était trop de joie mais non encore assez à son avis pour un savetier fort enclin au libertinage, pour une tête ardente que le joug impatientait de plus en plus. Le Camus rêvait un état plus libre et plus lucratif, lorsque la révolution de 89, qui peut-être prévint un congé, rompit sa lisière et le détacha de son chenil. L'ambitieux Gobet jette aux orties sa toge et son caducée, troque à la friperie la veste et le bonnet du prolétaire contre l'habit bourgeois et le chapeau rond, et va se mêler sur la place de la Bourse aux brocanteurs du papier-monnaie. Le radicalisme semblait mieux convenir à son tempérament. Nous présumons que par un reste de vergogne, il n'osa pas se démasquer tout-à-fait de prime abord, tout mauvais sujet qu'il était. D'ailleurs Gobet n'avait qu'une seule passion, celle de bien vivre; il crut peut-être trouver plus facilement dans le commerce que dans un club, de quoi s'entretenir lui et ses vices, car l'ancien bedeau était cousu de vices et des plus hétéroclites, si la chronique a dit vrai.

Voilà donc le savetier devenu homme d'affaires, échangeant ostensiblement les gros assignats contre les petits (1), et clandestinement contre des écus. Gobet, hâbleur

___

(1) On payait alors une prime de vingt-quatre livres en espèces pour chaque assignat de mille francs échangé. Or, le papier-monnaie perdant déjà la moitié de sa valeur nominale, il en résultait un bénéfice net de cinq pour cent environ, à l'avantage des

effronté, connaissant tout le monde et connu de tous, prit une sorte d'importance. Il pénétrait dans les bureaux, traitait avec les caissiers des grandes maisons et parfois avec les chefs; l'argent n'était-il pas bon à prendre de quelque part qu'il vînt? Le banquier-marron fit des jaloux, ses rivaux le harcelèrent, on parla de lui au club en mauvaise part; il se vit à la veille d'être pendu comme agioteur, comme dépréciateur de la monnaie nationale. Un bedeau n'est pas un soldat, notre homme était grandement poltron malgré sa haute encolure et ses jactances. Son imagination lui peignant sans cesse les pendeurs à ses trousses, il prit, au plus vite, la clé des champs pour échapper à la lanterne, et se dirigeant à marches forcées sur Bordeaux, il n'eut de repos qu'après avoir franchi le long espace qui sépare cette ville de Marseille. Tombé sur les bords de la Garonne la bourse mal garnie, l'échappé de Saint-Ferréol se fit terroriste et mouchard, le coquin se serait fait bourreau, valet de bourreau pour avoir du pain et le reste. Le 9 thermidor lui ayant coupé les vivres, le fugitif revint à Marseille où personne ne songeait plus à lui. Il y vécut ignoré jusqu'au 18 fructidor qui le remit en évidence. L'état-major de la place, chargé de la haute police en vertu de l'état de siége toujours existant, avait besoin d'un homme qui connût bien le terrain; cet homme lui tomba des nues à point nommé; personne, en effet, ne connaissait Marseille mieux que l'ex-savetier, depuis

petits appoints. Cela valait la peine d'en tirer de la grande fabrique de Paris, aussi chaque courrier en apportait-il des masses. Cette bonne chance dura peu par l'effet de la surabondance des coupures et de la dépréciation progressive du signe.

les salons dorés de la rue Grignan jusques aux taudis en-
fumés du quartier des Carmes. Le bedeau de paroisse,
cette belle trouvaille de ses nouveaux maîtres, gagna ses
éperons d'agent de police par une monstruosité (1).

(1) Depuis le 18 brumaire jusqu'à la chute de l'empire, Gobet
fut la cheville ouvrière de la police enfin rendue à l'administration
civile; cet intrigant devint indispensable. Le commissaire-général,
M. de Permon, dont la sœur, Mme d'Abrantès, avait, dit-on,
accaparé tout l'esprit de la famille, ne voyait en quelque sorte
que par ses yeux, et la mollesse du titulaire s'endormit de temps
en temps sous la tutelle de son Figaro, Tibeaudau, le superbe
Tibeaudau lui-même, prêtait quélquefois l'oreille aux avis de
l'espion au nez court. Il faut en convenir, la diligence et l'activité
de Gobet étaient vraiment incomparables; on eût dit qu'il avait
des talonières comme Mercure. On rencontrait en tous lieux cette
figure ridicule. Sur l'escalier du roi d'Espagne, au coin de Reboul,
dans les sacristies, au théâtre, dans les cafés parmi les oisifs, dans
les gargotes au milieu des ouvriers, et partout semant à sa suite
l'intimidation, la réserve, le dégoût et le mépris; partout tutoyé,
raillé, villipendé, mais écouté comme on écoute le crieur public
dans les carrefours, pour tâcher de surprendre sur ses lèvres ba-
billardes quelque petite révélation. Tant d'honneur firent perdre la
tête au misérable, il devint insolent. Nous autre autorités, disait-
il quelquefois, se rengorgeant lorsqu'il essayait de se guinder au
niveau de la magistrature. Mais tout passe ici bas. Les grandeurs
du camus finirent avec celles du soldat couronné. Gobet ne fut pas
inquiété pendant la première restauration; le rusé jouait le royalisme comme tant d'autres jongleurs. Il avait dans ses loisirs forcés
découvert un buste de Louis XIV, moulé en plâtre, au fond d'un
galetas de l'ancien hôtel de M. de Permon; on lui avait charita-
blement laissé l'usage de la loge du portier. Ce buste, dégradé par
le temps et par d'innombrables toiles d'araignées, ayant été remis
à neuf, fut embelli d'une couche cuivrée. Le grand roi, ainsi
restauré et placé sur un piédestal, témoignait, selon l'enfant de la
savate, de la vieille fidélité monarchique de son possesseur qui,
du seuil de la porte cochère, invitait les passants à venir contempler
sa fragile relique.

L'ancien savetier, bedeau, terroriste, impérialiste, royaliste et
je ne sais quoi encore, se tint à l'écart pendant les cent jours, les
fédérés ne voulurent peut-être pas de lui; son isolement ne le
sauva pas de la prison dans les troubles de juillet 1815. Tandis que
les brocards pleuvaient sur lui de la rue Grignan au Palais, Scapin,

Vers le bout de la rue de la Palud on aperçoit , au fond d'une cour sombre , de nombreux quadrupèdes au pied cornu ou fourchu. De temps immémorial l'honorable race des nourrisseurs Baudin est en possession de cet utile établissement. Si l'odorat y est offensé quelque peu des émanations animales sans malignité , on y est du moins exempt des vapeurs nauséabondes d'une officine de pharmacien qui manipule des poisons. Là tout est simple et de chétive apparence. Mais si chacun des malades guéris par la substance des habitants de cette salutaire enceinte y apportait un fragment de marbre ou de porphyre , on verrait bientôt s'élever un édifice pareil en magnificence au temple consacré jadis par la Grèce reconnaissante au dieu d'Epidaure. De là sortent, matin et soir, paisiblement et pêle-mêle, la chèvre mutine et muselée et ces pacifiques nourrices à longues oreilles qui portent la santé dans leurs mamelles. Le doux bruit de leur sonnette annonce leur passage , et la douleur impatiente qui les entend de son lit éprouve un de ces instants d'ineffable volupté que connaissent seuls ceux qui souffrent.

L'intéressant et malheureux abbé Baudin, que nous allons peindre aussi brièvement que faire se pourra, depuis son berceau jusques à sa mort lamentable, avait reçu

quoique protégé par une escorte nombreuse et sûre, tremblait de tous ses membres. *Aro siou tranquilé* , maintenant je suis tranquille, s'écria-t-il, avec un gros soupir de satisfaction en entrant à la geôle.

Le héros de la police, retombé dans son néant, a vécu longtemps encore à Aix des aumônes des voyageurs marseillais, qu'il ne manquait pas de venir relancer tous les jours à la sortie de la diligence. Gobet est mort depuis quelques années ne laissant pas de quoi se faire enterrer.

le jour dans la demeure patriarchale de la famille dont il portait le nom; il avait sucé, avec le lait, la piété traditionnelle de ses auteurs. Après des études faites en courant, mais suffisantes à la médiocrité de son intelligence, il fut admis comme prêtre-desservant parmi le clergé de St.-Ferréol, il s'y fit remarquer par un grand zèle, par l'amabilité de son caractère et par une étincelle de talent encore brut pour la chaire évangélique. Hélas! le juste pêche sept fois par jour, dit l'Ecriture. Le bon abbé, dans la simplicité de son cœur, dans la sincérité de ses intentions, trompé par les prétendues merveilles de la révolution naissante, s'égara, sans penser à mal, au point de prêter le serment du schisme, et, joignant à cette première faute celle bien plus grave de la préconiser, il prodigua dans ses discours publics d'empathiques éloges aux nouvelles idées dans cette église même qu'il avait jusqu'alors édifiée. Un prompt repentir répara le scandale. Le déserteur involontaire obéissant à sa conscience révoltée, prit, dès l'instant où ses yeux furent ouverts, la résolution de donner, au péril de sa vie, un retentissement à sa résipiscence plus fort, s'il était possible, que celui de sa chute. Sa conversion le rendit odieux au parti qu'il venait de répudier. Ses jours étant en péril, il émigra en Italie à pied, lui deuxième : son compagnon était un ouvrier de 20 ans qu'il avait rendu vertueux et sage par ses soins paternels.

Aux environs de la place Castellane existait alors dans un vieux bâtiment, aujourd'hui livré à l'exploitation de je ne sais quel genre d'industrie, une chapelle dédiée à St.-Suffren, où quelques fidèles se rendaient le dimanche pour assister à la messe. L'éloignement du lieu et la rareté de l'assistance favorisaient le mystère de la réunion jusqu'à un certain point. C'est là que l'abbé Baudin rentré dans le giron de l'église catholique par une rétractation antérieure à sa fuite, que l'ancien évêque de Marseille, M. de Belloi, avait ratifiée, prêchait souvent devant un auditoire qui s'exposait de gaîté de cœur à courir les chances périlleuses du hardi prédicateur. Du haut de sa chaire improvisée, l'homme de Dieu proclama, depuis son retour, sans relâche, sans réserve et sans la moindre précaution pour la sûreté de sa personne, ses erreurs, ses regrets et son ardent désir d'effacer avec son sang la tache de sa défection ; ses vœux furent exaucés.

Denoncé comme émigré, comme contre-révolutionnaire, l'innocent abbé Baudin fut arbitrairement jugé digne de mort par la dictature militaire qui tenait, à peu près sans contrôle, Marseille sous le joug. L'ordre de l'arrêter fut immédiatement donné : Gobet fut chargé de l'exécution, et Gobet accepta le rôle infâme de Judas de propos délibéré. Le *traître* saisit avec empressement une si belle occasion de prouver à ses acheteurs l'excellence de leur marché. Suivi de cinq ou six sbires armés d'épées et de batons, *cum gladiis et fustibus*, il apparaît à l'improviste à la porte de St.-Suffren, M. Baudin était à la péroraison de son discours. A l'aspect de l'agent de police de fraîche date, l'auditoire frémit. L'orateur chrétien adressant la parole, sans se déconcerter, à Gobet qu'il venait d'apercevoir et dont il comprit le dessein : attendez un instant, lui dit-il avec douceur, j'aurai bientôt fini. Un quart-d'heure après, l'abbé Baudin s'acheminait vers le fort St.-

Jean sous la conduite d'un homme qu'il avait comblé de bons offices. Le saint père Donnadieu l'y suivit de près.

M. Donnadieu, surnommé, par la respectueuse affection du peuple marseillais, le père Donnadieu, sortait d'une famille très recommandable de commerçants de la vieille roche; il étudia dans la pieuse congrégation du Bon-Pasteur, que M. de Belsunce, de sainte et glorieuse mémoire, érigea en séminaire sous le titre du Sacré-Cœur, maison chère à la religion, où brillèrent tour-à-tour des maîtres savants, des prêtres d'élite, dont pas un seul ne broncha dans la route épineuse de la révolution de 89; école de science et de piété, dont l'esprit a passé, de nos jours, de la bourgade au boulevard d'Enghien pour s'y perpétuer par les soins du vénérable pontife que la Providence a mis à la tête du diocèse; vertueuse communauté où fleurirent jadis et tour-à-tour les Rogier, les Thobert, les Eymin, les Maurin et, les derniers de tous dans l'ordre chronologique, les Ricaud, les Ripert et les Dandrade.

Le jeune Donnadieu mérita bientôt son affiliation. Négligeant les hautes études comme inutiles à ses desseins et peu assorties à la pétulance de son caractère, il travailla et réussit à s'approprier une éloquence populaire qui l'aida à rendre utiles aux petits les trésors de sa charité (1). Le-

(1) A l'aide d'une routine acquise par l'exercice, et sans sortir d'un cercle de banalités reproduites jusqu'à satiété, avec quelques variations dans les mots, il est facile assurément de parler pendant une heure plus ou moins devant un auditoire bénévole qui trouve tout bon faute d'en savoir davantage. Qu'est-ce que tout cela, je vous prie, sinon du temps perdu pour tout le monde? Mais savoir pénétrer dans les profondeurs du cœur humain, en sonder les replis,

quel de ses comtemporains ne l'a pas rencontré dans
Marseille, évangélisant de boutique en boutique ? Pourquoi ne le dirions-nous pas ? La prudence méticuleuse put
craindre qu'un pareil débordement de prosélytisme ne
servît qu'à compromettre la dignité sacerdotale, et en
effet, l'excessive popularité du missionnaire fit quelquefois bafouer sa personne ; on se permit de lui conseiller
un peu plus de soin du décorum ; mais les considérations
humaines pouvaient-elles arrêter l'élan d'une âme inspi-
rée ? et ne vit-on pas, dans plusieurs occasions, les plus
acharnés au blasphème finir par tomber aux pieds de
l'apôtre ?

La révolution de 89 arrive avec ses houtes, ses désastres, ses échafauds et ses serments. Le prêtre fidèle s'enfuit devant Barras avec les trois vertus théologales pour
cortège, comme Joseph fuyait jadis devant Hérode avec
la sainte famille. M. Donnadieu touche enfin la terre d'Italie pour ajouter un fleuron de plus à la couronne de gloire
du clergé français. Le 9 thermidor, cette halte entre deux
ruines, le ramène dans sa patrie ; il brûlait de reprendre sa vie de missionnaire. L'élève de la Bourgade prêcha
l'évangile dans Marseille, jusques à la funeste journée du
18 fructidor. Dans cette triste conjoncture, où le mal était

y saisir le vice, le combattre corps à corps, le peindre sous divers
points de vue dans un discours simple, naturel, pittoresque, véhément, tel qu'il doit l'être enfin, enseigner à l'homme le grand art
de se connaître lui-même, ce moyen unique de devenir meilleur,
voilà le difficile, voilà ce qui distingue le talent inné de la médiocrité prétentieuse. Les Bridaine et les Donnadieu ne sont pas moins
rares que les Massillon et les Bourdaloue, car la nature est avare
de ses dons, et l'on doit regretter les efforts vainement employés
pour se passer d'elle.

aussi immense que le danger des bons, le saint personnage, cédant, quoique à contre cœur, aux sollicitations
de ses alentours, cherche à mettre sa tête à couvert,
change plusieurs fois d'asile et se fixe chez l'ancien frère
lai Alexis, qui tenait alors une école de petits garçons
tout près de maraîcher Pebre, aux jardins d'Arenc. La
retraite était peu sûre, et l'insouciance du proscrit la
rendait plus douteuse encore. M. Donnadieu fut découvert.
Une malheureuse femme le rencontra dans un sentier, le
reconnut, échangea quelques mots avec lui et ne sut ou
ne voulut pas garder le secret de sa rencontre. Sottise ou
méchanceté, la langue d'une femme causa la mort de
l'homme juste. Sexe perfide, tu déshéritas le genre humain !

Arrêter le saint missionnaire, l'emprisonner, le traduire devant la commission militaire, conjointement avec
M. l'abbé Baudin qu'il avait trouvé au fort St.-Jean, fut
l'affaire de quelques jours. On l'interrogea. Vous êtes pré-
venu d'émigration ; qu'avez-vous à répondre ? Une bonne
pensée peut, à la rigueur, traverser la tête des pervers.
On dit que le président fit passer à M. Donnadieu le conseil d'une réponse négative, et ses nombreux amis s'empressèrent de l'inviter à saisir cette planche de salut. Sa
conscience était trop pure, son âme trop grande pour hésiter. A Dieu ne plaise, s'écrie avec dignité l'inébranlable
vieillard, que celui qui n'a jamais menti souille à ses derniers moments ses lèvres d'un mensonge ! Oui ! j'ai émigré !
Il dit, et l'abominable loi du 19 fructidor lui est appli-
quée, ainsi qu'à son digne acolyte l'abbé Baudin, le Laurent du siècle. A l'instant, un long murmure d'horreur

éclate dans la salle, la consternation s'empare de l'assistance sans distinction de parti ; les juges même, ces âmes de bronze, sont émus, mais nous ne voudrions pas en jurer.

Les mauvaises nouvelles ont des ailes : la condamnation des martyrs fut presque aussitôt répandue dans la ville que prononcée. Nous n'essayerons pas de peindre la douleur publique, le dépit fut grand et l'opprobre de la commission incommensurable.

Aux ides de Mars, époque propice à l'assassinat, jour fatal au premier des César, la herse du fort St.-Jean s'éleva pour livrer passage aux saintes victimes. Par un raffinement de cruauté on prit le chemin le plus loug pour conduire deux agneaux à la boucherie. On longea le quai du Port, la Canebière, on parcourut le Cours, le rue du Tapis-Vert, les allées des Capucines sur la chaussée, enfin la rue des Petits-Pères qui débouche presque à la plaine St.-Michel. De nombreux détachements de cavaliers et de fantassins protégeaient la marche, ouverte par l'effronté Gobet; Il était triomphant. Le bienheureux père Donnadieu, un bâton d'épine à la main, avançait dans la route de son calvaire d'un pas ferme, les yeux fixés en terre, dans le reçueillement de la prière. Il était vêtu d'un long surtout morne, un chapeau à larges bords couvrait son front vénérable; le costume et le maintien de l'abbé Baudin étaient les mêmes au bâton près. Dans le long trajet de la prison au lieu du supplice, nulle faiblesse, nul abandon, nulle absence d'esprit. Les traits calmes et sereins des prédestinés offraient je ne sais quelle apparence angélique, avant-goût extérieur de la joie des élus. Une foule compacte comtemplait la larme à l'œil la majesté déchirante de l'édifiant et lugubre spectacle de l'agonie de la vertu. On dit que, au moment de leur passage à la Canebière vers la rue du Pavé-d'Amour, un Chartreux, don Feraud, leur administra l'absolution *in articulo mortis*, du fond du magasin de bonneterie de l'honorable maison Meynier, le trait était courageux et le dévoûment sublime (1).

Il était presque nuit lorsque l'âme des deux martyrs s'envola vers leur céleste demeure.

Une réunion de douze personnes connues par une ardente piété s'étaient concertées pour venir exhumer à minuit, avec l'assentiment non gratuit des fossoyeurs, les dépouilles mortelles du père Donnadieu, dans l'intention de leur donner, dans un local préparé d'avance, une sépulture plus digne de les contenir que la fosse commune. Quatre de ces hommes de bien, excités par un redoublement de zèle et par la crainte de quelque indiscrétion, arrivèrent deux heures avant les autres et accomplirent leur pieux dessein sans perdre un instant. A l'heure prescrite, les huit restant étant arrivés, trouvèrent, à leur extrême surprise, la terre remuée et la place vide. Dans quel lieu repose aujourd'hui le saint de Marseille? c'est ce que le monde ignore, les auteurs de cette bonne œuvre étant morts tous quatre avec leur secret (2).

(1) L'action de don Feraud, et don Feraud lui-même, ne furent aperçus de personne, hormis des membres de la famille Meynier. Le bon chartreux a vécu depuis lors paisiblement, saintement et grand nombre d'années dans un modeste appartement de la rue d'Aix où il est mort depuis peu.

(2) L'un des frères de M. Julien, cet excellent Marseillais, aussi

Sepelierunt Stephanum viri timorati, et fecerunt planc-
tum magnum super eum.

Il est possible que des esprits vulgaires, frappés de
l'inconcevable frénésie des tribunaux militaires de fructidor, nient la vérité absolue de ce mot célèbre passé
en axiôme, qu'un grand écrivain a dit le premier ou un
des premiers : « Pendant la révolution, l'honneur s'était
réfugié dans les camps. » Nous sommes au contraire convaincu de l'exactitude de l'adage. Ceux qui présidaient
aux fusillades de Marseille et de Toulon, après le 18
fructidor, sont des exceptions qui confirment la règle.

Nous empruntons aux mémoires de Bourienne un trait
honorable de Bonaparte.

A peine arrivé à Toulon, pour prendre le commandement de l'expédition d'Egypte (le jacobinisme était encore à Toulon dans sa verdeur de 94). Bonaparte apprend
que la loi de mort sur les émigrés règne dans toute son
affreuse rigueur et que naguères un vieillard de 80 ans a
été fusillé. Indigné de cette barbarie, il dicta, sous l'inspiration et avec l'accent de la colère, à Bourienne, son premier secrétaire, la lettre suivante :

Bonaparte, membre de l'institut aux commissions militaires de
la 8ᵉ division, établies en vertu de la loi du 19 fructidor.

Au quartier-général de Toulon, 27 floréal, 16 mai 1798.

« J'ai appris, citoyens, avec la plus grande douleur,

connu pour ses modestes vertus que pour sa magnifique voix de
basse-taille, était l'un des quatre. Nous tenons ce détail de son
estimable fils.

que des vieillards de 70 à 80 ans, que de misérables femmes enceintes, entourées d'enfants en bas âge avaient été fusillés comme prévenus d'émigration.

« Les soldats de la liberté seraient-ils donc devenus des bourreaux? la pitié qu'ils ont portée jusqu'au milieu des combats serait-elle donc morte dans leur cœur ?

« La loi du 19 fructidor a été une mesure de salut public. Son intention a été d'atteindre les conspirateurs et non de misérables femmes et des vieillards caducs.

« Je vous exhorte donc, citoyens, toutes les fois que la loi présentera aux tribunaux des vieillards de plus de 60 ans ou des femmes, à déclarer qu'au milieu des combats vous avez respecté les vieillards et les femmes de vos ennemis.

« Le militaire qui signe une sentence contre une personne incapable de porter les armes, est un lâche.

« *Le général* BONAPARTE. »

. Cette lettre sauva la vie à un malheureux qui se trouvait dans la catégorie de ceux dont parlait le général. (Mémoires de Bourienne, tom. II, p. 59 et 60.)

Le noble langage de l'empereur en expectative ne suspendit nullement les révoltantes exécutions de Marseille : le Directoire n'en tint pas compte.

Le sol des allées de Meilhan était couvert, de temps immémorial, de jardins potagers, depuis les portes des Fainéants et de Noailles, jusques au pied du mamelon de la Croix-de-Reynier. Deux couvents de religieuses, les Capucines et les Lyonnaises, s'y établirent à diverses époques. Sauf les deux monastères, quelques habitations à

demi-cachées par d'épais ombrages, étaient à peine aper-
çues de loin en loin, au milieu d'une végétation puissante.
Les Petits-Augustins, vulgairement appelés les Réformés,
terminaient cette plaine fertile, mais insalubre. Le terrain
aride et rocailleux des bons pères s'étendait au midi jusques à la plaine St-Michel, et des pins séculaires, dont
deux ou trois subsistent encore, témoignaient de l'inferti-
lité de leur assiette. Les Réformés n'étaient donc pas riches; heureusement il y avait parmi eux un père Vincent, très alerte quoique très boiteux, qui joignait à
l'esprit des affaires la régularité monacale. Il imagina
l'exploitation financière des dépendances du moûtier.
Grâce à lui, la vente d'une partie du parvis donna quelque aisance aux cénobites, et cette prospérité naissante
décupla plus tard par l'aliénation des hauteurs sur lesquelles on perça dans la suite la rue des Petits-Pères. Le bien-
être de la maison n'en altéra pas l'esprit, et la vie édi-
fiante qu'on y menait ne changea pas avec la fortune.
Vingt ou vingt-cinq individus composaient le personnel
d'une communauté, dont plusieurs religieux d'un incontestable mérite faisaient l'ornement : le père Fulgence,
prédicateur distingué, par exemple, et le père Léon Ré-
ponti, théologien profond et musicien excellent, deux
genres d'études qui semblent inconciliables. Les prétendants au noviciat des Réformés n'étaient pas rares, mais
n'entrait pas chez eux qui voulait, car les examinateurs
étaient difficiles. Un jeune homme nommé Garagnon obtint son admission sans difficulté; une longue fréquentation l'avait fait apprécier : de l'esprit, des goûts studieux,
un caractère doux et liant lui attirèrent bientôt l'affection

de la communauté. Cinq ou six ans avant la destruction
des corps religieux, le novice fit profession et reçut
les ordres sacrés. Chassé du cloître au nom de ce
qu'on appelait la liberté, le jeune père Garaguon sortit
de France, séjourna deux ans en Italie et n'en revint que
trop tôt; à peine était-il de retour que la persécution fructidorienne, spécialement acharnée contre les ministres de
la religion, se mit à ses trousses, l'atteignit et le dévora.

Une des dernières maisons des allées des Capucines,
vis-à-vis la fontaine, était habitée par l'honnête famille
bourgeoise du nom de Pellicot (1). Il y avait dans cette
demeure une cache si adroitement construite qu'il eût
fallu, pour la trouver, démolir l'édifice jusques aux fondements, la trahison à part. Ce recoin conservateur avait
eu ses vicissitudes; des hôtes divers l'avaient visité. Il
avait d'abord sauvé un proscrit de la terreur, puis sous-
trait aux réactionnaires un jacobin de vieille date qu'on
y avait reçu par reconnaissance de quelques bons offices
aux plus mauvais jours. P..., que nous voulons bien ne
pas désigner plus clairement, avait figuré, dès l'origine
des troubles, en qualité de commissaire, c'est-à-dire d'espion de police, et plus tard, sans changer de métier,
comme *mouton* parmi les détenus de la maison d'arrêt de
St.-Jaume, qui l'eurent bientôt démasqué. Il était bien
fait de sa personne; jamais plus belle prestance ne couvrit une âme aussi noire. Après le 18 fructidor, P... continua de fréquenter ceux qui l'avaient abrité, et ces bon-

(1) Les Pellicot des Allées étaient étrangers à M. de Pellicot,
le peintre académicien, ainsi qu'à M. H. Pélicot, le ci-devant
marquis de la Savonerie.

nes gens confiants à l'excès ne crurent point avoir à se méfier des visites de leur obligé. Le père Garagnon, ancien voisin et ami de tous les temps des Pellicot, étant venu se claquemurer à son tour; on commit la faute de ne pas s'arranger pour en interdire la connaissance à P....

Cependant, les limiers de la police militaire étaient découplés pour courir sus à l'inoffensif Garagnon, ils firent si bien qu'ils découvrirent le gîte à l'aide des renseignements d'un traître trop bien instruit. Introduits dans la maison désignée, ils se dirigèrent d'emblée vers la cloison, et y saisirent leur proie.

Que dirons-nous de plus? N'avons-nous pas raconté assez d'horreurs, et ne devons-nous pas des ménagements à la sensibilité du lecteur? Bornons-nous donc à ajouter que le père Garagnon, interrogé sommairement comme le saint vieillard Donnadieu, fut condamné, comme lui, par un tribunal sans entrailles, et que l'immolation du digne fils de saint Augustin fit briller une étoile nouvelle dans la glorieuse pléïade des martyrs marseillais.

De très graves soupçons s'élevèrent contre P..., étaient-ils légitimes? nous ne savons; du moins ils étaient fort plausibles.

Tel est l'abrégé du martyrologe de Marseille en 98. Nous n'avons décrit que la partie prédominante, crainte de délayer l'intérêt dans une énumération plus étendue. Nous payerons toutefois un tribut de regret trop juste pour être omis, à la mémoire d'un prêtre français non marseillais, et par cette raison, victime moins connue que les précédentes, mais tout aussi digne de l'être. Il s'appelait Romega, que ce nom soit à jamais béni !

Le vénérable personnage dont il est ici question appartenait aux provinces de l'ouest, immense pépinière de héros et de saints. Jeté sur nos bords après de longues pérégrinations, il y fut retenu moins par la nécessité que par l'espérance et le désir de trouver au sein de la persécution un moyen de rendre utile son ministère évangélique aux populations rurales de notre territoire. L'intrépide soldat du Christ parcourut la campagne qui entoure Marseille, pendant un hiver rigoureux, célébrant les saints mystères presque à decouvert, distribuant en tous lieux, et sans crainte la parole sacrée et le pain des forts. Il nous souvient d'avoir assisté à la messe de la Chandeleur dans une grange adossée au manoir de la Bricarde, alors attristé par l'absence de ses nobles maîtres. Deux cents paysans au moins, des deux sexes, encombraient la crypte tapissée de toiles d'araignées. Le silence et le recueillement régnaient dans la pieuse réunion champêtre; les traits de l'officiant amaigris et profondément labourés racontaient assez les tourments de sa charité et le généreux oubli du soin de sa personne. Point de traîtres parmi ces hommes sans fard; tous y auraient pu répondre de chacun. Nous l'écrivons avec orgueil, nous vieux voisin de la Bricarde, ce n'est pas de ce côté que pouvait venir la perte du missionnaire campaguard. Les fidèles d'outre-ville ayant, à force de démarches faites à bon escient, obtenu la participation à ses bienfaits spirituels, il s'y rendit, se rapprochant à son insu de la palme convoitée. Bientôt des sicaires stipendiés sortis de la ville vinrent le saisir, et l'élu de Dieu, condamné au même titre et par les mêmes juges que ses émules de gloire, marcha courageu-

sement à la mort les yeux attachés au ciel qu'il voyait
ouvert devant lui.

Grands hommes de révolution, vous pendez à Marseille
en 92 le prêtre fidèle s'il ne fuit pas, vous le fusillez en
98 parce qu'il a fui ; votre jurisprudence est celle du loup
contre l'agneau, et Dracon valait mieux que vous.

LES FRÈRES LAURE (1).

Les frères Laure reçurent le jour à Marseille. L'aîné,
d'un caractère doux et poli, d'une figure agréable, était
courtier de commerce ; il vivait honorablement. Après le

(1) Nous donnons *in extenso*, comme épisode, l'histoire tragique
des deux frères Laure. Nous en devons la communication à
M. Clastre, propriétaire à Arles, aujourd'hui retiré dans sa terre
de Franconi, près Saint-Martin-de-Crau. M. Clastre, dont la
bienveillance amicale nous honore, était le compagnon d'infortune des Laure ; il en fut aussi le consolateur et le conseiller. Bien
qu'il eut à craindre un sort commun, il s'oublia lui-même pour
se livrer tout entier aux soins de l'amitié compatissante. Voici ce
que nous mande M. Clastre sur les événements du fort Saint-Jean,
après le 18 fructidor, dans une note écrite le 5 septembre 1844 :

« Les fusillades qui suivirent le 18 fructidor commencèrent sous
le général Pille ; les premières condamnations frappèrent Piston et
trois ou quatre autres prisonniers. Le tour du jeune homme d'Aix
dénoncé par son propre père vint ensuite ; l'affaire des Laure le
suivit de près. C'est après ces exécutions, que furent renvoyés
aux tribunaux d'Aix les émigrés radiés et ceux mis hors la loi.
Dans la matinée de leur départ, Madame Estrangin, née Clastre,
ma bonne sœur, venant de chez le général avec le caporal qui l'y
avait accompagnée par ordre du commandant du fort, certifia et
fit croire à ce commandant que, par ordre du général, qu'elle
n'avait pourtant pas vu, l'ayant trouvé dormant, son frère devait
être compris dans le nombre des prisonniers transférés à Aix. Je
partis.

« Pendant notre séjour à Aix, Pille fit mettre en jugement
Blayal, de la commune de Grans ;

« Martin d'Eguille ;

« La dame Rey, d'Aubagne qu'on fusilla ;

9 thermidor, son urbanité lui valut dans la garde nationale le commandement d'une compagnie de chasseurs : c'é-taient les voltigeurs d'à présent. Avec celles des grena-diers, ces compagnies étaient destinées aux recherches des coupables auteurs des grands crimes commis dans les temps affreux de 93 et 94. Les tribunaux en condamnè-

« Boyer et Lardeirol de Saint-Chamas, qui eurent le même sort.

« Je l'aurais été comme eux, puisque j'étais impliqué dans la même procédure.

« Sur la fin de juillet, on nous ramena au fort Saint-Jean ; nous nous attendions tous à la mort ; heureusement le général Pille quitta Marseille. Le général Petit-Guillaume qui le remplaça, doué qu'il était d'un caractère humain, n'assemblait jamais ni conseil ni commission militaire ; aussi fut-il remplacé, lui-même, par Quentin, qui arriva furieux contre les prêtres et les accusés de contre-révolution.

« Sous ce général sanguinaire, furent fusillés :

« Chabert ou Lambert, peintre décorateur, d'Aix, qui se disait parent de Bonaparte, Varage de Marseille ;

« Bonaventure Rochon, journalier, de la commune de Mouriés, qu'on disait être noble ;

« Le curé de la Fare, Eméri, excellent prêtre ;

« Les saints prêtres Donnadieu et Baudin ;

« Un autre ministre des autels, de haute taille, arrêté près St.-Julien. C'était l'abbé Garcin, placé mal à propos dans la catégorie de la terreur ;

« M. Poutet, de Roquevaire, qui était à Aix avec nous.

« L'ancien commandant du fort Saint-Jean, Pagès, et deux in-dividus de Manosque, ses prétendus complices ;

« Mais je dois à la mémoire du général Quentin de dire que mes réponses, d'un sans-façon énergiquement militaire. (j'avais alors 22 ans, et j'appartenais au 22e régiment de chasseurs à cheval) aux questions qu'il m'adressa dans une visite au fort lui plurent, et que c'est à lui que je dois la vie. Malgré des dénonciations af-freuses, trois fois renouvelées, ce général me fit juger par une commission de 7 juges, dont quatre lui étant dévoués se pro-noncèrent en ma faveur ; les trois autres voix votèrent la mort. J'évitai donc la fusillade à la majorité d'une seule voix. C'est en-core à Quentin que je fus redevable de ma liberté au moment même où il apprit qu'il était remplacé. On venait de recevoir à Marseille la nouvelle du 18 brumaire, qui mit fin à la boucherie. »

rent plusieurs à la peine capitale et d'autres aux travaux forcés.

Toussaint Laure, le cadet, jeune officier de marine au long cours, était grêlé de figure, sanguin de tempérament, franc et loyal comme un vrai Marseillais, comme un bon marin.

Le 18 fructidor vit dissoudre ces compagnies d'élite. Les hommes de l'époque crurent les flétrir en leur appliquant par sobriquet les noms de *Compagnie de Jésus* et *du Soleil*.

Le crime de Laure aîné fut d'avoir été capitaine de cette compagnie de chasseurs.

Et celui de Toussaint le cadet d'être le frère du capitaine.

On peut juger par ces dernières lignes ce que fut cette funeste transition et quels temps ont vu ceux qui l'ont traversée, entourés qu'ils étaient de toutes sortes de piéges et de périls.

Prendre la fuite et se cacher fut le sort imposé à tous les honnêtes gens. Mais, malheur aux hommes arrêtés, inscrits sur la liste des émigrés, sans avoir même émigré ! malheur à ceux qui avaient fait partie des compagnies d'élite de la garde nationale !

Laure aîné était traqué comme une bête fauve ; on le découvrit dans une *bastide* ; Toussaint, son frère, était avec lui. On les saisit, on les garotta ensemble, on les amena à Marseille par la porte d'Aix, où l'on obligea la troupe de ligne à faire halte pour donner le temps à la canaille avertie d'arriver.

Le tambour bat, on se met en marche ; une grêle de

pierres assaillit les frères Laure, et parfois même les soldats. Le commandant fit mettre la baïonnette en avant
pour écarter les coupe-jarrets, ce qui, en garantissant les
soldats compromis, préserva aussi ces deux infortunés jusques chez le commandant de la place, place Noailles.

L'ordre de renfermer au fort St.-Jean les frères Laure
fut rédigé et signé bien vite. Mais, ils attendirent assez
longtemps un gros renfort de troupes de ligne qui devait
les escorter et assurer leur entrée au fort sans de nouveaux
méfaits.

Après la visite effectuée par le concierge dans les poches, dans les souliers, dans le chapeau, etc... sur l'ordre
du commandant du fort, Fauret ou Sauret, le cachot
n° 15 leur fut assigné.

Je vais décrire ce lieu d'horreur où, peu de temps
après, je fus, pour ainsi dire, enterré moi-même; c'est là
aussi que j'ai vu, pour la première fois, les frères Laure,
avec lesquels je me liai par sympathie d'idées et de sentiments autant que par l'intérêt profond qu'ils m'inspirè-
rent.

Quand on a dépassé le pont-levis de l'entrée du fort, et
la ruelle ouverte devant les cachots à droite nos 1, 2 et 3,
on arrive à la geôle à gauche, et on entre dans la basse-
cour du fort, où se trouve, à droite, la porte d'entrée du
cachot n° 3 (autrefois la chapelle). Après viennent les
cachots nos 4 et 5. — A gauche, sur la basse-cour, le
tuyau d'eau à l'usage du rez-de-chaussée. Au fond de la
basse-cour, la porte de la réserve, et au fond, à droite,
la montée et la voûte conduisant à la place d'armes et aux
casernes. Au milieu de cette voûte, à main gauche, il y

a le cachot n° 6, très humide, sans jour, ni banc pour s'asseoir : ce sépulcre des vivants, a la forme d'une caisse de mort. C'est là que presque tous les condamnés étaient déposés après leur jugement, avant d'être conduits et fusillés à la plaine Saint-Michel ou à la Tourette. A droite et au haut de la voûte, les cachots n°s 7 et 8, etc... Ici la montée se replie sur la gauche, et quand on est au bout, on a, d'un côté, la place d'armes, et de l'autre, une ruelle oblique et fort étroite, où se trouve un poste de soldats, et en face une porte à demi-masquée : c'était l'entrée de l'horrible cachot n° 15.

De l'entrée au fond du cachot on comptait 25 pieds de profondeur, et chaque marche pour y descendre était d'environ un pied de haut. La plus basse marche manquait, de sorte qu'il fallait faire un saut, pour tomber sur le sol, et bien souvent s'appuyer sur le voisin, ou prendre son élan pour monter les premières pierres de cet escalier. Le local était à l'épreuve de la bombe, voûté en briques posées sur le flanc et terrassées par dessus. Il ne prenait de jour de nulle part, et de l'air que par l'une des arêtes de la voûte perdue dans son élévation, dans une largeur de quelques centimètres traversés par un double rang de plusieurs grosses barres de fer posées carrément. C'était tout au plus un filet d'air qui nous arrivait par là, mais point de jour. Aussi étions-nous comme dans une tombe, jour et nuit, nous avions quatre chandelles allumées : qu'on juge de la consommation. Renchérissant sur notre supplice, le concierge nous les faisait payer le double de ce qu'elles valaient en ville ; car il était défendu de rien faire venir du dehors de ce qui se vendait à la geôle, et notre argus, quand il ne confisquait pas à son profit les objets apportés en contravention à ses ordres, prélevait son large bénéfice avant de nous les remettre, rien ne pouvant d'ailleurs nous parvenir qu'après son inspection. L'effrayante obscurité de ce cachot, dans lequel nous ne pouvions avoir ni chandelier, ni couteau, ni canif, ni rasoir, nous obligeait de placer contre la muraille les chandelles allumées, en les faisant adhérer par le frottement; mais tantôt la chaleur de la mèche, tantôt l'humidité des murs les faisaient tomber. En vertu de notre petite loi de police convenue entre nous, chacun surveillait un jour et une nuit, à tour de rôle, le placement et le mouchage des chandelles : cette dernière opération se faisait avec les doigts ou avec un bout de papier.

Il nous était permis d'avoir un matelas, des draps de lit, des couvertures; mais l'humidité du sol, sur lequel nous marchions quelquefois dans la boue, pourrissait notre triste literie, et chaque mois les matelas étaient en lambeaux et renouvelés. Nous étions dans ce réduit au nombre de 25, quelquefois 26. Plusieurs d'entre nous étaient de malheureux villageois ne possédant rien; en sorte que nos matelas, draps et couvertures servaient en commun à ces infortunés, en outre, nous les nourrissions. Tous les détenus le plus richement dénoncés étaient renfermés par choix dans ce lieu épouvantable comme dans un parc à boucherie.

Ce fut dans ce même cachot qu'on mit un jeune homme d'Aix, de 16 à 17 ans, dont les opinions étaient les nôtres, et qui était abhorré de son père, républicain forcené. Celui-ci se rendit à Marseille pour provoquer la

mise en jugement de son fils, et, quand tout intercédait
en faveur de son jeune âge, excita contre lui les juges
qui le condamnèrent. Au lieu de le déposer, selon la consigne, au cachot n° 6, on le relégua parmi nous en attendant que le conseil de révision se fût prononcé, car ce fut
le conseil de guerre qui le condamna. Certain que son jugement serait confirmé, il écrivit à son père une lettre
déchirante, où l'horreur qu'inspirait le forfait paternel
était dignement et fortement exprimée, mais où en même
temps il lui pardonnait en termes touchants, et en lui té-
moignant le désir que le ciel pût lui pardonner comme
lui-même.

Les pluies abondantes de l'hiver nous dévoraient d'humidité ; l'eau ne nous atteignait pas le jour même de sa
chute, mais deux ou trois jours plus tard, l'infiltration
nous arrivait goutte à goutte de tous les points. Nous étions
forcés de mettre nos couvertures sur nos têtes, en guise
de tentes, en les soutenant avec nos mains. A l'heure du
coucher, nos matelas étaient sur l'eau ; cependant nous
dormions de fatigue après être restés debout tout le jour,
car nous n'avions rien pour nous asseoir. Combien de nos
compagnons, sauvés à prix d'argent, pour avoir fait re-
tarder leur jugement, sont restés atteints de douleurs
aiguës ! d'autres sont tombés dans la phthisie pulmonaire.
Une affreuse vermine nous dévorait ; toute la matinée se
passait à la pourchasser péniblement ; notre linge et nos
vêtements en étaient remplis et nous en avions tout autant une heure à peine après cette chasse dégoûtante.

Tous les huit jours un mauvais barbier venait nous ra-
ser avec des instruments non aiguisés, quelquefois ébré-

chés, au prix de 20 sous par barbe, au cachot n° 15, et 12 sous dans les autres cachots. Sur cet article encore, le concierge avait sa part.

A midi, on nous apportait notre ordinaire de la ville. C'était le menu de toute la journée pour nous et pour les infortunés que nous nourrissions. La porte ouverte, on nous appelait par notre nom. Il fallait être là sur-le-champ, ou bien le guichetier, avec un grand coup de pied, faisait rouler le panier, les plats, les assiettes, le pain, etc... et tout était brisé, perdu. A côté du guichetier, étaient toujours dix soldats baïonnette en avant. Celui qui était nommé, arrivant à la porte, devait de suite ouvrir son panier et présenter tous les plats à l'inspection du guichetier qui, avec une baïonnette, bourrelait les soupes, les plats de sauce, les ragoûts, ouvrait les pains, sous prétexte de chercher des limes et des scies. Il disait quelquefois en nous raillant : Je voudrais être détenu avec vous, je n'en serais que mieux nourri. Nous fûmes obligés de renoncer à la soupe et aux sauces : nous demandâmes du rôti, du grillé et des pièces froides.

La nuit, à peine étions-nous endormis que survenait la première ronde, et avec elle le bruit de trois verroux énormes à serrures criardes et celui de la porte grognant horriblement sur ses gonds. Notre réveil était horrible, nous restions stupéfaits ; un guichetier se présentait ; des soldats étaient derrière lui, il se postait sur les plus basses marches, et d'une voix sonore: Debout tout le monde! Nous nous relevions et il nous comptait du geste et de la voix. Quelquefois (avait-il mal compté ou était-ce pure vexation de sa part) il nous faisait mettre en ligne, passait devant et derrière, marchant sur nos draps, sur nos couvertures, avec ses pieds imprégnés de la boue du cachot, et, après avoir recompté son monde, il s'en allait disant emphatiquement : Il n'en manque point.

Deux heures après, semblable ronde, par un autre guichetier et avec la même cérémonie ; et toujours ainsi, de deux en deux heures , jusqu'à l'aube du jour.

La chose se pratiquait de même dans les autres cachots, mais en outre avec un retentissement affreux, long et prolongé à chaque barreau de fer des grandes fenêtres des cachots nos 4 et 5 et des autres. Le guichetier frappait ces gros barreaux, tantôt avec une barre de fer arrondie, faite exprès, tantôt avec une énorme baïonnette. Ce bruit à grands coups, fer contre fer et dans la nuit, nous allait au cœur. C'est au point que , pendant plus d'une année , après ma mise en liberté, aux mêmes heures , je bondissais sur mon lit, éveillé en sursaut, comme si j'entendais cet affreux cliquetis du fer frappant mon oreille sous les coups redoublés du guichetier.

Le concierge était un nommé Mège ou Mégy , homme de petite taille , alerte, à l'œil hagard , malin , vif, chaud républicain, et surtout très expert en matière d'intérêt. Il s'entendait à merveille avec le commandant du fort. Déjà, ensemble, ils avaient soutiré trois cents francs à plusieurs détenus aisés qu'ils avaient retirés du cachot no 15 et placés aux nos 4 ou 5, chambres beaucoup mieux aérées. S'il s'agissait de quelque vieillard opulent, nouveau détenu, on lui glissait le mot à l'oreille ; six cents francs comptés, on le casait à la galerie du fort (c'est là que furent détenus les princes de la maison d'Orléans.)

D'autres fois aussi, après avoir fait compter au détenu 300 fr. pour sortir du n° 15, on lui proposait de monter à la galerie moyennant 300 fr. encore ; je m'étais proposé de donner ce supplément qui devait me délivrer, au moins partiellement, mais un autre sentiment me retint : je ne voulus pas quitter les frères Laure au cachot n° 5 où nous étions alors.

Du reste, cette taxe n'était pas la seule, il s'en faut bien ; par exemple le concierge nous faisait payer un écu de six livres toutes les fois qu'un parent ou un ami venaient nous voir, muni, bien entendu, d'un permis du commandant de la place, et pour une heure de temps. Le commandant du fort St.-Jean, malgré cet ordre spécifié pour une heure, ne donnait que cinq minutes, et le soldat qui gardait le visiteur recevait l'ordre de Mégy de donner encore cinq minutes, ce qui amenait le déboursé de six livres ; passé ce temps, il fallait partir. Mégy, dans moins d'une année, avait ramassé à ce manège une somme très ronde qui lui fit abandonner sa geôle. Chaux, homme plus doux et plus humain, fut nommé concierge à sa place, et Mégy dévora bientôt, au jeu surtout, un argent si mal acquis.

Les frères Laure ne surent que très tard, mais pourtant avant la retraite de Mégy, qu'avec trois cens francs chacun ils passeraient au n° 5. La somme comptée, on les y conduisit. En s'y rendant, ils me passèrent le mot d'ordre. La même marché fut suivie et je le rejoignais dans la quinzaine.

Arrivé près d'eux, quelle fut ma surprise en jetant les yeux sur une petite glace ! Moi ! jeune, bien portant, assez haut en couleur avant mon entrée au n. 15, j'étais méconnaissable. A ma sortie de ce tombeau, au bout de trois mois, j'étais pâle comme un mort, ainsi que tous ceux qui en sortaient comme moi. Un pauvre ouvrier qui y resta huit mois, ayant été élargi, s'alita et mourut.

Les dénonciateurs des frères Laure ne savaient comment les atteindre. Tous les témoins appelés par le capitaine rapporteur du conseil de guerre étaient insignifiants : les deux prisonniers restèrent ainsi plusieurs mois sans être entendus. Leur famille avait bon espoir ; car on les eût fusillés de suite, si les charges avaient été suffisantes. L'une de leurs sœurs se conduisit en héroïne. C'est par elle que les deux frères reçurent des secours considérables. Leur longue et coûteuse détention, les sommes énormes extorquées dans le fort, tant d'autres fortes dépenses faites ailleurs dans leur intérêt, avaient absorbé déjà non-seulement les économies, mais la presque totalité de l'avoir de cette malheureuse famille. C'est dans cet état de choses que leur sœur apprit qu'on se proposait de faire venir de Toulon quelques forçats condamnés après le neuf thermidor, par conséquent bien avant le dix-huit fructidor (plus de deux ans d'intervalle). Convaincue qu'on ferait dire à ces misérables tout ce qu'on voudrait, la sœur des Laure résolut de conjurer à tout prix le danger : elle écrivit à ses frères ; elle leur fit parvenir un billet par un soldat dévoué, leur disant de prendre secrètement tous les moyens possibles d'évasion, qu'elle les seconderait de tout son zèle, et ajoutant que de très fortes sommes étaient offertes par des maisons opulentes et généreuses. Ce billet était écrit au jus de citron en interlignes. Le corps appa-

rent de la missive parlait de hardes, de linges, etc., etc..
Le billet passé à la lumière au lieu de charbons allumés
(nous n'en avions pas), les interlignes sortirent. Au reste,
c'était ainsi que nous écrivions et qu'on nous répondait; le
corps de nos lettres était toujours insignifiant. Que faire,
que décider? question que se répétaient les frères Laure
sans y trouver de solution. Peu après, passe un des soldats
familiers, nos commissionnaires.

— Quand es-tu de garde?

— Demain.

— Ton camarade, notre ami, en sera-t-il aussi?

— Je le crois; mais s'il n'en est pas, il me remplacera.

— N'y manquez pas, ni l'un ni l'autre. Pour le moment,
va chez ma sœur; qu'elle te donne de gros morceaux de
cire à empreinte soigneusement pliés, et dis-lui que nous
travaillons à faire ce que son billet prescrit. Tu attendras
la nuit close pour me remettre la cire, et profite du
moment où tout le monde soupe à la geôle. Après cela,
si tu es sûr de ton camarade comme de toi-même,
venez ensemble.

Ils n'y manquèrent pas: ils me remirent la cire (c'est
Laure aîné qui parle, je tiens de lui tous ces détails), et de
suite, le nez dans les barreaux, à travers la petite lucarne
du contrevent en bois fermé sur la grille et à voix basse,
je leur dis: Voulez-vous nous servir à la vie, à la mort?
Voilà d'abord deux écus de six francs pour chacun de vous,
mes amis. Toujours, fut leur réponse. — Eh bien! si nous
pouvons nous sauver d'ici par mer, nous vous emmenons
vous serez traités comme nos frères, nourris, vêtus, dé-
frayés, et lorsque nous nous séparerons, vous aurez pour

votre bonne action cinquante louis chacun, et si ce n'est pas assez, nous vous donnerons davantage. Tâchez, l'un des deux, d'être ici en faction de dix heures à minuit, et l'autre là-haut, sur la voûte. Le soldat qui était en ce moment en faction devant le nº 5, se promenait assez loin, et ne dit jamais à ses camarades de giberne de s'éloigner, malgré la consigne. J'ai constaté ces délicatesses d'humanité sous l'uniforme.

Le lendemain, dans la matinée (c'est encore Laure aîné qui continue), je dressai une notice sur notre plan d'évasion. En voici les termes :

« On vous porte l'empreinte des serrures de notre porte et de celle de la porte de la réserve. Faites faire les clés par quelqu'un de sûr, quoi qu'il en coûte.

« Attachez-vous un patron, ayant un bon bateau pêcheur, connaissant bien la côte, avec un nombre d'hommes suffisant pour toute manœuvre en mer, et des provisions pour quinze jours ; que ce patron soit en état de nous conduire sur les côtes d'Espagne.

« Dès que les clés seront prêtes on ira les prendre. Faites-les huiler ; elles seront essayées de nuit ; et la seconde nuit (celle d'après, pour attendre le tour de garde de nos amis) entre onze heure et minuit, nous passons par la porte de la Réserve ; nous serons au bord de mer, le bateau y sera aussi avec sa chaloupe et, sans bruit, nous y montons et nous partons tous : nous serons seize. Ayez soin de faire mettre d'avance sur le bateau tous les fonds qui vous seront remis sur votre demande, ceux de nos amis, nos hardes, nos linges et nos provisions, afin que nous ne manquions de rien. »

Les choses ainsi préparées secrètement, nous prenons à part, mon frère et moi, tantôt l'un, tantôt l'autre de nos camarades de cachot, nous leur annonçons leur fuite et la nôtre, sans leur en donner toutefois les détails. Tous adhèrent, tous pressent de leurs vœux ce beau moment de délivrance.

La garde se renouvelle; les deux soldats y sont et, à l'heure de nuit convenue, je passe la cire à celui qui est en faction devant nous (devant le cachot n° 5). Il prend l'empreinte des serrures et place chaque morceau de cire, ainsi caractérisé, dans sa giberne. Le lendemain, après la garde descendue, les empreintes, ma notice et nos lettres sont portées à leurs adresses.

Le plan, les empreintes, tout fut trouvé parfait. Nous étions d'une joie irrésistible, que nous comprimions soigneusement afin de ne pas inspirer de soupçons; cependant la geôle parut s'en apercevoir et s'en étonner. Nous expliquâmes notre bonne humeur, mal déguisée, en disant qu'on ne fusillait pas depuis quelque temps et que nous espérions enfin recouvrer notre liberté.

On eut de la peine à trouver, dans ce temps de terreur, quelqu'un qui voulût faire les clés libératrices; enfin un serrurier très habile se décida, moyennant vingt-cinq louis par clé; il les fit attendre un peu, ne voulant pas y travailler à toute heure du jour. Il les remit pourtant assez tôt et il en reçut le prix convenu. Le même soldat les apporta nuitamment. Nous les cachâmes avec précaution sous des briques dans le fond du cachot. Le lendemain, notre brave fut de garde et en faction devant nous; il essaya lui-même les clés, qui furent très bien. Le soldat ouvrit la porte de notre cachot et celle de la Réserve, dans l'intervalle des rondes des guichetiers; nous les fîmes refermer soigneusement et sans bruit. Notre départ fut fixé au surlendemain, encore jour de garde de nos deux amis, toujours décidés à nous suivre.

Tout se préparait également au dehors, lorsque le lendemain, entre neuf et dix heures du soir, la nuit étant belle, la saison douce, nous nous étions rapprochés de la lucarne pour respirer le peu d'air pur qui passait; peu à peu les rangs s'éclaircirent, il paraît qu'un seul resta. C'était un chirurgien-barbier d'un village voisin; nous ne nous défiions d'aucun de nous. Fit-il appeler le commandant du fort par le factionnaire, le commandant passa-t-il de lui-même? Nous n'avons pu le savoir au juste: le fait est qu'une garde arrive, emmène le chirurgien à la galerie du fort, d'où on l'élargit plus tard, quoique porté sur la liste des émigrés; en même temps un autre piquet entre dans le cachot avec le concierge et tous les guichetiers, le commandant du fort en tête; on marche droit aux briques du pavé sous lesquelles étaient cachées les clés, on s'en empare, et tous, les uns après les autres, nous sommes mis aux fers dans des donjons, jetés dans de petits et mauvais cachots. Heureusement notre Judas (si c'était lui) ne parla pas des deux pauvres soldats dont il ignorait la connivence. Le lendemain, ces braves gens furent rendre compte à nos familles de la trahison et de la peine qu'on nous faisait subir. A l'instant, nos parents et nos amis mirent en course des officiers auprès du commandant du fort et quelques amis du concierge auprès de ce dernier; concierge et commandant reçurent six cents francs chacun, et on nous reconduisit au n° 5, la mort dans l'âme.

Voilà, dans sa simplicité, le récit que me fit Laure aîné, le jour même où je le rejoignis au cachot n° 5.

Mais la réponse du gouvernement ne se fit pas attendre ; elle portait : Faites entendre les forçats au bagne. Si leurs dépositions sont graves et que quelque habitant de Marseille les confirme (ce qui devint facile, un seul témoin gagné affirma le tout), vous devrez appeler les forçats pour donner leur témoignage oral le jour du jugement. La famille Laure instruite de cet ordre par une personne dévouée, la bonne sœur fait des démarches inimaginables d'activité, de patience et d'adresse, pour éclairer les juges et les rendre propices. Ne pouvant y réussir, ne voyant encore de ressource que dans l'argent, elle offre une somme considérable, on l'exige énorme. Sur cette entrefaite, les frères Laure sont retirés du cachot pour être entendus ; leur audition fut longue. Quant aux forçats, ils avaient été entendus préalablement à Toulon. Ce fut même sur leurs dépositions que les frères Laure furent questionnés par le capitaine-rapporteur.

Au retour de la séance, le commandant du fort présent, un guichetier vient aux accusés et pose à leurs jambes une double chaîne de forçats, dans le cachot même et devant nous tous. Ces deux infortunés ne pouvaient plus ni se coucher, ni faire un pas l'un sans l'autre, même pour les besoins naturels. Cet acte de férocité fut l'agonie de leur condamnation ; mais ils laissèrent ignorer cette nouvelle barbarie à leur famille, surtout à leur héroïque sœur qui,

à force de soins, d'utiles et actives démarches, avait enfin
recueilli et fait remettre, sur parole d'acquittement, la
somme énorme exigée. Les frères Laure, instruits toujours
à temps par cette digne sœur, étaient plus calmes, mais
non tout-à-fait sans crainte. Ils me confiaient leurs plus
secrètes pensées. Pour moi, la double chaîne fut un signal
de mort.

Enfin, le conseil de guerre est assemblé. Un piquet
considérable de troupe de ligne vient chercher les frères
Laure au fort St.-Jean; on dérive leurs fers, on leur ôte
la double chaîne; ils sont amenés au Palais-de-Justice entre neuf et dix heures du matin. Reconduits au fort entre
cinq et six heures du soir, on leur remet et on leur rive
encore la chaîne fatale Lorsque le guichetier fut sorti,
Laure me dit: Si ma sœur a compté l'argent avant le jugement, nous sommes perdus. L'appât d'un trésor à palper
pouvait seul faire prononcer le mot de salut. La somme
avait été comptée d'avance!

Quelques moments après, on annonce le rapporteur et
le greffier du conseil de guerre. Aussitôt un triple rang
de bayonnettes cerne en demi-cercle la porte du cachot
n° 5, un seul guichetier au milieu pour ouvrir. Sur le seuil
de la porte se présentent les frères Laure. Le rapporteur
et le greffier restent derrière les soldats. Le capitaine-
rapporteur recommande le silence, le greffier lit. C'était
contre Laure aîné, après de longs considérants, la peine
de mort. A l'instant, Toussaint, se relevant sur la pointe
des pieds : Assez! cria-t-il avec force, mon frère est
condamné, je le suis. Lâches! vous avez osé recevoir
une somme énormissime avec promesse d'acquittement.

On l'interrompit. Allez ! répliqua-t-il d'une voix de
tonnerre, vous resterez des infâmes, nous mourrons en
braves gens.

La porte du cachot refermée, la garde se retire mar-
murant de sourdes imprécations contre le conseil de guerre, raillant à voix basse le rapporteur qui n'eut pas le
cœur de faire achever la lecture et de publier la condamnation de Toussaint. Aussitôt les deux frères s'embrassent ;
émus, mais non effrayés, ils se disent l'un à l'autre : Mon
ami, puisque nous n'avons pas de prêtre ici, demandons
pardon à Dieu, non des crimes qu'on nous impute faussement, mais de nos fautes comme hommes, et nous mourrons dignement devant nos ennemis réunis à la Plaine.
Courage et résignation ! Ils se pressent, se serrent de nouveau poitrine contre poitrine, et leurs pleurs coulent
abondamment. Tous les détenus dans le cachot fondaient
en larmes. Seul, essuyant les miennes, je les encourageais
par instants ; ils se quittaient pour m'embrasser. Je leur
dis : Voulez-vous me prouver que vous avez tout-à-fait le
courage et la résignation que votre position réclame ? —
Oui. — Victimes des méchants de la terre, levez les yeux
vers le Ciel où tant de saints ont été recueillis après leur
martyre ; vous y trouverez aussi votre coronne, dès après
demain, et vous m'y préparerez une place si le même
supplice m'est réservé. Je regrette, oui, je regrette de ne
pas aller à la mort avec vous. Et je parlais du fond du
cœur, tant les grandes crises de la vie relèvent l'âme. Ils
m'embrassèrent encore. Venez, leur dis-je, après un moment de sérieuses réflexions, prenons un peu de repos
pour nous recueillir. Tous nos amis ici vous aiment et vous

plaignent ; tous nous avons besoin de nous calmer, et moi, j'ai besoin de causer avec vous.

Quelques moments après, Laure aîné me demanda ce que j'avais à leur dire. D'abord j'exige que vous me promettiez de me laisser vous diriger jusqu'à l'instant où l'on vous emmènera d'ici. — Volontiers. — La nuit approche, quelqu'un va nous donner de la lumière, et je dresserai votre pourvoi au conseil de révision. — Non, non, ce serait un jour d'agonie de plus. — Soit ; il est trop tard aujourd'hui, vous mourrez demain. Je crois cependant que dans les desseins et la volonté de Dieu, nous devons prolonger notre existence le plus que nous le pouvons ; d'ailleurs, en révolution, un jour suffit pour tout changer. Le 9 thermidor ne sauva-t-il pas en masse l'élite de la population de la France ? — Mon ami, me dit Toussaint avec une douceur déchirante, laissez-nous mourir demain. — Non, mon cher Toussaint, cela n'est pas possible. Un rayon de lumière m'éclaire ; vos juges ont été atroces. Le conseil de révision comprendra qu'il serait par trop inhumain de faire périr deux frères à la fois et deux innocents. On pourra, ajoutai-je cependant, en sacrifier un mais l'autre sera sauvé. Toussaint prend la parole et me répond vivement : Si je savais que ce fût mon frère, je signerais le pourvoi. Mon frère est plus capable, plus instruit que moi, dès-lors plus utile à sa patrie et à sa famille. Oh ! j'y consens, s'il est sauvé ; s'il va à la mort, j'y vais avec lui. — Je réponds à Toussaint par quelques mots, puis, fixant Laure du regard : Vous avez là un excellent frère ! Cependant, il faut lui dessiller les yeux. Non, mon cher Laure, si l'un des deux est sauvé, ce ne sera pas vous.

Vous avez été la pierre d'achoppement. C'est à vous seul qu'on en voulait, et si Toussaint eût été absent ou en mer, on n'eût pas pensé à lui. Et vous, Toussaint, vos larmes ont coulé au souvenir de votre famille, de votre bonne sœur! Est-ce que vous vous refuseriez à rester l'appui de tous les vôtres, leur consolateur, leur seconde providence? Est-ce que vous seriez ingrat?

Laure aîné me répond avec calme : Mon ami, dressez le pourvoi, nous le signerons. Le ton et les paroles étaient sans réplique. Je le rédigeai aussitôt et le leur fis signer. Après, j'appelai le concierge pour le faire remettre au commandant du fort.

Pendant que tout ceci se passait au cachot n° 5, la famille Laure, réunie dans sa demeure rue de l'Oratoire, se livrait à la douleur; la pauvre sœur n'avait pris aucun aliment depuis plusieurs jours; elle était comme expirante. La nuit était close. On frappe à la porte de la rue à petits coups; personne ne songeait à ouvrir, au milieu d'une si profonde affliction. Ce ne peut être que de nos amis qui, n'osant pas se montrer de jour, viennent à cette heure de silence mêler leurs pleurs aux nôtres. Mais à peine le tour de clé est-il donné, que des monstres, bâtons en mains, renversent et foulent sous leurs pieds celle qui a ouvert, frappent le père, vieillard octogénaire, cassent, brisent tout, portent des coups à droite et à gauche, se blessent même entre eux et se retirent, laissant tout le monde à demi-mort dans cette maison de désolation et de douleur.

Le lendemain fut, au cachot n° 5, d'un calme effrayant. Le silence y régnait, le silence de la consternation. Prier pour les deux agonisans, les exhorter au pardon des of-

fenses et à la mort des chrétiens, tel était notre devoir et
nous sûmes le remplir.

La journée suivante se leva, suprême et décisive. Le
conseil de révision est assemblé. M. Lucotte, officier supérieur d'infanterie légère, y plaide, avec toute la chaleur
d'un homme de talent et tout le dévouement d'un honnête
homme, la cause des frères Laure. Peu d'instants après,
un jeune soldat de notre connaissance passe et me fait signe. J'approche l'oreille des barreaux de la croisée : Le
cadet est sauvé, me dit-il à voix basse. A l'instant, je reviens aux deux frères, je leur prêche la résignation et la
fermeté. Au bout d'une heure d'exhortations amicales,
j'entends de nombreux tambours battre le pas de charge ;
c'était le glas des victimes ; presque toute la garnison était
sous les armes. L'escorte se composait de plusieurs bataillons. Des piquets d'infanterie stationnaient sur les places,
des escadrons de cavalerie sillonnaient les rues adjacen-
tes ; la basse-cour du fort peut à peine contenir la troupe.
La porte du cachot s'ouvre, le commandant du fort ordonne du geste de dériver l'anneau de la chaîne. Le guichetier, croyant que les frères Laure allaient être fusillés
ensemble, avait commencé par le cadet. D'un geste brus-
que, le commandant fait signe d'aller à l'aîné. Toussaint
le comprend ! Mon frère va mourir et je ne le quitte pas,
dit-il aussitôt en embrassant Laure, en l'étreignant à l'é-
touffer. Ils ne m'entendaient plus. L'assemblée sanglottait
attendrie. Les fers étaient ôtés à l'aîné seulement. Le commandant s'impatientait : il ordoune aux soldats d'entrer,
bayonnette en avant, de les séparer, et il met lui-même
l'épée à la main. Donnez-moi un instant, m'écriai-je, et
cette scène affreuse va cesser.

Je m'approche de l'oreille de Laure et, de la voix la plus forte, je criai : Laure ! mon ami, vous allez nous quitter pour toujours, et vous ne voulez pas m'embrasser ! Aussitôt, il ouvre les yeux, se dégage des bras de son frère, tombe dans les miens, et pendant que nous nous embrassons, je le soulève, je le jette, pour ainsi dire, en dehors de la porte du cachot qu'on referme presqu'aussitôt, et Toussaint a tout juste le temps d'effleurer de la main la garde de l'épée du commandant du fort qui se pressait de sortir. Celui-ci dit au malheureux frère : Vouliez-vous m'assassiner ? Indigné je répliquai et fort haut : Vous êtes bien aveugle ! il se fût percé le cœur avec votre épée, s'il avait pu la saisir. Il répondit : A la bonne heure. Cependant Toussaint, roulant et traînant rapidement sur le pavé du cachot la double chaîne fixée au bas de sa jambe, court et se jette, tête en avant, sur les gros barreaux de fer de la croisée : il s'était ouvert le front et son sang coulait ; nous l'étanchâmes avec de l'eau-de-vie et nous nous hâtâmes de lui poser un appareil.

Laure aîné, dont les mains n'avaient pas été liées en arrivant à la plaine Saint-Michel, sur la place de la mort, dit aux militaires qui étaient à quatre pas de lui, en leur jetant trois écus de six livres : Mes amis, ne me manquez pas, et il cessa de vivre.

Il est bon de noter, et nous le savions au fort, que des soldats auxquels ces exécutions répugnaient, tiraient assez haut pour ne pas atteindre les suppliciés.

Peu de jours après, le commandant du fort fut changé. On supposait partout que Toussaint serait acquitté par le deuxième conseil de guerre. Mes parents, mes amis me conseillaient de monter à la galerie du fort. Je ne voulais pas quitter Toussaint qui, lui-même, me conseilla de le faire, disant : Si je suis acquitté, nous n'en serons pas moins séparés. En sortant d'ici, je pars pour l'Amérique ; toi, profite de ce nouveau commandant qui est humain. Et, en effet, grâce au nouveau venu, je pris place à la galerie du fort jusqu'à notre translation à Aix.

Ce fut pendant notre séjour dans les prisons d'Aix que Toussaint Laure jugé de nouveau, et condamné à la peine de mort par le deuxième conseil de guerre, vit casser ce jugement, encore par l'excellente défense du digne M. Lucotte. L'arrêt de cassation portait que Toussaint Laure serait renvoyé pardevant le conseil de guerre de Grenoble. Il y fut transféré de brigade en brigade. Sa bonne sœur l'y suivit : peu de temps avant le jugement, M. Lucotte obtint la permission de partir pour un pays peu distant du chef-lieu ; il s'y trouva le jour même où, pour la troisième fois, la peine de mort fut prononcée contre Toussaint. Une troisième fois, l'infatigable officier supérieur, fit, par une longue et belle défense, casser le jugement par le conseil de révision, qui renvoya Toussaint Laure devant ses juges naturels à Aix. Eh bien ! c'était tomber de Carybde en Scylla. Si Toussaint fût arrivé à Aix, il y eût été guillotiné, comme le furent MM. Camille de Clapier et Venterolle, tous les deux d'Aix et tous les deux victimes en ce même temps.

Quelques jours après la décision du conseil de révision de Grenoble, la gendarmerie conduisit en Provence Toussaint Laure. Mais cette sœur incomparable, qui ne le quittait pas, avait gagné une petite troupe d'hommes armés; ces amis dévoués apparaissent, l'ange sauveur en tête. Seule, elle porta la parole et le défi. Les gendarmes attaqués tournent bride, et Toussaint est délivré.

Plus tard, à mon retour de l'armée, mes questions pour savoir ce que mon ami était devenu, quel pays l'avait recueilli, furent inutiles, mes recherches sans succès. Je le supposais en Amérique. Ce fut enfin vers les dernières années de la restauration que j'appris, par une personne digne de foi, de Marseille, que Toussaint Laure résidait à la Pointe-à-Pître. Je lui écrivis. Nous échangeâmes quelques lettres. Dans l'une des premières il me mandait qu'à la suite d'une entreprise hardie, il avait beaucoup gagné. Vers la fin de l'empire, il avait chargé d'or et de denrées coloniales un bâtiment neutre, avec le projet de laisser le tout, aussi en pays neutre, jusqu'à ce qu'il pût se retirer dans un port français éloigné de Marseille. Mais nos bons amis les Anglais, instruits de ce chargement par un traître, poursuivirent, visitèrent le navire et s'approprièrent la fortune de Toussaint Laure.

Dans une autre épître, il me disait avoir recommencé, sur nouveaux frais, un petit commerce peu lucratif. Mais, depuis la révolution de 1830, je n'ai plus rien reçu de lui. Je ne sais s'il est mort ou vivant.

Dixi in summâ veritate.

Nous terminerons l'histoire de Laure par quelques pièces de la correspondance des deux frères. Nous en devons la communication à un contemporain et à un jeune érudit. Ces lettres autographes que nous allons publier, sauf quelques détails de famille, presque en entier, seront lues avec intérêt, et comme pièces justificatives d'un récit dont les apparences romanesques cachaient pourtant la plus exacte vérité, et comme papiers dépositaires des derniers sentiments, des dernières pensées de deux mourants. Celle qui est signée de plus jeune frère, du chevaleresque et généreux Toussaint, attendrit d'autant plus, qu'il croyait l'écrire sur les bords de la tombe homicide dont il fut sauvé comme par un miracle et où le malheureux aîné devait seul être englouti.

Du reste, l'obligeance d'un autre contemporain qui connaît à fond notre chronique révolutionnaire marseillaise, et spécialement l'histoire de la famille Laure, nous met en mesure d'ajouter à cet épisode quelques détails supplémentaires.

La sœur de Laure, l'héroïne du drame, cette femme intrépide et dévouée, que le capitaine se plaisait à nommer l'*incomparable*, est morte il n'y a pas plus de quinze mois, à son domicile, rue St.-Sépulcre, dans un âge assez avancé. Sa fille, Victorine, est mariée à un officier de l'armée d'Afrique, qu'elle a rendu père de plusieurs beaux enfants. Toussaint n'est plus, la Pointe-à-Pître a ses ossements depuis un an, il s'y est éteint, peu après la catastrophe du tremblement de terre. Une de ses filles s'y trouve mariée à un pharmacien. Ses deux fils sont également établis à la Pointe.

Les Laure ont encore deux frères qui vivent parmi nous: l'un est avocat, justement considéré; l'autre est herboriste, rue Ste.-Marthe, au coin de la rue de l'Oratoire, non loin de l'ancienne maison paternelle.

Quant au capitaine, que la réaction fructidorienne fusilla, le jour de son exécution fut pour la ville un jour de deuil et de sombre consternation. C'était un dimanche : tous les bals publics et particuliers restèrent fermés, comme lors de l'exécution des vénérables prêtres Donnadieu et Baudin, vers la même époque.

Nous arrivons à la correspondance :

Des prisons du fort St.-Jean.

Mes tendres et chères sœurs,

On vient de prononcer l'arrêt de notre mort, ce sera demain le dernier de mes jours. Ne vous attristez pas sur notre sort, car nous sommes plus heureux que vous. Nous allons passer d'une vie de misère à une vie de félicité : quel plaisir trouve-t-on à présent sur la terre ? La mort n'est rien. Nous ne regrettons la vie que pour vous ; car nous savons que notre trépas vous mettra au désespoir. Je vous le jure, et aux pieds de la tombe, je suis plus heureux que vous autres, puisque je ne supporterai plus les douleurs et les misères de ce monde. D'ailleurs, il faut mourir : tant vaut-il que ce soit à présent : nous allons faire un voyage qu'il faut que tout le monde fasse. Nous ne serons plus les tristes témoins des horreurs des cannibales et des monstres à figure humaine. Si j'ai le bonheur de paraître devant mon divin maître, je me jetterai à ses pieds, en le priant d'appaiser sa colère, de veiller sur vos jours, et de vous en faire couler de plus tranquilles que ceux que vous avez passés jusqu'à présent. Je vous en conjure, ne vous mêlez plus de la révolution, et ne cherchez pas à vous venger des monstres qui nous ont fait assassiner juridiquement ; vous en voyez la triste expérience.

Le ciel ne les oubliera pas ; ils périront tous misérablement. Vous en savez les noms, vous les verrez. Dites-en autant à Mathieu, à qui je recommande de se tenir sur ses gardes. Vous lui donnerez mes ronds, que je le prie de porter ; et qu'il ne les garde que pour se rappeler ce que je lui dis. Si vous m'aimez et voulez que je meure satisfait, pleurez-moi un instant, je vous le permets, ensuite oubliez-moi pour toujours. Notre sentence de mort était prononcée depuis longtemps. Avant que de paraître au tribunal, nous étions condamnés. Toutes nos preuves à décharge ont été infructueuses ; nous étions deux victimes réservées à leur fureur ; nos juges sanguinaires ont été sourds...

Lorsque le rapporteur est venu prononcer notre condamnation sur la porte de notre cachot, nous avons été plus heureux que les autres ; car on nous a laissés au n° 5 avec nos camarades. Au moment qu'il lisait la sentence de mort, nous lui avons répondu avec force... Il est devenu confus, a cessé de lire et s'est retiré avec précipitation. Je me suis défendu à cette boucherie avec toute la force possible. J'ai confondu mes sanguinaires et lâches dénonciateurs ; je les ai traînés dans la boue, mais en vain. Demain, une horde de brigands et de cannibales viendra se rendre en foule au lieu qui doit voir notre dernier soupir, mais nous saurons les anéantir par notre fermeté et notre innocence...

Consolez mon père dans ses vieux jours ; dites-lui que je le prie instamment de prendre soin de vous autres, dites-lui de plus, qu'il me pardonne tous les chagrins

et toutes les peines que je lui ai causés pendânt ma vie.
Dites-en autant à ma mère.

Soyez bien unies. Oubliez vos chagrins, aimez-vous
comme nous nous aimions. Je passe à un objet bien cher
à mon cœur ; c'est de mon propre sang, c'est de mon fils
que je vous parle...

Je serais bien content, si, en quittant ce monde, je
vous savais tranquilles et heureuses ; mais j'espère qu'un
jour le ciel sera touché de vos malheurs, et vous fera jouir
des douceurs de la vie, dont vous êtes privées depuis si
longtemps. Vous vous fâchiez, mes chères sœurs, lorsque
je vous écrivais que nous étions perdus. Ce n'était pas la
crainte de la mort qui me le faisait dire ; mais c'était pour
vous y préparer peu à peu, et ne pas vous accabler tout
d'un coup. Ma situation est bien critique, je vous l'avoue,
en voyant périr mon frère avec moi, mais elle n'est que
passagère. Je suis bien affligé de n'avoir pas pu embrasser ma chère Mion encore une fois. C'est toi, chère Thé-
rèse, que j'ai eu le bonheur d'embrasser la dernière fois
et à qui j'ai donné de mes cheveux, nattés de mes mains,
triste reste. Gardez-le, ce cruel souvenir de mon existence. Partagez-les avec votre sœur, que je vous prie de
remercier de toutes les peines qu'elle a prises, ainsi que
vous. Vous n'aurez pas à vous reprocher notre mort par
votre négligence ; car vous avez fait l'impossible. Je suis
fâché également des dépenses que vous avez faites sans
succès, mais ce n'est pas votre faute. Je joins cette bague
ronde, qu'une de vous deux gardera. Ne la regardez jamais, ainsi que mes cheveux, que pour vous rappeler
que je suis plus heureux que vous autres. Il aurait été

bien doux pour moi que mon frère n'eût pas été condamné : il aurait fait votre consolation.

D'un autre côté, il eut peut-être resté sur la terre pour y passer une vie malheureuse. N'oubliez pas ma belle-mère que je remercie également de toutes ses peines ; priez-la d'avoir soin aussi de mon fils.

Je vous laisse les maîtresses de tout ce qui me reste. Vous en ferez tout ce que vous voudrez : vous le vendrez pour servir aux frais que vous avez faits. . . . .

Je vous le répète, mes chères sœurs, au nom de l'amitié que vous avez toujours eue pour moi, ne vous chagrinez pas. Tous vos pleurs, vos sanglots ne nous feront pas revivre, et ne vous serviraient qu'à vous faire passer une vie malheureuse et des jours pleins d'amertume. Dieu vous a donné la vie, conservez-la soigneusement ; unissez-vous à des époux dignes de vous. Il nous demande la nôtre, il faut la lui rendre. Nous n'en murmurons pas, au contraire, nous faisons volontiers ce sacrifice pour lui. Peut-on être plus heureux que de mourir pour son Dieu ? Vous me direz : les monstres ont abrégé vos jours en vous assassinant. Mais il était écrit au ciel que nous devions périr. Nous sommes au nombre de tant de malheureuses victimes que la scélératesse a plongées dans le deuil et l'affliction. Nous sommes plus heureux que ceux qui restent : car il y en a beaucoup qui doivent périr après nous. Souvenez-vous que la révolution n'est pas encore finie ; que si ce n'était aujourd'hui, ce serait demain. Malheur à ceux qui se sont montrés ou qui se montreront ? Ne faites voir ma lettre qu'à des personnes discrètes, crainte qu'elle ne vous compromette. N'y a-t-il pas assez de nous ? Je vous le répète

et ne cesserai dc vous le dire : consolez-vous ! J'epère que
vous ne me refuserez pas cette dernière grâce ; vous avez
de la raison, servez-vous en, et promettez-moi d'y souscrire. Une fois que nous n'entendrons plus vos soupirs,
que nous ne verrons plus couler vos larmes à cette lettre,
elles seront inutiles, si nous les entendons, ce ne sera que
pour nous affliger et nous faire passer un second martyre
dans le ciel, si le Seigneur nous y reçoit.

Ne pouvant déposer nos péchés dans le sein d'un prêtre, Dieu aura pitié de nous et nous pardonnera, voyant
que ce n'est point de notre faute. Je vous en conjure les
larmes aux yeux, ne soyez point insensibles aux instances
de votre frère, il vous le demande à genoux : consolez-
vous ; si vous ne m'accordez pas cette grâce, vous nous
rendrez malheureux. Comme je vous l'ai déjà dit, nous
ne pouvons pas vous entendre, et vous ne savez pas combien nous souffririons, si cela pouvait être. Allez chercher
la compagnie des braves gens qui vous consoleront, comme Mme. Rostan, à qui nous vous prions de dire mille
choses, ainsi qu'à sa famille. Mon malheureux frère me
charge de leur en dire autant. Demain sera notre dernier
jour et le plus beau de ma vie. Je saurai mourir en capitaine de chasseurs et en homme d'honneur. Pourrai-je
sentir la mort, avec mon bon frère Toussaint ? nous mourrons l'un pour l'autre. J'y reviens sans cesse, mes chères
sœurs, consolez-vous. Je ne saurais trop vous le dire,
connaissant votre attachement pour nous. Je vous l'ai
déjà dit, vos pleurs couleraient en vain. Consolez mon
tendre père, prenez soin de ses jours ; embrassez-le pour
moi, ainsi que son épouse, mon cher frère et sœurs et

belle-mère. Faites-leur mes derniers adieux, ainsi qu'à tous les amis qui se sont intéressés pour nous. Le Ciel leur tiendra compte de leurs bienfaits. Je ne m'étends pas davantage sur mon malheureux frère Toussaint, sachant qu'il vous écrit lui-même. Croyez que nous saurons mourir en hommes d'honneur.

Adieu, mes tendres et très chères sœurs. Adieu pour la dernière fois. Adieu pour la vie. Adieu. Adieu. Adieu.

Signé, V. Laure.

P. S. Lorsque nous ne serons plus au fort, vous pouvez envoyer prendre les matelas et tout ce qui reste au n° 5.

O mes chères sœurs,

C'en est fait, je ne vous verrai plus ; adieu pour toujours, mère et frère : adieu parents, mes amis, adieu tout ! Bientôt cette main qui vous trace ces quelques lignes, arrosées des larmes de la tendresse, n'aura plus de mouvement, et sera comme mon corps, réduite en poussière. Bientôt, oui, dans quelques heures, je vais paraître devant le maître de toutes choses, devant celui qui jugera tous les hommes. C'est là que l'innocence trouve un protecteur, un père rempli d'équité et de miséricorde. Mais qu'ils tremblent ceux qui ont prononcé l'arrêt inévitable de ma mort : il les jugera aussi. Ne vous affligez pas, et ne me regardez que comme parti pour un voyage dans lequel vous devez tous me suivre. Le Ciel, en me pardonnant mes fautes, me permettra de veiller sur vos jours.

Je vous le répète, mes chères sœurs, je vous quitte pour toujours. La mort n'est rien ; je regrette les soins et les peines que vous avez pris pour nous, je regrette de ne pouvoir vous remercier de vive voix et de quitter la vie sans vous voir. Mais rassurez-vous sur mon compte : je saurai mourir. La révolution cause ma perte et le malheur de toute notre famille. Que de maux elle nous a faits ! Pour vivre tranquille et heureux, que mon frère Mathieu prenne exemple sur nous, et si un jour il vous rejoint, qu'il travaille paisiblement et oublie le passé.

Recevez ces quelques tresses de mes cheveux, faible et triste gage de l'amitié. Consolez mon père, prenez soin de sa vieillesse. Embrassez-le pour moi, ainsi que ma mère, frère et sœurs.

Faites mes derniers adieux à tous les amis qui se sont tant employés pour nous. Dites-leur que le Ciel les récompensera un jour. Je ne vous parle pas de mon malheureux frère Victor, qui vous écrira une lettre en particulier.

Adieu, mes bonnes et bien chères sœurs,

Votre frère,

Signé, T. Laure.

Du fort St.-Jean , cachot n° 5.

Ma chère dame ,

Recevez les derniers adieux de deux frères qui vont demain finir le cours d'une vie bien malheureuse... Notre existence était le bien de Dieu ; comme il nous la donna, il nous l'ôte... Nous mourrons dignes de lui, c'est-à-dire comme des enfants soumis à leur père , puisse-t-il nous regarder d'un œil de miséricorde, nous pardonner comme nous pardonnons à nos ennemis !.,.

La mort nous enlève la satisfaction de vous voir et de nous jeter à vos pieds; que ces quelques lignes tracées par une main défaillante y suppléent. Remerciez de notre part vos parents , votre petite nièce , surtout de la part de Toussaint, qui la regrette bien vivement.

Je viens vous prier , madame, de consoler nos chères sœurs qui en ont certainement le plus grand besoin; elles mettaient en nous tout leur espoir; cet espoir leur est enlevé. Que du moins elles trouvent en vous une protectrice, un appui, une seconde mère! Guidez-les toujours de vos sages avis, rassurez-les sur notre sort... Excitez-les à oublier notre mort, mettez-leur sous les yeux tous les principes religieux qui doivent, en pareil cas, servir de consolation. Qu'elles pardonnent à nos ennemis ; que si jamais un temps plus heureux se lève à notre horizon politique, et que mon frère Mathieu revienne à Marseille, elles l'empêchent de poursuivre nos dénonciateurs. C'est la religion qui nous dicte ces paroles, et pour que le Ciel nous pardonne, elles doivent s'y conformer.

Nous mourrons avec toute la fermeté dont on peut être capable ; tous les malheureux, qui comme nous attendent dans le fort l'arrêt de leur mort, gémissent et s'affligent sur nous. Nous sommes calmes et tranquilles.

Adieu, madame, mille choses affectueuses à votre époux de notre part. Adieu pour toujours, adieu.

Signés, Victor LAURE.

T. LAURE.

(A l'adresse). Pour Mme. Cambon, fille de Gerard, à la fontaine de l'Aumône, à Marseille.

CHAPITRE DOUZIÈME.

De 1798 *à* 1799.

—

SOMMAIRE.

Excentricités de Quentin. — Scène ridicule au théâtre. — Condamnation inique du vieux Varage. — Le pape Pie VI prisonnier en France. — Les élections à Aix. — Désordre et scission de l'assemblée électorale. — L'expédition d'Egypte. — Réflexions politiques. — Alarmes de l'Angleterre. — Le trésor de Berne enlevé par Brune et Rapinat. — Départ de l'escadre. — Prise de Malte. — Anecdote personnelle à l'auteur des *Esquisses.* — Etat du commerce de Marseille et en Egypte. — Torpeur du commerce après le départ de l'escadre pour l'Orient. — La savonnerie. — Les Anglo-américains. — Les fusillades renouvelées. — Bonaparte à son passage à Aix. — Les détenus de fructidor rentrés au fort St.-Jean. — Désartre d'Aboukir. — Revers militaires. — Massena à Gênes. — Etat fâcheux de la France. — Réflexions politiques. — Retour de Bonaparte. — Il touche à Ajaccio. — Il arrive à Fréjus. — Le 18 brumaire. — Situation de Marseille. — Création du sénat. — Du tribunal. — Du corps législatif. — Et des préfectures. — M. Lejean, sénateur. — M. Nicolas Clari. — Charles Delacroix, préfet à Marseille. — Sa belle conduite. — Il répare, embellit la ville. — Les boulevarts. — La nouvelle halle. — Les hôpitaux. — La bibliothèque. — M. Achard. — L'académie restaurée — Thibaudeau. — Ses faits et gestes. — Ses précédents. — Retour des débris de l'armée d'Egypte. — Le général Menou. — Le diocèse de Marseille réorganisé. — La Fête-Dieu du roi René en 1801. — La paix d'Amiens. — Mouvement commercial. — Entraves et malheur du commerce local. — Attaque de l'île de Pomègue. — Anecdote comique de Cassis. — M. d'Anthoine, maire de Marseille. — La chambre de commerce. — Le collége sous la dénomination de Lycée. — La salle des tableaux. — Le décret de Berlin. — Ses conséquences. — Perturbations mercantiles.

—

La justice divine, dont les secrets sont impénétrables, tenait Quentin ou Quantin en réserve pour apprendre aux Marseillais que sa colère n'était pas encore appaisée. Le fléau à face humaine s'acharna contre eux avec l'arro-

gance du parvenu et la férocité du jacobin. Poussé par le
vent pestilentiel des révolutions, Quentin, parti des derniers rangs, portait l'épaulette étoilée, lorsqu'il vint commander à Marseille, au lieu de Théodore Chabert (1),
qui lui-même avait remplacé le général Pille, dont nous
ne mentionnerons que l'acharnement contre les prisonniers politiques. La réticence aura pour dédommagement
la véridique histoire des excentricités quentiniennes, en
voici une des mieux conditionnées :

Il y avait un soir chambrée complète au théâtre. Quentin arrive et va se prélasser dans la grande loge d'avant-
scène, la tête échauffée par la digestion de son dîner.
Tout va bien jusques-là, mais au milieu de la pièce
nouvelle, se trouve un passage allégorique : il fut accueilli par les acclamations du parterre. Quentin, hors de
lui, se lève, et Bacchus aidant, il adresse à l'assistance
cette mirifique allocution : « Ah ! ah ! messieurs les roya-
« listes, vous faites des allusions liberticides en ma pré-
« sence, vous insultez la république à la face de son
« représentant ! Croyez-vous que je le souffre ? Oh ! que
« non pas ; on va fermer les portes, et puis nous ver-
« rons. » A ces terribles mots, tout le monde se précipite
vers les issues ; on les trouve closes, sans excepter les
communications avec le théâtre, et voilà quinze cents bi-

(1) Le général Chabert était dévoué corps et âme à la faction
ultrà-démagogique qui, le trouvant tout-à-fait à sa guise, l'envoya représenter Marseille au conseil des Cinq-Cents. Fidèle à
ses principes, le député radical demanda un jour à la tribune la
stricte exécution de la loi contre les émigrés. La proposition n'eût
pas de suite, parce qu'elle venait trop tard. Chose singulière ! le
successeur de Chabert à Marseille valait encore moins que lui.

pèdes dans la souricière. L'affaire, prise d'abord pour un passe-temps, commence à devenir sérieuse. La salle se regarnit en tumulte et les commentaires vont circulant de bouche en bouche. Que nous veut donc cet animal-là ? Prendrait-il par hasard le théâtre de Marseille pour le Champ-de-Mars de Toulon ? Il ne faut jurer de rien avec les cerveaux fêlés. Aurait-il la fantaisie d'exécuter une fusillade à huis-clos ?

Cependant, le promoteur de la bagarre avait quitté sa loge pour aller s'établir dans le grand foyer. On apporte une table sur laquelle était placée la liste des abonnés. Quentin s'étant assis vis-à-vis se prépare à passer les habitués en revue. L'appel commence ; chacun à son tour se présente, *singulatim ;* les demandes saugrenues et les réponses à l'avenant prolongent la séance jusques à une heure après minuit. Dans ce moment, un éclair de raison ayant passé par la tête du juge, ou, pour mieux dire, les vapeurs bachiques s'étant à peu près dissipées, Quentin quitte brusquement son siége et s'échappe à travers la foule. Il nous fut alors permis d'aller nous coucher. Telle fut la première équipée de Fréron deuxième. Il n'y a pas assez de sifflets à la foire pour faire justice de pareilles extravagances.

Malgré leurs pertes récentes, car plusieurs d'entr'eux avaient reçu le juste châtiment de leurs brigandages, les fuyards continuaient à tenir dans un perpétuel qui-vive le nord du territoire de Marseille. Quentin avait juré de les anéantir. Fanfaronade toute pure ; les fuyards s'en moquèrent. Le service de la division exigeait la présence du général à Aix. Quentin se décide à faire le voyage à cheval. A l'entrée des gorges de Septèmes, on entend le sifflement des balles dirigées de droite et de gauche sur le tricorne galonné. Peu flatté de cette musique, l'Achille de contrebande pique des deux et s'enfuit à toute bride sans demander son reste, abandonnant à l'ennemi son chapeau tombé dans la poussière. Viens chercher ton chapeau! *vené sarca toun capeou*! crièrent après lui des voix nombreuses parties des hauteurs voisines. L'histoire ne dit pas ce que devint le chapeau; mais, direz-vous, que faisaient les gendarmes? Ils couraient comme le maître: n'étaient-ils pas chargés de l'accompagner (1)?

L'historien Mariana raconte que dans le siècle du Cid, un héros Castillan ayant été surpris, lui deuxième, par un gros d'ennemis, lui fit tête, et s'en débarrassa vaillamment sans avoir reçu une égratignure. A cent pas de là il s'aperçoit de l'absence de son casque, ne voulant pas le perdre, il retourne au lieu du combat, malgré les observations prudentes de son écuyer; il y retrouve son armure, s'en couvre et revient sain et sauf. Il existe sans doute en France des guerriers de cette trempe. Selon toute apparence Quentin n'était pas de ceux-là.

(1) La bande des fuyards ne fut entièrement dissipée qu'après le 18 brumaire. Jusques à cette époque, ils firent parler d'eux de temps en temps. Lorsque la partie ne fut plus tenable, ce qui restait d'échappés à la justice s'épura. Les uns prirent part dans l'expédition d'Egypte, les autres passèrent en Espagne; l'amnistie sauva le reste. Une poignée de garnements bien vêtus, soi-disant victimes de la révolution, visitait en maraudeurs, dans les derniers temps, les campagnes de Ste-Marguerite et de St.-Loup. Les drôles s'introduisaient dans les habitations opulentes à l'heure des repas, s'appropriaient par manière d'emprunt forcé les bourses et les bijoux avec une politesse parfaite. Une scène de ce genre fut jouée par un jour de fête dans une maison de plaisance, à deux pas de la ville, vers le Chapitre.

L'escapade du theâtre est ridicule, le trait suivant est horrible.

Un vieux marseillais, fils d'un lieutenant de port, du nom de Varage, achevait de vivre dans une retraite voisine de la misère. Varage avait parcouru dans sa jeunesse agitée les quatre parties du monde; la cinquième n'était pas encore découverte. Il revenait invariablement de ses courses vagabondes l'escarcelle vide en vrai sans-souci. A cette insouciance native, le jeune voyageur joignait les travers d'une mauvaise tête; c'est-à-dire qu'il était joueur, férailleur et fort enclin à la colère. Nullement disposé à se laisser damer le pion impunément, les téméraires malencontreux qui s'avisaient de regarder Varage de travers s'exposaient à recevoir, par une vigoureuse imposition de main sur la joue, une preuve matérielle de la vivacité provençale; sauf réparation loyale sur le pré. Dans le temps de ses pérégrinations, un trait de ce genre l'avait brouillé jadis avec Quentin, j'ignore dans quelle ville et dans quel lieu, probablement dans une maison suspecte. Le général en germe était alors *picaros* tout comme Varage. Le soufflet de Quentin avait eu la même conséquence que celui de Pourceaugnac; mais son souvenir pesait sans cesse comme un plomb sur le cœur lâchement atroce du souffleté. Lorsqu'une vieillesse prématurée et de précoces infirmités eurent réduit le pauvre Varage à la vie casanière, il se confina dans son pays natal pour n'en plus sortir. Alors il se maria avec la veuve, encore assez avenante, d'un capitaine marin; le modique douaire de sa femme le soutint quelque temps. Toujours passionné pour la vie indépendante, il s'affilia dans la bande sans gêne des Grimaud, des Surville et leurs compagnons dont nous avons fait honorable mention dans la première partie de ces essais. La conformité d'humeur l'avait pareillement lié avec Lieutaud, ce brave commandant de la garde nationale qui faisait trembler de peur les aînés du patriotisme. Varage devint son ami, et le général Lieutaud l'aida souvent de sa bourse et de mille autres manières. Mais l'obligé, hors d'état de reprendre une vie active, fut étranger de fait à la carrière politique du bienfaiteur. Il observa le même isolement pendant l'insurrection sectionnaire, et la terreur étant survenue il l'eut l'adresse de se dérober, sans quitter Marseille, aux fureurs du jacobinisme qui, sans nul doute, n'aurait fait qu'une bouchée de l'ancien camarade de Lieutaud. Enfin on n'entendit pas parler de Varage à l'époque de la réaction postérieure au 9 thermidor. Il semble donc que le vieillard avait quelque raison d'espérer une mort paisible ; fatale illusion. Le vindicatif Quentin vint prendre le commandement de Marseille. Ni le temps, ni son élévation n'avaient effacé dans son cœur de boue, la mémoire de sa querelle. Ce méchant homme prend des informations sur le compte de son offenseur. Grande fut la difficulté de lui en fournir. Tout le monde croyait notre compatriote mort ou du moins absent ; il n'en était rien, Varage existait et n'avait pas quitté Marseille. Les sicaires du maniaque en place l'ayant enfin découvert le jetèrent dans les cachots du fort Saint-Jean, on l'y laissa jusqu'à ce que le sacrifice fut prêt. Livré à l'obséquieuse frénésie de la commission militaire, un vieillard invalide, qui depuis trente ans n'avait pas fait un seul pas hors des murs de son berceau, fut condamné comme convaincu d'émigration. Dans la matinée du lendemain , un peloton d'imbéciles soldats conduisit l'innocent sur l'esplanade de la Tourrette pour y subir la punition d'un soufflet d'ancienne date. Le hasard nous ayant porté, ce jour-là vers la Consigne, nous eûmes la douleur de voir un malheureux que nous avions connu dans d'autres temps , sortir du fort et gravir à grands pas la rude montée qui aboutit au plateau de la falaise. Il marchait les bras croisés et libres , la tête un peu baissée , couverte d'un vieux chapeau , et le corps d'une houpelande usée. On le voyait souffrant , mais non abattu ; ses traits n'étaient pas changés , ses yeux n'avaient rien perdu de l'état normal. En un mot , toute sa personne paraissait aussi calme que son entourage. A peine étions-nous arrivé vis-à-vis de l'Hôtel-de-Ville , en revenant sur nos pas, que nous entendîmes une détonation lointaine ! Varage avait vécu.

Tandis que le sacerdoce orthodoxe était impitoyablement fusillé à Marseille, on emprisonnait à Rome, par les ordres du Directoire, le pape Pie VI (1).

_____

(1) Il faut , s'écrie éloquemment M. de Lacretelle, qu'un vieillard octogénaire soit conduit de brigade en brigade dans les gîtes souvent les plus incommodes , il faut qu'il traverse les Apennins et les Alpes. . . C'est sur un brancard grossier et soutenu par des sangles qu'on lui fait descendre des monts escarpés. Rien n'altère sa sérénité. Sans doute il avait craint de trouver en France le genre de supplice le plus cruel pour son cœur, le spectacle des débordements de l'impiété, mais à peine a-t-il passé la citadelle de Briançon que les flots de fidèles viennent de toutes parts donner à la marche du capif l'aspect d'une marche triomphale. C'est tout un peuple à genoux qui lui demande sa bénédiction ; il entend des paroles pleines de ferveur et surtout de repentir. Les soldats s'étonnent de la puissance mystérieuse d'un prisonnier devant lequel s'inclinent des milliers d'hommes, et ne sachant comment réprimer ces transports finissent souvent par les partager. Enlevé

Au milieu de tant d'iniquités de toute espèce, il existait encore en France un simulacre de régime représentatif. Sous un gouvernement de tyrans et de valets, le renouvellement des conseils était chose peu nécessaire, mais le Directoire en avait besoin pour donner à son despotisme les apparences de la légalité.

Les colléges électoraux furent donc convoqués au mois de mars comme à l'ordinaire. Le public comprenant à merveille cette mystification politique, la vit passer avec indifférence, et les électeurs sensés qui ne s'y trompèrent pas s'abstinrent. Ainsi, les jacobins exaltés, nés du désordre et recherchant tout ce qui pouvait en produire, se trouvèrent investis sans opposition du monopole électoral. L'homogénéité des principes semblait devoir amener des suffrages uniformes et partant abréger la durée de la session qui se tint à Aix; point du tout. Le contact de la démagogie sans-culotte avec le républicanisme propriétaire, de la taquinerie villageoise avec les prétentions hautaines des grandes villes, fit naître la discorde, et les révolutionnaires, maîtres du terrain par l'absence de la droite, n'ayant pas pu s'entendre en famille, l'assemblée dégénéra en pétaudière, ce qui, du reste, ne surprit personne. Les électeurs se fractionnèrent. Les uns nommèrent leurs pareils, notamment Antonelle, le marquis furibond, qui

de Rome le 2 février 1798, arrivé au monastère des Chartreux de Saint-Cassien, près de Florence, il y séjourna près de dix mois. Pie VI entra enfin en France par Briançon le 20 avril 1799. Valence fut son dernier exil, il y mourut après environ deux mois de séjour, dans la nuit du 28 au 29 août de la même année. Il était âgé de 81 ans, 8 mois, 2 jours.

était venu briguer son élection à Marseille, et deux ou
trois autres *ejusdem farinæ*. Les dissidents choisirent, dans
une réunion séparée, M. Lejourdan, ancien député, et,
par singularité, par dépit et peut-être par une velléité
sarcastique, les directeurs Barras et Sieyes, qui d'évêques
seraient devenus meuniers; il était évident que cette nomination absurde ne serait pas acceptée par les élus, c'est
en effet ce qui eut lieu. La flagornerie était aussi mala-
droite qu'inutile, car on sortait d'embarras par un non-
sens. Les conseils cassèrent les nominations ultrà-jacobi-
nes et ratifièrent les autres. On eut bientôt à se préoccuper
d'un objet plus sérieux que ces vulgaires intrigues, l'expédition d'Egypte.

L'enthousiasme est fugitif en France, où l'idole du jour
est souvent abandonnée le lendemain. Le Directoire fla-
gorne, porte aux nues le vainqueur de l'Autriche, le conquérant de l'Italie, qu'il déteste au fond de l'âme par un
secret pressentiment. Bientôt Bonaparte est laissé dans
l'isolement comme si son rôle était fini. Telle n'était pas la
pensée du jeune général, impatient de son repos et de la
halte de sa renommée. Son imagination s'enflamme dans
l'oisiveté; la gloire de ses premières campagnes ne paraît
qu'un prélude au nouvel Alexandre, et la conquête de
l'Orient devient l'objet favori de ses pensées : plus le projet
est vaste, plus il sourit au géant en vacance. Talleyrand
consulté, donne une approbation cauteleuse et promet
l'assentiment du Directoire qui ne demandait pas mieux
que de se débarrasser, n'importe comment, de celui dont
la présence inquiète troublait son sommeil : une feinte ré-
conciliation ouvre le drame.

Pour donner le change à l'Angleterre, le *Moniteur* publie une série d'articles fallacieusement précurseurs d'une invasion chez nos voisins d'outre-Manche, et Bonaparte, dans l'intention de corroborer les menaces de la presse, part pour la Normandie. Cette tournée n'avait rien de sérieux, car l'Orient occupait exclusivement les méditations du général aux aventures romanesques. Il s'en ouvrit même à ses intimes pendant ce voyage, et son retour précipité fixa l'opinion publique encore indécise.

Cependant John-Bull eut peur, mais le cabinet de St.-James savait à quoi s'en tenir. Les doubles-mains étaient exacts à lui dévoiler les trames secrètes du Luxembourg. Pitt apprit, à coup sûr, avec une extrême satisfaction que la folle ambition d'un soldat heureux et la jalousie d'un parvenu sans capacité précipitaient la France dans une entreprise dont le résultat tournerait infailliblement à l'avantage de l'Angleterre. Dès lors le rôle du ministère britannique devenait facile : il n'y avait qu'à laisser la mer libre à l'ennemi, et aller ensuite l'attendre dans les parages de la Syrie. Toutefois, des mesures de défense furent organisées sur les côtes du chenal; leur insignifiance décelait la sécurité du gouvernement : on avait voulu seulement calmer les craintes de la nation (1).

Le sort était jeté; des ordres pressants rendirent bientôt

(1) Ce serait, ce nous semble, une étrange erreur que d'attribuer à la fortune du chef ou simplement au hasard la sortie de Toulon, la navigation paisible sur les eaux italiques, l'occupation de Malte, enfin le débarquement de l'armée dans le voisinage du Nil sans rencontrer une seule voile anglaise. Comment pouvons-nous croire qu'une flotte de quatorze vaisseaux de ligne, d'un

à l'arsenal de Toulon l'activité perdue depuis la fatale guerre d'Amérique. L'esprit de promptitude, cette qualité caractéristique du grand homme, ayant animé les chantiers comme par enchantement, les travaux furent poussés avec une telle célérité, que tout fut prêt à point nommé. Il est vrai que la rapidité était la première garantie de réussite. Il était urgent de gagner les Anglais de vitesse en mettant à profit les premières brises du printemps. Les espèces ne manquaient pas, Dieu merci; Brune et Rapinat venaient de dévaliser le trésor de Berne; trois ou quatre millions de ce larcin inouï arrivèrent à Toulon, puis à Marseille où ils s'engloutirent. Ainsi se réalisa, cette fois du moins, le vieux proverbe si souvent démenti par l'expérience : l'argent mal acquis ne profite pas. Les écus des Bernois, presque tous frappés à l'effigie de Louis XIII et de Louis XIV, et d'un titre supérieur à la monnaie courante, disparurent de la circulation par la fonte ou par la transmigration à l'étranger à cause du bénéfice du change.

grand nombre de frégates et de navires de moindre grandeur, de trois ou quatre cents bâtiments de transport, occupant une espace immense sur mer, ait pu naviguer impunément dans le bassin circonscrit de la Méditerranée, surtout dans les étroits passages voisins de la Grèce, si Nelson ne l'avait pas voulu? Or, on sait que l'amiral exterminateur ne quitta la Sicile qu'après la prise de Malte dont il contempla sans doute la capitulation comme la préface de la domination anglaise sur le vieux boulevart de la chrétienté. Si la bataille navale d'Aboukir ne fut livrée qu'après le débarquement de l'armée, ne pourrait-on pas supposer aussi avec quelque apparence de raison que cela n'arriva que par suite de la même combinaison. Faire échec à Bonaparte et à ses vingt-cinq mille hommes d'excellentes troupes, et les laisser sans possibilité de secours, aux prises avec les Mameluks et la peste, certes pour des Anglais le coup était beau.

Des nuées d'étourneaux parisiens, pressés par la détresse ou bien alléchés par la perspective d'une belle et prompte fortune dans un pays qui se présentait à leur imagination comme un Eldorado, tombèrent à Toulon pour entrer dans les administrations de la flotte. Quel ne fut pas leur désappointement et leur douleur lorsque débarqués en Egypte ils ne trouvèrent, au lieu d'une riche curée, qu'un pays appauvri, une population en guenilles, et de grands maux à subir ou à redouter ! Or il advint qu'une foule de ces damoiseaux sachant à peine tenir une plume, on fut forcé de demander des employés de meilleure étoffe à Marseille, où les jeunes gens sont initiés aux affaires au sortir du collége. L'auteur de ces essais aurait peut-être négligé cette circonstance si elle ne lui avait pas coûté bien cher (1).

(1) Mon unique frère, jeune homme de 28 ans, vigoureux, bien planté, au cœur droit, à l'humeur franche, avait passé six ans en Turquie, tantôt à Constantinople, tantôt à Brousse, dans l'Asie mineure ; il y avait appris le grec vulgaire et principalement le turc qu'il parlait comme un vrai musulman. Lorsque les principes révolutionnaires eurent fait irruption parmi les Français de Péra mon frère, à l'instar des sommités de la colonie, s'était mis sous l'égide de l'Autriche, c'est-à-dire de M. le comte de Choiseul-Gouffier, dernier ambassadeur de nos rois à la Porte. Ayant appris la chute de Robespierre, il revint à Marseille où le 18 fructidor le trouva. Ses honorables sympathies bien connues et ses précédents à Constantinople, qu'on pouvait à la rigueur taxer d'émigration, lui donnant quelque souci, il confia à ses amis le désir d'être admis dans une administration quelconque de la flotte prête à mettre à la voile. On ne le laissa plus le maître de balancer lorsqu'on eut appris qu'il possédait plusieurs langues orientales ; les avantages qu'on lui offrit achevèrent de le séduire. Il fut donc envoyé sur-le champ à Toulon, où on l'investit dès l'abord d'un emploi de haute confiance dans la direction des vivres. Descendu à Malte après la capitulation, le hasard le lia au jeune chevalier de Chanaleilles, aujourd'hui pair de France, et cette liaison, devenue intime avec le temps, ne fut rompue que par la mort. Après

L'ampleur et l'extrême activité des travaux de Toulon
interrompirent l'état d'atonie qui minait le commerce de
Marseille. De forts achats en céréales, en liquides, en
agrès, en effets d'équipement, vidèrent les magasins, vi-
vifièrent les quais, et employèrent une infinité de bras
désœuvrés. Les vieilles carcasses jusques à la dernière
furent restaurées tant bien que mal, on les appropria au
service des transports d'hommes et de munitions ; leur
nombre, quoique considérable, n'étant pas suffisant, on
emprunta le complément aux ports d'Italie, ce qui donna
de l'aliment au commerce de banque, d'assurance et de
courtage. L'argent suisse paya ces transactions diverses,
et l'abondance du numéraire favorisa les spéculations finan-
cières. En un mot, toutes les branches se ressentirent de
cette prospérité précaire, hors celle du Levant. Il ne manquait à tout cela que la durée, mais chacun voyait bien
que l'effet cesserait avec la cause.

Le gros du public ignorait la destination précise de la
flotte, les négociants levantins, ceux spécialement qui
faisaient le commerce d'Egypte, justement alarmés sur les

avoir rendu de grands services à plusieurs jeunes gens ses compatriotes et ses amis dans le trajet pénible d'Alexandrie au Caire,
M. François Lautard fut envoyé à Damiette avec des fonds très considérables, applicables à des achats de riz pour l'armée. A peine
établi dans une contrée si meurtrière, la peste qui avait respecté
cet excellent garçon pendant 6 années de séjour au milieu des
Turcs, vint l'enlever à l'amitié. Tout ce qui lui avait appartenu
fut, dit-on, livré aux flammes; toutefois j'ai quelque raison de
supposer qu'il en resta de lourds fragments. Qu'importe, au sur
plus, puisqu'il n'en parvint pas une obole à sa famille !

Les hommes froids trouveront probablement cette biographie
superflue. Nous est-il permis d'espérer que nos amis, compatissant au motif sacré qui l'a dictée, la jugeront avec moins de sévérité ?

suites d'une invasion française dans le siége de leurs établissements, avaient pris de longue main des mesures
pour être positivement informés. A tout événement, ils
avaient expédié des navires sur lest à leurs gérants en leur
donnant un ordre absolu de liquider les affaires de la maison, de stimuler les rentrées, de vendre les marchandises
disponibles le moins mal possible, et de leur renvoyer les
articles d'importation invendus. Ces dispositions ne sauvè-
rent qu'une très faible portion des fonds compromis. On
sait que dans tout le Levant, surtout en Egypte, les ventes
étaient faites à long terme sur la simple promesse verbale
de l'acheteur. Or, toutes les dettes échues après l'invasion
furent perdues par la fuite du débiteur, les échéances
antérieures ne furent payées qu'avec d'énormes soustractions, les ventes forcées ne produisirent presque rien, et,
qui plus est, certains régisseurs ne se piquèrent pas, dit-
on, d'une grande exactitude dans les comptes-rendus. On
prétendit même, calomnieusement sans doute, qu'ils s'é-
taient fait la part du chien portant le dîner de son maître.
Bref, les majeurs de Marseille avalèrent le calice jusqu'à
la lie. Les plus forts tinrent bon ; quelques existences du
second ordre succombèrent, et le contre-coup de leur
chute blessa les imprudents qui s'étaient aveuglés sur le
danger de leur assistance.

L'escadre sortit de la rade de Toulon le 19 mai, elle
arriva devant Malte le 10 juin seulement sans rencontrer
l'ennemi. Bonaparte fit sonder le terrain, mais les intelligences pratiquées par M. le commandeur Dolomieu et M.
Poussielgue n'ayant que médiocrement réussi, il y eut des
malentendus et, par suite, quelques coups de canon échan-

gés (*Mém. de Bourrienne*). Le général en chef donna
l'ordre de débarquer et d'attaquer la partie occidentale
de l'île, ce qui fut exécuté par le général Baraguay-
d'Hilliers; mais tout cela n'étant que pour la forme, ces
démonstrations n'eurent point de suite. Malte appartenait
à Bonaparte avant qu'il en prit possession.

L'ordre de Malte, ruiné par la confiscation révolutionnaire de ses grands biens en France, avait fait son temps.
Le goût des nouvelles idées parmi la plupart des jeunes
chevaliers, braves, mais sans fortune, le vent de la révolte soufflant du continent, une population à demi barbare, qui en vint à mépriser ses maîtres déchus, le manque d'argent, la faiblesse d'une garnison mal aguerrie,
enfin l'esprit du temps perdirent Malte. Lisle-Adam et La
Valette, revenus au monde, y seraient morts à la peine,
et l'héroïsme, vainqueur de Mahomet et de Soliman, aurait été sans force contre le génie révolutionnaire.

L'Angleterre, qui n'aurait pas osé s'emparer de l'île,
à la face de l'Europe, ce qui n'eût pas été difficile, trouva
dans l'occupation française un moyen d'en acquérir la
possession dans un temps donné, par droit de conquête
et par conséquent sans que personne s'en formalisât. Ce
fut là, sans contredit, ce qui la décida à laisser tomber
un ordre célèbre, digne d'une fin moins triste, sans lui
porter secours.

Les vicissitudes de l'armée d'Egypte, ses succès, ses
revers, ses beaux et ses mauvais jours, sortent de notre
sujet spécial. D'ailleurs l'histoire et les mémoires n'ont rien
laissé à dire sur une entreprise gigantesque qui, tout en
conservant, en rehaussant même l'honneur du nom fran-

çais, n'en causa pas moins la perte de quatorze vaisseaux de ligne, de vingt mille hommes d'élite, d'autant de millions, de la fortune commerciale d'une infinité de familles, et l'expatriation de celles qui s'étaient identifiées avec les Français. Nous croyons donc pouvoir respirer un moment en attendant le retour de Bonaparte en Europe.

Nous comparerions volontiers l'effet de l'expédition d'Egypte, à l'égard des deux grands ports du Midi, à ces nuages condensés que la vent du nord chasse au loin et qui, en un clin-d'œil, assombrissent derechef l'atmosphère lorsque le temps change. Le lendemain du départ de la flotte, l'arsenal de Toulon et les quais de Marseille retombèrent dans l'état d'inertie que la révolution et la guerre leur avaient fait. Le commerce languissant conservait pourtant une branche encore assez florissante : la savonnerie. C'est qu'alors on ne fabriquait de savon qu'autant qu'il en fallait pour la consommation sans la saturer; c'est que le consommateur venait au-devant du producteur, au rebours de ce qu'on a vu depuis; c'est qu'on ne faisait de bon savon qu'à Marseille; c'est enfin que le sésame, le lin et l'œillette n'avaient pas encore détrôné l'olivier.

Marseille, en butte depuis cinq ans à de sanglantes vicissitudes, semblait, en outre, vouloir rentrer par degrés dans son état normal. Les Anglo-Américains, attirés par des bénéfices énormes, qui ne parvenaient pas tous aux Etats-Unis, fréquentaient à l'envi notre marché sous l'égide de leur ancienne métropole. Nous avions en abondance du sucre et du café que nous payions fort cher, les trésors de la betterave étant encore à trouver; en un mot,

la situation eût été comparativement tolérable, sans l'a-
charnement du pouvoir militaire contre les fructidorisés.
La leçon de Bonaparte donnée à Toulon n'avait pas cor-
rigé les tribunaux armés de Marseille, mais du moins les
arrestations révolutionnaires avaient cessé.

Il restait dans le fort Saint-Jean, malgré les condamnations réitérées, une foule de prisonniers, languissant
entre la crainte et l'espérance. On les transféra en grande
partie à Aix, alors chef-lieu du département, et lorsque
Bonaparte traversa cette ville pour se rendre à Toulon,
un attroupement se forma devant son hôtel, lui demandant à grand bruit son intervention en leur faveur. Ce
mouvement fut calmé par l'effet des paroles bienveillantes
du général; mais l'administration départementale, in-
fluencée par le plus adroit de ses membres, l'ancien
moine-dominicain Monfray, se mêla de l'affaire au grand
dommage des détenus; elle avait à cœur de les enlever
au tribunal criminel d'Aix moins expéditif que des juges
militaires. L'ordre d'une réintégration à Marseille fut
demandé au Directoire, comme une garantie de la
tranquillité publique. Le Directoire, toujours porté à
des concessions envers un parti qu'il lâchait ou retenait
suivant ses convenances, ou plutôt ses caprices, rendit
sur-le-champ un arrêté qui repeupla les cachots du fort,
et les juges en épaulettes se remirent à l'ouvrage : recrudescence de fusillades qui coûta la vie à divers personnages fort honorables. Le conseil de guerre et la commission
vidaient les prisons à coup de fusil, à peu près comme le
ministre Dubois se mettait à jour en jetant les dépêches au
feu, de sorte que l'esplanade de la Tourette fut ensan-

glantée jusques à la chute du gouvernement directorial.

Le retentissement des événements extérieurs suscita d'autres inquiétudes. Vers le milieu du mois de juillet (98), des lettres d'Italie annoncèrent une grande victoire navale remportée par l'escadre française aux embouchures du Nil. La bourse de Marseille, avertie par l'expérience de se tenir en garde contre les nouvelles d'origine italienne, ne voulut pas croire à celle-ci; les esprits inquiets supposèrent même que ces bruits, sans caractère authentique, étaient répandus à dessein pour dissimuler un grand désastre maritime. Après quelques jours d'anxiété, on apprit en effet la destruction de notre marine près d'Aboukir. Dès lors l'envahissement de l'Egypte apparut aux yeux de tout le monde comme une immense folie, également fatale au chef de l'expédition et à ceux qui l'avaient commandée: pensée que nos revers sur le continent réalisèrent en 99.

Les Cosaques de Souwarow vainquirent par le nombre les soldats français mal commandés. Le Tartare fut à son tour battu par Masséna; mais l'Italie nous échappait comme au moyen-âge. Bientôt il ne resta plus que Gênes de toutes les conquêtes de Bonaparte (1). La fortune rancuneuse s'était, pour ainsi dire, en allée avec les hommes qui l'avaient maîtrisée jusqu'alors. C'est ainsi que l'ingratitude du Directoire fut punie par une série de défaites qui accélérèrent sa fin.

(1) On sait que Masséna vint s'enfermer plus tard à Gênes, qu'il livra lorsqu'il fut à bout de voie, après un siége mémorable. Le petit cabotage de Marseille tira quelque profit de la circonstance. Les fins voiliers se glissaient de temps en temps à travers la croisière ennemie et vendaient à la place assiégée leurs denrées à prix d'or.

« L'anarchie, accrue par les revers, » dit un historien que nous aimons à citer, quoiqu'il en coûte à notre amour-propre, « ne pouvait plus se guérir par les victoires. La guerre civile organisée dans plus de vingt départements, le brigandage répandu dans presque tous, un désordre de finance tel qu'aucune nation n'en avait jamais supporté, une succession de banqueroutes partielles qui prolongeaient l'opprobre de la banqueroute générale, le trésor public pillé sur tous les chemins, un Directoire manquant tout à la fois de force, de concorde et de volonté, deux conseils divisés, les jacobins toujours prêts à ressaisir leur règne terrible....., les paisibles amis des lois réduits à garder entre les partis la honteuse neutralité de la faiblesse, tel était l'état de la France en l'an de grâce 1799. » (Lacretelle, *Hist. du Direct.*, tom. 8.)

Le pays accablé soupirait après un libérateur quel qu'il fût. La lice était ouverte, le prix magnifique : un Corse s'en empara. Certes le vœu des bons habitants de Marseille s'élevait plus haut (1). On aurait pu supposer que la longue épreuve d'une république de sang, qui n'avait ni racine ni lien avec les vieilles mœurs françaises, aurait disposé les esprits à un retour vers l'ancienne monarchie, et qu'enfin les Bourbons n'avaient plus qu'un pas à franchir pour rentrer dans leur héritage. Par malheur pour eux et pour la France, ce pas était gardé par des soldats fanatisés. Sans doute, l'Ouest et le Midi auraient battu des

---

(1) Il exista de tout temps entre les Marseillais et Bonaparte une antipathie radicale que l'éblouissement de la gloire militaire put passagèrement atténuer d'un côté, mais que les rigueurs d'une administration tracassière, sans cesse à l'affût de l'enfant du pauvre et de la bourse du riche, tendaient incessamment à réchauffer.

mains à une restauration ; Paris même, cette ville inexplicable, l'aurait peut-être reçue sans opposition ; la grande
difficulté venait de l'armée. Or, les généraux qui, malgré
leur ambition et leurs préjugés, auraient probablement
adopté un Henri IV, auraient repoussé de haute lutte un
souverain sans épée. Les rois guerriers épuisent les nations, mais trois générations de rois sages qui n'ont pas
fait la guerre finissent une monarchie ; c'est Machiavel qui
l'a dit. Napoléon se perdit pour avoir outré le principe du
publiciste florentin ; on assassina César en robe de sénateur. Revenons maintenant en Egypte.

La triste issue de l'invasion en Syrie, où la fleur de
l'armée d'Orient avait rencontré la mort sous des formes
diverses, remplissait d'amertume l'âme du général ; toutefois un sentiment d'humanité pour tant d'hommes sacrifiés
inutilement le tourmentait bien moins que la nécessité de
brider désormais une ambition démesurée. Ce qui lui restait de soldats, incessamment affaibli par la nostalgie et
la maladie du pays, était à peine capable de résister aux
ennemis indigènes et aux Turcs nouvellement débarqués.
D'autre part, l'absence complète de nouvelles augmentait
ses inquiétudes ; il résolut d'en sortir en s'échappant. Ses
intimes, instruits d'un projet de départ qui leur faisait entrevoir une occasion inespérée de revoir la France, en
gardèrent si fidèlement le secret que les préparatifs s'accomplirent sans difficulté. Il en eût été autrement si sa désertion eût été connue d'avance par une armée mécon-
tente et démoralisée.

Deux frégates, le *Muiron* et la *Carrère*, ayant été mysté-
rieusement mises en état de tenir la mer et l'amiral Gan-

teaume nommé pour les commander, Bonaparte, suivi de
cinq ou six compagnons, Berthier, Monge, Bertholet, Par-
ceval-Grand-Maison et Bourrienne son secrétaire, sortit
nuitamment d'Alexandrie le 23 août 99, abandonnant de
sang-froid, par une désertion que nous nous abstenons de
qualifier par déférence pour un grand nom, des soldats
braves, fidèles, malheureux, qui n'espéraient qu'en lui.
Bonaparte, lion terrible dans les bonnes veines, était un
cerf aux pieds légers dans les mauvaises ; si sa disparition
d'Egypte lui fit un trône, sa fuite après la Bérésina prépara pour lui la captivité de Sainte-Hélène.

S'il faut en croire Bourrienne, Bonaparte aurait ordonné, en présence de l'amiral, de longer la côte d'Afrique jusqu'au sud de la Sardaigne. Ganteaume se serait
donc vu réduit au rôle passif du nautonnier de César, et
alors que devient l'unique fondement de sa renommée ?
Mais les secrétaires des hommes célèbres ne sont que trop
enclins à la flatterie (1).

Quoi qu'il en soit, après vingt-un jours de mauvais
temps, la flottille, favorisée par un vent d'est, doubla la
Sardaigne, et le César d'Ajaccio débarqua le premier octobre dans son pays natal pour y prendre langue, sans
avoir rencontré de voiles ennemies dans une navigation
de quarante-cinq jours ; il y séjourna jusqu'au sept. Un

----

(1) L'amiral Ganteaume, nommé au commandement du convoi
destiné à porter du secours en Egypte, sortit de Toulon, quoiqu'à
contre-cœur, moins effrayé du danger que convaincu de l'infaillibilité d'un nouveau désastre, il ne voulut probablement pas s'y
exposer inutilement. La flotille rentra au port le 1er février 1801 ;
dans le même temps, Keith et Abercombie se présentaient devant Alexandrie. Ganteaume n'avait donc pas tort.

génie protecteur, ou la politique anglaise, avait-il enveloppé d'un nuage impénétrable le vaisseau de Bonaparte? et ne faut-il pas cette fois attribuer à l'heureuse étoile du héros fugitif le bonheur de sa traversée, ou tout simplement à l'idée du détour (1)?

L'arrivée inattendue de Bonaparte mit en émoi la ville d'Ajaccio. Aussitôt, des parents, dont il n'avait jamais entendu parler, lui tombèrent des nues de toutes parts. Des parents! les malheureux n'en ont point.

Marseille apprit une des premières le retour miraculeux de Bonaparte, et l'apprit avec joie; on crut que la fortune de la France partie avec lui revenait avec lui. Dans les maux extrêmes, les populations saluent un changement quelconque comme un bienfait.

Enfin, les Argonautes de retour rentrèrent le 18 octobre dans la rade de Fréjus, à la barbe de la croisière anglaise qui les avait aperçus sans les reconnaître. En évitant Toulon et Marseille, Bonaparte avait-il l'intention d'esquiver la barrière des lois sanitaires? Bourrienne le nie; à la bonne heure, mais le doute est permis; qu'était, en effet, le souci de la santé publique à côté de tant d'autres dans la tête de Bonaparte?

En un instant la mer fut couverte d'embarcations, le général et ses compagnons sont enlevés et portés à terre.

---

(1) Bonaparte, pendant le voyage, passait la journée à méditer ou à discourir avec ses lieutenants sur la politique ou sur les sciences; la nuit venue, il jouait aux cartes. Le vingt-un était son jeu favori; il y trichait à plaisir. Ses amis feignaient de ne pas s'en apercevoir, et cela le divertissait. Mais honni soit qui mal y pense; il rendait l'argent après la partie. *Si non é vero é bene trovato.*

Dès ce moment commence une ovation qui se prolonge jusqu'à Paris. Le transfuge d'Egypte est élevé sur le pavois.

Après un mois d'intrigues, de perfidies, de machinations, le Directoire perd la tête et la force l'emporte. C'est ce qui arrive toujours si celui qui en dispose sait vouloir l'employer lorsqu'il faut. Du reste, le succès de la scène de prétoire de Saint-Cloud ne tenait qu'à un fil, comme chacun sait ; sans Lucien tout était perdu.

Le 18 brumaire terrassa le jacobinisme sans le déraciner. Malgré toute sa puissance, Bonaparte le craignit toujours, la sanglante garantie de Vincennes le prouva. Pendant son règne tout entier, Napoléon tint le serpent sous son pied, que le reptile vivace cherchait à mordre en se recourbant.

En nous livrant à la narration de la grande péripétie du 18 brumaire, que tant d'écrivains ont racontée avant nous dans ses moindres circonstances, non-seulement nous grossirions inutilement notre ouvrage mais encore nous nous écarterions un peu trop de notre sujet, qui n'est au fond qu'un recueil de souvenirs. Par la même raison, les faits d'armes de Napoléon, ses victoires, ses revers, ses grandeurs et ses petitesses doivent rester en dehors de notre cadre. Notre voix, d'ailleurs, est trop faible pour de si grandes choses, et nous aimons mieux avouer notre impuissance que de l'exposer au grand jour, vers la fin de notre travail. Au surplus, Marseille, enchaînée au joug commun, comme le reste de la France, n'eut, depuis l'avènement de Bonaparte jusqu'à sa double chute, qu'une existence purement passive. Fournir des soldats aux armées et payer des tributs au trésor, tel était presque absolument son unique rôle. Nous pourrions donc, ce semble, nous arrêter ici ; mais les beaux jours de 1814 et les événements de 1815, encore si mal jugés, nous présentent une perspective lointaine qui nous excite. Les lois de l'empire ayant d'ailleurs reconstitué sur un nouveau plan le système administratif, d'autres personnages vont apparaître sur la scène ; nous parlerons d'eux, de leurs faits et gestes, et, chemin faisant, les épisodes et quelques anecdotes achèveront la trame.

On dompte les peuples par la force, on les fascine avec les grands mots : sentence incomparable qui vaut à elle seule un gros traité de politique ; sentence merveilleusement exploitée par l'homme du 18 brumaire. Pour donner à son gouvernement un vernis de républicanisme, Bonaparte tira de la poussière des siècles les dénominations romaines de sénat et de tribunat, leur donnant pour appendice une aggrégation de muets qu'il intitula : corps législatif. C'était le prologue de l'empire qui vint à son tour au bout de cinq ans.

Le sénat conservateur, en dépit de son épithète, n'était à proprement parler, qu'une pompe aspirante de chair à canon et d'espèces sonnantes, toujours comble et toujours à sec comme le tonneau mythologique, mise périodiquement en jeu par les appels emmiellés de Régnault de St.-Jean-d'Angély, le Barrère de l'époque. Les prétendants ne manquèrent pas au sénat, car il s'agissait pour chacun d'eux d'une dotation de soixante mille francs d'annuité. Le tribunat, moins richement doté, fut institué en guise de contrepoids : on lui permit des velléités d'opposition ;

il abusa de la permission, et fut congédié par le maître impérialisé, sans que personne s'en plaignît. La création des préfectures suivit de près celle du nouveau système de gouvernement. Dès 1800, chaque département eut son préfet, magistrature qui, sous un nom nouveau, reproduisait les anciens intendants de province avec un costume différent et des attributions à peu près identiques sur un terrain moins étendu (1).

Les parents, les alliés, les courtisans, les flatteurs de Jupiter-Amphitrion prirent part au gâteau. Toutes les couleurs se confondirent au sénat. Des royalistes sans délicatesse, des régicides sans pudeur, des hommes d'épée, de science et de barreau, des écrivains célèbres, des savants de renom, de riches industriels, de vieux négociants; du talent et des nullités, des êtres immoraux et des

---

(1) Un seul intendant, avec dix ou douze commis intelligents et laborieux, administrait jadis toute la Provence, le Comtat Venaissin à part. L'ancienne province étant aujourd'hui coupée en quatre préfectures de degrés divers, le travail relatif de chacune d'elles devrait avoir diminué des trois quarts. Loin de là, le travail y a décuplé par une anomalie que peuvent expliquer seules les nécessités de l'écrasant système d'une centralisation qui descend jusques aux infiniment petits. A Marseille, par exemple, dont, à la vérité, la préfecture est un quasi ministère, une aglomération de cinquante ou soixante commis, non moins intelligents, non moins laborieux que ceux d'autrefois, est courbée pendant six heures de chaque jour sur des registres, ensevelie sous des monceaux de paperasses, inondée par le déluge des ricochets. Mais, ne serait-il donc pas possible d'introduire dans les écritures un peu de simplicité, sans nuire à l'ordre, sans pécher contre la régularité, sans cesser de satisfaire aux exigences ministérielles? Oh! bureaucratie, fléau des administrés, quand te lasseras-tu de les tourmenter?

personnages recommandables. Les principales villes de France fournirent chacune un sénateur. Parmi les notabilités de Marseille, M. Guillaume Lejeans, beau-frère de Joseph Bonaparte et du général Bernadotte, eut la préférence. Ses alliances étaient son moindre mérite. M. Lejeans, issu d'une famille consulaire, jouissait à la bourse de Marseille d'une grande considération. Très versé dans la jurisprudence maritime qui a trait aux assurances, ses opinions sur cette matière faisaient autorité. Quoique riche, sa vie était retirée et ses habitudes fort simples. Bien qu'étranger à la levée de bouclier des sections, qu'il avait jugée en homme prudent et sage, la terreur ne l'aurait pas moins dévoré lui et sa fortune, si le nom de sa femme ne l'avait pas couvert. Un homme de ce genre dut se trouver étrangement dépaysé dans une ville immense où le voyageur de profession a de la peine à se reconnaître, même après un séjour prolongé, aussi M. Lejeans se fit-il peu remarquer au sénat, moins encore à la ville et au château, parce qu'il ne le voulut pas. Si les paroles de quelques-uns de ses confrères purent troubler le sommeil du maître, à coup sûr ce ne furent pas les siennes. Marseille le vit nommer avec plaisir et regretta son absence; elle perdit en lui une des lumières de son commerce.

M. Nicolas Clari, second frère des dames Joseph et Bernadotte, refusa d'entrer au sénat, comme il avait refusé toute autre espèce d'illustration hors la croix de la Légion d'honneur. Il s'en tenait, comme le Lisimon du *Glorieux*, au titre

De seigneur suzerain d'un million d'écus.

Marseille, si malheureuse sous la verge des proconsuls

régicides, apprit avec un extrême déplaisir la nomination
d'un préfet portant sur son front l'ineffaçable tache du 21
janvier. C'était arriver sous de bien fâcheux auspices.
Heureusement l'ancien ministre des relations extérieures
du Directoire, homme de poids et de sens, qui s'était conduit, dans une place éminente et difficile, avec une habileté peu commune, comprit à merveille sa nouvelle
mission. M. Delacroix, doué d'un caractère philanthro-
pique et bon, employa le seul palliatif propre à
détourner de la mémoire de ses administrés un souvenir
qui le tourmentait lui-même; il prodigua les bienfaits, et
l'homme sensible trouva peut-être, dans ce noble emploi
de son temps, sinon la paix du cœur, du moins une distraction à ses mornes pensées. Il fut le protecteur des
bons, le sévère surveillant des méchants, l'ami du pauvre, le réparateur d'une partie de nos ruines et le créa-
teur de nos embellissements.

Un long et triste mur d'enceinte (en provençal, *lei bari*)
séparait inutilement la ville de ses nouveaux faubourgs.
Ce mur, chaussé d'immondices en dedans et en dehors,
déshonorait Marseille. M. Delacroix le fit abattre et lui
substitua une double rangée d'arbres sur le sol nivelé et
ameubli (1). Cela fut appelé pompeusement les boule-
vards. Grâces au magistrat homme de goût, ces plantations
se prolongèrent jusqu'au cours Bonaparte, promenade
charmante, ombragée en été, abritée en hiver, qui con-

---

(1) Ces plantations, hormis celles des platanes du cours Bonaparte, ont médiocrement réussi à cause du mauvais choix des
sujets, l'érable n'étant pas l'arbre du pays, ou bien par l'inferti-
lité du sol.

duit par une montée douce jusqu'au pied de la montagne
du même nom, débaptisée en 1814, rebaptisée en 1830.
Un zigzag en dissimulant l'escarpement, on arrive enfin
sur un plateau, ancien domaine des chèvres, d'où l'œil
ravi parcourt l'immensité (1). Le pavé des rues n'existait
plus, moins par les ravages du temps que par l'incurie
administrative, un marais bourbeux en occupait la place.
M. Delacroix répara les dégradations et y joignit, à la
grande joie des piétons, des trottoirs, innovation presque
encore inconnue dans les grandes villes. Une nouvelle
halle au poisson fut construite sur le local de la vieille
salle des spectacles (2). On conçoit difficilement que tant
de choses aient pu se faire avec d'aussi faibles ressources,
car on ne connaissait pas alors les gros budgets et les cré-
dits supplémentaires.

Du physique au moral. Le préfet philanthrope porta
ses regards paternels sur les hôpitaux. Il les trouva dans
un grand désordre. Songeant au plus pressé, il assura,
consolida, grossit leurs revenus. Puis il rétablit la régularité du service, en chassa les vampires et les frelons, organisa la comptabilité, fit revivre les pratiques religieuses

(1) Cette heureuse transmutation a fait d'un quartier solitaire,
peu sain et peu sûr, une des plus riches parties de la ville par les
belles maisons qui le couvrent aujourd'hui. Cette création est le
chef-d'œuvre de M. Delacroix.

(2) La halle au poisson Charles-Delacroix est une construction
manquée, sans dégagement, ensevelie dans un périmètre de
maisons élevées qui la privent d'air et de jour, ses lourdes colonnes d'ordre toscan, sa charpente de hangard, manquent absolument de grâce et de légèreté. La halle Puget offrait pourtant un
assez bon modèle. Pour fuir l'imitation, on est tombé dans le bas.
Le nom de l'édificateur vient d'être rétabli en lettres d'or au fron-
tispice. Il en avait disparu pendant la restauration.

et remit en vigueur l'esprit évangélique. En un mot, si les abus nés de la révolution ne furent pas déracinés jusqu'au fond, c'est que le temps lui manqua. M. Delacroix visita souvent le temple de la douleur, en parcourut les salles, consola les malades et reçut en récompense les bénédictions du convalescent et du moribond.

Les lettres eurent leur tour, M. le docteur Achard, que sa surdité absolue forçait à négliger la médecine pratique, avait été chargé en 93 du soin des bibliothèques confisquées. En 95, le conseil municipal et le district, quoique infectés du jacobinisme dévastateur, ayant demandé la formation d'une bibliothèque publique, le même M. Achard fut mis à la tête de cet utile travail; le médecin philologue rassembla les livres volés aux communautés religieuses. De ce mélange de bouquins et de bons ouvrages sortit un total de 28,000 volumes. La vigilance active d'un haut fonctionnaire studieux et le zèle non moins ardent d'un conservateur érudit, donnèrent bientôt un immense accroissement malgré les divers triages (1). Tel fut le noyau du bel établissement aujourd'hui confié à un grand talent: M. Méry l'aîné, que seconde et représente dignement au besoin son frère.

Dès l'année 1798, l'ancienne académie de Marseille avait repris une sorte d'existence sous le modeste titre de Musée. Ce fut le Musée qui provoqua l'ouverture de la bibliothèque au public (2). A son arrivée, en 1800, M.

---

(1) M. Achard a laissé deux ouvrages fort estimés, quoique inachevés: on ne les trouve plus dans le commerce, tant ils sont devenus rares : *Dictionnaire provençal-français, Biographie provençale.*

(2) *Histoire de l'Académie de Marseille*, par M. le docteur Lautard.

Charles Delacroix fut harangué, en corps, par la compagnie renaissante qui, changeant de nom et non pas d'état, avait adopté celui de Lycée; le mot *académie* ne fut renouvelé que plus tard. « M. Charles Delacroix, dit l'historien de l'académie, répondit avec autant de talent que de dignité et promit avec noblesse une protection qui ne tarda pas à se réaliser. » Bientôt il vint se mêler à la docte réunion, et lui consacra des moments que les obligations de sa place le forçaient à prendre sur son sommeil. Dans la séance publique de 1802 qu'il présida, il exposa son plan d'embellissement futur : « La justice commande d'ajouter, dit le même historien, qu'on regrettera toujours que M. Charles Delacroix n'ait pas pu terminer les ouvrages qu'il s'était empressé de commencer. »

Les lettres et les arts : le sage magistrat ne se livrait pas à d'autres délassements, si ce n'est quelques promenades du soir, dans les endroits les moins fréquentés, toujours revêtu du costume préfectoral, qu'il semblait avoir épousé. Un ver rongeur dévorait lentement cet homme, et la maladie chronique qui le travaillait depuis longtemps achevait de le rendre malheureux.

Après avoir administré Marseille avec tant d'habileté, M. Charles Delacroix fut appelé en 1803 à la préfecture de Bordeaux; il s'y éteignit bientôt. Le premier consul l'avait trouvé probablement trop populaire à son gré. Marseille s'affligea de son départ; Thibaudeau, barre de fer, devait le remplacer.

Au régicide près, tout était dissemblable entre les deux premiers préfets de Marseille. Le grave M. Delacroix, encore imbu de ses anciennes habitudes diplomatiques, met-

tait à tout une mesure, une dignité parfaites; l'aménité de
son accueil effaçait sur l'heure la première impression d'un
abord imposant. Il écoutait avec complaisance, répondait
avec bonté, accordait ou refusait avec une égale politesse
envers tous, et le solliciteur éconduit était du moins con-
solé par l'urbanité du refus. L'avocat poitevin, au rebours,
se laissant emporter à son impétuosité naturelle, décon-
certait, par ses brusques interruptions, celui qui, faute
de présence d'esprit, ne retrouvait plus, intimidé qu'il
était, son thème appris d'avance. Malheur aux petits et
gare aux imbécilles! On sortait de l'audience de Charles
Delacroix, pénétré de la douceur, de la noblesse de ses
paroles; on quittait souvent Thibeaudau la larme à l'œil.
Une excessive outrecuidance, une vanité révoltante cau-
saient tout le mal.

Le soldat couronné faisait des rois et des gentilhommes,
comme le faux monnoyeur fait des écus de cinq francs et
des pièces de vingt sous. Le préfet de Marseille reçut,
comme tant d'autres, un diplôme de comte. Pour le coup,
la tête du Jourdain de Poitiers ne tint pas à tant de gloire.
Lequel de nos vieillards ne l'a pas vu présider un *Te
Deum* officiel, affublé des oripeaux d'un Almaviva, pro-
menant, la tête haute, sur l'assistance ébahie, le regard
de l'orgueil enivré d'une grandeur d'hier? M. de Cicé,
l'archevêque d'Aix, n'avait pas encore pu tirer du gosier
préfectoral le mot de *monseigneur*. Un flatteur s'avisa de
faire remarquer en présence du rusé prélat cet oubli des
convenances. Oui-da! dit M. de Cicé; eh bien! je gage
de l'en corriger tout à l'heure. Dès le jour même, l'archevêque se rend chez le préfet — Monsieur le comte, je

suis votre serviteur. — Monseigneur, soyez le bien venu
Et la gageure fut gagnée.

Au conseil de recrutement, Montorgueil en déshabillé
redevenait proconsul, mais quel proconsul ! le plus dur,
le plus inexorable, quelquefois le plus grossier des hommes puissants. Un ouvrier sexagénaire assistait son fils,
trahi par le sort. Le bon homme essaie de parler ; il était
bègue et tremblant. Une apostrophe lui coupe la parole,
Taisez-vous, animal, et le conscrit est déclaré bon à
marcher (1).

On disait par la ville qu'il y avait au conseil de recrutement deux poids et deux mesures. Nous croirons, si l'on
veut, que le président et quelques autres étaient francs
du collier, mais que parmi les subalternes entourant le tapis bleu, tous fussent incorruptibles, c'est ce qu'il nous
est impossible d'admettre : les Basiles se fourrent partout.

Nous croyons l'avoir dit, Thibeaudau détestait Napoléon. Combien de fois, vers la fin de l'empire, n'a-t-il pas
dit à ses intimes dans ses moments d'abandon : vous verrez que ce b.... -là nous perdra tous (2). Cependant
l'homme public faisait son métier de préfet en conscience,

(1) Tant d'excentricités, tant d'arrogance, eurent pour effet
immédiat d'attirer sur la tête de Thibeaudau une désaffection qui
tourna plus tard en haine implacable. Il en tenait fort peu de
compte ; mais un jour vint où la réprobation publique lui fit courir de sérieux dangers.

(2) Un jour, le comte Thibeaudau était à table, le dîner finissait. On lui apporta un pli timbré du ministère. Il l'ouvre précipitamment, le lit d'un seul regard, se dresse en jurant (il aimait
les jurons), applique sur la table un coup de poing qui jonche le
parquet de débris, et de sa grosse voix : On veut donc me faire
pendre ! La dépêche contenait un appel supplémentaire de conscrits.

comme un officier mécontent sert loyalement son pays,
les armes à la main, en conservant son indépendance.
Quant à son habileté administrative, le public marseillais,
généralement bon connaisseur, lui rendait pleine justice.
On lui accordait aussi des connaissances variées, du goût
en littérature, l'amour des arts et le talent d'écrire.

Hors du service, ce singulier personnage était ce qu'on
appelle un vivant, un homme sans façon. Les plaisirs
simples étaient fort de son goût ; il aimait les champs et
la chasse, la bonne et grosse chère, les coudes sur la table, et lorsqu'il pouvait se dérober à la rue l'Ar- pour
une partie de campagne, il était aux anges. A l'égard du
beau sexe, une cour assidue lui paraissait du temps perdu,
tous les hommes d'affaires en disent autant ; mais il aimait
les bons tours, et s'en mêlait quelquefois.

Mme. la comtesse de Thibeaudau, vive, enjouée, pé-
tulante, folâtre, pas mal coquette, était une femme fort
avenante, quoique rousse et sans embonpoint ; passionnée
pour les arts agréables : ses soirées, dit-on, étaient gaies,
de bon goût ; on y faisait de la musique, on y jouait des
proverbes, le petit opéra-comique ; la maîtresse de la maison y faisait les ingénuités ! Au demeurant, Mme. Thibeaudau, douée d'un excellent naturel, était bonne,
officieuse et très susceptible d'amitié.

Encore un mot sur l'homme politique.

Issu d'une famille honorable du Poitou, Thibeaudau,
sortant du collége, se jeta dans la révolution pour escalader la fortune ; toutefois il n'était nullement taillé pour
le jacobinisme. Son père, avocat estimé, son beau-père,
négociant riche, détenus à Poitiers, n'échappèrent à la

terreur que par le bénéfice de 9 thermidor. Lui-même n'avait évité le 31 mai que par adresse. Robespierre a-battu, le jeune conventionnel fit une guerre acharnée à la tyrannie encore vivace ; au milieu de cette lutte périlleuse, il montra du courage et du talent. On fit à Thibeaudau la renommée d'un orateur éloquent. On en disait trop : son débit dépourvu de naturel, sa phraséologie, tantôt vide, tantôt passionnée, affaiblissaient sa logique ; il avait néanmoins des moments d'inspiration. Fanfaron de républicanisme, il prêcha la république sans y croire ; son jugement était trop sûr pour embrasser l'absurde, lors même que la chimère de l'égalité n'eût pas répugné à cette âme altière. Quoique né avec l'instinct de la domination, il la haïssait chez les autres, qu'ils s'appelassent Robespierre, Barras, ou Bonaparte. Le Directoire, effrayé de son inflexibilité, le tint à l'écart : Napoléon le remit en lumière pour l'éloigner de Paris. Il accepta la place de préfet, moins comme une mine d'or à exploiter que par la perspective d'une grande population à régenter.

Mais voilà que, sans y songer, nous avons perdu de vue l'ordre des temps ; hâtons-nous d'y rentrer.

Dans les derniers mois de 1800, l'avant-garde de l'armée d'Egypte, réduite des trois quarts, rentra dans les ports de Marseille et de Toulon. L'intervalle entre la capitulation signée le 10 mai et le premier départ effectué dans l'hiver suivant, semblerait dire qu'on abandonnait l'Orient à regret. Du reste, nos braves survivant aux braves, ne nous revenaient pas en trop mauvais état : un repos de six mois les avait regaillardis, et bien plus encore la certitude de revoir la France. Il y avait peu de mala-

des ; en Egypte , les maladies étaient courtes et meurtriè-
res ; on ne s'y alitait que pour mourir. Quant aux espèces,
ils en avaient très peu : on avait vainement pressuré les
fellahs qui ne pouvaient donner ce qu'ils n'avaient pas;
car l'ancienne terre des Ptolémées n'est pas le pays des
Incas , et quarante siècles s'étaient écoulés depuis l'émigration hébraïque. Tous les Français établis depuis longtemps au Caire et dans les autres villes de l'Egypte , suivirent l'armée avec quelques fragments de leur liquidation.
Un certain nombre de négociants Cophtes compromis,
transportèrent leurs pénates à Marseille; ils y ont fait le
commerce avec honneur et se sont enfin mêlés à la population. Le résidu de cet amalgame d'émigrants consistait
en une horde de misérables nègres ou maures, la lie de
l'espèce humaine , qui avait vécu des miettes de Bonaparte , son idole.

Le général Menou, qui s'était fait Turc par fantaisie
amoureuse , revint en France à-peu-près le dernier, puisqu'il ne fut admis auprès du premier consul qu'en mai
1802 : il emmenait une Turque admirablement belle dont
il paraissait fort épris ! Titon dépaysant l'Aurore.

Dans le courant de la même année (1804) , le diocèse
de Marseille n'étant plus qu'une fraction de celui d'Aix,
en vertu du Concordat , nous fûmes déshérités de notre
antique évêché (1), et par suite la cathédrale de Belsunce
et de Belloy, où, par les soins d'un chapitre riche et assidu
conservateur des traditions , les solennités catholiques
étaient jadis célébrées avec une magnificence presque ro-

(1) L'église de la Major n'est rentrée dans ses droits qu'en 1823.

maine, descendit au rang d'une très modeste succursale du troisième ordre.

En attendant une organisation définitive, qui ne devait avoir lieu qu'après la prise de possession de l'archevêque, les églises, fermées par le 18 fructidor, se rouvrirent, et le culte public étant autorisé en dehors de Paris, le service divin reprit une sorte d'éclat.

M. de Cicé qui vint à Marseille en 1802 et 1893 pour consommer la restauration religieuse, chargea M. Jacques-Martin Compian, ancien prévôt de la cathédrale, personnage éminent en doctrine, en expérience et en vertu, de la haute administration du notre diocèse, en qualité de premier-vicaire-général de l'archevêché (1). Saint-Martin fut érigé en église majeure, et le gouvernement lui donna pour premier curé le très honorable M. de Sineti, aumonier honoraire de M. le comte d'Artois. Cette nomination était un bienfait. M. de Sineti, le plus beau, le plus exemplaire des abbés de cour dans son printemps, devint le plus doux, le plus vigilant, le plus secourable des pasteurs dans son automne et dans son hiver. Un ancien vicaire du saint-martyr Olive, M. Arnoux occupa la cure du nouveau St.-Ferréol (2) qu'il ne garda pas longtemps, et M. l'abbé Nicolas, sorti de la même école, celle des Prêcheurs, aujourd'hui Saint-Cannat. Les nombreuses succursales eurent aussi des chefs d'un mérite éprouvé, entr'autres le recteur de Notre-Dame-du-Mont, le savant et

(1) M. l'abbé Dudemaine (Malo), condisciple de M. de Cicé, homme très docte très pieux et très affable, fut adjoint comme vicaire-général à M. Martin Compian.

(2) L'ancien Saint-Ferreol avait été rasé par les vandales.

pieux M. Eymin, l'une des lumières de la maison du Bon-Pasteur. Ces arrangements étaient satisfaisants sans doute, toutefois les fidèles regrettaient la suppression de deux fêtes, les Rois et la Fête-Dieu. La première qui réunissait les familles des bonnes gens autour du banquet patriarchal excita le plus de regrets, car la vieille coutume du gâteau des rois va s'évanouissant d'année en année en présence de nos mœurs abâtardies. Il est fâcheux que la restauration n'ait pas eu l'idée de demander un rétablissement que Rome aurait probablement accordé, et que Paris même n'aurait peut-être pas vu sans plaisir.

Quelque temps avant l'entrée en exercice de M. de Cicé, la procession de la Fête-Dieu du bon roi René reparut à Aix, avec ses pieuses singularités sans omission aucune. Les vieux amateurs de ces grotesques allusions en avaient gardé le souvenir, ils en aimèrent le retour; les diables encornés et crottés, le roi Salomon aux mains calleuses, la reine de Saba en perruque blonde, Saint Christophe avec sa gaule, et la Mort qui finit tout, râclant le pavé de sa faux stridente : rien n'y manquait.

Ces jeux assez salement mystiques étaient exécutés par des gamins barbouillés de suie et de boue et par des prolétaires de même acabit. Point de femmes. La reine de Saba elle-même appartenait au sexe masculin : représentations populaires dont la bizarrerie rappelait l'enfance de l'art, à l'époque où les mystères de la religion introduits sur la scène enchantaient l'oisiveté parisienne. Sans doute on ne pouvait se défendre d'un sentiment de dégoût à l'aspect de tant d'extravagances, au fond desquelles après tout on découvrait la fécondité d'une imagination

royale. Réné d'Anjou perdait ses états au milieu d'inno-
centes récréations, comme Charles VII les laissait morceler
en épicurien dans les enchantements de l'amour. La promenade nocturne, appelée le guet, était sans contredit la
plus ingénieuse des allégories du bon roi. A minuit, les
Dieux de l'Olympe grossièrement parés de leurs attributs
parcouraient lentement les rues, juchés pêle-mêle sur une
charrette attelée de mulets. Une infinité de torches ardentes éclairaient la marche : les ténèbres du paganisme
dissipées par les clartés de la vraie religion.

Gardons-nous d'oublier les jeux du drapeau, du bâton
et de je ne sais quoi encore d'une exécution parfaite. Ces
jeux d'adresse étaient, si nous osons parler ainsi, l'inter-
mède de la pièce.

La partie poétique présentait un spectacle plus noble.
Au son des instruments, un beau jeune homme vêtu en
prince du moyen-âge apparaissait suivi d'une cour brillante; c'était le prince d'Amour des temps chevaleresques
de la vieille Provence. Son air grâcieux, ses salutations
réitérées répandaient autour du roi de la fête un parfum
de jubilation indéfinissable.

Les habitants de la ville d'Aix, en personnes bien ap-
prises qui savent compter, renonçant par politesse au droit
de primauté, avaient déferé, pour cette année, une prin-
cipauté quelque peu coûteuse au fils d'un avocat de renom
du barreau de Marseille : M. Arnaud, jouvenceau de dix-
huit ans. Il y avait vraiment plaisir à le voir saluant à
droite et à gauche, de sa bonne mine et de son bouquet-
monstre, le public endimanché de la rue, et surtout les
beautés élégantes, indigènes ou passagères, formant aux

croisées un magnifique espalier. La cour d'appel tranchant du parlement suivait le dais en robes rouges.

La Fête-Dieu de 1802 avait attiré dans la capitale déshéritée de la Provence une affluence prodigieuse d'étrangers, Marseillais en grande majorité ; ce qui n'était pas le moindre attrait de cette belle journée, sans compter la recette des fournisseurs.

La procession de la fête du roi Réné fut reprise dans la suite avec moins de succès, à l'occasion du séjour de la sœur cadette de Bonaparte, la princesse Pauline ; les Marseillais s'y firent remarquer par leur absence. Passons maintenant à des choses plus sérieuses.

Sans être doué d'une grande pénétration il était facile de comprendre que l'Angleterre en s'engageant par le traité d'Amiens à l'évacuation de Malte, n'avait nullement l'intention de tenir sa promesse. Les Anglais ne sont pas dans l'habitude d'abandonner ce qu'ils ont pris même injustement, à plus forte raison lorsque la possession en est légitime. L'île de Malte leur appartenait de plein droit puisqu'elle leur avait coûté deux ans de siége. Ce rocher était d'ailleurs trop à leur convenance par sa position exceptionnelle pour qu'ils eussent sérieusement le dessein de s'en dessaisir ; ils ne virent dans l'article du traité relatif à Malte, qu'un prétexte lointain de discorde lorsqu'ils seraient sommés de s'exécuter. S'ils nous rendirent nos Antilles, c'est qu'ils ne trouvaient aucun avantage à les garder. N'avaient-ils pas sur tous les points du globe des colonies d'un intérêt plus direct ? La paix avec la Martinique et la Guadeloupe couvrira la mer de vaisseaux français, et quand le moment sera venu de lever le masque nous y préluderons par la capture subite de ces vaisseaux. Telle fut à coup sûr leur pensée secrète et tels furent toujours leurs procédés envers la France. La Grande-Bretagne avait besoin de quelques mois de repos, pour se préparer à une guerre d'extermination. La marine française était encore trop puissante à son gré, et le désastre de Trafalgar était, d'après toutes les probabilités, au fond de sa politique; la paix d'Amiens, en effet, n'eut à peine qu'un an de durée.

Ces considérations que n'échappèrent pas à Bonaparte, ne l'empêchèrent pas de conclure; les grands desseins qui roulaient dans sa tête le décidèrent à ne pas y regarder de trop près. Il voulait, en outre, tâcher d'amortir par une pacification quelconque le fâcheux effet sur l'opinion du pays de l'assassinat du duc d'Enghien et porter la France à ne voir en lui qu'un autre Auguste, fermant les portes du temple de Janus. La paix d'Amiens n'était donc qu'un guet-à-pens anglais, une leurre impérial, en d'autres termes, une comédie jouée devant un parterre de dupes.

Néanmoins, le commerce français ayant pris la chose au sérieux, les fonds publics de 13 fr., où ils étaient tombés à l'époque du 18 brumaire, montèrent rapidement à 55, et les bénéfices de la bourse de Paris facilitèrent les spéculations mercantiles des ports de mer (1). Pour suppléer à l'insuffisance des capitaux effectifs ou s'en créa de

(1) A l'époque du traité d'Amiens, l'étoile de Napoléon atteignit son apogée. Couronné par le Pape à Notre-Dame, dictant des lois à l'Europe vaincue, qu'aurait pu désirer l'homme du destin, si le meurtre des fossés de Vincennes n'avait pas hérissé son oreiller de pointes acérées?

factices. Quelques banquiers alors puissants s'étant prêtés à des circulations de papiers sur un vaste échelle, les ports de mer reprirent quelque activité. La partie commerçante de la nation essaya de marcher, sinon dans sa force, du moins dans sa liberté. Les premières entreprises furent dirigées vers les Antilles redevenues françaises. Le succès ne répondit que faiblement à ces efforts. Les expéditions ayant rencontré aux colonies la double concurrence des nationaux et des étrangers, donnèrent d'abord quelques bénéfices qui tournèrent insensiblement à des résultats insignifiants, puis ruineux.

Le découragement survint, les armements diminuèrent, et partant les dommages occasionnés par la perfidie anglaise, qui avait commencé la guerre avant sa déclaration, furent moindres. Mais la reprise des hostilités sur mer tua le crédit. Les fonds publics redescendirent; les circulations paralysées entraînèrent une avalanche de faillites, on vit, tant à Paris que dans les villes maritimes et particulièrement à Marseille, tomber en déconfiture des maisons séculaires que les terroristes de 93 avaient sucées jusqu'au sang. Tout fut perdu pour les honorables chefs de ces antiques comptoirs, hormis l'estime publique, dédommagement qui console peut-être, mais qui ne garantit pas de l'hôpital.

Tandis que le commerce était défaillant, les triomphes de Napoléon se multipliaient. En 1805 l'embrasement était universel, mais avec des chances étrangement diverses; le jour même où l'armée française entrait à Vienne, les rivages du Trafalgar étaient témoins du dernier désastre de notre marine. En vérité ce n'était que dans les ports de mer qu'on pouvait apercevoir les pieds d'argile du colosse. Les armées de 500 mille hommes se formaient par enchantement, et nous ne pouvions plus mettre en mer un seul vaisseau; nos soldats mettaient l'Europe en feu et nos marins n'avaient pas sur la côte quatre lieues de libres. Dans le même temps où nous parlions en maîtres au milieu des capitales les plus éloignées de nos frontières, nos voisins envoyaient journellement et sans opposition aucune, des embarcations dans les petits ports de la Provence comme à une partie de plaisir. La terre se taisait devant l'Alexandre moderne, le Trident vengeur résistait à ses volontés. Ses couleurs flottaient sur les clochers lointains, elles étaient aviles sur les mers qui baignaient nos propres rivages. Nous avions tout chassé devant nous, une seule frégate stationnée devant nos ports suffisait pour en arrêter le mouvement. (*Mémoire sur le commerce*, 1824.)

Dans la nuit du 3 au 4 mai 1810, les Anglais attirés par l'appât de sept à huit bâtiments assés richement chargés qui étaient en quarantaine à l'île de Pomègue, firent une tentative pour chercher à s'en emparer. Les deux frégates détachées de l'escadre ennemie, qui croisaient le plus à proximité de terre envoyèrent vers deux heures après minuit, sur l'île, six embarcations montées d'environ deux cents hommes; on ne s'était pas aperçu avant la nuit du moindre mouvement hostile.

Deux des embarcations mettent leur monde à terre au revers de l'île. Ces hommes traversant les hauteurs arrivent droit au fort et n'y trouvent pas même un factionnaire, ils y pénètrent aisément et surprennent la garnison

L'escadre anglaise, composée de vaisseaux de plusieurs rangs, dont deux à trois ponts, de frégates, bricks et goëlettes, apparut le 1er juin 1812, à 4 heures du matin, entre le cap de l'Aigle et l'île Verte, à peu de distance de la petite ville de la Ciotat (1). Le vent était joli frais au Nord-Ouest.

Un grand nombre de péniches, portant environ quinze cents hommes de débarquement, débordèrent de tous les vaisseaux ennemis et voguèrent vers terre et, par la petite passe, elles se dirigèrent sur un petit bois en dedans du Bec-de-l'Aigle, d'où leur furent tirés cinq coup de fusil d'un poste vedette.

Le projet de l'amiral était, en opérant un débarquement, d'enlever la corvette la *Victorieuse*, le convoi réfugié, d'incendier les navires en construction et de ruiner les fortifications. Mais, les cinq coups de fusil intimidèrent l'amiral, qui, par un signal fait aux péniches, leur commanda de faire halte; puis un second signal les rappela à bord.

Ces ordres ayant été exécutés, on crut que l'ennemi avait renoncé à l'exécution de son projet. Il n'avait que changé de plan, les péniches se dirigeant vers l'Ile-Verte, ruinée complètement dans ses anciennes fortifications et dépourvue de garnison. En effet, les péniches abordent sur la pointe orientale de l'île, dite la *Senderole*.

Aussitôt partent du port, pour l'île, les seuls trois cents conscrits qui composaient la garnison : il leur fut donné

(1) Nous plaçons ici l'attaque de la Ciotat, quoique postérieure de deux ans à l'affaire de Pomègue, les événements étant de semblable nature.

pour commandant M. Gery, lieutenant d'artillerie de marine, à bord de la *Victorieuse*. D'habiles patrons pêcheurs les conduisirent, et le détachement débarqua sur la pointe occidentale, en gravit l'escarpement, et, se trouvant sur la sommité, aperçut l'ennemi sur la sommité opposée. Bientôt la fusillade s'engagea.

Comme les péniches avaient fait route vers l'Ile, la moitié de l'escadre se dirigea par la grande passe dans la baie, tandis que l'autre resta dans ses premières eaux, mais en approchant ses deux vaisseaux à trois ponts de la petite passe, pour être plus à portée de la ville et des batteries qui commandent cette partie de la baie.

Alors, plus de doute qu'une attaque formidable allait avoir lieu. La Ciotat avait tous ses marins absents, les uns à bord des vaisseaux et les autres prisonniers en Angleterre. Le détachement, en partant pour l'île, avait laissé un grand vide de forces. Le peu d'hommes disponibles de différents états se joignirent aux artilleurs, et tout le reste de la population, vieillards, femmes et enfants, furent se réfugier dans les campagnes.

L'attaque de la ville fut chaude et la riposte prompte. Mais la défense aurait exigé cent bouches à feu qu'on n'avait pas.

La division anglaise à distance reçut à bord plusieurs boulets ; les bordées ennemies allaient frapper dans les hauts quartiers et se perdre dans la campagne. Au plus fort de l'affaire quatre coups de canon portèrent contre des maisons derrière le fort du Phare.

Les deux vaisseaux à trois ponts nourissaient un feu soutenu contre la ville, et ses batteries tiraient aussi

sur les soldats placés sur l'île ; ceux-ci néanmoins s'avan-
cèrent vaillamment vers l'ennemi qui tournant le dos,
revint au point de débarquement. La petite troupe française ne pouvant se rembarquer faute de bateaux se plaça
derrière des rochers à l'abri de la mitraille qui pleuvait
sur elle.

Après environ une heure de combat, on chauffa la
forge à boulets rouges, en apercevant la fumée, la division de face laissa arriver et fut rejoindre l'amiral.

Les bateaux regagnèrent l'île Verte, d'où ils ramenè-
rent le détachement avec l'officier commandant, blessé à
mort au moment où il criait: en avant, chassons-les de
l'île.

Le brave Géry mourut de sa blessure le 13 du même
mois.

Peu de temps après, l'île reçut de nouvelles fortifications, une tour les domine vers la place où ce digne officier paya si noblement de sa personne. Cette tour devrait
bien porter son nom.

Au fond d'un petit golfe, à trois lieues au midi de Marseille, est située la petite ville maritime de Cassis. Son
port, abrité par les hauteurs, manque d'espace et de profondeur, un môle en restreint l'entrée. La côte est basse
et le site fort agréable ; séjour éminemment à la convenance d'un philosophe à petits revenus qui voudrait se
retirer du monde. Napoléon qui n'avait pas des hommes
de reste, laissait à la garde de Dieu cette partie de son
empire, hormis quelques postes de douanes mal armés,
disséminés çà et là. La croisière ennemie qui n'ignorait
aucune de ces circonstances, envoyait de temps en temps

de grosses embarcations à terre soit pour faire de l'eau,
soit par simple passe temps. L'équipage descendait sur la
plage, entrait à Cassis qu'il trouvait à peu près désert, vu
que le gros de la population s'était réfugié dans la campagne. Les Anglais parcouraient gaiement la ville, s'y ap-
provisionnaient de légumes frais qu'ils payaient fort bien
et se rembarquaient aussi paisiblement qu'à leur arrivée.
Les vieux marins du pays, ennemis nés de cette nation
rivale, scandalisés de ces insolentes visites, se mettent
dans la tête de les empêcher à l'avenir, ni plus ni moins
que si les visiteurs étaient des pirates Algériens. Le conseil assemblé décide que le mole sera sur le champ mis
en état de défense : *nec mora !* une pièce de canon de **24**
gisait au fond d'un magasin depuis la guerre de 1756, on
l'en retire. on lui bâcle un affût, et à grand renfort de
bras on la traîne sur le môle. Des canonniers experts sont
placés pour la servir, et l'on fait bonne garde.

Deux ou trois jours passent sans incident. Vers le milieu du quatrième on aperçoit au large une voile cinglant
en ligne droite vers le port. Le chef du poste prend sa
longue vue, observe attentivement et crie : Enfants, voici
les ennemis, *soun eici* ; attention au commandement, *tené
vous lés*, messieurs les Anglais verront tout à l'heure si les
Cassidens sont des poules mouillées.

Cependant la chaloupe signalée que la brise favorisait
était déjà parvenue à une portée de fusil du port. Le capitaine fumait nonchalament sa pipe sur le tillac dans une
complète sécurité. Il avait bien vu de loin qu'il se passait
quelque chose d'extraordinaire sur le môle ; il n'y avait
pas fait grande attention. Près d'arriver, une idée terri-

fiante lui passa tout-à-coup par l'esprit ? On nous prend
pour des Anglais. Certes, il ne se trompait pas, car on allait faire feu sur lui. Figurez-vous le digne capitaine dans
cette extrémité, éperdu, hors de lui, les bras élevés vers
le ciel, criant à tue tète : *Tiré pé ! tiré pé — siou patroun
Gafareou, siou patroun Gafareou* (1). Encore un instant il
était foudroyé. La voile anglaise n'était autre chose qu'une
chaloupe de pêche de Cassis. Mais ne perdons pas trop
de vue l'ordre des temps.

Le corps municipal de Marseille prit, en 1805, de nouvelles formes. Les trois mairies, dominées par un bureau
central, furent restreintes en une seule, siégeant à l'Hôtel-
de-Ville, avec un maire et six adjoints, système encore
en vigueur de nos jours. M. Antoine d'Anthoine fut nommé
par Napoléon à la présidence.

M. d'Anthoine avait passé de longues année à Odessa,
sur la Mer-Noire, où il avait fait le commerce avec honneur et succès ; il était revenu riche d'une contrée alors
encore à peu près inconnue, et c'est à lui que Marseille
doit ses premiers établissements dans un pays barbare où
la jalousie d'un empereur romain avait jadis exilé le poète
des *Métamorphoses*, pays négligé jusque là par le commerce, quoique merveilleusement situé pour servir d'intermédiaire entre le nord et le midi de l'Europe. L'esprit
méditatif de M. d'Anthoine, ayant compris les avantages
de cette position, réussit à les exploiter, non-seulement
dans l'intérêt de sa fortune, mais encore dans celui de
Marseille, sa patrie adoptive. Des lettres de noblesse,

(1) Ne tirez pas, ne tirez pas, je suis le patron Gafarel. A Cassis on prononce l'*a* final en *e* à l'anglaise.

juste récompense de ses utiles et longs travaux, attendaient M. d'Anthoine à son retour; car le gouvernement de Louis XVI distribuait ses faveurs avec discernement, et le commerce était un des principaux objets de ses sollicitudes. Le nouveau maire avait, comme on voit, des droits certains à la reconnaissance de Marseille. Aussi, le choix de ce personnage distingué fut-il universellement applaudi; mais son mérite personnel, quoique incontestable, n'était pas la seule cause de son élévation.

Etranger à Marseille par sa naissance, M. d'Anthoine sortait d'une famille considérable d'Embrun : les Dauphinois par l'économie, comme les Gascons par la hardiesse, et les Génevois par le calcul, sont nos maîtres dans l'art de s'enrichir plus ou moins promptement; les premiers surtout savent conserver, talent assez rare parmi nous.

M. d'Anthoine était devenu Marseillais par son mariage avec l'aînée des filles du second lit de M. François Clari, qui ne se doutait pas alors que de son sang surgiraient un jour des reines et des princesses, bien que sa fortune et sa sagesse l'eussent successivement porté aux places honorifiques de la ville. Par un trait de la munificence impériale, le beau château de Saint-Joseph, qui appartenait à M. d'Anthoine, fut à peu près dans le même temps érigé en baronie, et servit en 1808 de résidence transitoire au roi d'Espagne Charles IV lors de son exil à Marseille. Une vieillesse prématurée, effet du travail et d'un tempérament de feu, rendit en 1813 la retraite de M. d'Anthoine indispensable; le choix de son successeur (1), quoique

(1) M. le marquis de Montgrand, jeune encore, s'était fait re-

parfait, ne fit pas oublier ses importants et nobles services.

Le temps n'était plus où la chambre de commerce de Marseille exerçait dans les Echelles du Levant une domination, pour ainsi dire, souveraine. La révolution avait renversé cette puissance en passant. La franchise du port et surtout le monopole du commerce dans les états du grand-seigneur avaient fait à la chambre une position privilégiée. Les consuls français, quoique nommés par le roi, étaient rétribués par elle et soumis à sa juridiction. Nul ne pouvait former un établissement en Turquie, ni même y envoyer des commis sans autorisation et sans un cautionnement déposé dans ses coffres. Certains droits maritimes, en excédant son passif, enrichissaient son trésor. On sait que, pendant la guerre d'Amérique, elle fit don à l'Etat du superbe vaisseau le *Commerce de Marseille*, et que cette offrande ne fut pas la dernière. Le premier échevin, négociant choisi dans l'élite de la Bourse, la présidait de droit, et ses délibérations n'avaient d'autre contrôle que celui de l'intendant de la province, qui les contrariait quelquefois sans les annuler jamais. La chambre de commerce entretenait en outre à Paris un député spécial, chargé de la représenter auprès du gouvernement. C'était

marquer au conseil municipal par la solidité de son jugement, une extrême facilité d'élocution et les manières gracieuses d'un homme de grand monde. Il remplaça M. d'Anthoine. M. de Montgrand, dans son édilité, réalisa toutes les espérances. Certes, pendant le cours d'une carrière qui ne finit qu'en 1830, les Cent-Jours exceptés, il y eut des passages fort difficiles. Le maire de Marseille resta toujours au niveau de sa mission, *par negotiis*. Sa vigilance ne cédait qu'à son désintéressement. Sur ce dernier point, ses ennemis même (qui n'a pas d'ennemis?) lui ont rendu pleine justice.

une sorte d'ambassade à titulaire inamovible. M. de Ros-
tagny conserva ce poste honorable jusques à la fin des
temps.

Napoléon, quoique persécuteur du commerce, affecta
par ostentation d'en reconstituer les chambres; mais celle
de Marseille dut ajouter la perte de son indépendance à
celle de ses priviléges. Les nouvelles bases n'étaient ni
aussi solides ni aussi larges que les anciennes. Toutefois,
l'établissement, repris en sous œuvre, ne tarda pas à recouvrer une partie de sa prépondérance, prépondérance,
du reste, qui se ressentit singulièrement du despotisme de
l'empire. Le législateur la réduisit au rôle d'une assemblée
consultative, assimilée aux chambres qu'il avait établies
simultanément dans les autres grandes places de France.
Le préfet fut investi du droit de contrôle, et les arrêtés
n'eurent de valeur qu'après l'approbation de l'autorité; les
membres furent pris parmi les notabilités commerçantes,
et ces hommes versés dans les affaires ayant restauré les
finances par une administration économique et par des
rentrées qui excédaient les dépenses, aidèrent puissamment dans toutes les occasions la création de divers établissements d'utilité publique.

La chambre de commerce de Marseille, dans son organisation actuelle, est présidée par un de ses membres. Les
fonctions de secrétaire, inamovibles de fait sinon de droit,
ont été de tout temps aussi honorables qu'importantes, car
tout le poids du travail, c'est-à-dire la rédaction et l'exécution, retombent sur le secrétaire. Au surplus, de vives
lumières sortent de nos chambres renouvelées lorsqu'elles

sont appelées à donner leur avis; mais les hautes régions sont peuplées d'aveugles volontaires ou non (1).

Dans les temps maudits où les familles honnêtes étaient livrées en pâture aux monstres, il n'existait d'autre éducation en France, à Marseille en particulier, que l'éducation domestique. La science n'entrait guère dans ces leçons, soit que l'instituteur paternel manquât, soit qu'il ne pût donner à l'élève ce qu'il n'avait pas lui-même, soit que le savoir ne puisse s'acquérir que par l'émulation et l'imitation; car cette prérogative appartient à l'éducation publique; c'est son principal avantage, et nous sommes à cet égard tout-à-fait de l'avis de La Harpe et de Quintilien. Son inconvénient capital est le danger couru par la morale, si l'instruction religieuse, soigneusement inculquée et sérieusement mise en pratique, ne la préserve pas.

Quoiqu'il en soit, Napoléon, comprenant la nécessité de rétablir l'éducation publique, institua dans les grandes ville des lycées, qui reprirent plus tard leur ancien et lé-

(1) M. Bruno Rostand, négociant, dont la modestie égale le mérite, préside aujourd'hui la chambre du commerce (ceci était écrit en janvier 44). La plume, après avoir vieilli dans les mains d'un homme éminent, M. l'avocat Capus, dernier échevin-assesseur de Marseille, fut confiée à M. Michel Roussier, fils aîné du constituant du même nom. L'aptitude de cet homme honorable fut souvent enchaînée par une goutte héréditaire. Après la mort de M. Roussier, un jeune littérateur, M. Bertheaut, qui s'était fait de bonne heure une réputation d'homme d'esprit dans le journalisme, fut appelé à la place de secrétaire de la chambre. Il y débuta par un mémoire d'économie politique sur la question délicate des sucres, qui semblait étrangère à ses études, et ce beau travail, démentant toutes les préventions, devint un des documents les plus essentiels du procès entre les deux industries. On reconnaît à la souplesse le talent de bon aloi.

gitime titre de collèges ; mais l'instituteur-conquérant,
songeant plutôt à l'introduction de l'esprit militaire qu'à
la propagation du christianisme, mit à la tête des études
des maîtres presque uniquement préoccupés de la partie
savante de leur mission ; on apprit au collége les langues
mortes et les sciences exactes (1) aux dépens des traditions religieuses du foyer paternel, et cette grave considération engagea sans doute un certain nombre de familles
considérables et timorées à envoyer leurs enfants en Suisse, sans s'arrêter à la rigueur du climat et à la longueur
des distances. Cette indifférence religieuse des colléges de
France, réchauffée par les doctrines gangrenées qui, naguère, ont fait irruption dans le sein de l'Université, ne
fut pas, à beaucoup près, aussi scandaleusement préconi-
sée à Marseille que sous les yeux même du gouvernement ;
on respecta l'opinion du pays jusqu'à un certain point et
c'est probablement à cette réserve que notre collége doit
son succès par le temps qui court.

L'année 1806 fut une ère de réparation pour Marseille.
Thibeaudau obtint du ministre de l'intérieur le don d'un
certain nombre de tableaux détachés de la galerie du
Louvre, et de cette collection, moins riche par la quantité que par la qualité, à laquelle on donna pour appendice les principaux ouvrages des peintres provençaux

(1) La langue d'Homère n'était pas enseignée dans les colléges
de l'Oratoire. Cette lacune très regrettable est aujourd'hui à peu
près réparée. Toutefois, le grec des colléges actuels ne va guère
au-delà des éléments. Trop de choses entreprises à la fois se nui-
sent mutuellement.

qu'on avait révolutionnairement enlevés aux églises, forme un ensemble qui serait très satisfaisant dans un local plus propice. On y a placé les deux tableaux d'histoire sainte de Vien, provenant du chœur de l'ancien Saint-Ferréol (1).

L'Académie de Marseille reconquit à la même époque son nom d'Académie royale, ainsi que son lustre primitif, par les soins du préfet Thibeaudau qui ne manquait pas une séance, et par d'honorables aggrégations. On compte encore avec plaisir dans ses rangs quelques-uns des premiers académiciens régénérateurs, entr'autres l'érudit docteur Lautard, secrétaire perpétuel, et le bon M. Poize, notre camarade de Ste.-Claire.

Après tout, on n'aurait qu'une idée fort inexacte de l'état de Marseille sous le régime impérial si l'on n'en jugeait que sur les replatrâges de 1805 et 1806. Quoique bonnes en elles-mêmes, ces mesures d'ordre ressemblaient à des plantations sur un terrain épuisé. Les grands ports marchands ne vivant que d'échanges, lorsque le commerce est contrarié par les malheurs publics, lorsque un gouvernement absurde ne feint de le protéger que pour en exprimer le suc, toutes les industries déclinent et les villes suivant la même pente, leurs ports se changent en forêts mortes et leurs rues en déserts. Que pouvaient pour la prospérité publique une municipalité presque exclusivement absorbée par l'assiette de l'impôt et les coupes d'hom-

_____

(1) Le saint Pierre martyr, ce chef-d'œuvre de Serres, Marseillais, soutient avec assez d'avantage le voisinage des Rubens, des Van-Dick, des Carravage, tandis que les grandes toiles bibliques de Vien semblent se plaindre de leur exil.

mes, une chambre de commerce sans commerce extérieur, des écoles somptueuses moins propres à former des citoyens utiles que des guerriers vaillants.

Telle fut pourtant en réalité la destinée de Marseille sous le règne d'un souverain par la grâce de Mars et que Mars lui-même détrôna. Notre ville offrit en 1805 le spectacle d'un vieil édifice badigeonné.

Le commerce de Marseille anéanti par la terreur n'avait depuis le commencement du siècle qu'un souffle de vie, une sorte d'existence fébrile coupée par des crises intermittentes entre l'atonie qui mine et les convulsions qui précipitent. Le plus funeste paroxisme de cet état désespéré fut préparé par l'inconcevable folie du décret de Berlin (21 novembre 1806.)

« D'ineptes conseillers, dit le judicieux Bourrienne, avaient conçu le fameux système continental exécuté par le décret de Berlin. Je ne puis regarder ce décret que comme un acte de démence et de tyrannie européenne. Ce n'était pas un décret, mais des flottes qu'il fallait. Sans flottes, sans marine il était ridicule de déclarer les îles britanniques en état de blocus, tandis que les flottes anglaises bloquaient de fait tous les ports français. C'est pourtant ce que fit Napoléon par le décret de Berlin, et voilà ce qu'on appele le système continental, système d'argent de fraude et de pillage. »

Et plus loin :

« Cet odieux et brutal système, qui, eût-il été admissible en théorie, se serait trouvé impraticable dans l'application, n'a pas été assez stygmatisé. On a eu la sottise de dire que le blocus continental aurait fini par faire succomber l'Angleterre sous l'amas de ses propres productions : quelle absurdité ! elles étaient bien peu amies de l'empereur les personnes qui lui conseillèrent cet extravagant système. Ignoraient-ils donc ces funestes conseillers la puissance de l'or, celle des assurances et les innombrables ressources de la fraude ? Les besoins de la société entière luttaient avec avantage contre ces mesures fatales. La prohibition du commerce, la sévérité dans l'exécution n'étaient au vrai qu'un impôt continental (1). » Rien n'est plus vrai. La conséquence immédiate d'une mesure inqualifiable fut l'éloignement de la navigation américaine du port de Marseille. Les anglo-américains entretenaient pourtant une sorte d'activité sur notre marché, couvraient

(1) Décret de Berlin du 21 novembre 1806.

Article 1er. Les îles Britanniques sont déclarées en état de blocus ;

2. Tout commerce et toute correspondance avec les îles Britanniques sont interdits. Les lettres ou paquets adressés en Angleterre ou à un Anglais ou écrits en langue anglaise seront saisis :

3. Tout individu de l'Angleterre qui sera trouvé dans les pays occupés par nos troupes sera fait prisonnier de guerre ;

4. Tout magasin, toute marchandise, toute propriété appartenant à un sujet de l'Angleterre, ou provenant de ses fabriques ou de ses colonies, est déclarée de bonne prise ;

5. Le commerce des marchandises anglaises est défendu, et toute marchandise appartenant à l'Angleterre ou provenant de ses fabriques et de ses colonies est déclaré de bonne prise ;

6. La moitié du produit de la confiscation des marchandises et propriétés déclarées de bonne prise sera employée à indemniser les négociants des pertes qu'ils ont éprouvées par la prise des bâtiments de commerce enlevés par les crosières anglaises. (*Quelle dérision !*)

7. Aucun bâtiment venant directement de l'Angleterre ou des colonies anglaises ne sera reçu dans aucun port ;

8. Tout bâtiment qui, au moyen d'une fausse déclaration, contreviendra à la disposition ci-dessus sera saisi ; le navire et la cargaison seront confisqués comme s'ils étaient propriété anglaise.

la nudité des quais et nous fournissaient des denrées de première nécessité à des prix qui n'étaient pas exhorbitants, eu égard aux circonstances. Par suite de la disparition des neutres, les productions tropicales quintuplèrent de valeur vénale. Les propriétaires des cargaisons encore en nature et invendues qui se virent menacés d'une spoliation en vertu d'une loi sauvage qui les enveloppait dans son large réseau, prirent la peur, et dans leur effroi firent des ventes forcées, des transports simulés de propriété. La cupidité mercantile s'emparant des enjeux, les denrées coloniales passèrent rapidement de main en main au fur et à mesure de l'élévation progressive des prix. Les frénésie de la spéculation dépassa bientôt les bornes de la prudence. Par exemple, un chargement de sucre, entré dans notre port au moment même de la publication du décret, fut confisqué par le fisc et mise aux enchères sur-le-champ. Les consignataires qui étaient en même temps les plus forts intéressés traitèrent avec la douane, qui se laissant fléchir, Dieu sait comment, établit la mise à prix sur un pied de faveur. Or, personne ne vint aux enchères hormis les prête-noms des armateurs. La soif de l'or recula devant le respect humain; courtoisie remarquable au pays des chercheurs de fortune. De sorte que l'adjudication fut prononcée au chiffre posé en faveur des propriétaires de la marchandise confisquée. En d'autres termes, il y eut main levée du séquestre moyennant une grosse rançon. Dès le lendemain, les sucres furent revendus sur la place à un taux qui, l'amende payée, couvrit le capital, et laissa un honnête bénéfice pardessus le marché (1).

(1) Il en fut de même à Hambourg dans des circonstances identiques.

Le mauvais génie de l'agiotage prenant des forces en marchant comme la renommée, la bourse de Marseille subit une énorme perturbation : la tête et la queue du commerce se jetèrent dans la bagarre, et quelques fortunes s'élevèrent comme par enchantement. Les mieux informés, en très petit nombre, réalisèrent et quittèrent la partie, laissant se débattre entre eux les derniers venus et cette classe de joueurs insatiables qui veulent pousser la fortune à bout.

Tout état violent dure peu. De nouveaux arrivages grossissant de jour en jour les masses flottantes, le marché fut inondé de sucre et de café. La consommation ayant diminué par l'effet de la cherté, le calme survint, c'était l'avant-coureur d'une chute. Cependant, comme il fallait beaucoup d'argent pour payer peu de marchandises, et les capitaux réels ne suffisant pas, tant s'en fallait, on eut recours au crédit. On força les circulations en papier. L'abondance avilit ces valeurs imaginaires et les hommes à porte-feuille n'en voulurent plus. Là dessus les échéances étant arrivées il fallut bon gré malgré fondre la cloche. On vendit comme on put et la débâcle éclata. Les espèces devinrent alors si rares et la panique si exagérée que les emprunts sur hypothèques étant impossibles, on aliéna les immeubles, et l'on vit des domaines superbes passer, pour la moitié de leur valeur, dans les mains des Crésus impitoyables (1). De là des éclipses totales ou partielles

_____

(1) La crise financière se prolongea jusques à la restauration. Des capitalistes à cent mille francs de rente en immeubles couraient après un sac de six mille francs.

des déconfitures sans nombre, et le commerce en général en proie à d'inextricables embarras. Mais le commerce anglais, qu'on prétendait étouffer, trouva dans les rigueurs même du décret de Berlin de nouveaux développements.

L'appât des gros bénéfices, la proximité des bords opposés à la Grande-Bretagne, l'absence de péril donnèrent à la contrebande une extension prodigieuse. Les provenances anglaises jetées à plaisir sur le continent, depuis Ostende jusques à l'entrée de la mer Baltique, traversèrent le nord de l'Allemagne, pénétrèrent en Suisse, et, gagnant de proche en proche la Péninsule Italique, arrivaient enfin par terre dans les ports de la Méditerranée et à Marseille même par le petit cabotage.

Quant aux autodafés et aux confiscations, ils n'étaient pas fréquents, car on ne manquait pas, Dieu merci, d'expédients pour les éviter; d'ailleurs, ces inconcevables exécutions ne blessaient en aucune manière les marchands de Londres, puisque les valeurs aventurées sur le continent leur avaient été payées avant de sortir de leurs mains; si elles étaient brûlées ou confisquées tant mieux pour eux, c'était un surcroît de débouché. Au surplus, on ne brûlait que les rebuts; les objets de prix restaient dans les griffes des incendiaires.

Le décret de Berlin était une chose si peu sérieuse que le gouvernement français donnait lui-même l'exemple de la transgression. Les armées venaient-elles à manquer de chaussures et de vêtements, on en tirait de Londres ni plus ni moins que si le blocus continental n'avait pas existé. L'abus des licences contribuait, d'un autre côté, à verser des torrents de denrées sur tous les marchés de la France.

Napoléon, suivant les traditions du Directoire et ne dédaignant pas plus que ses prédécesseurs les petits profits, vendait au premier venu, moyennant finance, la permission d'exporter de Londres dans les ports français de l'Océan des denrées de toute espèce, surtout celles des Antilles : c'est là ce qu'on appelait des licences. Le bénéfice présumé de l'opération réglait le montant de la prime. Arrivées au Havre, les importations anglaises remontant la Seine parvenaient à Paris, où le superflu de la consommation et une portion de la masse flottante allaient surcharger insensiblement les marchés des ports de mer. Au rebours de l'ordre naturel, les denrées coloniales arrivaient du Nord à Marseille, par le roulage.

Considérons maintenant que les chargements par licence étaient payés aux Anglais en espèces, tandis que les navigateurs américains prenaient en échange, sinon en totalité, du moins en grande partie, nos productions agricoles ou manufacturières; remarquez ensuite que dix ou douze jours suffisent pour aller en Angleterre et revenir en France, au lieu qu'une expédition aux Antilles ne s'accomplit que dans six mois de temps, soit 180 jours plus ou moins. Donc, les navires à licence étaient aux navires américains de la même grosseur, comme 18 à 1, c'est-à-dire, qu'un seul bâtiment à licence pouvait importer en France, dans l'espace de six mois, autant de productions exotiques que dix-huit américains qui seraient allés s'approvisionner aux Antilles, dans la même période de temps.

Etonnez-vous donc, après cela, de l'encombrement des magasins, de l'avilissement des denrées et du vide des coffres-forts en 1806.

CHAPITRE TREIZIÈME.

De 1808 à 1813.

—

SOMMAIRE.

Excursion sur le commerce de la savonnerie. — Histoire du séjour du roi d'Espagne à Marseille de 1808 à 1812. —. Note de M. Roux Alphéran. — Préliminaires. — Le château de St.-Joseph. — Arrivée à Marseille de Charles IV. — Sa vie. — Celle de la reine. — Séries d'anecdotes. — M. Thibaudeau. — M. de Cicé. — Le château de Mazargues. — Le Prince de la Paix. — Le clergé espagnol. — Obsèques de M. de Villena. — La reine d'Etrurie et son fils. — M. Jean Périer. — Charité du roi. — Promenade à cheval. — Procession. — Elans bourboniens. -- Pénurie de la cour d'Espagne. — Le marquis de Branciforte. — Le jeune Balesteros. — L'abbé de Labruyère. — Barras. — Guidal. — Charabot. — Réflexions. — Suite des intrigues. — Translation du roi d'Espagne à Rome. — Continuation des intrigues. — Bergier, Jaume et Paban condamnés. — Les gardes d'honneur. — Anecdote.

—

La soude, considérée comme élément du savon, en dehors de ses autres emplois est un objet presque aussi indispensable aux vêtements de l'homme que le pain à sa nourriture. Que seraient d'ailleurs les huiles, réduites à l'éclairage et à la préparation des aliments, sans les soudes qui les absorbent en masses énormes? Grâces aux soudes les huiles dominent les diverses branches de notre commerce.

Située entre les deux grandes péninsules de la Méditerranée, Marseille attirait dans son port presque toutes les soudes de l'Espagne et de l'Italie, et ce concours lui garantissait le monopole de la savonnerie. On payait les

Italiens en lettres de change, mais les Espagnols prenaient en retour les produits des manufactures françaises, et la modicité de la valeur des importations faisait pencher la balance de notre côté, car le prix des soudes en temps ordinaire roulait de 6 à 12 francs le quintal, poids de table, suivant les circonstances de surabondance ou de rareté. Dans ces limites il y avait encore de l'espace pour la spéculation. Les fabricants de savon à gros capitaux accaparraient l'article tombé à son plus bas échelon et le relevaient, une fois qu'ils en étaient devenus les maîtres. Combien de fortunes ne sont-elles pas sorties de ce trafic!

La domination anglaise en Sicile et la fatale guerre d'Espagne ayant interrompu les communications maritimes, les provisions de soude ne répondirent plus aux besoins de l'industrie savonnière. De là une progression ascendante des prix. L'agiotage aidant, on vit se renouveler sur les soudes, le jeu meurtrier et à peine fini des denrées coloniales. Les barilles d'Alicante s'élevèrent d'emblée à 30 et 40 francs, puis au chiffre extravagant de 140.

Le renchérissement excessif de la matière première influa sur les ventes de savon dans les marchés de l'intérieur. Les dépôts se dégarnirent, quoique lentement à cause de leur surcharge habituelle, et les liquidations laissèrent du bénéfice sur le prix de revient primitif, mais de la perte sur le prix de revient actuel grossi par la cherté de la soude. Néanmoins, nos fabricants, assez mauvais calculateurs en général, s'étant inconsidérément approvisionnés de nouveau, recomblèrent les dépôts de savon outre mesure et, dans l'espoir chimérique de voir enfin les prix de l'intérieur se niveler avec ceux de la fabrique, lièrent les mains des commissionnaires par des limites. Spéculant ainsi sur eux-mêmes et sans relâche, ils amenèrent un engorgement général qui leur préparait un abîme.

Dans cet état de choses, MM. Chaptal et Berthollet trouvèrent le secret de remplacer les soudes végétales par des combinaisons chimiques. On n'y crut pas d'abord; mais lorsqu'enfin il fut démontré qu'on pouvait faire de la soude avec du soufre, du salpêtre, du sel marin et des cailloux, des industriels pécunieux, tombant des nues dans la banlieue de Marseille, y allumèrent à grand'frais des fournaises qui vomissaient nuit et jour, au grand dommage de la contrée, dix fois plus de soude qu'il n'en fallait pour saturer la savonnerie. Les profits, énormes au début, diminuèrent peu à peu par l'effet de la concurrence et de la hausse du soufre monté à 72 francs, de 4 sa valeur ancienne; mais les soudes factices n'en renversèrent pas moins de fond en comble les soudes végétales, et les savons nouveaux tombant à l'improviste sur les places de consommation, écrasèrent les anciens paralysés par l'entêtement de leurs propriétaires. Il en résulta des pertes incalculables, et, par suite, des sinistres qui atteignirent les commissionnaires; l'avance des trois quarts de la valeur des savons fut perdue presque absolument. L'industrie savonnière subit, en 1810, un échec dont elle n'a pu se relever qu'à demi; aussi les immeubles savonniers sont-ils aujourd'hui de capitaux d'un faible revenu. Il est vrai cependant que les Parisiens gagnèrent à cette révolution de faire laver leurs chemises à meilleur marché.

Tandis que les provenances d'Espagne perdaient à

Marseille le droit de cité, un guet-apens sans exemple dans l'histoire fit descendre le successeur de Philippe V à l'état de premier bourgeois de la ville des Phocéens.

Mais avant de raconter le séjour de Charles IV parmi nous, il ne sera pas hors de propos de mettre sous les yeux du lecteur les dissensions domestiques qui précipitèrent ce prince du trône. Nous tâcherons de le faire succinctement en prenant Bourrienne pour guide, à cause de son exactitude et de sa clarté.

SÉJOUR DU ROI D'ESPAGNE
A MARSEILLE (1).

Godoy régnait en Espagne sous le nom du faible Charles IV. Godoy fut un homme fatal, son ascendant était sans bornes sur l'esprit de ses maîtres, son pouvoir celui d'un souverain absolu, et son trésor dépassait, dit-on, le chif-

---

(1) L'hôtel du marquis de Maurellet de la Roquette, seigneur de Cabriès, pendu à un reverbère, sur le Cours d'Aix, le mardi 14 décembre 1792, avec MM. Pascalis, avocat, et de Guiraman, chevalier de Saint-Louis, transformé en hôtellerie peu après cette horrible catastrophe, fut choisi, en 1808, pour servir de logement au roi d'Espagne Charles IV et à sa famille. Ce prince arriva à Aix, le mardi 4 octobre, entre cinq et six heures du soir, avec la reine sa femme, l'infant don Francisque son Fils, le prince de la Paix et les enfants de celui-ci. Ils arrivaient de Fontainebleau où ils avaient fixé leur résidence depuis leur sortie d'Espagne et leur enlèvement de Bayonne, au mois de mai précédent, et venaient chercher dans le midi de la France un climat plus favorable à leur santé. Leur entrée dans Aix fut silencieuse et sombre. Quelques curieux seulement se trouvèrent sur le Cours, et nous nous souvenons d'avoir vu couler des larmes amères lorsque défilèrent ces antiques carosses aux armes de la maison de Bourbon, dont quelques-uns dataient peut-être du temps de Philippe V, et avaient servi à conduire en Espagne, au commencement du XVIII° siècle, le glorieux petit-fils de Louis XIV.

fre fabuleux de soixante millions ; nul doute que ce parvenu sans talent n'ait été l'une des principales causes des
maux qui depuis n'ont pas cessé d'accabler l'Espagne sous
des formes différentes.

La suite de Charles IV était nombreuse, étant composée d'environ 250 personnes et 200 chevaux. On se flatta pendant quelques
jours à Aix que cette cour se fixerait dans cette ville, où elle eût
sans doute répandu bien de l'argent et procuré beaucoup de travail aux ouvriers. Tout semblait l'annoncer, et l'hôtel d'Albertas
ayant été offert, si le roi eût voulu le louer pour un an, le prince
de la Paix avait répondu devant M. de Saint-Vincens, alors maire:
Pourquoi ne le prendrions-nous pas pour un an, s'il nous convient ?
Le principal chambellan du roi désirait unir une île entière de
maisons sur le Cours ; mais plusieurs propriétaires se refusèrent
à louer les leurs, si bien que, quelques jours après, les tapissiers
furent envoyés à Marseille pour chercher à Leurs Majestés un
logement plus convenable. « Vous croyez que c'est le roi qui se
déplaît à Aix, nous dit M. de St.-Vincens, détrompez-vous, ce
sont ses alentours qui le font agir ; ses alentours qui espèrent
trouver plus d'amusements à Marseille qu'ici. » Car nous étions
bien sincèrement désolés de ne pouvoir retenir à Aix ce que nous
regardions comme une Providence pour cette ville, et nous pouvons nous flatter d'avoir fait alors tout ce qui dépendait de nous
pour amener ce résultat (*), en conduisant sans relâche, pendant
plusieurs jours, les chambellans et les tapissiers visiter les hôtels
d'Albertas et d'Eguilles, de Forbin et de Saint-Marc, d'Arbaud-
Jouques et de Castillon, de la Tour-d'Aigues, de Valbelle, de
Moissac, etc. Rien ne put leur convenir ; ce qui agréait à l'un
déplaisait à l'autre, et M. le baron d'Antoine, maire de Marseille,
ayant offert sa belle maison de campagne de Saint-Joseph, en
attendant qu'un logement fut approprié dans l'enceinte de la ville.
Leurs Majestés se décidèrent, le 12 octobre, *non sans quelques
hésitations*, à se rendre à Marseille, et partirent en effet le 15 du
même mois, n'ayant vu absolument que le maire, M. de Saint-
Vincens, pendant leur court séjour à Aix. Ces détails que nous

(*) Nous étions alors depuis quinze ou dix-huit mois, secrétaire en chef
de l'Hôtel-de-Ville, emploi que nous avons toujours regretté, même lorsque nous en avons exercé pendant près de quinze ans un autre plus lucratif
et peut-être plus honorable, celui de greffier en chef de la cour royale auquel
le roi Louis XVIII nous appela le 13 décembre 1815. C'est de celui-ci que
nous nous démîmes spontanément le 7 Août 1830, qui est le jour même où
Monseigneur le duc d'Orléans fut proclamé roi à Paris, sous les noms de
Louis-Philippe. Mais à Aix, il n'était encore reconnu qu'en qualité de lieutenant-général du royaume.

La haine des Espagnols contre le prince de la Paix était grande. Le prince des Asturies, Ferdinand, se déclara ouvertement son ennemi. Godoy s'unit à la France, cette

abrégeons, sont consignés dans les rapports de cet excellent maire au préfet du département, le comte Thibeaudeau (*). Si Charles IV et sa cour ne s'arrêtèrent pas dans notre ville, la faute en fut surtout au peu de temps qu'on eut pour assigner au roi, à son arrivée, un logement autre qu'une auberge ; car si ce prince eût été reçu plus convenablement en descendant de voiture, il est probable qu'il se fût fixé à Aix, nonobstant les intrigues contraires. Dans l'affreuse position où il se trouvait, quelle habitation en France pouvait le dédommager de celle de l'Escurial et de la perte de la couronne d'Espagne et des Indes ? Tout au monde ne lui était-il pas égal, indifférent, après les indignes manœuvres dont il était la victime ? Il faut ajouter, au surplus, que ce qui nous paraissait alors un immense avantage pour la ville, eût peut-être tourné à mal lorsque le gouvernement impérial cessa de fournir au malheureux monarque les subsides auxquels il s'était obligé, ce que ne prévoyait que trop M. de St.-Vincens, qui nous le disait à l'oreille pour calmer notre désolation : « Et ne voyez-vous pas, c'étaient ses propres expressions, que si on ne le paie plus, il ruinera tous nos marchands et tous nos ouvriers et qu'en attendant il nous avalera tous. » La vérité est aussi qu'il redoutait au dernier point la surveillance qu'il lui eût fallu exercer sur des princes dont il déplorait au fond du cœur la haute infortune. . . . .

L'hôtel du marquis d'Arbaud de Jouques, président au Parlement d'Aix avant la révolution, mort sur l'échafaud révolutionnaire de Lyon, le décembre 1793, fut honoré au mois de mai 1812, de la présence du roi d'Espagne Charles IV, de la reine d'Etrurie leur fille, et du jeune roi d'Etrurie fils de cette dernière, lorsque, après environ trois ans et demi de séjour à Marseille, ces princes infortunés quittèrent cette dernière ville pour aller fixer leur résidence à Rome. Cette cour arriva à Aix le 25 mai, y séjourna le lendemain mardi, et continua sa route le jour suivant, reconnaissante de la noble hospitalité qu'elle avait reçue dans l'hôtel d'Arbaud, dont le propriétaire agit, à son ordinaire, en cette occasion, avec tout le dévouement d'un gentilhomme français envers des descendants de Louis XIV. Le prince de la Paix (Manuel Godoy) les accompagnait encore comme lors de leur

(*) La notice du savant philologue M. Roux Alphéran, est empruntée au *Mémorial d'Aix*, 7 et 8 avril 1844. Nous en devons la connaissance à l'auteur lui-même, qui nous honore d'une bienveillance dont nous sommes fier.

alliance déplut, et l'héritier présomptif de la couronne se trouva encouragé par les plaintes de l'immensité de ceux qui désiraient la perte de l'insolent favori.

De son côté, Charles IV, regardant comme dirigés contre lui les traits adressés au prince de la Paix, accusa son fils de vouloir le détrôner; et ne s'en tenant pas à de vaines récriminations, il fit saisir ou plutôt Godoy fit saisir en son nom les plus chauds partisans du prince des Asturies; alors, celui-ci demanda l'appui de Napoléon, et l'on vit le père et le fils réclamer, l'un contre l'autre, l'assistance de celui qui voulait se défaire de tous les deux pour leur substituer l'aîné de ses frères.

Napoléon, ayant promis à Charles IV de le soutenir contre son fils, ne répondit pas aux premières lettres du prince des Asturies; mais voyant que les intrigues de Madrid prenaient un caractère sérieux, il commença provisoirement par envoyer des troupes en Espagne.

Dans les provinces traversées par les soldats français, on se demandait les motifs d'une invasion dont chacun était indigné. Des troubles éclatèrent à Madrid, ce fut dans ce moment que Godoy proposa au roi de le mener à Séville. C'était un ordre plutôt qu'un conseil. Charles IV se disposait à partir lorsque le peuple se souleva, investit le palais, et le favori fut sur le point d'être massacré. On profita d'un moment d'effroi pour demander au roi une abdication en faveur de son fils; il la donna, et dès-lors disparut la puissance du nouveau maire du palais qu'on jeta

premier séjour à Aix en 1808, et occupait seul le rez-de-chaussée de l'hôtel, tandis que ses souverains étaient logés au premier étage, où le roi Charles IV vit avec plaisir quelques belles peintures de Rembrant, de Téniers et d'autres grands maîtres qui le décorent....

dans une prison. Le roi, revenu de sa frayeur, changea d'avis aussitôt qu'il se vit en sûreté et protesta contre son abdication dans une lettre écrite à Napoléon, qu'il prenait pour arbitre, s'en rapportant à lui pour ses futures destinées.

Murat entra dans Madrid vers les premiers jours d'avril 1808, sa présence augmenta le désordre; Murat ne croyait pas avoir conquis l'Espagne pour un autre que pour lui-même. Il manifesta hautement le désir de régner. S'il ne gagna pas la couronne à ce jeu déloyal, il contribua puissamment à la faire perdre au roi légitime. Charles IV, qu'une habitude invétérée attachait au prince de la Paix, demanda la liberté de son favori, et le lieutenant de Napoléon, cédant aux instances de la reine et du roi, prit Godoy sous sa protection en déclarant que, malgré l'abdication, il ne reconnaîtrait pour roi que le père de Ferdinand; déclaration qui perdit Murat dans l'esprit de la nation espagnole déchaînée contre le prince de la Paix.

Ferdinand était roi par l'abdication de son père. Charles IV prétendait avoir abdiqué contre sa volonté, la reconnaissance de Napoléon devait trancher la difficulté. Cette reconnaissance fut demandée à l'arbitre perfide auquel il ne manquait plus que de s'emparer des deux rois, et d'envoyer à Madrid celui qu'il prétendait mettre à leur place. C'était là où il en voulait venir.

Napoléon était alors à Bayonne; déterminé par d'imbéciles conseils, Ferdinand se mit en route pour venir en France. Arrivé à Vittoria et tourmenté par l'idée qu'une fois à Bayonne, il ne pourrait plus en sortir, il s'arrêta pour attendre la réponse à une lettre qu'il venait d'y adresser. Napoléon répliqua par un chef-d'œuvre de perfidie ; laissant entrevoir, à travers d'astucieuses promesses, que l'Espagne appartiendrait au père ou au fils, selon qu'il aurait la conviction de la vérité sur les allégations des deux princes. On ne conçoit pas qu'un homme raisonnable ait pu se laisser prendre à un piége si grossier ; c'est pourtant ce qui eut lieu.

Charles IV n'arriva à Bayonne qu'après Ferdinand. Sa marche avait été ralentie par la suite nombreuse qui l'accompagnait pour assister à sa chute définitive et partager son exil. Napoléon résolut la question en s'appropriant l'objet en litige, à l'instar du juge de la fable. Il prononça la déchéance des deux royaux contendants, les retint prisonniers, et leur désigna pour exil, au vieux roi, à la reine, à leur plus jeune fils et à leur nébuleux satellite, le palais de Fontainebleau, puis Compiégne ; aux deux aînés, le château de Valençay, que M. de Talleyrand leur prêta.

Tel fut le dénoûment d'une intrigue ourdie par le démon de l'ambition. Le château de Marrac offrit au monde, dans cette conjoncture, le spectacle déplorable des héritiers de Charles Quint en posture de suppliants vis-à-vis du soldat heureux. Il n'y eut qu'un cri d'indignation d'un bout à l'autre de l'Europe ; ceci rappelle, écrivions-nous en 1826, ces rois d'Orient dont les Romains se déclaraient fastueusement les amis, qu'on attirait ensuite à Rome pour y vider leurs querelles domestiques et pour y essuyer les hauteurs du sénat, tandis qu'un insolent proconsul parlait et agissait en maître chez eux. A Bayonne, un vieillard couronné subissait la peine de sa bonhommie, et un fils dénaturé celle de son ambitieuse incapacité.

Après les premières bouffées de colère, Charles IV aurait à coup sûr, pris sans trop de chagrin son parti sur la perte de ses Etats, car la royauté s'accordait mal avec le naturel d'un homme passionné pour la liberté d'action, ennemi de la gêne par instinct et seulement esclave de l'habitude ; mais le royal proscrit tomba malade en arrivant dans son exil. Un rhumatisme aigu paralysa ses jambes. Une atmosphère humide et froide avait probablement agi sur sa personne bien plus encore que l'inquiétude ; il demanda comme une faveur sa translation sous un climat plus doux, et le séjour de Marseille lui fut accordé par pudeur sinon par pitié. Lorsqu'il descendit dans la rue Mazade, il était tellement perclus, que quatre laquais le portèrent sur un matelas dans son appartement.

Le château de Saint-Joseph, où le roi d'Espagne mit pied à terre vers la fin d'octobre, était assez spacieux pour l'habitation de la famille du royal exilé, en y comprenant même le service. Les caves arrangées pour loger deux cents chevaux par le propriétaire primitif, le baron Hugues, officier supérieur de cavalerie, auraient pu recevoir les équipages, quoique aussi nombreux que magnifiques. La cour aurait trouvé dans les vastes maisons de campagne du périmètre des logements confortables de tout point. Une ombrageuse police déclara néanmoins les dimensions de Saint-Joseph trop exiguës : ce fut un faux prétexte pour choisir un logement *intrà muros* où la surveillance serait plus immédiate.

Attendu que Marseille n'a point de palais, l'embarras fut grand pour découvrir un habitation à peu près convenable. On fit de nécessité vertu, et quatre grandes maisons de la rue Mazade, où des communications intérieures furent pratiquées, devinrent la demeure de l'hôte royal dépossédé d'Aranjuez et de l'Escurial. L'irrégularité du logement répondait aux vicissitudes du locataire. La prise de possession fut fixée au 18 octobre 1808, journée de peine et de joie pour une population impressionnable à l'excès. Un silence, commandé par la crainte et que traduisaient des regards expressifs, semblait dire : Sire, prenez courage, vous êtes au milieu d'un peuple ami de votre race ; il adoucira votre exil.

Ainsi fut accueillie la veuve de Germanicus rentrant à Rome. Tristes mais éloquents honneurs, vous étiez alors les seuls qu'on pût offrir ; les temps n'étaient pas accomplis.

Le roi paraissait inquiet ; la goutte le tourmentait et de tous ses ennemis la goutte était le plus cruel à ses yeux. Les sensations de Charles étaient aussi vives que passagères. La violence de sa chute l'avait fortement secoué, mais la perspective de la vie privée et la nature compatissante avaient déjà mis du baume sur la blessure lorsqu'il entra dans Marseille.

Sur les traits de la reine, plus fière, plus égale, plus maîtresse d'elle-même, on remarquait cette espèce d'affabilité réservée qui craint d'aller trop loin. Sa mise était soignée, au rebours de son royal époux. L'infant don Francisque et son gouverneur occupaient le second carosse, attelé de six mules espagnoles comme le premier et pareillement chargé d'une nombreuse livrée aux couleurs bourbonniennes. Les dames de la reine, les grands et les principaux officiers venaient à la suite. Le reste des équipages était réparti depuis le veille dans des ma-

gasins qu'on avait appropriés ; ces équipages étaient magnifiques ; un train si pompeux tranchait fortement avec
la situation, mais le voyage de Bayonne n'avait pas été
un voyage incognito ; Charles IV donna tête baissée dans
le guet-apens en équipage royal, parce qu'il ne se défiait
en aucune manière du tour qu'on lui préparait. Quant à
Bonaparte, il crut apparemment que les dehors seraient
sauvés en laissant subsister les formes.

La sciatique royale était tenace, plusieurs mois passèrent sans qu'il fût possible de lui faire lâcher prise, quoiqu'il y eût parmi les officiers de la maison deux hommes
très experts dans l'art de guérir, art sublime devant lequel nous nous prosternons, sans préjudice d'un peu de
scepticisme. La science espagnole ayant échoué, les sommités médicales marseillaises furent appelées en consulta-
tion, elles y perdirent pareillement leur peine. Il fallait
un miracle. De nouvelles habitudes, la tranquillité d'esprit, le repos et le petit lait l'accomplirent (1).

Les jambes royales ayant enfin repris leur service, voici
l'emploi de la journée du proscrit couronné.

Levé de bonne heure, le roi d'Espagne priait, puis
s'étant reconforté par un déjeûner frugal, il mettait de
l'or dans ses poches, et se tournant vers son favori : Allons,
Manouel. Alors, les deux inséparables partaient pour la

---

(1) M. Soria premier médecin, et M. Lacaba, premier chirurgien du roi, avaient été visités de bonne heure par la faculté
de Marseille. Il s'établit bientôt entre ces hautes intelligences un commerce de courtoisie. Si les médecins du roi, qui,
du reste, ne traitaient que les malades de la cour, demandèrent
spontanément le concours de leurs confrères de la ville, ce fut
probablement autant par une attention délicate que par un noble
dévoûment à l'auguste paralytique.

promenade du matin, dirigée invariablement sur les hauteurs de l'ancienne ville que le vieux roi gravissait avec une agilité de voltigeur, laissant partout des traces palpables de son passage. L'anecdote de la chaise du roi est assez connue pour nous dispenser de la reproduire, mais combien d'aventures analogues ne pourrions-nous pas raconter si nous ne craignions pas d'être trop long! Plus heureux que Titus, aucune des journées de Charles IV n'était perdue pour la bienfaisance. Le nom auguste de ses ancêtres avait fondé la vénération ; de ses innombrables charités naquit l'extrême popularité du roi ; on eût dit que ses royales infortunes s'allégeaient du poids qu'il ôtait incessamment, de ses propres mains, à la misère du pauvre. Le roi d'Espagne était tout à nous comme nous étions tout à lui.

L'auguste vieillard divisait quelquefois, en la traversant, la ruche mercantile de Casati ; alors le bourdonnement faisait silence, la hausse et la baisse restaient suspendues : *stetit unda fluens.* Toutes les têtes, même les plus entichées d'anti-royalisme, se découvraient. On aimait à contempler les traits du royal promeneur, tout en regardant de travers un compagnon suspecté. Il nous semble voir le roi d'Espagne en 1810, taille au-dessus de la médiocre, légèrement penchée, la tête petite, les traits réguliers, à part un nez quelque peu trop court, le teint assez coloré, la chevelure rare, blanchâtre, inculte ; le costume lâche et négligé, un ample surtout à l'avenant du reste, un chapeau quasi déformé, des bottes larges affaissées sur les chevilles ; une imperceptible décoration de métal à la boutonnière, à la main un bambou de pure contenance, l'ensemble d'un homme de travail trop affairé pour songer à sa toilette, tel était l'aspect de l'illustre habitant de la rue Mazade.

Vers midi, l'auguste coureur de rues rentrait au logis avec un appétit de chasseur. On servait sur-le-champ. Les repas étaient toujours splendides, car le roi d'Espagne, en sa qualité de grand partisan des jouissances gastronomiques, n'avait pas oublié cet article capital dans la composition de ses bagages, renouvelant, pour ainsi dire, le prince sybarite de l'antiquité, qui voyageait avec mille cuisiniers et mille musiciens à sa suite. Le dîner, suivant l'usage princier, durait peu de temps (1). Charles, repu, donnait quelques instants au sommeil, ensuite une demi-heure à son violon entre Duport et Boucher; ou bien au billard, sur lequel il excellait, ou bien encore à des parties de jeux de calcul, dont il avait l'esprit à un très remarquable degré. Au milieu de ces divers passe-temps, l'heure de la promenade du soir, en appareil royal, arrivait : la reine, qui ne sortait jamais à pied, présidait à ces parties.

LL. MM. et les deux infants : don François-de-Paule et le fils de la reine d'Etrurie, occupaient la première voiture, antique carosse Pompadour; attelé de huit mules superbes, sur le siége un gros cocher parisien, derrière trois grands et beaux laquais français, à la livrée d'azur aux bandes de gueule, ainsi que le cocher et les postillons. Le second équipage, à six chevaux, était celui des dames

---

(1) Suivant l'ancien usage espagnol on présentait à boire à sa Majesté un genou en terre, le roi buvait à la glace toute l'année.

d'houneur, élégamment parées ; le troisième était affecté aux courtisans de haut parage. Le royal cortége sortait de la ville par la porte d'Aix, pour arriver sur la grande route où l'on faisait une lieue au milieu des flots de poussière soulevés par le vent et par un charroi qui n'a pas de second, peut-être, dans tout le royaume, vu que le grand chemin d'Aix est le seul qui conduise à notre ville du côté du nord. Parvenus à la limite déterminée par les geôliers de la famille royale, les hommes, descendus à terre, marchaient quelques minutes sur les lisières entre la haie formée par la domesticité ; on rentrait enfin au galop dans les murs de Marseille. Les promenades du soir prirent plus tard la direction du midi, lorsque Charles IV eut fait l'acquisition du pavillon Bastide, improprement qualifié de château (1).

Les traits de la Reine d'Espagne, Louise-Marie-Thérèse de Bourbon-Parme réalisaient l'idéal d'une grande princesse, on jugeait qu'elle avait été belle, le port noble, la taille médiocre et bien prise, maigre sans défectuosité. Les grâces s'étaient éloignées, la Majesté restait dans tout son éclat. Il y avait quelque chose de composé dans cette physionomie qui déguisait mal les peines intérieures d'une âme blessée au vif.

Le Roi se couchait à dix heures ; la Reine restait quelque temps encore au salon. La ville sans exception n'était jamais admise au cercle de la Cour. La Reine d'Espagne n'a pas connu Marseille. Dans un séjour de trois ans

(1) La maison de campagne bâtie sur le terrain sablonneux et dépourvu d'eau de Mazargues, par un négociant du nom de Bastide, n'a d'autre attrait que celui du pittoresque de sa position.

et demi, elle n'est pas sortie une seule fois à pied, et
son accès n'était facile que pour de bonnes œuvres. L'Infant Don Francisque sortait souvent accompagné de son
gouverneur à mine rebarbative. Le jeune prince était remarquable par une tâche rougeâtre très apparente qui
prenait une partie de la joue gauche.

On recevait peu de visites. Soit vergogne, soit orgueil,
Le préfet Thibeaudau paraissait rarement à la Cour, il
faut avouer qu'il n'y faisait pas une merveilleuse figure.
A sa première visite, le conventionnel était fort embar-
rassé de son personnage : Sire, je viens offrir mes hommages à l'ami de l'Empereur. Un sourire dédaigneux, accompagné d'une légère inclination fut toute la réponse
du Roi, mais la Reine prenant la parole, en affectant de
faire craquer son éventail, oui l'Empereur est de nos
amis, oh ! bien certainement, il est de nos amis. Mais les
portes étaient ouvertes à deux battants pour l'archevêque
M. de Cicé. L'ancien ministre de Louis xvi, homme d'esprit et d'expérience connaissait les hommes et l'art de les
gouverner. Les charmes de sa conversation avaient établi
sur le meilleur pied auprès de la Reine ce Nestor ou, si
l'on veut, cet Ulysse de l'épiscopat.

Les prudhommes pêcheurs se présentèrent à la Cour
avec leur costume lugubre. Sire, dirent-ils dans un bara-
gouin moitié français, moitié provençal, pardonnez-nous,
nous sommes de pauvres pêcheurs. A ce mot de pêcheurs, le Roi ouvre de grands yeux. *Pescadores*, s'écrie
la Reine en riant du quiproquo, *pescadores*.

Dans la belle saison la Reine donnait quelquefois de
petits bals champêtres à sa campagne de Mazargues. La

jeunesse des environs en habit de fête présentait des fleurs et des fruits à la divinité du lieu qui, s'abaissant jusques à ces bonnes gens, recevait avec bonté leurs rustiques hommages, et les recompensait en souveraine; il y avait alors de la joie dans les yeux de Louise. On dansait sur la terrasse et dans le château jusqu'à la nuit que le Roi ne passait jamais hors des murs de la ville, tant il était libre. Ajoutons qu'il n'y avait plus d'infortunes dans la contrée depuis la descente de l'Olympe espagnol. Le bon curé de Mazargues, M. Dandrade, parlait toujours de cet heureux temps.

Mazargues réveilla chez son nouveau maître le goût de la chasse qu'il avait aimée à la fureur et dont la privation, outre un grand vide dans sa journée, avait contribué à le rendre malade, sa complexion robuste et sa turbulente vivacité lui commandant l'exercice violent. Mais pour un roi chasseur, nos petites chasses bourgeoises étaient une grande pitié. On n'avait ni bois, ni meutes, ni piqueurs, ni gibier. Le désir et la nécessité donnent du prix aux choses. On plaça des cailles apellantes et comme le passage en est très journalier, on semait d'avance dans la vigne les cailles prises au filet. L'adresse du chasseur couronné charmait le très petit nombre de témoins admis a l'honneur de le suivre; c'était une ardeur et une agilité de vingt-cinq ans.

Le prince de la Paix, était un gros garçon de 40 à 45 ans, joufflu, rubicond, de bonne mine, de gros yeux à fleur de tête cachés par des bésicles, la stature médiocre, de belles proportions, n'était un peu trop d'embonpoint, vêtu simplement mais avec soin. Godoy n'était pas vu de bon œil par les Marseillais, il s'en aperçut et s'en plaignit, à la bonne heure s'il n'eut d'autre tort que celui de son incapacité, mais si Manuel était un traître ! Ce qu'on peut affirmer, c'est que cette population qui le regardait de travers était le même dant le gros bon sens pénétra plus tard le rusé Masséna.

La chapelle du Roi se composait de sept à huit prêtres presque tous moines qui s'étaient sécularisés en passant les Pyrénées. Le confesseur de Sa Majesté, chef de ce clergé, paraissait avoir blanchi sous le froc. La vie de ces bons pères était fort exemplaire, nous ne prononçons pas sur leur science que nous tenons pour incontestable, aucun d'eux ne parlant français et ces hommes de Dieu étant d'ailleurs peu communicatifs, on ne peut guères juger d'eux autrement que sur parole. Du reste, ils étaient dans les interêts de Bonaparte; ils le feignaient du moins; la tyrannie s'étendait jusqu'aux consciences (1).

Les mœurs de Charles étaient franches et régulières. Il détestait trop la gêne pour ne pas regarder la galanterie comme un supplice, ni vindicatif, ni soupçonneux, il ne

---

(1) La chapelle du roi d'Espagne ne parut qu'une seule fois en public en ornements sacerdotaux, à l'occasion des obsèques du noble marquis de Villena qui, fidéle aux traditions de son illustre race, avait suivi le roi quoiqu'il ne fut pas riche, car Madame la marquise, fille et femme de grand d'Espagne, allait elle-même au marché. Il nous souvient qu'un de nos compatriotes qui se disait, on ne sait à quel titre, comte de Pinto, s'avisa de figurer au convoi de M. de Villena en grand deuil de cour. Les courtisans de la rue Mazade l'ayant pris, sur parole, pour un descendant de la célèbre maison portugaise, cédèrent complaisamment la place d'honneur à ce singulier personnage. Après la cérémonie, les nobles espagnols montèrent dans leurs carosses qui les attendaient à la porte du cimetière, M. de Pinto de Marseille qui n'avait pas de carosse revint à pied.

revenait pourtant qu'à grand peine de ses préventions. Son instruction n'était pas immense, mais il avait une sorte de philosophie naturelle, et une admirable droiture: Ce n'était pas un homme de son siècle. Fidèle à la religion, il la pratiquait sans faste et sans bigoterie, dans toute la sincérité de son cœur. Sa charité était celle de sa race. Entr'autres dons il fit porter à l'Hôtel-Dieu de Marseille un fourgon chargé de linge aux trois quarts neuf qu'il avait fait mettre à dessein hors de service. Son âme ardente et candide s'évanouissait au contact de la vertu, et ses malheurs avaient eu cela de bon de lui faciliter de temps en temps cette jouissance : on ne la trouve guères au milieu des cours.

Au fond des campagnes de Ste.-Marguerite, tout-à-fait au pied de la montagne, vivait un ancien négociant de Marseille que de grands succès n'avaient pas enivré dans son été, et que des revers inouïs n'avaient pas abattu davantage dans son hiver. M. Jean Périer avait été irréprochable dans une profession délicate, et sa probité n'était pas une probité de parade, comme on en voit tant. Le talent, le travail et l'économie l'avaient élevé ; la révolution le renversa ; pouvait-il en être autrement quand la fortune du méchant lui-même n'était pas en sûreté ? M. Périer n'en murmura pas, il remerciait au contraire la Providence de l'avoir enfin rendu à sa passion pour la vie contemplative. En vérité, notre position dans le monde est presque toujours prise au rebours de nos inclinations. et nos plus grandes fautes ne viennent souvent que de là. La fortune, à mon avis, est pour bien peu de chose dans notre destinée ; elle est plus sage et moins aveugle qu'on ne dit, puisque pour l'ordinaire, elle nous ramène, après mille détours, sur notre terrein naturel.

M. Périer accepta donc, à Ste.-Marguerite, l'asile qui lui fut amicalement préparé par un homme que ce trait honora dans l'esprit des honnêtes gens. Notre philosophe passa dans cette retraite ses vingt dernières années, sans autres livres que ses heures, le firmament, et son propre cœur ; sans autre société que celle de quelques paysans dont il était l'oracle ; sans autre désir que celui d'être oublié. Il allait volontiers passer une partie de la journée sur le plateau de la montagne voisine. Les heures s'y écoulaient dans cette rêverie vague dont ceux-là seuls connaissent le charme, qui ont eu le malheur de naître sensibles ; mais le sentier qui conduisait au sommet était droit et raboteux, on était vingt fois exposé à se casser le cou avant d'arriver. La main de M. Perier en a fait disparaître les désagréments ; il y travailla longtemps comme un mercenaire, soutenu par l'espérance d'être utile. Il n'y a pas un caillou de cette promenade champêtre qui n'ait été transporté, taillé et mis en place par le Solitaire de Ste.-Marguerite. On va, dans la belle saison, comme en pélérinage, visiter le chemin du bon M. Perier. C'est ainsi qu'au moral le sage applanit à l'homme la route des hautes régions de l'intelligence, heureux le guide s'il ne s'y égare pas lui-même. Le contrat social fut aussi l'ouvrage d'un solitaire, mais quelle différence dans les motifs et dans la fin !

Le malheur a son illustration. Bélisaire et Fouquet sont plus fameux par leur disgrâce que par leurs succès. M. Périer, dans les affaires, n'avait eu qu'une excellente réputation, son hermitage lui donna une sorte de célébrité. Le Roi d'Espagne en entendit parler, il voulut faire connaissance avec cet homme singulier, vers lequel il se sentait attiré par une sorte de sympathie, car le malheur, ainsi que l'amour et le jeu, rapproche les distances. La visite fut fixée au lendemain.

La solitude de Ste.-Marguerite était plongée dans son silence habituel, lorsque tout-à-coup le bruit des équipages vient réveiller l'écho de la montagne ; le carosse du Roi était dans l'avenue. L'on accourt et l'on est étonné d'apprendre que Sa Majesté demande M. Périer. Il était à l'ouvrage ; on court l'avertir. Cette annonce le jette dans un trouble inexprimable ; il hésite à se montrer en guêtres et en veste de travail ; il le faut pourtant sous peine de passer pour un ours ; il s'y décide, et le Roi voit tomber à ses pieds un vieillard encore vert, hâlé, poudreux, tout en nage, vêtu comme un pâtre. Il balbutie : « Sire, excusez mon désordre...... J'étais loin de m'attendre. — M. Périer, répond en l'interrompant le royal visiteur, ce qu'on m'a dit de vous m'attire ici, nous nous convenons, ce me semble, j'espère que nous nous verrons souvent. Je veux apprendre de votre bouche comment un galant homme supporte l'adversité. »

Charles était la bonhomie même, sauf les droits de sa dignité. Sévère sur les convenances, on ne le vit jamais au spectacle, ni personne de sa famille. Le prince de la Paix avait une petite loge à la comédie.

L'habitude de voir tout plier devant lui avait fortifié dans le caractère du Roi son penchant naturel à l'emportement, la moindre contradiction le mettait aux champs.

Il fallait s'écarter pour laisser passer le torrent, car l'accès ne durait pas : un seul mot de la Reine adroitement glissé l'arrêtait tout court, il n'y avait point de fiel dans cette âme là.

Ardent dans ses affections, Charles était surtout excellent père, il aimait passionnément tous ses enfants, mais la Reine d'Etrurie fut toujours l'objet de sa prédilection. Ce sentiment se reportait avec une égale vivacité sur le jeune prince né de sa fille bien-aimée. Vraiment cet aimable enfant méritait bien d'être distingué. La Reine son aïeule en raffolait. Rien de plus piquant que le contraste de son enjoûment enfantin avec la précoce gravité de Don Francisque son oncle. Cela donnait lieu à de petites scènes dont le public put jouir quelquefois à la promenade. Cet autre Bourbon demeurait en Italie, lorsque l'ordre lui arriva de partir pour Marseille en 1811. La Reine d'Etrurie, autorisée à l'accompagner ne passa que peu de jours en France. Elle vivait alors à Nice dans l'exil, tourmentée du désir d'épancher ses douleurs dans le sein paternel. Elle écrivait ; mais comment soustraire ses lettres aux regards des geôliers ? Elle en trouva cependant le moyen par l'intermédiaire de M. de Pierrefeu, l'un des plus chauds royalistes de Marseille, lors de ses fréquents voyages à Nice.

Charles IV, excellent écuyer, comme tous les princes en général, car l'équitation est ce que les princes savent le mieux, parce que, dit un ancien, le cheval n'est pas courtisan ; Charles IV allait quelquefois en brillante cavalcade à Mazargues. Il y avait un reflet de majesté dans ces matinées équestres ; on les prit en mauvaise part, un ordre d'en haut les supprima sans miséricorde.

On découvrait à travers la grande simplicité du roi d'Espagne un fond de grandeur vraiment royale. S'il récompensait, s'il faisait l'aumône, c'était toujours à pleines mains, les hommes de bonnes œuvres encore vivants pourraient le garantir.

Aux solennités de la Fête-Dieu, la statue de la Vierge de la Garde parcourut la rue Mazade, les administrateurs ayant été admis auprès de la famille royale d'Espagne, le monarque, quoique appauvri, laissa tomber dans le bassin dix pièces d'or; le prince de la Paix en ajouta cinq, c'était un moyen de faire la cour au maître qu'il tenait en lisière. A deux jours de là, la procession de la paroisse Saint-Victor vint à son tour déployer ses magnificences sous les royales croisées. LL. MM. et les infants, agenouillés en habit de gala sur de riches carreaux; la virent défiler du haut de leur balcon. Après le passage du dais, la rue fut tout-à-coup envahie par une foule compacte cherchant à se faire jour vers la demeure modeste de l'ancien souverain des Espagnes. Dans cet instant, l'instinct bourbonnien se réveille, fermente, il va faire explosion. Au premier cri de *vive le roi*, vingt mille voix sont prêtes à répondre; scène attendrissante, que termina la disparition des augustes témoins rentrés la larme à l'œil dans leur intérieur.

Si le bonheur pouvait exister sans la liberté, Charles IV, doué d'un caractère antipathique aux splendeurs gênantes de la royauté, aurait pu se croire heureux. Mais après tout, y a-t-il dans ce monde de véritable liberté pour l'homme social? est-ce un bien? est-ce un mal? grande question.

Jusques à la fin de 1809, la pension de Charles IV fut payée assez régulièrement. Les choses changèrent de face l'année suivante : des retards d'abord, des réductions ensuite semblaient annoncer qu'on voulait rendre le roi responsable de nos revers en Espagne. La mauvaise humeur conduisit à l'oubli des engagements. Le conseil de famille, ayant reconnu la nécessité de réduire les dépenses en tranchant dans le vif, il fut décidé, malgré l'extrême répugnance de S. M., qu'on réformerait une partie de la maison. On vendit des chevaux, des équipages et l'on donna congé aux serviteurs devenus inutiles par ce retranchement. Le mal était trop grand pour céder à ce palliatif. La pénurie devint telle qu'on eut à subir la dernière ressource de l'indigent. Des caisses de vaisselle et des bijoux furent envoyés au Mont-de-Piété, et l'on en vendit peu après pour la valeur de trente mille francs : le roi d'Espagne aux expédients !

Heureusement la Providence fit arriver à Marseille le marquis de Branciforte, parent de Godoy. Il revenait de la vice-royauté du Mexique avec une fortune de vice-roi. Les doublons de l'opulent marquis furent mis noblement à la disposition de la cour. Godoy, de son côté, se piquant d'honneur, délia les cordons de sa bourse, et le gouvernement, comprenant enfin qu'il n'aurait été ni juste, ni honorable de laisser mourir de faim le monarque dupé, pressé d'ailleurs par les incessantes réclamations des agents de Charles IV, mit un peu plus de régularité dans les versements. Ces diverses ressources, sans restaurer à fond les finances de la rue Mazade, soutinrent pour quelque temps encore un reste de magnificence dans la maison royale.

Cette existence précaire, mais assez douce, conduisit au dernier semestre de 1811.

Des tribulations d'un autre genre attendaient la famille royale. Le prince de la Paix avait imprudemmeut introduit dans la maison du roi un jeune officier agréablement tourné. Ce beau Castillan avait du talent et faisait montre d'un zèle excessif : son nom était Ballesteros. Or, le brillant Espagnol fut arrêté à l'improviste dans le palais même, attentat à la majesté souveraine qui avait rouvert les anciennes blessures de la reine. Cette princesse n'envisagea plus dès-lors qu'avec dégoût le théâtre d'un pareil affront. Les ennemis de Manuel prétendaient que le favori s'était fait, dans cette occasion, l'auxiliaire de la police. Ballesteros était accusé d'avoir essayé d'ourdir un projet d'évasion par mer et d'avoir communiqué à plusieurs reprises avec la croisière anglaise. Le jeune prisonnier fut claquemuré au château d'If, d'où il sortit six mois après, avec défense d'approcher de la résidence royale de plus près de trente lieues.

Cette violence n'était pas la première. Sur la présentation du cardinal Fesch, grand aumônier, l'abbé de La Bruyère avait été nommé chapelain du roi d'Espagne ; il était entré en fonctions à Compiègne, fonctions du reste absolument honoraïres, attendu qu'un nombreux clergé, venu de Madrid à la suite du roi, résidait à la cour. Le mérite et le dévoûment tout bourbonnien de l'abbé de La Bruyère lui valurent l'emploi de précepteur du jeune infant don François-de-Paule : il en jouit fort peu de temps. Ses relations secrètes avec M. l'abbé d'Astros, aujourd'hui archevêque de Toulouse, qui était alors sous les verroux de Bonaparte, le brouillèrent avec la police impériale qui le fit emprisonner. Loin de plaindre l'honorable chapelain, le prince de la Paix, jaloux de tout le monde, blâma sa conduite. *Le roi lui envoya des consolations et des secours par son propre confesseur.* M. de La Bruyère ne recouvra la liberté qu'en 1814.

Une intrigue plus sérieuse prépara de loin la translation de Charles IV à Rome. Barras, cet homme abominable qui avait fait tant de mal à Marseille pendant son proconsulat de 94, vivait en exil au château des Aigalades, devenu sa propriété depuis le 18 brumaire; il y charmait ses ennuis dans un sybaritisme moins magnifique, mais non moins dissolu que celui du Luxembourg. Il avait pour commensaux des amis de sa trempe; le temps passait dans de sales débauches et d'obscures intrigues. On conspirait sourdement chez Barras contre Napoléon depuis 1809. La cheville ouvrière de ces velléités révolutionnaires était l'officier-général Guidal que d'indiscrètes déclamations avaient fait réformer. Guidal, audacieux et passionné, passait pour un de ces esprits inquiets qui, n'ayant plus à perdre que leur tête, la jettent sans cesse au hasard d'un coup de dé. Le soi-disant adjudant-général du nom de Bergier, un de ces braves de carrefour, dont on faisait en 93 des porteurs d'épaulettes, était le second de Guidal (1).

(1) Nous avons été curieux de savoir à quoi nous en tenir sur l'origine de ce personnage. Voici ce qu'un contemporain, très au fait de la chronique du temps, nous a dit : Bergier, d'abord perruquier à Marseille, avait quitté le peigne et le rasoir pour le métier de fripier, profession célèbre en jacobinisme. Ardent clubiste, Bergier ne jouissait pas d'une trop bonne réputation, même parmi les siens, puisque au retour d'une mission de propagande, une voix l'accusa du haut de la tribune enfumée d'avoir volé un exemplaire de l'Encyclopédie dans une de ses expéditions.

Après ce couple déterminé, venait un officier de marine
mécontent, Charabot, grand coureur d'aventures comme
les deux premiers. Un Languedocien nommé Julia, qui
recevait les confidences du Prince de la Paix, eut un rôle
dans le projet; un jacobin par système, avocat sans cause,
un de ces hommes que Dieu vous garde d'avoir pour voisin,
était là pour le conseil, Jaume de Grasse. Barras, du reste,
travaillé par l'avarice et la peur, tergiversait encore,
car on eut toutes les peines du monde à lui arracher
la modique somme de huit cents francs. Un de nos plus
aimables Marseillais, dont le caractère contrastait absolument avec celui des autres acteurs, homme faible et galant
à l'excès, s'était laissé entraîner, par une inconcevable
aberration d'esprit, dans le conciliabule des Aygalades.
Le château d'une riche veuve qu'il avait épousée se
trouvait à proximité de celui de Barras; on se visita;
l'attrait du plaisir endormit le beau Paban, l'intimité
fut établie et Paban se perdit. Homme simple et bon, tu
connaissais bien peu le danger de la mauvaise compagnie!

En 1809, Charabot et le jeune fils de Guidal partirent
de Cannes sur une barque, dans l'intention de communiquer avec l'amiral Collingwood, commandant les forces
britanniques dans la Méditerranée; le mauvais temps les
empêcha d'aborder. Peu après, Guidal, son fils et Charabot partirent de Marseille sur un navire chargé de vin
pour la Corse, avec les deniers de Paban. La véritable
destination de la felouque n'était autre que celle de l'escadre anglaise. L'amiral reçut les visiteurs à Mahon et les
fit débarquer sur la côte de France après avoir accordé
une longue entrevue à Charabot. Nouvelle visite en 1810 :

le même Charabot, chargé des dépêches de Guidal, conduisit à bord de l'escadre trois officiers espagnols prisonniers de guerre à Marseille sur parole.

En 1811, Guidal et Charabot, embarqués sur un bateau pêcheur, abordèrent la frégate voisine qui les conduisit au vaisseau amiral, sous les ordres de sir Charles Cotton. Il fut sans doute question dans ce rapprochement de l'enlèvement du roi d'Espagne, puisque, au dire d'un des conjurés, le prince de la Paix donna trente mille francs à Guidal sur l'exhibition des dépêches. Dès-lors les relations avec la croisière anglaise devinrent de plus en plus actives; elles n'aboutirent pourtant à rien, en ce qui concerne la personne de Charles IV, l'amiral anglais ayant refusé de recevoir le prince de la Paix, et le vieux roi, de son côté, ayant déclaré qu'il n'entendait pas être séparé de Manuel; nous ignorons si cette déclaration était volontaire; elle était du moins très impolitique.

En effet, l'apparition inopinée du roi d'Espagne au milieu de ses sujets, ranimant l'affection des peuples, aurait pu faire naître de nouveaux obstacles à l'invasion française, pourvu que Charles IV se montrât sans intermédiaire entre lui et la nation. Mais la présence auprès du roi, de l'homme fatal que les Espagnols regardaient, non sans raison, comme le mauvais génie de l'Espagne, n'aurait été propre qu'à compliquer la situation et à provoquer peut-être le retour des anciens désordres; telle était sans contredit la pensée du refus de l'amiral.

Trop d'individus avaient participé aux communications avec l'ennemi, pour que le secret pût rester longtemps ignoré de la police, quand même il n'y aurait pas eu de traîtres dans la bande. Sans nul doute l'autorité tenait depuis longtemps le fil d'une trame mal ourdie, la laissant avancer sans la perdre de vue, sauf à éclater lorsqu'il en serait temps.

Guidal fixa plus particulièrement l'attention du pouvoir; il fut serré de près; la place n'étant plus tenable, il s'enfuit à Paris où, à peine arrivé, il fut jeté dans la même prison où depuis plusieurs années le général Mallet se trouvait enfermé. Guidal, non moins téméraire que Mallet, devint son compagnon dans une entreprise dont la hardiesse et le début étonnent l'imagination. Lahorie, ancien chef de l'état-major de Moreau, était avec eux. Ils périrent tous les trois, victimes de leur témérité, après avoir failli renverser un colosse en soufflant dessus. Mais, revenons au roi d'Espagne, pour lui payer nos hommages d'adieux.

Déja trois ans et demi s'étaient écoulés depuis que la famille royale vivait parmi nous. La santé du bon roi s'était rétablie sous un climat dont les bizarreries même font ressortir les douceurs. Ce n'était plus ce vieillard paralytique que nous avions vu porté de sa chaise de poste sur un lit de douleur. Le Nestor espagnol avait recouvré la vigueur de ses jeunes années. Le bon peuple marseillais contemplait avec amour cette merveilleuse régénération, en bénissait le Ciel et se livrait sans réserve à l'espérance de conserver longtemps encore dans son sein le dépôt royal que les malheurs de l'Espagne lui avaient confié. Dans l'acquisition du château Bastide, les royalistes, trop enclins de tout temps à l'illusion, voyaient un gage de permanence. Charles aimait sa prison, et de cet amour, non moins que d'une déplorable fascination, étaient nés, d'abord l'indifférence, enfin l'éloignement pour une évasion qui, rompant brusquemment ses pacifiques habitudes, l'aurait exposé à courir sans guide de périlleux hasards sous la tutelle léonine de l'Angleterre; en un mot, le roi d'Espagne était heureux à Marseille; si jamais le bonheur peut exister pour celui qui n'est pas libre. Un ordre émané de Paris rompit le charme : Charles IV et sa famille étaient condamnés au pèlerinage forcé vers la métropole du catholicisme, veuve de son souverain,

Dès l'aurore du jour où cet excellent prince partit de Marseille (en avril 1812), la foule emcombrait le rue Mazade; le roi, pour correspondre au sentiment général et marquer sa répugnance à se séparer d'une population amie, voulut ne se mettre en route qu'à dix heures du matin, et n'aller qu'au pas dans la ville; précaution inutile, car les chevaux étaient à tout moment arrêtés par la multitude attendrie. De grosses larmes baignaient la face vénérable de l'auguste voyageur ; jamais adieux plus touchants ! Le vieux général Dumuy se tenait à cheval à la portière, et malgré les instances réitérées de la reine et du roi, il ne mit pied à terre qu'en arrivant à Aix.

Le roi d'Espagne n'étant plus à Marseille, les visites à l'ennemi auraient cessé s'il n'y eût été question que d'un enlèvement. Elles devinrent au contraire plus fréquentes et les conciliabules plus animés. De nouveaux intrigants s'unirent aux anciens. Il en vint même de Paris. C'étaient des partisans de Mallet auxquels le temps avait manqué pour se compromettre ostensiblement. L'éternel Alexandre Ricord en était un (1). Ne pourrait-on pas donner le nom de queue de Mallet aux machinations de Marseille, si des pygmées besogneux, rêvant le rétablissement de la république sur les ruines de l'empire, sans autre point d'appui, sans autre trésorier que le vieux ladre des Aygalades, méritaient le titre de conspirateurs? Quoiqu'il en soit, l'aspirant de marine Joseph Charabot fils, que l'amiral Cotton venait de tirer des prisons d'Angleterre, avait remplacé Guidal. C'était un sujet aussi brave, aussi résolu que son devancier; l'expérience et l'aplomb lui manquaient encore. Les conjurés s'assemblèrent clandestinement chez Jaume, dans le mois de juin.

Tandis qu'on délibérait à terre, les vigies signalaient tous les jours des bateaux allant et venant de la côte aux frégates de la croisière. Les indications de quelques matelots anglo-américains déserteurs de la station aidèrent la police à découvrir les visiteurs. Les recherches s'attachèrent de préférence à Joseph Charabot qui fut saisi des premiers, et Napoléon ordonna, du fond de la Russie, que le délinquant serait livré à une commission militaire, tribunal redoutable qui ne connaît ni les délais, ni les moyens termes, ni les inspirations du cœur. Néanmoins, le prisonnier fut oublié quelque temps encore, grâce sans doute aux inextricables embarras de la machine impériale.

Recrudescence de menées ténébreuses en février 1813. Le pouvoir se réveille et met Charabot en jugement; il est condamné, malgré la défense moitié brillante, moitié burlesque, de l'avocat Tardieu, son défenseur. On l'em-

(1) Nous retrouverons en 1814 cet homme vil jouant le royalisme au château d'If.

mène; M. Tardieu l'accompagne, et, par la plus heureuse présence d'esprit, lui suggère l'idée de demander un sursis pour prix de révélations importantes. Les autorités assemblées, l'infatigable M. Tardieu plaide en leur présence pour le sursis et l'obtient. Nous serions injuste envers Thibaudeau si nous ne lui accordions pas la meilleure part à l'honneur d'une décision qui sauva l'accusé. Le commissaire-général de police, M. de Permon, arrive aux prisons, fait suspendre l'exécution de la sentence et reçoit la déposition *in extremis* de Charabot fils, et celle de son père, Antoine Charabot, qui s'était spontanément constitué prisonnier. Plusieurs arrestations furent la conséquence de cet interrogatoire; un plus grand nombre de personnes compromises se cachèrent où gagnèrent les champs.

Bergier, suivi de quelques affidés, se réfugia aux environs du Bausset, sur la route de Toulon ; il y fut reçu par un ancien maire du pays ; leurs tentatives de soulèvement ayant échoué, ils revinrent aux environs de Marseille, et s'il faut en croire la déposition d'un traître au substitut M. Laget de Podio, une bande de conjurés, qui s'étaient donné rendez-vous au chemin de Saint-Pierre, devait entrer dans la ville pendant la nuit du 30 avril au 1er mai pour troubler le sommeil des habitants. La justice se met sur le qui vive. Le chef du parquet, M. Gillibert, flanqué de son substitut qui naguère avait quitté l'épée pour la robe, se met à la tête de cent hommes de la ligne. Au moment indiqué, on arrive sur les lieux; silence universel. On avance et quatre individus apparaissent dans l'ombre; ils viennent, c'est l'avant-garde des conjurés. Des soldats, tirant sans doute avant l'ordre, font feu sur eux. Un homme tombe raide mort, un second reçoit un grave blessure, les autres fuient, le gros du rassemblement s'était évaporé. Loin de nous la pensée de qualifier l'affaire de mystification ; certes, elle eût été bien cruelle puisque le sang avait coulé. Bergier ne sachant plus où donner de la tête arriva dans le département de l'Ardèche, s'y fit médecin et fut arrêté au chevet d'un de ses malades.

En exécution d'un décret impérial du 19 septembre 1813, les prévenus de correspondance avec l'escadre anglaise furent traduits à Toulon ; ils étaient onze, et à leur tête Antoine Charabot, Jaume, Bergier et Paban. Il y attendirent leur jugement trois mois entiers. Enfin, la commission s'étant réunie le 20 décembre, Paban, Antoine Charabot, Bergier, Jaume, Bernard, Turcon et Auffan furent condamnés à mort. Jaume et Charabot obtinrent un sursis. On fusilla les autres le lendemain au Champ-de-Mars dont les murs portaient encore l'empreinte des massacres de 93 (1). Les déserteurs anglo-américains, dont nous avons parlé, prétendirent avoir vu les accusés à bord de la frégate et les reconnaître. On crut sur parole des étrangers à demi-sauvages, qu'on aurait pendus, suivant toute apparence, s'ils avaient été repris.

Cette scène de sang, et particulièrement le supplice d'un Marseillais aussi généralement connu que Paban, n'eurent pas lieu à Marseille dans la crainte d'une explosion populaire, qu'une faible garnison n'aurait pu contenir qu'à grand peine. Quant à Barras, il en fut quitte pour le voyage de Rome. Bonaparte, qui lui devait beaucoup,

_____

(1) Jaume, Charabot fils et les accusés de Marseille furent traduits à Nîmes où la Restauration les délivra.

se montra génereux à son endroit : chose étonnante pour qui connaît le cœur humain.

En plaçant, pour plus de régularité, sur un seul plan les complots républicains échoués à Marseille à divers intervalles de temps, nous ne pensons pas avoir laissé en arrière d'autre fait essentiel que la création des gardes d'honneur en 1813 : nous y revenons.

C'est un rêve peut-être, mais il existe, ce nous semble, une singulière analogie entre le joueur et le conquérant. L'objet des deux maniaques diffère, mais non pas la manie. Valère en bonheur n'est pas satisfait. Il lui faut, pour qu'il puisse vivre, de ces secousses violentes qui tour-à-tour dilatent et resserrent le cœur. Les mauvais hasards ne le corrigent pas non plus. Il est venu au tripot chargé d'or, gonflé d'espérance, il en sort battu, mal en point, au désespoir. Quelques heures de repos suffisent pour effacer le souvenir de la veille; il ne songe déjà qu'à prendre une revanche. De gros joueurs vont se réunir, il en sera s'il trouve de l'argent, et il en trouvera, n'importe le moyen, le scrupule n'entre guères dans l'âme de ces sortes de gens. Un bijou précieux, gage d'amour, lui reste; s'en désaisir serait un crime, mais le cas est pressant, la tentation irrésistible : va pour les diamants du portrait, mille écus sont le prix de l'échange. Ainsi reconforté, Valère vole, aborde le tapis vert, joue de son reste, et perd à la fois sa dernière ressource et son avenir.

La conquête de l'Europe presque entière ne suffit pas à Napoléon. La gloire l'accable, il n'en est pas désaltéré. Le Nord résiste encore, abattons le colosse russe, dit-il, la paix n'est qu'à ce prix. Il part à la tête de six cent mille combattants, la fleur de la France.

Quidquid delirant reges plectuntur Achivi.

Au rebours des temps anciens, ce ne sont pas les bar-bares·hyperboréens se ruant sur les populations civilisées du Midi, c'est, au contraire, la civilisation armée qui va se mesurer avec la barbarie et l'âpre nature des climats polaires, courant ainsi follement à la rencontre d'inévita-bles désastres. C'est un fleuve qui remonte à sa source.

Les premières armes sont heureuses, du moins en ap-parence. L'ennemi regagne les déserts. Le piége, quoique grossier, n'est pas aperçu ; le grand capitaine s'y laisse tomber. L'incendie de Moscou l'éclaire et le déconcerte. Il veut, mais trop tard, retourner en arrière. Les élé-ments se déchaînent contre le téméraire envahisseur. La grande armée, il y a deux mois si brillante, arrive en débris sur les bords d'un fleuve solidifié par les glaces. Eperdu, démoralisé, Napoléon s'échappe comme en Egypte, sil-lonnant dans sa fuite des champs de chair humaine ; il re-trouve les Tuileries, s'y réchauffe et oublie une immense calamité pour ne plus s'occuper qu'à retremper dans de nouveaux hasards sa fortune ébréchée. S'il n'y a pas de conscrits disponibles, il reste encore des hommes en France. Les tours de Notre-Dame marcheront au besoin. Périsse l'univers, pourvu que je bataille, et les gardes d'honneur sortent tout armés du cerveau de Jupiter Scapin, pour parler en abbé de Pradt.

Les préfets reçoivent des ordres absolus ; ils obéissent en frémissant. Le démon administratif s'empare de celui de Marseille, et le sobriquet de barre de fer redevient une vérité. Thibeaudau ne professe pas une excessive ad-miration pour son maître, mais le métier de tyranneau lui plaît fort. Les cadres de la conscription épuisés, on revient sur les réformes, et les positions acquises sont menacées. Plus de sourds, plus de myopes et de rachitiques de commande à moins de quinze à vingt mille francs par certificat libérateur. *Non licet omnibus*. Des groupes de jeunes hommes sans pécule, portant des noms honorables, échappés par miracle à l'impitoyable faulx végétaient sur le pavé de Marseille dans l'oisiveté que l'anéantissement de tout commerce leur avait faite ; on les circonvient, on essaye l'intimidation, on chatouille leur amour propre. La garde d'honneur, au dire du préfet et de ses compères, est un corps d'élite où l'éducation, les talents applaniront le chemin des distinctions et de la gloire, les enfants de Marseille seront les Benjamins de l'empereur. De telles prérogatives ne sont-elles pas préférables à la monotonie de la vie casanière ?

Quelques amis d'enfance s'enrôlèrent de concert. Non, qu'ils fussent réellement hallucinés, mais ils se sacrifièrent par fausse délicatesse au soulagement de leurs maisons qui souffraient du malheur des temps. L'exemple en entraîna d'autres et le noyau se forma. L'aristocratie riche eut son tour ; aux sollicitations officieuses succéda la menace. Les sommités sociales, les grands propriétaires sont persécutés, harcelés, vilipendés inutilement. La noble famille de Clapiers d'Aix devient le point de mire favori des persécuteurs. Ses descendants ont sans doute conservé la tradition de l'inconvenante conduite de l'homme du pouvoir ; que veut-on avec ces procédés acerbes ? de l'argent. La bastonnade ne fait-elle pas pleuvoir les sequins chez les Musulmans ? En effet, tout s'arrange pour le mieux moyennant finance, et voilà pourquoi parmi les gardes d'honneur on en comptait si peu de riches ? Enfin, à force de tracasseries et d'intrigues on parvint au chiffre approximatif de 150 enrôlés.

Le printemps de 1813 étant dans sa fleur, l'escadron du département des Bouches-du-Rhône se mit en route tristement livré a l'inexprimable amertume d'une sépara-tion que les plus sages et les plus faibles de la troupe croyaient éternelle (1). Thibeaudau et le général Dumuy, tous deux à cheval, ouvraient honorablement la marche. On est parvenu aux hauteurs de la Viste, on fait halte. Le comte préfet donne l'ordre de former le cercle, se place au centre, le débonnaire général à sa droite, et sur le ton emphatique du mélodrame : « Enfants de la Provence, nous sommes fiers de présenter à l'empereur une troupe aussi belle. Allez vous associer aux exploits de nos ar-mées, et prendre votre part de lauriers. Nos vœux vous suivront partout ; volez à l'accomplissement de vos glo-rieuses destinées ! » et autres charlataneries de la même force. A vrai dire, l'allocution parut ne toucher que très médiocrement l'auditoire. Le général, nc voulant pas être en reste de paroles courtoises, essaye de parler à son tour : « Recevez mes adieux et mes souhaits. L'empereur... l'empereur » un accès de toux l'empêche de finir la phrase.

___

(1) Les gardes d'honneur, tout-à-fait neufs au métier des armes, étaient encore trop mal aguerris pour servir utilement dans une première campagne : ils n'auraient été qu'un embarras : on les ménagea donc. Rentrés en France avec les débris de Leipsick, on les oublia dans des garnisons. Ils revinrent presque tous à Marseille ; la restauration les affranchit, hors un petit nombre de tempéraments faibles qui moururent dans les hôpitaux.

L'orateur balbutie et bat la campagne. Thibeaudau voyant son embarras, se tourne vers lui : allons, général, n'arrêtons pas l'élan de ces jeunes gens. Il dit , descend de cheval, son compagnon en fait autant, l'équipage approche ; et fouette cocher vers la Porte-d'Aix. De leur côté, les hussards imberbes reprennent douloureusement la route du nord, formant avec leurs chevaux , qu'on eût pris pour ceux d'Hippolyte, une double haie sur la chaussée. Et j'étais là, et je disais à part moi : pauvres garçons , on vous envoie gaiement à la boucherie comme un vil bétail. Et toi, Thibeaudau, détestable jongleur, tu n'as de pareils que Bobèche et Renaldi. Quant à vous , excellent M. Dumuy, s'il vous eût fallu gagner votre vie au métier d'avocat, vous auriez couru grand risque de mourir de faim.

CHAPITRE TREIZIÈME.
(SUITE)
De 1813 à 1814.

—

SOMMAIRE.

Chute de Napoléon. — Campagne de 1814. — Situation de Marseille. — Pertes de commerce. — Bruits avants-coureurs de la restauration. — Le duc d'Angoulême à Bordeaux. — Proclamation de Thibaudeau. — Proclamation de l'impératrice Marie-Louise. — Revue du 14 avril matin. — MM. de Panisse, Dumuy, Dejean, Thibaudeau. — Arrivée du courrier le soir du même jour. — Transports publics. — Émeute de la rue Mazade. — M. le notaire Barthélemy. — MM. de Montgrand et Dudemaine. — Proclamation. — L'émeute dans la rue Larmény. — Dangers du général Dejean. — La montagne Bonaparte saccagée. — Scènes royalistes au théâtre. — Les mouchoirs blancs. — Joie publique. — Thibaudeau se cache et quitte Marseille à pied lui troisième, et de nuit. — Trophées de verdure, arcs de triomphe. — Vers de circonstance. — Le pavillon blanc — La frégate anglaise. — Communications maritimes. — Coup-d'œil de la Tourrette. — *Te Deum* solennel. — La statue de la Vierge de la Garde descend processionnellement. — Les officiers de la marine anglaise. — Leur ovation. — Les prisons ouvertes. — L'abbé Desmasures. — Alexandre Ricord. — Réjouissances publiques. — Les vieux jacobins. — M. Gras Salicis. — Le port franc en projet. — Députés spéciaux à Paris. — Voyage de Bonaparte de Fontainebleau à l'île d'Elbe. — Ses tribulations à Avignon, Orgon, Aix et Brignoles. — La princesse Borghèse. — Bonaparte à l'île d'Elbe. — Sa réception. — Sa cour. — Ses projets d'évasion devinés. — Mᵐᵉ la duchesse d'Orléans douairière. — Sa lettre à M. de Montgrand. — Son entrée au Lazaret. — Son entrée en ville. — Joie publique. — Passage du duc d'Orléans. — Son entrée à Marseille. — Son départ pour Palerme. il en revient avec sa femme. — *Te Deum.* — Bal. — Départ pour Paris. — Retour des garnisons françaises des îles vénitiennes. — Désappointement. — La Charte de Louis XVIII. — *Monsieur*, frère du roi, visite Marseille. — Circonstances de son arrivée et de sa réception. — Le théâtre. — Richaud Martelly. — Couplets d'allusion au port franc. — Paroles solennelles du prince. — Illuminations. — Banquet de l'hôtel de ville. — Bal au grand théâtre. — Fête donnée par la garde nationale. — Détails. — MM. de Panisse et Gavoty armés chevaliers. — Banquet. — Scènes populaires. — Couplets. — Feu d'artifice. — Départ de *Monsieur* pour Toulon.

—

Lᴀ funeste campagne de Russie aurait dû rendre Napoléon plus sage ; il ne songeait, au contraire, qu'à pous-

ser la fortune à bout. Le grand consommateur d'hommes
trouve au fond des entrailles de la France deux cent mille
victimes de plus à sacrifier, les incorpore à ce qui lui reste
de ses vieilles troupes, et, traversant l'Allemagne en vo-
lant, il arrive sur Dresde ; c'est là que l'attend la fatalité.
L'Allemagne tout entière se retourne contre son persécuteur imprudemment engagé. Un beau zèle enflam-
mant les élèves des universités d'outre-Rhin, crée des
armées. *Patrie* et *liberté*, mots fatalement employés jadis
contre le roi de France, sont devenus un bouclier pour les
royautés germaniques. Moreau, rival détesté, apparaît,
son plan de campagne à la main ; un boulet, dirigé peut-
être par l'envie, renverse Moreau triomphant ; l'envie est
satisfaite, mais l'envieux est battu. Accablé par le nombre,
le vainqueur d'Austerlitz recule jusqu'à Leipsick, y subit
un désastre, s'enfuit précipitamment, rentre le premier
en France, les débris de son armée l'y suivent en désordre. L'étranger passe le Rhin, des flots de sang, inutilement versés, inondent nos provinces du Nord, et
le favori disgracié de la fortune tombe, après avoir
tenté vainement d'échapper à la nécessité par la ruse
diplomatique.

Tel était le saisissant spectacle qui détournait Marseille
de la contemplation de ses propres malheurs. Les Marseillais compatissaient sans doute à la désolation des provinces
supérieures du royaume ; ils s'en affligeaient d'autant plus
que la prolongation de la lutte retardait, suivant leurs
pressentiments, la réalisation d'un long rêve : la résur-
rection de la monarchie bourbonnienne. La soif du dénoûment croissait en raison du retard. Nous vivions à Mar-

seille, en 1813, de douleur, d'impatience et d'espoir. Les
événements du Nord occupaient exclusivement notre attention. Eh! n'était-ce pas du Nord que devait nous venir
un changement de fortune? Comme Français, nous gémis-
sions de l'invasion étrangère, l'infaillibilité du remède
tempérait son amertume. L'oisiveté laissant d'ailleurs le
champ libre à la politique, tout le monde en faisait. Si les
courriers n'étaient plus chargés de lettres de change, ils
nous apportaient, du moins, aujourd'hui des espérances,
demain des désappointements, pâture propre à piquer
l'appétit sans le satisfaire. Au surplus, le triste état du
commerce, les enrôlements forcés, la viduité du port, le
goût des champs réveillé par le loisir, avaient réduit de
moitié la population, On ne rencontrait dans les rues de
Marseille que des vieillards, des enfants, des femmes, des
mendiants et des oisifs. Point d'autre affaire que celle de
compter avec soi-même ou bien avec des créanciers ; la
liquidation était totale, meurtrière, mais honorable. Les
engagements, dont le nombre n'était pas excessif faute de
crédit et de mouvement s'éteignirent, généralement parlant, au moyen d'énormes sacrifices. On donna, par exemple, pour vingt mille francs des immeubles qui en avaient
coûté quarante, et des denrées à des prix honteux, c'est-
à-dire que vendeurs et acheteurs n'osaient pas les avouer.
Le commerce consomma sa ruine pour sauver l'honneur
du nom et dormir en paix (1).

(1) Cinq ou six fabricants, quelques spéculateurs aventureux,
bravant le danger réel ou imaginaire de la route, expédièrent à
Paris, par le roulage, une assez forte quantité de savon, prévenus
qu'ils étaient de la disette de la grande ville. La témérité réussit à

Cependant, les journaux de Paris, les lettres même ne nous donnaient que des nouvelles controuvées dont nous n'étions pas dupes. Le gouvernement avait soin de cacher la vérité; mais les correspondances confidentielles de la Suisse avec ses créatures établies à Marseille, nous tenaient au courant. Nous étions mieux renseignés que Paris même qu'on abusait, et presque à l'égal de Lyon. C'est ainsi que nous apprîmes successivement l'occupation des cantons, l'entrée à Genève des alliés, et, peu de jours après, leur arrivée à Lyon, ce qui établissant une sorte de solution de continuité entre le Nord et le Midi de la France, rendit le passage des courriers fort difficile, l'interrompit par intervalles et finit par l'interdire absolument. Toutefois, des communications avec le siége du gouvernement étaient à-peu-près entretenues par Toulouse et Bordeaux. L'arrivée de Monseigneur le duc d'Angoulême dans cette dernière ville qui, plus heureuse que Marseille, eut les prémices de la restauration, nous fut connue trois jours après le 13 mars. Le bruit de ce bel épisode, timidement répandu, se changea bientôt en certitude. Incident avant-coureur qui, réchauffant les espérances, exalta le royalisme provençal et mit aux champs le préfet régicide. Thibaudeau, lisant sa chute imminente dans la nouvelle, épancha sa bile dans une proclamation furibonde, où le neveu du roi de France était qualifié de vil aventurier; acte de délire, boutade fanfarone, qui grossit probablement contre l'insensé ses dangers personnels du 14 avril.

souhait. La marchandise arriva sans encombre à sa destination et fut vendue au poids de l'or. La gent moutonnière suivit l'exemple, mais avec moins de succès.

La fin de mars et les premières semaines d'avril 1814
passèrent donc à Marseille au milieu des incertitudes,
situation perplexe qui tenait les imaginations méridionales
dans une incessante fermentation. Cependant les armées
alliées, quoique souvent repoussées avec de grandes pertes, étaient entrées le 30 mars à Paris, découvert par la
faute immense de Napoléon, séduit par une feinte retraite
de l'ennemi. Le preneur de capitales ne sut pas défendre
la sienne. La première ville du monde fut envahie par la
même tactique qui avait subjugué Vienne, Berlin et Madrid :
la toute-puissance des gros bataillons. L'inventeur de la
grande guerre devait subir, à son tour, la peine de son invention : *par pari*. Le sybaritisme parisien, se prêtant à la mystification officielle, s'endormit en sortant de l'Opéra pour
être réveillé en sursaut par une avalanche de Cosaques.

Trois jours avant Pâques, la restauration était prématurément annoncée à Marseille, à petit bruit ; les uns la
tenaient pour problématique ; les autres, pour avérée :
tous la désiraient. Dans l'absence de nouvelles positives,
l'attente publique était soutenue par des proclamations
paternelles de Louis XVIII, que faisaient circuler les
agents et les amis des princes. Ces pièces n'étaient pas
toutes authentiques. On afficha, le 13, une proclamation
de Marie-Louise, datée de Blois, qui mettait le roi de
Rome sous la protection du peuple français. Au vrai, c'é-
tait l'impérialisme fuyard, le *roi* Joseph en tête, invitant,
sous le nom de la princesse, les populations à s'aller faire
tuer pour l'amour de lui. Le désappointement de la foule
fut grand ; le bon sens public comprit l'affiche et lui tourna
le dos.

Le 11 avril arrive enfin : jour commencé dans l'incertitude et terminé par une joie tempérée par quelque désordre. A midi, la garde nationale au grand complet, artillerie et musique, se réunit à la plaine Saint-Michel, où la troupe de ligne s'était aussi rendue. Revue solennelle qu'on avait imaginée dans le dessein de tenir la population en échec en la distrayant, et en outre, pour essayer de confondre par le contact le bourgeois et le militaire dans un esprit commun de bonapartisme. La garde nationale, partagée en deux cohortes, était sous les ordres de M. le comte de Panisse, qu'il suffit de nommer pour faire son éloge, et de M. de Gavoty, alors colonel en disponibilité, promu plus tard au grade de maréchal-de-camp. Il n'y avait pas de commandant supérieur.

La ligne était commandée par le lieutenant-général Dumuy, la meilleure pâte de général qui fut jamais; trop riche pour être ambitieux, trop bon ménager pour compromettre sa fortune. M. Dumuy avait à ses côtés l'amiral Ganteaume, célèbre par une traversée heureuse, plus recommandable par ses excellentes qualités, et le maréchal-de-camp Dejean, militaire avantageusement connu à l'armée, qui ne connaissait lui-même Marseille et n'en était connu que depuis peu de temps. Nous le verrons tout à l'heure dans l'embarras d'une méprise par ressemblance. Thibaudeau, l'inflexible et fier Thibaudeau, en grande tenue, le plus remarquable et le plus remarqué de l'assistance, parcourut à cheval, parmi les grosses épaulettes, les rangs d'une revue probablement sortie de son cerveau; c'était, en effet, une occasion de manifester ostensiblement son mépris pour des administrés indociles, qui devaient l'é-

conduire brusquement plus tard. Quelques murmures l'accueillirent, en passant devant les bataillons de la garde
nationale, sans le déconcerter le moins du monde.

Il est quatre heure, la promenade du Cours, chère aux
vieillards et aux oisifs, était occupée par ses habitués.
Peu à peu le pacifique rendez-vous se garnit de nouvelles
figures. La foule grossit; on annonce le courrier désiré.
Bientôt on voit venir de loin un groupe de cavaliers et de
voitures légères. On distingue dans la cavalcade le jeune
et brillant Alfred d'Albertas et Laget de Podio aux joues
de feu; ses yeux étincelants, son geste animé, sa voix
puissante annoncent le bonheur. Tous portaient la cocarde
blanche. M. Laget de Podio était sorti de Marseille pour
aller au devant du courrier; il était accompagné de M.
Caire, agent secret des princes depuis longues années,
de M. Laget le vieux, et de plusieurs autres notabilités
royalistes. Le noble cri vive le roi! contenu depuis vingt-
cinq ans, déborde comme un torrent impétueux. Le courrier arrive, l'emblême bourbonnien au chapeau, la branche d'olivier à la main, jetant à la population enivrée des
bulletins qu'on dévore; l'enthousiasme se propage; les vive
le roi! redoublent d'intensité: l'air en est ébranlé. Spectacle sublime où la nature elle-même semble avoir pris un
rôle. Au sein des ormeaux séculaires, des myriades de
passereaux, que le bruit réveille, s'échappent et prennent l'essor avec des cris d'alarme et d'amour (1). Toute-

(1) On a écrit, dans des vues que nous ne chercherons pas à
pénétrer, que le royalisme de 1814 était au fond une inspiration de
l'intérêt mercantile, que vingt-cinq ans auparavant on prononçait
à Marseille avec fureur le serment de haine à la royauté; qu'on y
vouait les Bourbons au mépris national, et que l'égoïsme avait

fois, la vérité nous force à déclarer ici que les relations de la soirée du 14 avril, celle entre autre du Journal des Débats, ne sont point d'une exactitude rigoureuse. Témoin oculaire de la scène du Cours, nous n'avons pas souvenance des embrassements, des serrements de mains, des pleurs répandus. Ces manifestations ne sont nullement le propre d'une grande ville où la bourgeoisie ainsi que le commerce sont peu communicatifs au dehors, où les prolétaires ont d'autres manières d'exprimer leurs sensations que des accolades, des larmes ou des poignées de mains. Certes, la joie publique de cette soirée eut assez d'éclat pour qu'il fut à propos de l'exagérer en la décrivant.

La renommée prompte comme l'éclair, arrive sur les hauteurs des Carmes, où git une fourmillière humaine qui n'a que ses bras pour toute fortune, foyer brûlant de pro-

changé l'opinion, à l'aurore de la restauration. Nous ne disputerons pas sur ce principe matérialiste de l'auteur des Maximes qui, réduisant l'homme moral à sa dernière expression, anéantit les passions généreuses. Ce principe, qui plonge dans un abîme, nous l'accorderons lorsqu'on nous aura donné l'explication de cette affection des âmes bien nées qui, les jetant hors d'elles, excite, par un subit élan, l'admiration pour les grandes choses et les larmes de la pitié pour les grands malheurs ; lorsqu'on nous aura démontré, par exemple, que les sympathies toujours à la veille d'éclater, malgré le danger, pour le roi d'Espagne, étaient l'effet d'un calcul égoïste et non pas une réminiscence du cœur marseillais. Sans doute la paix flattait Marseille en 1814, elle avait été si longtemps absente cette paix ; est-ce à dire que ce sentiment était alors le seul au fond de la joie publique ? Non, un royalisme généreux, pur de tout alliage n'a jamais cessé d'animer les honnêtes gens de Marseille. Les hommes de révolution ont pu maudire les Bourbons qu'ils avaient assassinés et proscrits, mais donner les infamies de quelques maniaques pour l'opinion de tous, c'est raisonner du particulier au gén-ral, c'est prendre le faux pour le vrai.

Loyal Marseillais que nous sommes, nous devions cette tardive apologie à notre pays.

fessions diverses qu'un souffle excite et disperse en étincelles. Les forts de la colonie se réunissent en tumulte et se précipitent à pas de course, bientôt la ville basse est envahie. Parmi les hourras royalistes on distingue des cris de vengeance ; le nom de Thibeaudau est prononcé, l'attroupement grossit, *crescit eundo*, des curieux inoffensifs, des gamins amis du bruit s'y rattachant pêle-mêle; on fait halte devant l'hôtel de la préfecture. La situation s'aggrave. La sentinelle est désarmée, mise en fuite, la guerite renversée. L'émeute essaye de pénétrer dans la cour; la porte cochère tient bon, les têtes s'exaltent, des malfaiteurs inconnus poussent à la violence; le portique est escaladé, on tremble dans l'intérieur de l'hôtel, on tremble au dehors ; la vie d'un homme et en péril, le pillage en perspective. La splendeur du jour est sur le point de s'éteindre dans un bourbier. Tout à coup, un envoyé de ciel se faisant une tribune de la guerite couchée, dominant les clameurs hostiles s'écria : enfants de Marseille que voulez-vous ? Troubler la joie publique, affliger vos amis par des attentats que les royalistes, et tous les gens honnêtes détestent ! Cet homme objet de votre haine vous les chercheriez vainement, vainement, vous bouleverseriez sa demeure. Ah ! que ce jour de jubilation ne se termine pas dans les regrets. Et vous autres, s'adressant aux gamins, faites retentir de joyeuses acclamations les rues de Marseille ; criez, criez : vive le roi ! de toutes vos forces. Ce courageux défenseur de la préfecture, c'était le notaire Barthélemy (1).

(1) M. Barthélemy, quoique officier public, faisait son service dans la garde nationale ; il était le 14 avril au poste de l'Hôtel-de-

Dans le même tems, M. le marquis de Montgrand, maire de Marseille, et M. Louis du Demaine Sinety le seul de ses adjoints présents se livraient à l'Hôtel-de-Ville aux soins de l'administration, dans une ignorance complète des événements, lorsqu'on leur annonce l'arrivée du courrier avec le drapeau blanc et la paix, sans autre détail. On ajoute qu'une partie de peuple accourt à l'Hôtel-de-Ville. Les deux magistrats, que l'autorité préfectorale avait négligé d'instruire, sortent à l'instant. Combien leur position va se trouver fausse devant une multitude avide de savoir, à laquelle ils ne peuvent rien apprendre! Leur dessein était de se rendre auprès de l'amiral Ganteaume, commissaire extraordinaire, en se dirigeant par d'autres rues que celles où ils avaient rencontré la foule, ils gagnent la rue Paradis pour arriver à la rue de l'Arlémy. Mais en traversant la rue Mazade, ils aperçoivent l'hôtel de la préfecture assiégé et la rue encombrée, il se détournent alors et se jettent au milieu de l'émeute. La populace visiblement contrariée par leur apparition, les accueille par un vive le roi! prolongée. C'est bien, s'écrièrent ensemble, M. de Montgrand et son second, oui, vive le roi! mais la préfecture appartient au roi; elle doit être respectée, pourquoi donc l'attaquer? D'honnêtes gens mêlés en grand nombre à l'attroupement, entr'autres M. de Saint-Jean dont le domicile touchait l'hôtel ménacé, entourent les deux édiles, les embrassent et l'émeute à demi

Ville, où l'on ne savait encore que confusément ce qui se passait ailleurs. Brûlant de voir les choses de près, et non sans y être autorisé par son capitaine, M. Laforêt, excellent camarade, que nous aimions tous, il était arrivé, tout courant, tout pantelant, à la rue Mazade au moment le plus critique. Il se fit jour et se dévoua.

désarmée, s'ébranle et lève le siége. Cependant M. de
Montgrand entraîné par la partie du peuple qui se dirigeait vers le Cours Bonaparte, et séparé dans la cohue
de son acolyte ne parvint à se dégager qu'à la place
Monthion. Il put alors atteindre avec une suite moins lourde, quoique très nombreuse, son hôtel rue Grignan, où
M. du Demaine le rejoignit bientôt. Un avis de l'amiral
Ganteaume étant arrivé presque en même tems, une brève
et chaude proclamation fut improvisée dans le cabinet
du maire, qui se hâta d'en faire la lecture à la foule stationnée sous ses fenêtres et de l'envoyer à M. Raymond
l'aîné, siégeant alors à l'Hôtel-de-Ville, avec invitation
de la répéter en personne par la ville; ce qui eut lieu
à la lueur des torches, au milieu de l'ivresse générale.

Le rassemblement de la rue Mazade s'était fractionné
Les plus exaspérés se détachent et prennent à gauche par
la place Saint-Ferréol, ils enfilent la rue l'Arményer. On
veut forcer la porte du jardin de la préfecture; les grenadiers de la garde du général la sauvent d'un coup de
main. Au milieu d'une presse qui suspend la circulation,
on croit distinguer Thibaudeau. La méprise était mani-
feste, le préfet n'avait garde de se trouver là. On prenait
pour lui le général Dejean qui lui ressemblait tant soit
peu. M. Dejean sortait de chez le général Dumuy. Dans
cet instant, l'étouffement était tel, autour de lui, que la
rue présentait de loin l'aspect d'une forêt d'arbres dont la
cime est agitée par le vent et les pieds immobiles. L'erreur bientôt reconnue, les masses s'ouvrent, et M. Dejean
peut sortir de la bagarre. Certes, nous n'aurions pas répondu de Thibaudeau, s'il se fût avisé de figurer à la
place de son Sosie.

La fraction de l'attroupement qui s'était portée vers le cours Bonaparte, renverse les barrières de la hauteur, attaque le fût surmonté de l'effigie impériale : inutiles efforts ; l'image est aussi tenace sur la colonne que l'original à Fontainebleau. Mais la populace, qui laisse partout des traces de son passage, quand on la laisse faire, détruisit, comme un incendie, l'ouvrage végétal de Charles Delacroix, et le Bonaparte de marbre put passer debout une nuit de plus au serein.

Le théâtre s'ouvre, on y court. Au lieu de la pièce annoncée on joua Richard Cœur-de-lion. Les moindres allusions, et le drame de Sédaine en fourmille, sont saluées par des tonnerres d'applaudissements. Les loges sont debout, bruyantes, échevelées, en délire. Les femmes, sexe naturellement enclin à l'enthousiasme, habile à imaginer des moyens pour exprimer sa pensée sans le secours de la parole, les femmes, puisant un symbole dans le fond de leurs poches, des milliers de mouchoirs blancs (1) agitent l'air du haut en bas de la salle. La pièce, terminée au dedans par un concert d'acclamations, se prolonge au dehors. Le péristyle, la place, les rues voisines, resplendissant de clartés improvisées, semblent avoir une âme. Marseille, tout entière, étincelle de mille feux. Ses bons habitants célèbrent à l'envi le retour des Bourbons.

C'est ainsi que finit merveilleusement l'heureuse journée du 14 avril ; jour de bonheur sans mélange, suivi d'une nuit sans ténèbres que presque tout le monde passa sur pied.

(1) Si notre mémoire est fidèle, le mouchoir de poche emblématique est une création parisienne.

Mais M. Thibaudeau où était-il? c'est ce qui nous reste à dire du 14 avril.

Après la revue, qu'il avait quittée des premiers, M. Thibaudeau rentra dans son hôtel au grand trot de ses chevaux. Il n'y passa que peu d'instants, changea d'habit et vint chez le général vers une heure après midi.

Le comte Thibaudeau demeura caché dans une remise de l'hôtel Dumuy qui donnait sur le boulevard; mais il n'y était pas seul. L'émeute dissipée, il vint se mêler dans les salons à l'amiral Gauteaume et à plusieurs autres personnages. C'est là que M. de Montgrand et M. du Demaine le trouvèrent à dix heures du soir. On le pressait de s'éloigner d'une ville où sa sûreté courait de grands dangers, où sa présence pouvait amener de grands désordres. Les deux magistrats appuyèrent ces considérations de leurs instances; l'inébranlable barre de fer résistait. En me déclarant franchement, disait-il, pour le gouvernement nouveau, en *jetant mon bonnet par dessus les moulins* (sic), je pourrai rester en place. L'amiral Gauteaume, que le lieutenant-général du royaume venait de nommer commissaire extraordinaire, trancha la question en signant un ordre de partir, et Thibaudeau y acquiesça. Déguisé en chasseur, M. Goupil était avec lui, M. l'ingénieur Penchaud était le troisième, il sortit vers minuit par le boulevard de chez le général, et se dirigeant à pied, par un long détour, vers la porte d'Aix, il se mit en route avec ses compagnons. Parvenus au point du jour dans le voisinage de Marignane, et ne s'y croyant pas en sûreté, les faux chasseurs repartirent, et, s'étant jetés dans la Crau, ils errèrent pendant trois jours; excédés de fatigue, ils arrivèrent enfin à Tarascon, dans le dessein d'y passer le Rhône. M. Thibaudeau s'étant fait reconnaître à un préposé qu'il avait obligé, le passage du pont lui fut ouvert; il put alors gagner l'intérieur.

Le 15 avril, dès le point du jour, des hommes du métier, munis de cordes et d'engins, descendirent dans les règles le buste de Bonaparte; on laissa subsister le fût.

Dans la matinée, une foule de prolétaires se répandirent sur le rivage ombragé de l'Huveaune, et là, se livrant à plaisir à l'instinct animal de la destruction, des milliers de bras s'acharnèrent sur la verdure naissante, coupant, taillant, abattant, ébranchant, depuis l'embouchure du fleuve jusques à une lieue au loin. Cette ramée servit aux trophées et aux guirlandes. Chacun s'étant mis à l'œuvre, bientôt de longues files de verdure décorèrent les façades en serpentant, et des arcs de triomphe arrachés à la nature s'élevèrent au milieu des rues, riches ou pauvres de la ville. La main de l'homme avait détruit sur son passage plus de bourgeons qu'une gelée printanière.

L'art eut son tour plus tard. Des portiques en toile peinte, chargés de figures allégoriques et d'emblêmes, célébrèrent à l'envi les Bourbons, la paix et l'Europe. On

---

(1) Parmi les fonctionnaires réunis dans le salon de M. Dumuy se trouvait M. Jordan (frère du fameux Camille), secrétaire-général de la préfecture et en même temps du commissaire M. Ganteaume. Or, ce M. Jordan soutenait que si l'autorité municipale devait céder à la force des événements, il fallait y mettre de la mesure, en imitant (ce fut sa phrase) le gladiateur tombant avec grâce. Trouvant M. de Montgrand et M. du Demaine fort éloignés de son avis, M. Jordan reprit : « Mais c'est le maire de Bordeaux que j'entends critiquer. — Oui, répliqua fièrement M. de Montgrand, c'est du maire de Bordeaux que je m'honore précisément de prendre exemple. »

ne se doutait pas alors que les alliés se corrigeraient à leur seconde visite de leur mirifique mansuétude de la première. On remarqua l'arc de triomphe de M. Philipon, vers le haut de la rue Paradis (M. Philipon était fabricant de papiers peints); celui de la rue des Pucelles, et plusieurs autres. Chaque fronton portait son distique ou son quatrain : poètes de circonstance, quel beau jour pour vous, on vous lisait pour la première fois (1)!

Par ordre de l'amiral Ganteaume, le pavillon blanc flottait dès l'aurore sur les îles et les batteries de la rade. Les forts de la Garde, St.-Nicolas et St.-Jean avaient eu l'initiative.

A quatre heures du soir, la mer à peine ridée par une brise du sud, les deux frégates anglaises, sentinelles avancées de l'escadre, s'élançant dans le golfe toutes les voiles au vent, jusques à la portée du canon du château d'If, saluèrent le pavillon pacificateur de leurs détonations. Le salut fut rendu coup pour coup. Au bruit du canon, la ville s'émut. Vingt mille âmes couvrirent en un clin d'œil l'esplanade de la Tourette, tandis que le maire, accompagné d'une partie du corps municipal, voguait au large à force de rames dans une embarcation pavoisée,

---

(1) Passe pour les versicules peints à l'huile, mais qui pourrait compter les pièces imprimées? Quel déluge de fadaises! Des amateurs, dont nous admirons la patience, recueillirent ce fatras; il y en a plusieurs volumes. Mais vivent les chansons du pays si vives, si gaies, si débraillées, qu'on chantait au marché.

Il vint des Ponts-Neufs parisiens, quelle différence! En voici un échantillon ; air de M. Dumollet :

Bon voyage, Napoléon,
Tu reviendras dans une autre saison.

A coup sûr l'auteur était sorcier.

qu'entouraient deux cents bateaux chargés de curieux.
C'était la première communication libre entre le blocus et
le port bloqué. Le magistrat abordant la frégate la plus
avancée, et presque enlevé par l'équipage, trouva sur le
pont le capitaine et son état-major en uniforme; l'accueil
fut plein de courtoisie. Urbanité, franchise, cordialité
chez les visiteurs, M. de Montgrand, on le sait, n'est pas
en reste en fait de représentation. Élan de sympathie du
côté de l'ennemi réconcilié. On échangea des paroles d'u-
nion et d'amitié, paroles loyales sans doute de part et
d'autre, dans ce premier moment. Les officiers anglais
ayant accepté de grand cœur l'invitation de venir assister
et prendre part à nos fêtes, l'escadrille, renforcée de deux
chaloupes de bord, les couleurs britanniques confondues
cette fois avec le pavillon sans tache, prit joyeusement la
direction du port et vint débarquer, à la nuit tombante,
sur le quai de l'Hôtel-de-Ville. Il faut renoncer à peindre
l'enthousiasme de la populace dans ce quart d'heure
solennel.

Mais ce qu'il serait encore plus difficile de décrire, c'est
le magnifique spectacle de la Tourrette.

Un soleil couchant sans nuages, dorant de ses feux at-
tiédis les hauteurs du large croissant d'une côte de dix
lieues, animée, au nord et au sud, par d'innombrables habitations champêtres, au milieu de la végétation d'avril.
A distance égale des pointes, Marseille, ses tours, sa falaise de la Tourrette, encombrée d'une foule ébahie, les
lames d'une mer tranquille expirant mollement sur le sa-
ble avec un doux murmure, les derniers feux de l'astre
du jour scintillant en lentes oscillations sur la plaine li-

quide, les chants des rameurs, la grande voix de l'airain, l'écho lointain des vallées, quel grandiose! quelle page pour un Vernet!

Le peuple marseillais consacra le dernier jour de la semaine à l'accomplissement d'un grand devoir. M. le notaire Barthélemy s'étant chargé de faire connaître le vœu public aux dépositaires provisoires du pouvoir, il fut arrêté, dans une conférence tenue chez M. Pavée de Vandœuvre, commissaire-général de police, où s'était rendu l'amiral Ganteaume, que la statue de la Vierge de la Garde serait portée processionnellement à l'église majeure de St.-Martin et qu'un *Te Deum* d'actions de grâce y serait célébré, ce qui fut ponctuellement exécuté. S'il est vrai que le concours soit le plus bel ornement d'une fête, jamais Marseille n'en avait vu de plus brillante (1). Toutes les administrations assistèrent à la cérémonie, où l'on remarqua l'amiral français, accompagné des capitaines anglais, quoique protestants (2).

Des groupes de jeunes conscrits de la campagne, qui avaient eu l'adresse de se soustraire aux gendarmes, en errant d'asile en asile, descendirent dans la ville, dont le pavé ne leur était plus interdit, et, précédés d'un drapeau blanc, des rameaux d'olivier à la main, s'étaient mis à la suite du cortége. Leurs mères, pour la plupart,

---

(1) On avait placé sous l'orgue et sur une estrade élevée en gradins richement parés, l'image de la protectrice du pays.

(2) Cependant M. Ganteaume avait hésité. « Me prend-on pour un capucin? avait-il dit. — Non, M. l'amiral, mais vous êtes provençal, marin et catholique, comment pourriez-vous n'avoir que de l'indifférence pour le culte de la patrone du marin provençal en péril? »

les accompagnaient, comme si elles eussent craint de les perdre de vue.

Le dimanche suivant, après midi, les officiers anglais parcoururent les beaux quartiers dans une calèche découverte. Les bouquetières du Cours firent tomber sur eux une pluie de fleurs, le peuple suivait en criant vivat : c'était une véritable ovation princière. Prompts à prendre feu, tardifs à la réflexion, nous sommes ainsi faits.

Cependant, les prisons regorgeaient de condamnés politiques. Les Marseillais, compatissants par nature, demandaient leur élargissement. Un rassemblement se forma sur la place du Palais de justice ; la foule n'était pas offensive, mais impatiente. L'amiral Ganteaume s'empressa de combler des vœux légitimes, paisiblement exprimés. Les cachots se désobstruèrent, et des ordres furent donnés pour la délivrance des détenus des îles et du fort. A leur apparition, ils furent portés en triomphe par la multitude en délire.

Le bienfait atteignit divers prisonniers d'Etat, plus ou moins intéressants. En première ligne, l'excellent abbé Desmazures, royaliste sans pareil pour la vivacité, prédicateur véhément, moyen sûr de plaire à l'auditeur vulgaire, amis du fracas, M. Desmazures, qui le premier eut l'honneur de célébrer, dans la chaire marseillaise, le retour des Bourbons. Le futur pèlerin de la Terre-Sainte s'était avisé d'entreprendre le voyage d'Italie pour y baiser, à Savone, les pieds de Sa Sainteté dans les fers, crime indigne de pardon. Il s'était fait, au Château d'If, autant d'amis qu'il y avait de prisonniers, et dans le nombre, l'accusateur public de Perpignan, Alexandre Ricord,

qui, couvrant ses turpitudes du manteau d'un faux royalisme, avait trouvé quelques dupes; Ricord était au Château d'If par suite de la conspiration Mallet (1). Là se
trouvaient aussi les trois compagnons de M. de Polignac,
MM. le chevalier d'Hozier, de Rochelle et le major suisse
Roussillon. Condamnés à mort, ils avaient obtenu commutation de peine. De plus, deux braves officiers napolitains
pour avoir refusé le service de Joseph Bonaparte, et
quatre gardes d'honneurs belges, accusés de conspiration;
leur entrée mystérieuse au château d'If avait donné lieu,
dans le temps, à mille absurdes commentaires.

Les fêtes ne discontinuaient pas. En attendant les bienfaits du roi, on promenait son buste; au lieu de travailler
on dansait; c'était l'enivrement en permanence. La fascination ne cessa que lorsqu'il fallut compter avec le boulanger. Alors seulement, Marseille reprit ses habitudes de
travail. Les vieux jacobins, que le 14 avril avait pris au
dépourvu, s'étaient cachés, dans les premiers moments,
quoique personne ne songeât alors à eux. Les joies de la
restauration excluant tout autre pensée, on les vit insensiblement reparaître un à un sur le pavé, sans y prendre

(1) Au moyen de ce manége renouvelé, Ricord obtint, quelques
années après, la permission de créer un journal qui échoua à cause
du nom et de l'incapacité du rédacteur. car cet homme méchant
et vain était en outre un écrivain détestable. Il analysa, dans un de
ses numéros, la première homélie du prédicateur Desmazures qui,
le jugeant d'après lui-même, le prenait pour un galant homme. Il
avait osé dire, dans son prospectus, qu'il avait fait le voyage de
Gand. Ricord se présentait partout comme un royaliste persécuté,
Il était trop connu dans son pays pour s'en faire accroire. Cependant le terroriste blanchi fut. dit on, sur le point d'obtenir un emploi de confiance!

garde. Leur insolence, pendant les cent jours, fut la cause du malheur de quelques-uns.

Le préfet qui devait remplacer Thibaudeau, n'étant pas nommé encore, M. Gras-Salicis, conseiller de préfecture, fut provisoirement investi de l'administration civile du département. C'était un ancien avocat qui avait acquis, dans sa longue et utile carrière au barreau, une considération qu'il devait à son esprit conciliateur, à sa modération et à son aptitude au travail de cabinet, M. Gras-Salicis n'accepta ces fonctions provisoires que par pur dévoûment, car il avait en partage plus de fortune que de santé.

La grande pensée du rétablissement du port franc devint bientôt l'objet essentiel de la chambre de commerce, qui, prenant dans son sein trois personnages distingués, les chargea d'aller solliciter aux pieds du trône une mesure désirée, quoique encore assez incomprise, les capacités spéciales à part. Les envoyés étaient porteurs d'un mémoire du très honorable avocat Bergasse, qui se plut à consacrer ses dernières veilles à ce travail aussi difficile qu'important. Les élus de la chambre de commerce étaient MM. Pierre Perron, chef de l'ancienne maison Perron Hasslawer, homme de dévoûment et de probité; Pierre Plasse, négociant levantin, qui joignait à une belle fortune beaucoup de bon sens et d'expérience, et Pierre-Honoré de Roux, ce riche aîné de la plus ancienne race des sommités commerciales du pays. Arrivés à Paris, dans les premiers jours de juin 1814, les plénipotentiaires, s'étant concertés avec les députés de la ville et les députés du département à la chambre, soumirent au gouvernement du roi l'objet de leur mission. On leur prodigua l'eau

bénite de cour, le conseil d'Etat délibéra, la discussion se
prolongea, les ministres, surchargés d'affaires, dans une
conjoncture où tout était à reconstruire, négligèrent celle
de Marseille, tout en promettant une prochaine solution ;
de telle sorte que rien n'était encore décidé quand
arrivèrent les cents jours. La situation n'était donc
pas merveilleuse, mais du moins la paix était au fond.

La paix ! son éternel ennemi venait de quitter Fontainebleau pour aller régner à l'île d'Elbe, que l'Europe lui
avait octroyée dans sa dédaigneuse imprévoyance. Il
voyageait, accompagné des commissaires des quatre
grandes puissance alliées. Pour le dire en passant, ces di-
plomates-gendarmes, s'ils n'étaient pas aveugles volontaires, ne donnèrent pas une haute idée de leur capacité
dans le cours de leur mission. Porto-Ferraïo préparait à
son souverain imposé une réception qui put le dédommager des désagréments et des périls du voyage.

L'ex-empereur, parti de Fontainebleau le 20 avril,
arriva le 22 à Roanne, et à dix heures du soir du
même jour à Lyon. Il n'avait rencontré jusque-là que
des amis. Le 26 il était devant Avignon. Là, il fallut
que la force le protégeât contre la multitude, très
mal disposée contre lui. Les soldats ayant dégagé la
voiture, Napoléon ordonna de partir au galop. Une autre
aventure l'attendait à Orgon. Les habitants, traînant avec
eux le mannequin du grand fugitif, lui donnèrent l'é-
trange spectacle de se voir pendre et fusiller en effigie.
M. l'abbé Ferrugini, secrétaire du cardinal Gabrielli, témoin de cette scène, qui se passait sous les fenêtres du
cardinal, l'a décrite en ces termes :

« Bonaparte devait déjeuner à Orgon; il ne le peut, tous criant : mort au tyran, vive le roi! On brûle en sa présence son effigie. On lui en présente d'autres qui ont le sein couvert de coups et qui sont teintes de sang. Quelques-uns montent à sa voiture, lui présentent le poing en disant : meurs, tyran. Des femmes, armées de pierres, crient : rends-moi mon fils. D'autres lui disent : tyran, crie vive le roi! et il le crie, pendant qu'une partie de ses gens s'y refuse. Ce spectacle m'a déplu; il m'a paru peu conforme à l'honneur, à l'humanité, à la religion. Il est tombé, cela doit suffire. » — « C'est avec ces sentiments généreux, ajoute l'historien dont nous empruntons ce récit (1), que s'exprimait une victime de la tyrannie, un ministre de l'Évangile; mais il fallait que Bonaparte connût enfin, en quittant la France délivrée, les sentiments qu'il y laissait gravés dans tous les cœurs. »

Napoléon, à quelques lieues d'Orgon, prit le costume d'un officier autrichien, quitta sa voiture, courut plusieurs postes à franc étrier, et arriva sans s'arrêter à l'auberge de la Calade, à deux lieues d'Aix. « Je suis, dit-il, un officier de l'escorte, qu'on prépare le dîner de l'empereur. — Je serai bien fâchée, répartit l'hôtesse, de préparer le dîner d'un pareil monstre, je voudrais le voir écorcher vif pour tout le sang qu'il a versé. » Il paraît, cependant, que le dîner fut préparé.

Tandis que Bonaparte courait la poste, un de ses domestiques, nommé Vernet, qui occupait sa place dans la voiture, était accablé d'imprécations. A Lambesc et à St-Cannat, les pierres furent lancées avec les injures, et les

(1) Itinéraire de Bonaparte, depuis Fontainebleau jusqu'à Fréjus.

glaces de la chaise de poste étaient brisées lorsqu'elle arriva à la Calade. Les commissaires étrangers qui l'accompagnaient, y trouvèrent Napoléon la tête appuyée sur ses deux mains et la face baignée de larmes. Il refusa de se mettre à table, et fit prendre dans sa voiture du pain et de l'eau pour toute nourriture.

On attendit la nuit pour repartir. Le temps était froid, le mistral violent. Plusieurs curieux, munis de lanternes sourdes, les tournaient vers Bonaparte; son visage se trouvait par intervalles arraché, pour ainsi dire, aux ténèbres qu'il recherchait. On arriva aux portes d'Aix à deux heures du matin. On ne fit que changer de chevaux, et le cortége qui le suivait, depuis cette ville, s'arrêta sur la limite du département, à une auberge appelée la Grande-Pugère. Bonaparte n'avait pas quitté l'habit d'officier autrichien. « Vous ne m'auriez pas reconnu sous ce costume, dit-il au sous-préfet d'Aix, M. Dupeloux, ce sont ces messieurs, montrant les commissaires, qui me l'ont fait prendre pour ma sûreté. Depuis Avignon, j'ai couru bien des dangers. Dites à vos provençaux que l'empereur est bien mécontent d'eux. » Entre Tourves et Brignoles, les imprécations des paysans firent craindre le renouvellement des scènes d'Orgon. Un détachement de deux cents hommes, qui l'attendaient sur la route, l'empêcha. Quoique le dîner fût commandé à Brignoles, on traversa cette ville ventre à terre.

La princesse Borghèse attendait son frère dans un château voisin du Luc. Elle passa la soirée avec lui. Mille fantassins et cinq cents cavaliers autrichiens qui s'avançaient pour protéger son embarquement à St-Tropez, eurent ordre de marcher vers Fréjus, où Bonaparte arriva le 27. Le préfet du Var vint l'y trouver. Rassuré par la tranquillité qui régnait dans la ville (1.), l'ex-empereur dit au maire ces paroles remarquables : « Je suis fâché que Fréjus soit en Provence, et de n'avoir rien fait pour vous; mais *j'espère que dans quelques mois je pourrai vous dédommager.* Le lendemain, 28, l'embarquement s'effectua, à onze heures du soir, sur la frégate anglaise l'*Undownted*, et le 4 mai on aborda Porto-Ferraïo, au bruit du canon de la frégate et de la forteresse. Napoléon reçut là les honneurs souverains. Après la harangue du sous-préfet et la remise des clés de la ville, il marcha vers l'église sous le dais et assista à un *Te Deum* solennel. Tous les curés furent ensuite convoqués et invités à prêcher la concorde. Le potentat au petit pied monta ensuite à cheval, malgré le vent et la pluie, et se mit à parcourir ses états.

Le même jour, 4 mai, le général Drouet, nommé gouverneur, fit arborer sur le fort le pavillon blanc traversé diagonalement d'une bande de gueule et semé d'abeilles d'or. Les batteries de la côte, la frégate anglaise et les bâtiments français même qui se trouvaient là saluèrent ce pavillon. Napoléon s'étant logé dans une maison d'un seul étage à six croisées de façade, annonça qu'il recevrait les dames du pays, deux fois par semaine, et les dames se rendirent à l'invitation. L'une était la femme d'un boulanger, l'autre une bouchère. Le daron ne tarda pas de s'éclipser, si bien que les notabilités du pétrin et de l'étal, mécontentes, désertèrent la cour (2).

(1) C'était probablement à cause de la présence des Autrichiens.
(2) Quarante personnes formaient la cour de Porto-Ferraïo, et la seule dame de mise était madame Bertrand, femme du général.

Le 26 mai, la frégate française la *Dryade* vint prendre la garnison de l'île, cinq bâtiments de transport anglais amenèrent, pendant la nuit suivante, mille hommes de la garde impériale, dix-neuf marins et six mameluks. Bonaparte parut fort aise de recevoir ses fourgons en même temps. Le 2 août, sa mère arriva. Quelques jours après, la ville donna un bal, sur son invitation ; il n'y parut pas. Il imagina, pour mieux cacher ses desseins, de faire venir du continent trois cents maçons, qui furent tout de suite employés à convertir l'église de l'hôpital en salle de spectacle ; puis, à l'ébauche de deux châteaux. Ces constructions et la réparation radicale des grandes routes, quatre lieues à la ronde, discontinuèrent à la fin de septembre. « Ce n'est pas, écrivait-on de l'île d'Elbe le 4 novembre, la seule circonstance annonçant un très court séjour de notre nouveau souverain. Plusieurs caisses venues de France et contenant des objets de prix n'ont pas même été ouvertes. Napoléon montre la meilleure humeur, l'entier oubli du passé, une tranquillité parfaite sur l'avenir ; mais on connaît sa profonde dissimulation. On ne comprend rien à la permanence des vaisseaux de guerre anglais, laissant librement passer les voiles qui vont de Gênes à Livourne et en reviennent. »

Mais revenons à Marseille, il en est temps. Notre tâche d'historien va devenir agréable et facile : ce sont encore des joies à raconter, et les documents, qui surabondent, ne nous laissent que l'embarras du choix (1). Le sujet, d'ailleurs, sera plus français, et surtout plus marseillais, que

(1) Notre ami le docteur Robert, sous le pseudonyme de l'Ermite de St.-Jean, a successivement raconté par le menu l'entrée de Ma-

le récit de la vie, à l'île d'Elbe, du grand homme renversé.

Il tardait aux Marseillais de prier pour la famille royale assassinée en 93, et le 21 janvier n'arrivait que dans sept mois; on le devança. Un service solennel fut célébré, le 25 juin, en expiation de tant et de si hautes infortunes. Le devoir y appelait tous ceux qui nourrissaient au fond de leur cœur, sans avoir eu encore l'occasion de la manifester au pied des autels, leur douleur de royaliste, c'est-à-dire que les trois quarts de Marseille prirent part à cette solennité, et les nefs de St.-Martin ne suffisant pas pour contenir tant de fidèles, chaque paroisse suivit simultanément l'exemple de l'église majeure. Hâtons-nous de sortir d'un si triste terrain.

Madame la duchesse d'Orléans douairière venait de voir finir son long exil à Minorque, où ses bienfaits l'avaient fait adorer. Lorsqu'on eut appris sa prochaine rentrée en France, M. de Montgrand, maire de Marseille, eut l'heureuse idée de supplier la princesse, au nom de ses administrés, de venir prendre terre sur notre quai. Voici sa réponse; elle mérite d'être conservée :

« Je suis, Monsieur le marquis, dans un pays très sain. Voilà bientôt dix-sept ans que j'ai été envoyée dans celui

---

dame la duchesse d'Orléans à Marseille, la visite de Mgr. le comte d'Artois et, en 1820, la mission prêchée dans nos églises. Le succès populaire des premières feuilles avait fait éclore un essaim d'ermites (*servum pecus*), l'Ermite de l'Observatoire, l'Ermite de St.-Suffren, et d'autres encore. La Thébaïde des premiers siècles du christianisme semblait renaître, moins l'observation du silence et de l'isolement. Les versions de ces moines de nom ne différaient que par quelques détails de peu d'importance. Soit dit sans penser à mal, lorsque la matière était épuisée, les ermites se querellaient comme de véritables cloîtrés.

qui a donné l'exemple d'une résistance efficace à l'oppression. J'ai à remercier la Providence de m'avoir donné la
force de résister à mon tour à tout ce que j'ai éprouvé.
Cette même Providence m'accorde la consolation de rentrer dans ma patrie, rendue à ses anciennes habitudes,
à ses anciennes affections pour la famille de ses souverains
légitimes. Pendant tout le temps que j'ai été privée d'habiter cette chère patrie, je n'ai négligé aucune occasion
d'exprimer à mes compatriotes ma sensibilité aux sentiments qu'ils m'ont toujours témoignés. Je crains, sur mes
organes affaiblis par tant d'épreuves, l'effet de cette sensibilité; et cependant, je suis impatiente de l'éprouver. Je
pourrais en accélérer le moment, en débarquant là où on
ne soumet pas à des épreuves les vaisseaux venant de
Mahon; mais mon empressement à faire connaître aux
Marseillais ce que leur intérêt pour moi me fait éprouver
l'emportant sur d'autres considérations, je me garderai
bien, malgré cela, de donner le mauvais exemple de
chercher à éluder les sages lois qu'ils ont adoptées pour
préserver leur pays du fléau qui l'a trop souvent affligé.
Soyez, je vous prie, Monsieur le maire, mon bon inter-
prète auprès des intéressants Marseillais, en attendant que
je leur exprime moi-même, ainsi qu'à vous, Monsieur le
marquis, les sentiments de votre affetionnée à vous servir.

« Louise-Marie-Adélaïde de Bourbon-Penthièvre
Duchesse d'Orléans.

« Mahon, île Minorque, 26 mai 1814. »

Madame la duchesse d'Orléans, entrée au Lazaret vers
la fin de juin 1814, en sortit le 7 juillet suivant, après
avoir subi les ennuis de la quarantaine.

A peine le soleil avait annoncé le commencement de ce beau jour, que toutes les hauteurs, depuis la porte d'Aix jusqu'au Lazaret, étaient occupées; l'intérieur de la ville présentait un coup d'œil non moins intéressant. Les façades de toutes les maisons étaient ornées de tentures et de drapeaux blancs, et les rues du passage pleines de la population impatiente et parée. Le canon annonce le départ de la princesse, tout s'agite, la musique de la garde nationale fait entendre l'air si français : *Où peut-on être mieux* ; le char, traîné par vingt-quatre capitaines marins qui avaient sollicité et obtenu cet honneur par une espèce de violence, se met en mouvement ; ceux qui avaient vu la princesse à la sortie du Lazaret courent, cherchant une place pour la voir encore.

Précédée par la cavalerie bourgeoise, la calèche princière était suivie de M. le marquis de Mongrand assisté de ses adjoints, représentant la ville, de M. le général Dejean entouré de son état-major, représentant l'armée. Une voiture, occupée par des officiers anglais, représentait les alliés. On payait en vivat à nos voisins d'outre-mer la généreuse hospitalité du gouvernement britannique envers la famille royale de France. On fit halte à la porte d'Aix. Là, M. le marquis d'Albertas, préfet entré en exercice depuis peu, harangua brièvement Son Altesse et, dit avec raison la relation que nous avons sous les yeux, M. d'Albertas dut être écouté avec d'autant plus d'intérêt que sa persévérance héréditaire avait été pure.

Après avoir descendu lentement la rue d'Aix, au milieu des cris : vive le roi! vive Madame d'Orléans! montant du pavé, descendant de tous les étages, le char triomphal,

incessamment arrêté par la foule avide et mal contenue,
fit une station à l'église majeure de Saint-Martin. Le *Te
Deum*, présidé par M. l'abbé de Sinéti, étant fini, le cortége se remit en marche par le Cours où les bouquetières
endimanchées l'attendaient avec des corbeilles des plus
belles fleurs du printemps, présentées avec amour, acceptées avec bonté; on prit ensuite par la rue St.-Ferréol, où
la fille du duc de Penthièvre vit tomber d'en-haut une couronne de lis sur sa tête, et deux jolis enfants, un gros bouquet à la main, balbutièrent un compliment, accueilli par
un sourire amical. La princesse, le cœur saturé de jouissances et le corps excédé de fatigue, par suite d'une ovation
de trois heures, descendit enfin à l'hôtel de la préfecture,
convenablement préparé pour la recevoir. Vingt-quatre
demoiselles, appartenant aux notabilités marseillaises
étaient réunies au salon (1). Mademoiselle Montrejault,
nièce du financier Pascal, fit le compliment; elle était belle,
spirituelle et gracieuse; le compliment fit si bien merveille,
que la princesse, détachant son collier, le passa de ses
propres mains au cou de la jeune personne, et l'embrassa;
un instant après, Madame se retira dans son intérieur,
préoccupée qu'elle était d'un bijou perdu dans la foule :
c'était son fidèle épagneul. L'animal chéri fut retrouvé le
lendemain. Rien de plus simple; on ne l'avait pris que pour
le rendre, dans l'espérance, qui ne fut pas trompée, d'une
grosse rançon. Quelle ne fut pas la joie de la princesse en

---

(1) Suivant l'usage, l'honneur d'appartenir à la réunion avait été
vivement recherché : beaucoup d'appelées et peu d'élues. Il y eut
des cancans, des commérages, des désappointements et des plaintes
à ne plus finir, toujours suivant l'usage, à la ville comme à la cour.

voyant Médor sauter d'un bond sur ses genoux avec mille
joyeux aboiements !

Madame la duchesse d'Orléans avait visité Marseille en
1775, lors du voyage à Toulon du prince son mari. Elle
était alors dans son printemps, belle et fraîche comme
l'aurore. Ceux qui l'avaient vue et admirée, ne l'auraient
pas reconnue en 1814. Le temps et le chagrin ne l'avaient
pas épargnée. Cependant, à la faveur d'une bonne constitution et du long repos de l'exil, elle nous parut encore
assez vigoureuse ; dans son port et dans son maintien, rien
n'annonçait la vieillesse.

Le duc d'Orléans, averti du jour de la libre entrée de
sa mère à Marseille, y arriva le 8 juillet. Sa réception fut
celle d'un prince du sang, l'enthousiasme à part. Après
une courte harangue du préfet (M. d'Albertas), assité du
maire (M. de Montgrand), le fils d'Egalité descendit à pied
la rue d'Aix, entre une double haie de gardes nationaux.
L'assitance admirative remarqua sa ressemblance en beau
avec l'auteur de ses jours, surtout par l'ampleur et la force
de sa personne ! L'uniforme de lieutenant-général relevait
la belle prestance du prince, qui était accompagné, un
peu en arrière, de ses aides-de-camp et des autorités locales. Il marchait tellement vite qu'on avait peine à le suivre, tant il avait hâte de se trouver un moment plus tôt
dans les bras de sa mère, qu'il n'avait pas vue depuis
vingt ans. Nous ne pensons pas que cette allure précipitée
eût un autre motif. Mgr. le duc d'Orléans ne resta dans
Marseille que le temps nécessaire aux préparatifs de son
voyage à Palerme. Ce soin l'absorba si complètement,
qu'il ne parut en public que pour s'embarquer, ajournant

ainsi les fêtes et les honneurs jusques à son retour.

Madame d'Orléans douairière quitta Marseille le 14 juillet. Sa réception à Aix fut, pour ainsi dire, le reflet de celle de la ville voisine. La bonne duchesse, comblée de bénédictions et d'amour, s'éloigna de la Provence à regret pour aller reprendre sa vie de princesse, ou plutôt ses habitudes de bienfaisance et de charité.

Mgr. le duc d'Orléans revint à Marseille dans les premiers jours d'avril. Il amenait avec Marie-Amélie de Bourbon-Naples sa femme, son fils le duc de Chartres, enfant de quatre ans, et sa sœur, Madame Adélaïde. Sortie du Lazaret le 16, la famille d'Orléans passa parmi nous quatre jours, employés à visiter la ville et assister aux fêtes publiques. Le jour même de l'arrivée, il y eut un *Te Deum* solennel à St.-Martin, où les Marseillais religieux furent édifiés du recueillement tout bourbonnien de la jeune duchesse (1).

La veille du départ, le prince et sa sœur assistèrent à un bal donné par la ville dans la salle des Allées, le Gymnase actuel. La jeune duchesse, enceinte de son second fils, le duc de Nemours, s'était excusée. Le nouveau colonel-général des hussards y parut sous l'uniforme blanc de sa dignité. Madame Adélaïde était assise dans un fauteuil auprès du sien, en habit de gala, qui ne l'embellissait guère, vu que les bourgeons héréditaires gâtaient la ré-

(1) On avait laissé dans le carosse stationné sur le parvis le premier né d'Orléans avec son service. Le prince à la lisière se cramponait aux portières criant de toute la force de ses poumons de quatre ans : « Je suis le duc de Chartres, je suis le duc de Chartres, » ce qui divertissait les gamins et les badauds de la place.

gularité de ses traits. Le cinquième jour, la maison d'Orléans se mit en route pour aller, mais après seize ans d'attente, remplir à Paris ses hautes destinées. On fit ce voyage par mer jusqu'au Rhône, et en remontant ensuite le fleuve jusqu'à Lyon.

Dans l'intervalle de la course en Sicile de Louis-Philippe, la flotte de Toulon, commandée par M. de Cosmao, avait débarqué au Lazaret les troupes françaises de l'évacuation des îles Ionniennes, tombées irrévocablement sous la domination anglaise. Ces vieilles bandes, très remarquables, formaient un total de quatre mille hommes sous les armes.

Cependant, Marseille n'était pas satisfaite, le commerce languissait dans l'attente de la franchise du port. De délais en délais, l'ordonnance de la restauration de l'œuvre de Colbert mutilée ne parut que le 20 février suivant, accompagnée de tant de restrictions et d'entraves, que bien loin d'exciter la reconnaissance, la population désappointée la considéra comme une mystification. Les dispositions réglementaires qui devaient l'accompagner ayant resté en arrière, la mise en vigueur dut être aussi reculée : tant il est vrai que le mal est prompt et le remède lent.

Louis XVIII donna le charte le 9 juin. La publication n'en fut pas accueillie très favorablement à Marseille. Le chef-d'œuvre qui devait, suivant la presse de cour, immortaliser son auteur, fut jugé bien différemment par les royalistes, raisonnant de sang froid. Ils le regardèrent au rebours comme un pas rétrograde, comme une concession fatale, un acte impolitique, antipathique au caractère

français, souverainement propre à décourager le amis du
roi et à donner du cœur à ceux de la république. Ils le
trouvaient, en outre, incomplet, incohérent, en un mot,
un ouvrage manqué. Quoi qu'il en soit, il y avait encore
trop de fermentation dans les esprits pour que la charte
fût bien appréciée. Après tout, le lendemain d'une révolution, il fallait, à notre avis, à la France troublée dans
ses élémens, un Richelieu plutôt qu'un Solon.

La visite de Monsieur, frère du roi (Charles X), vint
fort à propos rechauffer le royalisme un peu boudeur,
mais loyal et franc, du bon peuple de Marseille.

Mgr. le comte d'Artois arriva le premier octobre. MM. le
marquis de Montgrand, maire; Raymond l'aîné, un de
ses adjoints; le comte de Panisse, commandant la garde
nationale, Barthélemy Strafforello et Alexis Rostand, capitaines, s'étaient rendus à Aix. La cavalerie marseillaise,
formant un corps de cinquante à soixante hommes à cheval, s'était portée à la rencontre de S. A. R. jusques au-
delà de la Viste. A Saint-Louis, quatre-vingt marins
à l'écharpe verte détèlent les chevaux de la voiture
du royal voyageur, et la traînent malgré lui jusques à
Arenc, où M. le comte de Panisse l'attendait, à la tête
d'un bataillon de garde nationale. Les corps administratifs, accompagnés d'un groupe de notabilités marseillaises,
s'étaient avancés jusqu'à St-Lazare. Après les premiers
hommages, Monseigneur quitta sa voiture de voyage
pour prendre place, avec MM. le duc de Maillé et Descars,
ses grands officiers, dans une calèche découverte aux
armes et à la livrée de Marseille, et tout le monde se dirigea vers la ville. Deux piqueurs, deux hérault-d'ar-

mes en costume du moyen-âge et un cavalier bardé de
fer formaient l'avant-garde. Le bruit du canon annonça
l'arrivée du prince à la population immense qui, depuis le
pavé jusques aux mansardes, manifestait son saisissement
par de bruyantes acclamations. Après la harangue obligée
du préfet, M. le marquis d'Albertas, Mgr le comte d'Artois,
ayant mis pied à terre, saisit les rênes d'un cheval
préparé pour lui et se mit en selle avec une prestesse
de vingt-cinq ans et une grâce incomparable. C'est ainsi
que l'héritier présomptif du trône de France fit sa joyeuse
entrée dans une ville d'amour et de fidélité, à la tête d'un
cortége d'apparat où l'on remarquait le maréchal Masséna,
fatalement nommé naguère gouverneur des divisions méridionales, les lieutenants-généraux Dumuy et Garnier, les
maréchaux de camp Sivray et Dejean, suivis d'un nombreux et brillant état-major. Beau spectacle, sans doute,
si la bonne mine, les traits resplandissants de joie du meilleur des princes n'eussent pas absorbé tous les regards et
toutes les pensées.

Une pléiade de jeunes garçons de bonne race fit, au
milieu du Cours, un beau compliment; les bouquetières du
lieu offrirent les trésors de la gueuse parfumée et le marché au poisson les plus beaux dons d'Amphitrite. S. A. R.
accueillit ces simples présents avec une extrême bonté.
Trente filles de Marseille, que Flore elle-même semblait
avoir parées, le reçurent à l'entrée de la préfecture.

Dans la même soirée, le prince se rendit au théâtre,
que l'annonce de l'affiche avait encombré de bonne heure.
L'apparition de Monseigneur dans le loge d'avant-scène
donna l'essor aux vivats, aux mouchoirs blancs, aux tré-

pignements convulsifs, aux battements de mains frénéti-
ques. L'auguste héros de la fête s'incline en avant, et son
royal aspect surexcitant les transports, on eût dit la salle
prise d'assaut par Jupiter tonnant. Enfin, le calme reparaît par degré et la pièce commence : c'était la *Partie de
chasse d'Henri IV*. Le Roscius provençal, paraissant pour
la dernière fois sur la scène, qu'il avait quittée depuis
plusieurs années pour aller s'enterrer dans une solitude,
représentait le bon roi. Richaud-Martelli, quoique faible
et souffrant, joua son rôle de verve; la présence d'un
Bourbon lui donnait des forces, mais à la fin du troisième
acte il n'en pouvait plus : évidemment c'était le chant du
cygne (1).

On chanta, dans l'entr'acte, des couplets en rondeau
sur la franchise naturelle et sur la franchise maritime.
Les allusions de M. Sabin Peragallo étaient sans doute
excellentes par la pensée et par l'expression; sa versifi-
cation était frappée au bon coin (2); mais n'y avait-il pas

(1) Brisard, a son passage, avoit joué le beau rôle d'Henri IV.
Brisard était parfait de tout point. Martelly, sans atteindre absolument à cette perfection, avait, en 1814, l'avantage de la sympathie
sur son devancier. Notre compatriote aurait à coup sûr succédé à
Molé si Fleury n'eût pas été mieux placé que lui pour s'emparer
de la succession.

(2) En voici un échantillon :

>   Par la franchise,
> Nous réussissons toujours bien,
> Car c'est par là que l'on nous prise
> Et le commerce ne vaut rien,
>   Sans la franchise.
>   Sûr la franchise
> Nous pouvons compter aujourd'hui,
> Si nous obtenons l'entremise
> Du prince l'exemple et l'appui
>   De la franchise.

quelque inconvenance à demander d'emblée un bienfait dont l'initiative aurait pu être laissée au bienfaiteur, du moins en apparence. Monseigneur ne l'entendait pas ainsi puisqu'il applaudit avec le parterre ; puis, se tournant vers les spectateurs, il prononça, d'un ton merveilleusement accentué et d'une voix sonore, ces mémorables paroles : « Marseillois (1), je suis vivement touché de vos sentiments et je partage vos vœux ; mon premier soin, à Paris, sera de demander pour vous, au roi mon frère, la franchise de votre port. Cette franchise indispensable au développement de votre commerce, vous l'obtiendrez, j'en suis assuré ; car le roi ne respire que le bonheur de la France, celui surtout de sa bonne ville de Marseille. »

La matinée du lendemain fut donnée aux principales manufactures, d'où le royal visiteur sortit la bourse vide. A midi, la revue de rigueur à la Plaine. Plus tard, les réceptions. C'est là que le premier chevalier de France, versant à plaines mains des trésors d'une politesse noble et simple à la fois, força l'admiration des plus mal disposés. « *Vaqui un véritablé princé*, » disait à tout venant Massena : le traître !!

Il y eut, à l'entrée de la nuit, illumination générale, générale par excellence, car toutes les habitations, palais et masures, resplendissaient de lumières. L'indigent alla vendre sa chemise pour acheter de la chandelle (2). Cela ne s'est plus vu depuis une certaine époque. Aujourd'hui

----

(1) Le mot fut prononcé comme on prononce Nîmois, Lillois, Danois, l'usage voulait Marseillais, comme on dit Français, Anglais, Lyonnais.

(2) Marseille fut illuminée pendant tout le séjour de MONSIEUR.

les lampions étant soumis, en quelque sorte, au bienheureux système de la centralisation, comme tout le reste,
les ifs ont le monopole de la joie par ordre. L'Hôtel-de-
Ville donna sa fête le même jour. MONSIEUR s'y rendit à six
heures. Le grand escalier, orné d'arbustes et de fleurs,
couvert de tapis, le conduisit dans la salle du balcon.
Après un concert qui fut court, contre l'ordinaire des
concerts, on ouvrit les croisées, et la montagne de la
de la Garde en feu vint frapper les regards et fixer quelque temps l'attention de l'auguste convié. Le prince, suivi
de la réunion invitée, descendit ensuite à la salle de la
Bourse, où le banquet était servi. Le roi de la fête avait
à chacun de ses côtés, Madame de Montgrand, femme du
maire, et Madame Hilarion Millot, celle d'un adjoint à la
mairie, négociant de la vieille et vénérable école. Ces
deux dames, d'excellente compagnie tant l'une que l'autre, furent, pendant tout le repas, l'objet des attentions
délicates de leur royal voisin. Un public d'élite fut admis
à circuler autour de la table, isolée par une balustrade.

Les quatre jours passés à Marseille par l'aimable frère
du roi furent un enchaînement de plaisirs. La ville donna
au Grand-Théâtre un bal à son hôte, dans la nuit de la
troisième journée.

On avait, comme cela se pratique la plupart du temps,
prodigué les billets d'invitation, et qui pis est, il y eut des
billets de faveur pour la porte latérale du levant. Il en résulta que la salle était comble lorsqu'on ouvrit la grande
porte, à l'heure indiquée, ce qui fut la cause de quelque
désordre en dedans et en dehors du péristyle. Malgré le
zèle bien ou mal entendu des commissaires, choisis parmi

les officiers de la garde nationale, il y eut cohue après l'entrée du prince. Les invités retardataires furent refoulés sur la place, maintes toilettes furent chiffonnées et des dames enceintes roulèrent jusqu'au dernier escalier extérieur. Ces diverses aventures ne sont pas sans exemple : *nil sub sole novum*. Du reste, le prince arriva au bal à onze heures et en sortit à onze heures et demie. Alors, la salle s'étant dégarnie, on put enfin former des quadrilles jusqu'au matin.

Les solennités eurent chacune leur charme particulier, aucune n'égala la fête du quatrième jour qui couronna l'œuvre. La garde nationale l'avait préparée, elle en fit les honneurs, elle en eut sa part; elle y servit, pour ainsi dire, de chaîne électrique entre l'héritier du trône et le peuple marseillais. Les hommes de goût qui s'étaient char-gés de l'ordonnance de la journée du Pharo, ayant compris leur mandat, avaient recherché la simplicité dans une scène de quarante mille acteurs. Du parfum de popularité qui régnait dans l'atmosphère sortirent, en effet, les merveilles de la représentation. C'est que lorsque les cœurs palpitent tout rit à l'imagination, tout s'embellit, tout s'élève au grandiose, tandis que la froideur siége souvent au fond des magnificences.

Bornée au nord par la mer, au midi par les vieilles infirmeries, à l'est et à l'ouest par deux coteaux, la plaine du Pharo forme un carré long dont la superficie est de cent quatre-vingt pas du nord au sud et de cent soixante pas environ du levant au couchant. Un an avant sa chute, Napoléon l'avait faite niveler pour la manœuvre de ses troupes; Messieurs les commissaires de la garde nationale en avaient fait ressortir les avantages par les dispositions les mieux analogues et les mieux combinées. Messieurs les officiers de la garnison invités à la fête, M. le général Dejean et les colonels des 58me et 83me régiments de ligne avaient fait occuper le Pharo, vers le matin, par deux compagnies. Deux rangs de tables sur quatre lignes formaient l'enceinte. Quatre pavillons, placés aux quatre coins, liaient le quadrilatère. En dehors, deux barrières marquaient l'espace réservé aux spectateurs assis, qui avaient reçu des invitations. Au couchant, cet espace était rempli par des gradins pour six mille personnes, se confondant avec la population. A l'est et au midi, cinq mille chaises, disposées sur les côtes les moins rapides, présentaient le même point d'optique. Au nord, une rampe descendant au rivage allait aboutir à un pont construit pour la circonstance. Après les gradins et les chaises, cinquante mille âmes couvraient les hauteurs. Deux arcs de triomphe étaient placés de chaque côté de la rampe. L'intérieur du carré était libre. On avait dressé au milieu un grand pavillon, à une hauteur de sept marches, dominant l'assemblée.

Une frégate anglaise était venue se placer dans l'anse du Pharo. Une frégate sicilienne, retenue par le deuil de la reine de Naples, se pavoisa et salua le prince de son artillerie.

A trois heures et demie, S. A. R. arriva par mer au Pharo. Douze capitaines marins, vêtus de blanc, avec écharpe verte et chapeau à l'Henri IV, conduisaient le canot royal, qu'entouraient ou suivaient un essaim d'embarcations. A peine le prince avait-il dépassé la pointe,

que les feux croisés des forts de la Garde, de Saint-Ni-
colas, de Saint-Jean et de la frégate anglaise proclamèrent
son apparition. En débarquant, S. A. R. s'appuya sur un
des capitaines-rameurs; le brave homme hors de lui saisit
cette main auguste et, se mettant à genoux, couvrit cette
main de baisers et de larmes. Sur le pont même, M. le
comte de Panisse, commandant de la garde urbaine, à la
tête des dix commissaires, reçut et complimenta le héros
de la fête. Du côté de la mer, la plaine du Pharo n'est
découverte qu'au moment où l'on y arrive; de sorte que
MONSIEUR n'avait aperçu qu'en arrivant le spectacle qui
l'attendait. Monseigneur, continuant sa marche, avait, à
sa droite, M. le comte de Panisse; à sa gauche, les officiers
de sa maison, les généraux Dumuy et Dejean, le marquis
d'Albertas, préfet, le maire M. de Montgrand, un général
anglais, le capitaine de la frégate anglaise. Quant au
maréchal Masséna, il brillait par son absence; on le disait
parti pour Toulon. Dès que le prince parut, on vit s'agiter
en l'air autant de chapeaux et de mouchoirs blancs qu'il y
avait d'individus. MONSIEUR saluait l'assistance avec cette
noble aisance et cette touchante bonté qu'il tenait de la
nature. Le comte d'Artois, sous l'uniforme de colonel de
la garde nationale, n'aurait pas différé d'un officier du
grade s'il n'eût pas porté, brochant sur le tout, le cordon et
la plaque du Saint-Esprit. Le prince parcourut les rangs,
provoquant à son passage l'expression d'une ineffable
enthousiasme.

Après la revue, le comte d'Artois vint, avec sa suite,
se placer devant l'arc de triomphe du midi, et la garde
urbaine défila devant lui. Ensuite, le comte de Panisse

ayant annoncé que la garde allait prêter serment de fidélité au roi, on lut la formule et tous répondirent, avec transport : « Nous le jurons. » Après le serment, S. A. R. se rapprochant successivement des quatre faces, fit entendre ces paroles touchantes : « Mes amis, j'accepte vos serments avec joie, je les rapporterai au roi, il connaît vos sentiments, il compte sur votre fidélité, comme vous pouvez compter sur sa bienveillance. »

MM. le comte de Panisse et le maréchal-de-camp Gavoty reçurent dans l'enceinte la croix de Saint-Louis de la main de Monseigneur, avec l'antique cérémonie de la lecture des statuts de l'ordre entendue un genou en terre, du serment, de l'imposition de l'épée et de l'accolade.

De là, S. A. R. vint prendre place au banquet du grand pavillon. M. de Panisse à sa droite, M. d'Albertas à sa gauche, ensuite les généraux français, les grands seigneurs de la Maison d'Artois, les colonels de la ligne, le maire de Marseille, le général anglais et le capitaine de de la frégate mouillée dans l'anse. Des commissaires urbains servirent le prince, qui ne se lassait pas d'admirer la magie du coup d'œil. « Rien ne manque ici, disait-il, que la présence du roi. » S. A. R. s'étant assise, il fut permis aux pavillons inférieurs d'en faire autant, les armes furent mises en faisceau, et chacun vint occuper sa place désignée. Les gardes nationaux et les soldats de la ligne étaient placés en dehors des pavillons, occupés par les fonctionnaires publics du second ordre; des commissaires firent aussi les honneurs de cette table. Les capitaines-nautoniers occupaient une place à droite de l'arc de triomphe du nord; les officiers de la ligne furent conduits au banquet avec des demonstrations réciproquement amicales et polies. En un mot, ce fut le repas d'une famille immense rassemblée autour de son chef.

Le prince, débarrassé de toute étiquette, mangea comme un chasseur affamé ; il s'acharna particulièrement sur les figues d'automne et les sardines grillées. Une brise d'octobre s'étant élevée, un voisin du royal convié prit la liberté de lui conseiller de se couvrir. « Je le veux bien ; mais en vérité ce sera la première fois de ma vie que j'aurai dîné la tête couverte. Je permets à tous de faire comme moi. »

S. A. R. porta la santé du roi ; le canon gronda, et aussitôt le même vœu fut répété debout à toutes les tables. Après la santé du roi, celle de Monsieur, prononcée par les sommités du grand pavillon, passa comme l'étincelle électrique, de rang en rang, dans l'assistance tout entière, avec un redoublement de hourras. Monsieur fit ensuite avancer les officiers de la garde marseillaise autour de lui. En entendant cet ordre, toutes les tables furent abandonnées, officiers et soldats vinrent se placer, à tour de rôle, vis-à-vis du grand pavillon et des couplets furent chantés devant notre royal visiteur. Voici le premier :

> Les Marseillais, heureux par ta présence,
> Viennent t'offrir leurs cœurs reconnaissants ;
> S'ils ont souffert de ta trop longue absence,
> A ton retour ont fini leurs tourments.
> Reçois leurs vœux et leur sincère hommage,
> O toi ! qui viens nous annoncer la paix.
> Que nos neveux bénissent d'âge en âge
> Ce souvenir du plus grand des bienfaits (1).

(1) M. Berteaut, garde national de la deuxième cohorte, était l'auteur, paroles et musique, de ces couplets. Le digne et spirituel secrétaire de la chambre de commerce est son fils.

Un grenadier de la première cohorte, M. Peironet, chanta ces vers, moins directement adoptés à la circonstance :

Le clairon cède aux chalumeaux,
Ou n'entend plus le cri d'alarmes,
Drapeau blanc flotte à nos châteaux,
Et l'amour seul garde ses armes.
Plus de combats, plus de fureur,
Goûtons l'amitié, la tendresse.
La gloire donne un jour d'ivresse,
La paix un siècle de bonheur.

Soldat, descends de tes créneaux,
Mets aux genoux de ta maîtresse
Vieille gloire et jeune héros ;
Mais chéris la paix sans faiblesse.
Du champ d'amour au champ d'honneur,
Que Mars ait toujours ton hommage.
La paix est fille du courage,
Comme elle est mère du bonheur.

Le banquet finissait. Un spectacle inattendu lui succéda. Une chaîne de trois mille hommes, tous en uniforme, s'était formée, chantant vive Henri IV, courant, serpentant, ne formant tantôt qu'une ligne droite, tantôt revenant sur elle-même : la farandole des voisins du Rhône provençal; la présence du second des Bourbons leur tint lieu de musique et de tambour. Se tenant par la main, ils vont enfin assiéger ce bon prince dans son pavillon. Monseigneur descendit quelques marches pour se rapprocher de la scène, et, ému jusqu'au fond de l'âme, il regretta, dit-on, dans cet instant d'abandon, d'être né prince. Monsieur, s'éloignant ensuite du pavillon, parcourut les quatre faces du carré, saluant tout le monde, les dames surtout, avec son élégante affabilité habituelle.

A l'entrée de la nuit, on battit le rappel et les troupes se réunirent en ligne. A l'instant même, un feu d'artifice allégorique termina la fête. Après le bouquet final, le comte d'Artois monta dans le carrosse municipal, longea la rue Sainte, illuminée, comme toute la ville; et descendit au théâtre, où de nombreux spectateurs et les témoins du Pharo, accourus pour contempler encore une fois les traits du prince à la veille de quitter Marseille, s'entassèrent à l'envi. Le lendemain, en effet, Monsieur, prenant la route de Toulon, s'éloigna de nos murs pour ne plus les revoir. Ainsi finirent pour nous les jours heureux de la première restauration.

CHAPITRE QUATORZIÈME.
De 1814 à 1815.

—

SOMMAIRE.

—

Les fêtes passent et leur lendemain est souvent triste. Les fêtes ressemblent aux palliatifs qui endorment la dou-

leur sans opérer la guérison. Les traces de la royale visite
du frère du roi s'effacèrent devant la situation équivoque
du commerce. Le prince avait solennellement fait espérer la
franchise ; il la croyait infaillible ; mais il se rencontra des
obstacles auxquels il était loin de s'attendre, de sorte que
les derniers mois de 1814 s'écoulèrent dans l'inquiétude
de l'attente. Si l'activité du port de Marseille n'acquit,
pendant cette époque, que de très faibles développements,
nous vivions du moins sans alarmes ; notre éloignement du
centre et notre ingénuité native nous dérobaient la trame
qui s'ourdissait dans l'ombre à côté du trône.

« Après la violente agitation du règne de Bonaparte,
dit un grand historien (1), la nation avait encore besoin
d'un pouvoir capable de la dominer ; aussi, dès que les
émotions excitées par le retour du roi furent épuisées,
elle se vit réduite à chercher où elle porterait son amour
et ses espérances. On put mesurer alors tout le terrain que la
restauration avait perdu depuis le moment où Louis XVIII
avait mis le pied sur le sol français. Dans les provinces,
on ne comprenait pas l'intérêt qu'avaient pu inspirer à la
royauté les assemblées qui avaient consacré et servi le
despotisme de Napoléon. En les reconnaissant, la royauté
leur avait donné le moyen d'agir sur l'opinion. Il devint
évident que le gouvernement royal avait fait fausse route
et qu'entré dans une voie fatale, il courait à sa perte sans
qu'aucun avertissement lui profitât. »

Quatre régicides, Fouché, Carnot, Barras et Thibaudeau
ayant compris la situation, s'associèrent pour l'exploiter.
Thibaudeau, qui avait des liaisons secrètes avec les parti-

_____

(1). Histoire de la Restauration, par M. Lubis.

sans de Napoléon, initia Fouché dans leurs conciliabules. Barras, au contraire, refusa sa coopération à toute entreprise où le nom de Napoléon serait mêlé : il craignait avec raison, de travailler à un retour dont il serait la première victime et que ses bons offices ne lui valussent en définitive un nouvel exil. Le prince de Talleyrand, qu'on trouve toujours sur le terrain des conspirations, n'avait aucun plan arrêté, non plus que Fouché, mais ils entendaient, chacun de son côté, se réunir aux plus fortes chances.

Quelques officiers généraux voulaient s'emparer de la personne du roi et de la famille royale, et couronner le duc d'Orléans. Le duc d'Orléans refusa, le roi fut averti, le complot échoua et les conjurés tournèrent leurs vues ailleurs. Il paraît positif que Thibaudeau, ayant rapproché les hommes de l'empire et les révolutionnaires, leur représenta qu'ils avaient réciproquement besoin les uns des autres, que sans l'armée rien n'était praticable et qu'une révolution sans Bonaparte ne produirait que l'anarchie. Barras persista dans son refus. Les matadors de la révolution, groupés autour de Carnot et Fouché et les chefs du parti napoléonien tinrent des conférences en commun ; une convention y fut signée pour être envoyée à l'île d'Elbe. Le même rapprochement ayant eu lieu dans l'armée, les dissidences disparurent, il n'y eut plus qu'un seul cri de ralliement. C'est ainsi que l'épisode des cent jours eut pour auteurs les régicides, et les militaires pour éditeurs. Il n'est donc pas toujours d'une bonne politique d'user de clémence. Pardonnez si vous êtes fort ; mais ne tendez pas la main à l'offenseur, car il ne sera jamais votre ami.

De toutes les illustrations de l'armée qui prirent part à la conjuration, aucune ne pouvait être plus utile que Massena qui tenant, par sa position en Provence, les clés du royaume dans ses mains, était le maître d'en ouvrir les portes ou de les tenir closes à son gré. Ce rôle était sans danger, puisqu'il n'exigeait pas de démonstration anticipée, au contraire. Tout semble donc prouver que Massena fut appelé, qu'il répondit à l'appel, qu'il se fit, de dessein prémédité, le principal auteur d'une catastrophe, évitable peut-être malgré son imminence, si tout autre qu'un traître puissant eût été chargé d'en neutraliser le développement.

Quoi qu'il en soit, le complot marchait à pas de géant. On conspirait sur les bornes, au coin des rues (1). Avec l'or des conjurés, on avait débauché plusieurs régiments, Le ministère seul s'obstinait à ne pas ouvrir les yeux. En vain Barras, admis avec beaucoup de peine auprès de M. de Blacas, son parent, s'efforça de lui faire apercevoir le précipice; on dédaigna ses avis, on le suspecta même, et la police, entièrement dévouée à Fouché, contribuait à entretenir la fausse sécurité du château (2).

-----

(1) Mémoire du duc de Rovigo.

(2) Vers la fin de novembre 1814, madame Berluc, née Michel, habitant à Lure, département de la Haute-Saône, débarquant à Marseille, fut d'abord chez M. de Raymond, premier adjoint, ensuite chez M. d'Albertas, préfet, auquel elle répéta que des affaires d'intérêt l'ayant conduite à l'île d'Elbe, elle y avait appris que Bonaparte, plus radieux qu'il n'avait jamais été depuis son arrivée, avait presque la certitude de rentrer en France, *qu'il comptait débarquer entre Cannes et Fréjus.* Elle ajouta que cet événement lui paraissait très prochain; elle parut surtout inquiète de ce que s'étant présentée au bureau de police de la préfecture, on y avait retenu ses passeports et ceux de plusieurs autres arrivants de l'île

Tandis que la conspiration préparait le retour de Bonaparte, celui-ci, tout en feignant de ne se préoccuper que d'améliorations et de fêtes, organisait son départ. Divers bâtiments de transport reçurent un corps de neuf cents

d'Elbe , tandis que le même jour on avait visé celui d'un nommé Drouet ou Drouot, venant de la même île, par le même bâtiment , et parti le même soir pour Paris. Cette dame insista fortement sur les dispositions dangereuses d'un homme, disait-elle , capable de tout entreprendre dans l'intérêt de Bonaparte.

Le chef de la haute police, M. Azan (depuis sous-préfet pendant les cent jours par le crédit de Thibaudeau son patron) appelé pour la vérification du visa, le nia, et prouva par ses registres qu'aucun passeport contenant un pareil nom n'avait été visé ; madame Berluc n'en persista pas moins.

Le préfet, M. le marquis d'Albertas, donna , par le télégraphe de Lyon, avis au ministre du départ de l'homme suspecté ; cet avis fut reçu à Paris, puisque le ministre en accusa réception sans un mot de plus.

Madame Berluc dit aussi qu'elle savait des choses bien plus essentielles qu'elle ne pouvait révéler qu'au roi lui-même. Le préfet lui proposa de partir sur-le-champ pour Paris avec elle , s'il était mis à portée de juger de l'importance de ses révélations ; elle s'y refusa et voulut partir seule. Alors, M. d'Albertas l'invita à faire diligence et lui donna une lettre de recommandation pour le ministre. Depuis ce jour-là, non plus que pendant les cent jours, le préfet n'a plus entendu parler de cette femme.

Après la seconde restauration, madame Berluc demanda à l'ancien préfet des Bouches-du-Rhône , alors à Paris, d'apostiller un mémoire en indemnité ; elle écrivit, dans le même but, le 27 septembre 1815, au premier adjoint de Marseille M. Raymond , qui la vit ensuite à Paris, où elle lui apprit que, dès son arrivée on l'avait arrêtée, que ses papiers et ses effets avaient été saisis et qu'elle n'avait été mise en liberté qu'au bout de quelques jours , avec injonction de partir sur-le-champ et de se rendre à Lure, sa patrie. M. d'Albertas avait appris d'autre part les faits relatifs à l'arrestation de madame Berluc.

Le nommé Drouet ou Drouot, qu'elle disait si dangereux, n'avait été retenu en prison que pendant peu de jours. Or, voilà justement comment Louis XVIII était servi.

M. Lubis a rapporté, mais en abrégé , cette anecdote, dans son excellente Histoire de la Restauration. L'abbé Royou l'a pareillement indiquée dans sa concise Histoire de France.

hommes dévoués, et, la veille du jour déterminé, dans un conseil secret, pour mettre à la voile, il y eut bal à la cour de Porto-Ferraïo, chez la princesse Borghèse, qui savait tout. Napoléon et ses affidés s'embarquèrent dans la nuit, malgré le mauvais temps, le 26 février. On eût dit, en vérité, que tout le monde était du complot, jusques aux commissaires des puissances alliées. Le mouvement insolite dans un port ordinairement peu fréquenté, devait du moins exciter leur surveillance; or, la population de l'île d'Elbe était mieux instruite qu'eux. Le génie tutélaire de Bonaparte avait-il fasciné ses gardiens et couvert ses préparatifs d'un nuage qui n'était impénétrable que pour eux? Les commissaires étaient-ils gagnés? Leur était-il enjoint de fermer les yeux? La première hypothèse serait une injure, la seconde une absurdité. Dans cette surprise, il n'y eut, sans doute, point d'autre coupable que la fortune.

« Le sort en est jeté, avait dit Napoléon en entrant dans son navire; grenadiers, nous allons en France, nous allons à Paris. » Et si, comme César, il se fia surtout à sa fortune, il faut convenir qu'elle le servit à souhait (1). Le premier mars, à trois heures de l'après-midi, la flotille entra dans le golfe Juan; elle avait miraculeusement évité et donné le change aux voiles françaises et anglaises qui couvraient la mer. Le général Drouet et un certain nombre d'officiers et de soldats abordent les premiers. Napoléon se jette dans une simple barque et les rejoint. A cinq heures tout le monde est débarqué (2). Un capitaine de la garde, dirigé sur Antibes avec vingt-cinq hommes, entre

(1) Histoire de la Restauration, par M. Lubis.
(2) Ibid.

dans la ville aux cris de *vive Napoléon*. Ils sont à l'instant désarmés et faits prisonniers, et les portes sont fermées.

Napoléon, dans la crainte de perdre un temps précieux, fait lever le camp, traverse avec sa troupe le bourg de Cannes, et, poursuivant sa marche à pas précipités, il arrive le soir même sur les confins du département des Basses-Alpes, à vingt lieues de la mer. Le cinq il était à Gap (1). Le même jour la nouvelle de son débarquement parvenait au ministère. Les courtisans ne s'en préoccupaient que faiblement. Le roi ne partagea point cette sécurité. « Le retour de Bonaparte est plus grave que vous ne pensez, dit-il à son ministre intime, M. de Blacas ; ce n'est point une folie, c'est un complot. »

Mais quelle ne fut point la stupéfaction de Marseille en apprenant, par les lettres de commerce, un événement dont le maréchal aurait voulu vainement empêcher la propagation. Le trois mars au soir le bruit du débarquement à Cannes courut dans la ville et la nouvelle ne fut que trop malheureusement confirmée le lendemain. La certitude acquise répandit une morne consternation. La garde nationale s'établit en permanence sur les places publiques ; les plus dévoués brûlaient de partir. Napoléon ne pouvait être arrêté qu'en mettant pied à terre ; une fois envolé, comment atteindre le vautour et lui couper les ailes ? Les bons esprits ne se faisaient pas illusion, et Massena, satisfait, parce qu'il n'ignorait aucune des mesures prises pour applanir la route à l'échappé de l'île

(1) Napoléon redoutait le passage du pont de Sisteron, et il était, en effet, facile de l'empêcher de passer, en coupant le pont. La proposition en fut faite, l'autorité locale s'y opposa et tout fut perdu.

d'Elbe, n'avait d'autre souci que celui de tromper l'opinion sur les progrès de Napoléon et sur ses propres desseins.

Cependant, des rassemblements tumultueux se forment devant l'hôtel du maréchal ; on lui demande à grands cris des communications et des ordres immédiats. « Rassurez-vous, Marseillais, répondit le gouverneur, le renard est traqué. » Nous citons ses propres expressions. Et c'est avec de pareilles moqueries qu'il essayait de donner le change aux magistrats civils accourus vers lui, M. le marquis d'Albertas à leur tête, comme vers un centre commun. Mais le vague d'un pareil langage, bien loin de rassurer les hommes de bonne foi, donna naissance, au contraire, à de trop légitimes soupçons (1). Un capitaine de gendarmerie, M. Toscan du Terrail (2), officier aussi brave que dévoué, ayant garanti sur sa tête l'arrestation de Bonaparte sur les bords de la Durance et promis de l'amener mort ou vif, pourvu qu'on lui permit de partir sur-le-champ et d'emmener avec lui un corps de troupes, avec autorisation de se recruter en allant, reçut une réponse évasive et fut brusquement éconduit.

(1) Pendant que, gardé par une compagnie de grenadiers et par une pièce de canon, dans son hôtel de la rue Grignan, Massena tremblait en entendant les cris d'une foule immense, dont l'autorité et la popularité du préfet et du commandant de la garde nationale, M. de Panisse, pouvaient seules comprimer l'indignation, le premier adjoint M. Raymond, entendit et répéta ce mot remarquable du maréchal : « Il faut qu'il y ait bien peu d'eau pour que les canards ne se sauvent pas. »

(1) Ce généreux militaire sortait peut-être de la famille du héros dont il portait le nom (Bayard Duterrail), du moins il en était digne.

Dans les temps de calme, les passions généreuses semblent éteintes ; à la première secousse, elles s'enflamment comme le phosphore. Le quatre mars dès l'aurore, la douleur prenant des habits de fête, la ville entière se pavoisa de drapeaux blancs. Le buste du roi parcourut solennellement Marseille ; on l'exposa sur les places, sur les marchés. Il semblait, dans ces jours de tristesse, que l'image du souverain légitime ne pouvait être assez multipliée pour satisfaire et consoler la population en alarmes. Tandis que les hommes se dévouaient à la défense de la royauté, le royalisme féminin se manifestait symboliquement aux croisées et sur le pavé. La garde nationale en permanence attendait impatiemment l'ordre et le moment du départ ; le corps nombreux des portefaix, cette vigoureuse branche de Marseille, offrait ses hercules, à la veille d'un funeste désœuvrement.

De cet élan spontané, s'il eût été largement et franchement exploité sans retard, seraient sortis, sans nul doute, quatre ou cinq mille volontaires déterminés. En leur donnant pour appendice quelques troupes réglées, pourvu qu'elles eussent été fidèles, on aurait opéré peut-être une heureuse diversion. Telles n'étaient point les intentions du maréchal. Ses tergiversations et son inertie le disaient assez. MM. d'Albertas, de Montgrand, les superiorités militaires de bonne foi, les généraux Dumuy, Ernouf, Dejean et leurs pareils, eurent beau le harceler, rien ne put vaincre son apathie calculée. Il fit si bien que, plus l'ennemi gagnait de terrain, plus l'ardeur poursuivante semblait s'allanguir. La présence seule d'un prince eut le pouvoir de rechauffer les fers qu'un mauvais vouloir avait laissé refroidir.

20

Le gouverneur, enfin, pressé de toutes parts, se mit à couvert par une proclamation affichée le 9. Après l'énumération des mesures qu'il disait avoir prises, Massena finissait en ces termes :

« Habitants de Marseille, vous pouvez compter sur mon zèle et sur mon dévoûment ; j'ai juré fidélité à notre roi légitime ; je ne dévierai jamais du chemin de l'honneur ; je suis prêt à verser tout mon sang pour le soutien de son trône. » Certes, les actions répondaient mal aux paroles (1).

Une proclamation de M. d'Albertas, préfet, qui n'était certainement pas la dupe du royalisme plâtré du gouverneur, avait précédé celle du maréchal. En même temps, l'autorité civile fit un appel aux gardes nationaux de

(1) M. d'Albertas déployait assurément, dans son administration, un très grand zèle, joint à une haute capacité ; mais sa tâche était rude, placé comme il l'était entre un gouverneur peu sûr et des ministres incrédules. A l'égard du premier, le préfet partageait l'opinion de tout le monde ; il s'en méfiait même plus que personne, parce qu'il était à portée de l'observer de plus près. Vraiment, la conduite du maréchal n'était guère propre à rassurer les esprits sur sa fidélité ; diverses circonstances fortuites, quoique futiles en apparence, fortifiaient singulièrement les soupçons. Et par exemple : pour aller plus vite, Bonaparte avait laissé à Grasse les quatre pièces de canon qu'il avait apportées de l'île-d'Elbe. Peu de jours après son passage, la garde nationale de Manosque rencontre, sur le chemin de Digne à Sisteron, une charrette de foin que tiraient à grand peine quatre forts chevaux. Tant d'efforts pour du foin ne parut pas chose naturelle à l'ambulance. On arrête l'attelage, on questionne le conducteur, lequel exhibe une lettre de voiture datée de Grasse. Transporter des fourrages du midi au nord, il y a du micmac ici, disent entre eux les Manosquains, et l'on jette à bas les meules de foin ; elles cachaient quatre pièces de campagne démontées, affuts et caissons. On les saisit et on les dirige sur Manosque où deux sont encore aujourd'hui. Les deux autres sont à Aix.

Or, ceci se passait lorsque Massena venait de quitter Marseille pour s'établir à Toulon.

bonne volonté, on ouvrit un registre ; environ six cents
volontaires s'y inscrivirent. On en fit un bataillon qui reçut, le 5 au soir, l'ordre de partir le lendemain, avec
le brave et loyal commandant, M. de Borély, pour chef.
Le 6 mars, la phalange se mit en route pour le Dauphiné ;
il était déjà trop tard. Sa marche avait été rallentie par
des ordres de route plusieurs fois changés et prescrits de
Marseille par des supérieurs perfides. Les Marseillais trouvèrent en arrivant, le 11 mars aux frontières provençales,
le pont de Sisteron, seul obstacle sérieux, franchi, et
Napoléon déjà sur la route de Lyon, après avoir traversé Gap. Les nombreux partisans de l'empereur, réunis aux émissaires parisiens l'attendaient à Grenoble,
les clés de la ville à la main. De là à Lyon, la route
était nette.

M. de Borély avait trouvé à Sisteron un bataillon de
ligne, plusieurs corps de gardes nationales de la Provence, celui d'Aix principalement. M. de Borély, isolément
jeté, avec son avant-garde de six cents hommes, dans
une contrée inhospitalière, où tout ce qu'il voyait, tout
ce qu'il entendait portait l'empreinte et semblait l'avant-
coureur de la défection ; le général Miollis avait passé les
Marseillais en revue la cocarde tricolore au chapeau (1) ;

(1) Le général rejeta la faute sur son domestique. Au surplus, M.
le comte Miollis avait déjà fait naître des doutes sur sa sincérité.
Parti d'Aix avec douze cents hommes de ligne, il les avait fatigués
par des contre-marches, comme s'il eût craint d'arriver trop tôt.
Aussi, le maréchal s'empressa-t il de rappeler le temporiseur
équivoque, pour concourir à ses propres temporisations. Le général Miollis vint commander à Marseille, où il assista, ainsi que
MM. d'Albertas, de Montgrand et de Rivière à la communication de
M. de la Tour du Pin, l'un des plénipotentiaires français au congrès

M. de Borély, attendant des renforts qui n'arrivaient pas, se trouva, sans contredit, dans une situation fort embarrassante. Rebrousser chemin, l'honneur et le devoir le défendaient ; marcher en avant tête baissée, sans direction et sans perspective, Napoléon étant hors d'atteinte, et tomber peut-être en définitive dans quelque guet-apens, ce parti valait encore moins. Le chef des Marseillais, ne prenant conseil que de son grand cœur et comptant sur le dévoûment à sa personne de ses compagnons, s'y décida pourtant. Le bataillon parti de Sisteron le 12 mars, arriva le lendemain au soir à Gap. La revue du lendemain eut lieu, à cause du mauvais temps, dans une vaste crypte voisine de la ville. Quelques symptômes de mutinerie, bientôt appaisés, signalèrent cette revue. Trop faible pour se maintenir dans une ville sans défense, sans vivres et sans esprit public, M. de Borély revint à Sisteron, et laissant à chacun son libre arbitre (1), fixa le rendez-vous à Aix, où, s'étant réunis presque en entier, les Marseillais rentrèrent le vingt mars à Marseille, avec le drapeau blanc, salué par les cris de *vive le roi.*

de Vérone. M. de la Tour du Pin déploya, dans cette entrevue, le tableau des forces que l'Europe allait mettre en mouvement contre Napoléon.

Dans le même temps où le général Miollis arrivait à Marseille, le général Gazan venait neutraliser à Grasse l'élan de cette ville et le général Abbé était envoyé à Draguignan pour rendre inutiles les dispositions du préfet du Var, Bouthilier.

(1) Un évènement déplorable se passa sur la route entre Sisteron et Peyruis. La diligence de Gap versa pendant la nuit et roula jusqu'au fond d'un précipice, presque tous les voyageurs marseillais de la garde urbaine retournant dans leur pays, furent plus ou moins grièvement blessés. Un des Messieurs Devoulx périt dans cette aventure.

La cour avait été tellement prise au dépourvu que Monseigneur le duc et Madame la Duchesse d'Angoulême étaient partis, pour Bordeaux, quelques jours seulement avant la nouvelle du fatal débarquement, dans l'intention d'y présider aux fêtes du premier anniversaire du douze mars de l'année précédente. Il fut décidé, dans le conseil, que le prince se dirigerait sur le Midi et que la princesse resterait à Bordeaux pour régler sa conduite sur les circonstances. M. d'Angoulême partit sur-le-champ. En passant à Toulouse, Monseigneur vit l'habile et judicieux M. de Vitrolles, le seul des ministres du roi qui eût montré, dans ces terribles moments de crise, un jugement sûr, le seul qui eût déployé l'esprit de prévision et l'énergie du véritable homme d'Etat. La mission de M. de Vitrolles consistait à établir à Toulouse un centre de direction des affaires du Midi, une sorte de succursale du gouvernement royal, une quasi dictature, dont MM. de Vitrole et de Damas-Crux seraient revêtus avec le titre de commissaires du roi (1).

La prochaine arrivée de S. A. R. à Marseille fut annoncée par une proclamation commune du maréchal-gouverneur, du préfet M. d'Albertas et du maire M. de Montgrand.

La voici :

---

(1) M. de Vitrolles, après le passage du prince à Toulouse, vint à Bordeaux, auprès de l'auguste fille de Louis XVI. Il était porteur de lettres du roi qui donnaient à cette princesse des pouvoirs illimités. Revenu bientôt à Toulouse, enveloppé dans les mesures acerbes du général Delaborde, M. de Vitrolles fut arrêté, avec M. de Damas-Crux, retenu huit jours en prison et transféré à Vincennes. On conduisait son collègue aux frontières d'Espagne.

« Marseillais,

« S. A. R. Monseigneur le duc d'Angoulème a daigné prévenir M. le maréchal-gouverneur prince d'Essling qu'il est arrivé à Nîmes et que sous peu de jours il viendra visiter la fidèle ville de Marseille.

« Les sentiments que vous avez manifestés avec tant d'ardeur pour le meilleur des rois éclateront encore à la vue de son auguste neveu, du fils d'un prince dont la présence excita naguère parmi nous tant de transports. Il recevra de vous les gages et les preuves indubitables du dévoûment et de la fidélité que les circonstances commandent et dont vos cœurs ont toujours été pénétrés.

« Votre confiance pour des chefs et des magistrats qui partagent tous vos sentiments et qui sont prêts à se dévouer avec vous pour la défense du trône et pour la cause du légitime souverain, augmentera nos forces et assurera la tranquillité publique.

« Vous rejetterez toujours les manœuvres perfides de quelques agitateurs, dont les insinuations tendent à troubler l'harmonie qui règne entre les braves gardes nationales et les troupes de ligne. Leurs vœux coupables seront trompés ; rien ne pourra nous désunir. Il n'y aura pour le citoyen et le soldat qu'un seul sentiment, un seul cri : *défendre au péril de nos jours le trône de notre bon roi* Louis XVIII. Vive le roi.

« Marseille, le 15 mars 1815.

« Le maréchal de France, Prince d'Essling.

« Le préfet du département, Marquis d'Albertas.

« Le maire de Marseille, Marquis de Montgrand. »

Nous n'avons pas pu découvrir si Massena signa la pancarte d'une main assurée.

Monseigneur le duc d'Angoulême arriva le 17 mars à Marseille. Il entra à cheval dans la ville, entouré des généraux commandant en l'absence du maréchal, dans ce moment à Toulon, sans doute pour contrecarrer M. de Bouthilier. La population s'empressait autour du prince jusques à l'étouffer; les femmes du peuple le serraient surtout avec une liberté provençale que les convenances condamnaient peut-être, mais que le fils du comte d'Artois, non moins populaire que son auguste père, paraissait voir avec attendrissement. La plus hardie osa même lui adresser la parole, dominée qu'elle était par un amour de mère. « *Moussu lou prince*, lui cria-t-elle, *mes-fisa-vous doou borni*. Monsieur le prince, défiez-vous du borgne. Ce que disait cette femme, tout Marseille le pensait. Louis-Antoine parut frappé, car une voix intérieure lui disait la même chose. « Croyez-vous être bien sûr de Massena? lui dit le préfet dans son premier tête-à-tête. — Franchement, répondit l'auguste interlocuteur, je n'ai pas plus de confiance en lui que vous n'en avez vous-même ; mais comment faire? » Au surplus, l'aspect du duc d'Angoulême entrant dans Marseille était pénible à considérer. Soit fatigue, soit noirs pressentiments, sa contenance et ses traits annonçaient un abbatement extrême. La bride tenait mal dans les mains du cavalier et sa tête ainsi que ses épaules penchaient en avant par intervalles. Il n'avait alors tout au plus que quarante ans, on lui en aurait donné soixante. Il nous parut tout autre en 1830 ; tout lui riait alors !!

Lorsque le duc d'Angoulême vint à Marseille, les lenteurs étudiées du maréchal, la fausse direction donnée par lui aux détachements entrés en campagne, avaient amené la situation au point que lors même que le Midi se serait levé tout entier à la voix du prince, Bonaparte ne serait pas arrivé un moment plus tard à Paris. Ce n'était plus d'une poignée d'hommes dévoués qu'on pouvait espérer un succès décisif. L'instant propice en était déjà loin. Pourquoi donc se jeter à corps perdu dans une entreprise désespérée et recommencer 93 ? Voilà ce que disait le **gros bon sens marseillais**. Mais, l'enthousiasme étouffant la raison, Marseille donnait ses enfants, en regrettant de n'en avoir pas un plus grand nombre à fournir. Toutefois, elle trembla pour eux, car les immenses préparatifs de l'Europe exigeaient trop de temps pour que notre faible contingent ne fût pas consumé avant l'ouverture des **grandes hostilités**. Mʳ le duc d'Angoulême voyait cela comme tout le monde. Il savait aussi que son père n'avait trouvé à Lyon, où il était venu avec le duc d'Orléans, que l'indifférence ou le découragement dans la population, l'insulte grossière dans les rangs de la troupe de ligne gangrenée et vendue. Il est donc probable que le fils du comte d'Artois ne songeait plus, à Marseille, qu'à préserver le Midi, de concert avec M. de Vitrolles à Toulouse. Ils eussent peut-être réussi, sans la défection à-peu-près générale des troupes et sans l'abandon de la cause bourbonienne par les provinces en delà du Rhône. Exposons, aussi brièvement qu'il sera possible, les événements d'une campagne malheureuse que l'exil termina.

La présence du duc d'Angoulême ranima l'enthousiasme

provençal. Dans le même temps, M. le comte de Bouthil-
lier, dont le dévoûment était sans pareil, fit partir de
Toulon, malgré les entraves du gouverneur, plusieurs
compagnies de gardes nationaux, dont la marche fut
malheureusement embarrassée par le temps perdu dans
les détours en dehors de la ligne droite. La ville de
Grasse aurait pu grossir considérablement l'expédition,
si son élan n'eût pas été comprimé. Quatre compagnies
franches s'organisèrent en peu de jours à Marseille; on leur
donna des chefs habiles et sans reproches, entre autres
M. de Magalon, qui se signala sur le champ de bataille,
par sa bravoure et son expérience militaire. Deux compagnies d'élite de la garde nationale se déterminèrent
spontanément à servir par le nom seul du commandant
qu'on avait merveilleusement choisi, M. le baron Reynaud
de Trets, ce généreux marseillais, en qui semblent revivre encore, aujourd'hui, la fidélité, la vaillance et la
piété de nos anciens preux. M. Reynaud, pourtant, ne
s'aveuglait pas, nous en sommes certain, sur les chances
qu'il y avait à courir inutilement, au milieu de troupes
douteuses et de volontaires encore neufs au métier de la
guerre, trop peu nombreux d'ailleurs et trop en retard
surtout pour aspirer aux grands résultats. Le caractère
chevaleresque de notre noble ami l'emporta sur ces considérations. On amalgama aux compagnies franches un
certain nombre de déserteurs des garnisons de Marseille
et de Toulon; ce n'était pas la fleur des régiments, tant
s'en faut. Lorsqu'ils eurent mangé, pendant l'intervalle
entre l'enrôlement et le départ, le prix de leur désertion,
on les vit vaguer tristement sur les places publiques, avec

armes et bagages, en demandant de nouveaux secours, et se repentant peut-être d'avoir abandonné leur drapeau.

Le duc d'Angoulême divisa l'armée royale en trois corps. Le commandement du premier corps, dont les Marseillais faisaient partie, fut confié au brave et fidèle général Ernouf (1), qui avait gouverné longtemps la Guadeloupe avec sagesse. On lui donna pour lieutenants les maréchaux-de-camp comte de Loverdo, qui commandait à Digne, et Gardane, ancien gouverneur des pages de Napoléon, qui s'était retiré chez M. de Lincel, son beau-père, près de Forcalquier. Le second corps était sous les ordres immédiats du prince. Le vicomte d'Escars commandait l'avant-garde; et le troisième corps obéissait au lieutenant-général Compans, lequel ayant appris de la bouche du prince lui-même, l'entrée de Napoléon à Paris, se hâta de déserter pour aller rejoindre son ancien maître et lui jurer de nouveau fidélité. Cinquante chasseurs du 14me désertèrent, ainsi que leurs officiers, à l'exemple du général.

Le quartier-général était le premier avril à Montélimart. Le corps d'armée continua son mouvement sur Valence. La cavalerie tricolore, qui s'était montrée en avant de Loriol, fut vivement attaquée par les volontaires royaux, soutenus par deux compagnies de voltigeurs du fidèle 10me. L'ennemi, chassé de la ville, se retira en delà de la Drôme. Il concentra ses forces dans cette position fortifiée par la nature, en occupant le pont et les hauteurs

(1) Le général Ernouf quitta le service après la campagne. Sa grosseur, indépendamment de sa loyauté, ne lui permettant plus les fatigues de la guerre.

environnantes. Quelques jeunes gens de la garde d'honneur de Valence, qui s'était formée à l'occasion du passage de Monsieur, en 1814, étaient venus là pour combattre son fils. Le prince se porta en avant pour reconnaître le pont. Alors, une affaire générale s'engagea. Quatre pièces de canon et deux obusiers nettoyèrent les hauteurs. Les troupes de ligne restèrent seules à la défense du pont.

La situation nécessitait une action d'éclat. Tandis qu'un bataillon de gardes nationaux passait la Drôme à gué au-dessus du pont, le duc d'Angoulême donnait l'ordre d'attaquer. Il se porta de sa personne près d'un moulin où était le feu le plus vif. C'est là que le prince répondit à un de ses officiers qui lui reprochait de trop s'exposer : « *J'ai la vue basse, et pour voir ces gens-là il faut bien que je m'approche d'eux.* » Le pont, le village et les hauteurs d'Ivron sont emportés aux cris de *vive le roi ! vive le prince !* L'armée triomphante ayant manifesté le désir de pousser jusqu'à Valence, S. A. R. voulut différer jusques au lendemain, parce qu'on n'aurait pu entrer dans la ville que de nuit, et qu'il pouvait en résulter des désordres (1).

Le prince entra le 3 avril dans Valence, qu'il ne fit que traverser pour marcher sur Romans avec une partie de ses forces, et s'en emparer. C'était un grand pas de fait, puisqu'on se trouvait maître du passage de l'Isère. Le duc d'Angoulême n'attendait plus que le résultat des opérations du premier corps pour marcher sur Lyon.

Le lieutenant-général Ernouf occupait Sisteron depuis 27 mars. Sur le bruit de sa marche, le maréchal-de-

(1) Histoire de la Restauration, de M. Lubis.

camp Chabert sortit de Grenoble pour venir à sa rencontre. Instruit de ce mouvement, Ernouf avait divisé son armée en deux colonnes, qui se m'rent en marche le 31 mars, afin de coïncider avec les opérations du 2me corps. Le maréchal-de-camp Gardane, avec la première.colonne composée du 58me de ligne, de quelques compagnies du 87me, d'un bataillon de gardes nationales et d'une compagnie d'artillerie, avait dû se porter sur St.-Bonnet. Ses instructions portaient d'éviter toute communication avec Chabert, surtout de ne point entrer à Gap. Le maréchal-de-camp Loverdo avait reçu ordre de se porter, à la tête de la seconde colonne, sur la Mure; par cette marche, la retraite du général Chabert sur Grenoble devenait impraticable. Le général Gardane fit tout échouer (1); il parlementa avec Chabert et fit entrer ses troupes dans Gap. Le 58me passa à l'ennemi avant l'arrivée du général Ernouf qui, pour éviter de nouvelles défections, fit rétrograder les compagnies du 87me et le dépôt du 9me.

Le comte de Loverdo, averti promptement par le général Ernouf, avait reçu l'ordre de se replier sur le 2me corps. Le général Gardane avait pris les devants, et les soldats du 83me, apprenant la défection du 58me, suivirent ce déplorable exemple.

(1) Le maréchal-de-camp Gardanne était pourtant marseillais de la vieille roche. Sa mère était sœur du loyal chevalier Eyguessier des Tourres, ainsi que Mme. de Leydet, mère du général de ce nom, quoique ce dernier fut né à Sisteron. La famille marseillaise de Gardanne s'était honorée, depuis plusieurs siècles, dans les fonctions de consuls de France en Levant, ainsi que l'atteste une inscription tumulaire encore existante à la cathédrale de Marseille. Le général avait un frère qui, bien loin de suivre son exemple, est demeuré religieusement fidèle à la légitimité, ainsi que ses descendants.

Dans cette perplexité, le général Loverdo rétrograda sur Vitrolles, où le premier bataillon des Marseillais, sorti le 6 de Sisteron, vint le joindre, et fut suivi, le lendemain, par le second bataillon et par les deux compagnies de M. Reynaud de Trets.

L'ennemi, maître de Gap, avait des postes avancés jusques au village de la Saulce, sur la route de Sisteron.

Le général La Salcette, instruit du mouvement du corps de Loverdo, quitta Gap pour marcher à sa rencontre avec la garnison, mêlée de paysans armés et des gardes nationales d'une contrée instinctivement anti-monarchique. Le village de la Saulce, situé sur la route de Gap à Sisteron, fut occupé sans coup férir par cette troupe mi-partie, et aussitôt abandonné pour aller prendre position sur la crête d'une haute montagne qui se prolonge en descendant par degrés jusques à la lisière du chemin, bordé en delà par la Durance,

Le comte de Loverdo ayant donné l'ordre au second bataillon des compagnies franches de s'établir en deçà de la Saulce, aux gardes nationales de M. Reynaud de Trets d'entrer dans le village et au premier bataillon de se porter en delà, les quinze cents Marseillais se jetèrent avec une fatale imprévoyance dans le défilé. En débouchant de la vallée, deux pièces de canon, placées à cent pas de distance et servies par la ligne, leur barrèrent le chemin. L'avant garde, exposée au feu meurtrier de l'infanterie ennemie, se replia sur le bataillon. Le général fit alors battre la charge; la colonne avançait en bon ordre. Tout à coup les paysans, mêlés aux soldats, apparurent sur la hauteur, lançant sur les Marseillais, pris à l'impro-

viste, une grêle de balles et de cailloux, et faisant rouler
sur eux du haut en bas des troncs d'arbres et d'énormes
blocs de pierre. On vit là de quoi sont capables des populations ingrates, pétries d'envie et de haine contre cette
Marseille qui, cependant, fut toujours la providence de
leurs enfants et la réparatrice de leur misère.

La pluie solide qui ne cessait d'écraser les compagnies
franches y jeta le désordre. Une multitude de volontaires
démoralisés descendirent précipitamment dans la plaine,
sous le feu de la mitraille. Un grand nombre ayant cherché
leur salut dans la rivière, y trouvèrent la mort (1).

Le second bataillon et les gardes nationaux, qui étaient
restés en arrière, arrivèrent dans ce moment de désordre
pour tâcher d'y remédier. La compagnie franche du brave
M. de Magallon, essayant de débusquer l'ennemi par
l'endroit le plus accessible, fut repoussée, laissant beaucoup de morts sur le champ de bataille. Le capitaine
ayant été grièvement blessé à la cuisse, les volontaires,
découragés regagnèrent le gros du bataillon. Le général de Loverdo, convaincu de l'impossibilité de continuer le combat sur un terrain si défavorable, sachant
d'ailleurs que de nouvelles troupes arrivaient sans cesse à
l'ennemi, donna l'ordre de battre en retraite, pour éviter
sans doute des sacrifices inutiles. Le blâme suit toujours

---

(1) M. le chevalier Flotte-Roquevaire allié de très près à la
glorieuse race des Suffren, jeune homme de la plus haute espérance, étant tombé malade et n'ayant pas pu, par conséquent,
prendre part à la guerre fut assassiné dans son lit par les habitants
d'un village. M. de Flotte l'aîné, étant venu plus tard dans ces
contrées, vit avec douleur les parois de la chambre encore em-
|reintes du sang de son frère.

l'insuccès. On blâma le général d'avoir légèrement engagé sa troupe dans une impasse, et d'avoir, en outre, prématurément fait cesser une lutte qu'on pouvait encore soutenir.

Quoi qu'il en soit, les Marseillais, dans leur retraite sur Upaix, furent incessamment harcelés, de colline en colline, avec un acharnement inouï, par les montagnards du pays, excités à la fois par l'antipathie et par le succès. M. Reynaud de Trets, chargé de protéger la retraite, parvint cependant à tenir la horde à distance. Sur la route d'Upaix, nos compatriotes rencontrèrent les compagnies franches du Var et des gardes nationales qui venaient, après coup, prendre part au combat de la Saulce. Ces divers corps arrivèrent ensemble au village d'Upaix, d'où les grades nationales continuèrent le lendemain leur retraite sur Sisteron. Le reste de la petite armée bivouaqua dans la plaine voisine (1).

De Sisteron, M. Reynaud de Trets, marchant en bon ordre par étapes réglées, prit, à la tête de ses deux com-

(1) La panique des compagnies franches après l'affaire de la Saulce avait été telle que le drapeau n'était plus entouré que d'une poignée de volontaires. Le reste se sauva par bandes et par des chemins divers passant d'un village à l'autre, les uns armés, les autres sans armes. Les compagnie franches se livrèrent, en revenant à Marseille, à l'insubordination et aux déportements familiers à cette espèce de milice. Malheur aux offices et aux basses-cours ! Ces désordres ayant retenti dans le pays, les pillards furent repoussés de Pertuis à coups de fusil.

Il serait injuste et tout-à-fait inexact de confondre les gardes nationaux, la plupart de bonne maison, tous animés des plus honorables sentiments, avec les compagnies franches, mêlées, jusques à un certain point, de gens sans aveu, sans opinion et sans moralité, à qui la faim avait fait prendre les armes. La garde

pagnies portant le drapeau blanc, la route directe
d'Aix et Marseille (1). Lorsqu'il arriva dans la première
de ces deux villes, le drapeau tricolore flottait sur les
lieux publics. L'apparition du drapeau royal offusquant
la vue de l'autorité civile, le capitaine Reynaud fut mandé chez le sous-préfet Dupeloux. C'était une ancienne
créature de Napoléon, conservée mal à propos par le
gouvernement du roi. « Monsieur le capitaine, vous ne
pouvez pas garder plus longtemps le drapeau blanc qui
a disparu partout, je vous invite à prendre les couleurs
impériales. — Monsieur le sous-préfet, je n'en ferai rien.
— Songez, Monsieur, qu'en persistant ainsi vous aurez à
subir les plus graves conséquences. — Monsieur, c'est
mon affaire et non la vôtre (2). » Le général Perrey--

nationale de Marseille se fit remarquer, soit en allant, soit au
retour, par une conduite irréprochable de tout point, telle
qu'on devait l'attendre d'un corps fidèle et plein d'honneur.
Aussi, l'accueil qu'elle recevait partout répondait à son excellente renommée : les maisons s'ouvraient à deux battants
pour recevoir nos gardes nationaux, on les accablait de pré-
venances et de soins, tandis qu'au seul bruit de la venue des compagnies franches les portes se fermaient à double tour par un esprit de prévision assez justifié par l'indiscipline des arrivans.
    On prétend que les premières mutineries avaient eu pour prin-
cipal promoteur un homme bien connu à Marseille, M. Roubin,
de l'hôtel Beauvau.

    (1) M. Lubis ne dit pas un seul mot de l'affaire de la Saulce.
Elle ne fut sans doute que d'une médiocre importance, quant au
fond; mais il n'est aussi que trop vrai, que les suites de ce combat
pesèrent cruellement sur les compagnies franches de Marseille.
Beaucoup de fils de familles pauvres y périrent, un plus grand
nombre furent blessés, et parmi ceux-ci quelques-uns moururent
dans les hôpitaux de la route ou dans ceux de Marseille. La ville
s'empressa de distribuer des secours aux plus malheureux ; plusieurs obtinrent des pensions reversibles à leurs parents après
eux. Le souvenir de la Saulce est encore aujourd'hui vivant dans
la mémoire des contemporains.

    (2) En effet, l'incompétence du sous-préfet n'était pas douteuse

mond, de retour du Dauphiné comme M. Reynaud, était présent à ce colloque. Les détachements de la garde nationale marseillaise auxquels s'étaient réunis, depuis le passage du bac de Mirabeau, les débris des compagnies franches, sortirent d'Aix, et rentrèrent à Marseille avec le drapeau blanc, salué par de vives acclamations. Le corps de M. Reynaud de Trets n'avait que faiblement souffert. Des compagnies franches, il ne restait que trois cents hommes environ ; mais il faut faire la part des rentrées isolées et des séparations en route pour diverses causes. Les blessés arrivèrent plus tard.

Après la retraite des malheureuses mais fidèles phalanges de la Provence-Inférieure, la situation du duc d'Angoulême devint de jour en jour plus critique. La défection avait affaibli l'armée royale et grossi celle de l'ennemi qui recevait incessamment de nouveaux renforts de tous les côtés. Tout projet ultérieur étant d'ailleurs interdit par la crainte d'un abandon général, le prince n'avait plus désormais en perspective que le danger de tomber au pouvoir de Bonaparte. Il ne lui restait de soldats sincèrement dévoués que ceux du brave et loyal 10ᵐᵉ de ligne. Le général Grouchy marchait sur Valence, et Gilly s'avançait de Nîmes sur le Pont St.-Esprit. Le quartier-général allait se trouver entre deux feux.

Le général Merle, en donnant l'avis de l'approche des troupes de l'empereur, ajoutait qu'il ne répondait pas de la défense du Pont St.-Esprit. Cette nouvelle décida la retraite.

Le 7 avril, l'armée commença son mouvement rétrograde; le 10ᵐᵉ de ligne ouvrit la marche, le 14ᵐᵉ de chasseurs et deux bataillons de gardes nationales la fermaient. Le prince, qui avait quitté Valence à dix heures du soir, arriva au pont de la Drôme à la pointe du jour. Deux officiers lui proposèrent alors de partir sur-le-champ dans la voiture du ministre de Sardaigne, ou bien de se jeter dans les montagnes, avec une troupe choisie. Le prince ayant refusé, le baron de Damas partit de suite pour le quartier du général Gilly et en revint avec une convention, en vertu de laquelle le duc d'Angoulême devait être conduit immédiatement et embarqué à Cette pour l'Espagne; mais le général Grouchy, qui était arrivé au Pont St.-Esprit au moment où la capitulation allait recevoir son exécution, s'y refusa jusques à la ratification de l'empereur. Cette ratification étant promptement arrivée, le prince partit, et le 16 avril il fit voile pour Barcelone sur un bâtiment suédois qui l'attendait. Le général Grouchy avait fait suivre sa première dépêche télégraphique d'une seconde, portant qu'il retenait prisonnier le duc d'Angoulême, dont il suspectait la bonne foi. La réponse ayant éprouvé un retard officieux, ménagé par le directeur du télégraphe, M. Maret, duc de Bassano, le prince s'était mis en route sur la première réponse approbative. Deux jours après survint la réponse retardée; elle approuvait l'arrestation provisoire. Là-dessus, Grouchy, qui n'avait lâché sa proie qu'à regret, dépêcha des émissaires en toute hâte pour tâcher de la reprendre, mais ils n'arrivèrent à Cette qu'après l'embarquement du duc d'Angoulême.

Les volontaires marseillais avaient regagné leurs foyers sans être inquiétés par les populations en deçà du Rhône, les compagnons du duc d'Angoulême subirent un traitement barbare en delà du fleuve.

« Le général Ernouf n'avait appris, dit M. Lubis, que le 11 avril le résultat de la capitulation; il avait espéré jusques là pouvoir préserver la Provence, mais la défection de Masséna paralysa ces dispositions. Lorsque, le 13, il arriva à Marseille, avec la cocarde blanche et au cri de *vive le roi !* le drapeau tricolore venait d'y être arboré, et il fut obligé de licencier son armée. A partir de ce moment, les départements du Midi sont traités en pays conquis ; les volontaires royaux deviennent, au mepris des saufs-conduits, l'objet de persécutions, de vengeances ou d'insultes. Au Pont St.-Esprit, les soldats royalistes sont dépouillés et massacrés sous les fenêtres mêmes du général Gilly; ceux qui pénètrent dans le Gard y rencontrent les mêmes périls, les uns sont égorgés, comme à Arpaillargues-St.-Ayens, aux environs d'Uzès, dans les maisons qui leur avaient offert une hospitalité trompeuse; d'autres sont assassinés en plein champ, des postes de troupes de ligne les dépouillent et les mutilent sur les grands chemins. Une partie de ceux de l'Hérault, qui s'étaient jetés dans la Vannage, sont traqués avec acharnement. La population presque entière de la Gardonenque, de la Vannage et du Vauvert, composée de protestants, s'était mise en mouvement, annonçant ouvertement l'intention d'exterminer les catholiques. Les volontaires royaux du Bas-Languedoc, assaillis à chaque instant sur la route, se voyaient obligés, pour ne pas tomber entre les mains de ces fanatiques, de prendre des chemins détournés ou de se réfugier dans les montagnes. Ceux qui marchaient isolément étaient impitoyablement

égorgés. Plus de trois cents royalistes furent ainsi égorgés
dans le Gard. Le 10ᵐᵉ régiment, resté fidèle au duc d'Angoulême, devint un objet de haine et d'animosité pour les
soldats de Bonaparte; une réaction sanguinaire succéda
au règne paisible des Bourbons. »

En 1800, Napoléon dompta la révolution et fut grand,
il s'avilit sans retour en s'alliant à elle en 1815. Les horreurs du Haut-Languedoc, en provoquant l'irritation méridionale, préparaient, si elles ne les justifiaient pas d'a-
vance, les représailles sanglantes dont Marseille eut à gémir au dénoûment. Mais que sont, auprès de tant d'énormités commises dans le voisinage du Rhône, les vengeances
populaires de Marseille, qui ne furent après tout,
que les inévitables conséquences de vingt-quatre heures
d'anarchie (1).

Voilà donc l'empire reconstruit par l'intrigue et les

(1) On avait affiché, le 10 avril, à Marseille ; la communication
suivante :

« M. le comte de la Tour du Pin, l'un des ambassadeurs de Sa
Majesté au congrès de Vienne, en est parti le 25 du mois dernier,
et est arrivé cette nuit dans cette ville. Il a paru important aux
chefs des diverses autorités que les communications qu'il avait à
faire fussent données à ces diverses autorités réunies, elles l'ont
été à cet effet à l'hôtel de la préfecture, où M. le comte de la Tour
du Pin, accompagné de M. le marquis de Rivière, commissaire du
roi, et MM. les généraux Miollis et chevalier de Brulart, introduit
dans une des salles de la préfecture, a dit :

          « Messieurs,

« Vous connaissez la déclaration donnée au congrès le 15 du mois
dernier, je viens vous faire part des mesures prises à l'appui de
cette déclaration. Dans les conseils militaires auxquels les circonstances ont donné lieu, les souverains ont déterminé la quotité de
troupes qu'elles voulaient employer pour affranchir la France du
nouveau joug qu'on voudrait lui imposer. Les contingents ont
été ainsi réglés :

baïonnettes. La France entière tombait de nouveau sous le joug napoléonien. Néanmoins, la fortune de l'usurpateur dépendait encore de la defaite de l'Europe coalisée et menaçante; jusques là, la question restait indécise.

Sans s'arrêter à cette considération, Massena jugea le moment arrivé de se démasquer tout-à-fait. Voici la lettre qu'il écrivit de Toulon, le 11 avril, au préfet de Marseille, M. d'Albertas et qui fut affichée :

« Monsieur le préfet,

« J'ordonne à M. le général comte Miollis de vous réunir

La Russie...........................	200.000	hommes.
L'Autriche, en Allemagne..............	150,000	»
Id., eu Italie...	150,000	»
La Prusse...........................	150,000	»
L'Angleterre, le Hanovre et la Belgique.	150,000	»
La Bavière..........................	100,000	»
L'Espagne..........................	50,000	»
	950,000	hommes.

« 350,000 hommes sont déjà réunis depuis la Belgique jusqu'à Bâle, le reste le sera d'ici au 1er mai........

« Les puissances alliées du roi n'ont aucune vue d'ambition dans cette guerre ; elles ne la font point à la nation, elles la font à Bonaparte et à ses adhérants, qui prétendent que la nation doit leur appartenir.

« Messieurs, ce n'est point au milieu du peuple provençal, ce n'est pas dans la ville de Marseille qu'on peut craindre un pareil sort. Ce que vous avez fait jusqu'ici répond de ce que vous ferez encore.

« *Signés* ; le comte de LA TOUR DU PIN ; le marquis de RIVIÈRE, commissaire du roi ; le général comte MIOLLIS ; le président du conseil-genéral, BRUNIQUEL ; le marquis d'ALBERTAS, préfet ; le marquis de MONTGRAND, maire. »

C'est ainsi que nos magistrats, convaincus de leur impuissance, cherchaient à tempérer les maux présents par des espérances lointaines, dont la réalisation n'était pas elle-même exempte d'alarmes. La communication de M. de la Tour du Pin n'était au fond qu'une invitation à la patience.

Le lendemain même Massena faisait trembler Marseille.

avec M. le maire et quelques notables de la ville. Il est chargé de vous signifier que si demain au soir la cocarde et le pavillon aux trois couleurs ne flottent pas sur les vaisseaux et à la municipalité, je marche sur Marseille avec de l'artillerie et suffisamment de troupes pour soumettre la seule ville de l'empire qui se refuse aux vœux de la nation et à reconnaître le souverain qu'elle a choisi, le grand Napoléon.

« Monsieur le préfet, vous devenez responsable du mal qui retomberait sur Marseille. Vous seul seriez la cause des malheurs inséparables d'une ville forcée par des soldats justement indignés. Plus de délai; Marseille se soumettra, ou je marcherai sur elle.

« Recevez, Monsieur le préfet, l'assurance de ma considération.

      « Le maréchal duc de Rivoli, lieutenant de l'empereur dans les 8me et 23me divisions militaires.

      « *Signé* : PRINCE D'ESSLING. »

Cette formidable déclaration répandit la consternation chez les amis du roi et fit renaître toutes les espérances des incorrigibles. Il fallut céder à la nécessité.

Dans le même temps où Masséna menaçait Marseille, le général Grouchy, qui s'entendait avec lui, s'avançait sur la Provence, à la tête d'un gros corps de troupes. Avant d'entrer à Marseille, il fit sommer cette ville, par un parlementaire, de prendre les couleurs impériales. Un conseil composé des autorités locales, auxquelles s'étaient réunis un certain nombre de notables, ayant jugé la résistance impossible, la municipalité, pour éviter de plus grands maux, entra en négociation, et, conformément aux termes d'une capitulation, le gouvernement impérial fut reconnu, et l'engagement de respecter les personnes et les propriétés fut pris par le général. Le conseil envoya simultanément par trois de ses membres, la soumission de la ville au maréchal Masséna, et, le 13 avril, le drapeau blanc n'exista plus à Marseille que dans le cœur de ses fidèles habitants. Pareil aux images de Brutus et de Cassius, le royal emblême resplendissait encore dans sa disparition.

Les magistrats royalistes s'étaient déjà retirés, M. le marquis d'Albertas et M. le marquis de Montgrand, dans leurs terres ; et M. de Rivière, de compagnie avec M. de Bruges, alla se réunir au duc d'Angoulême, à Barcelone (1).

(1) Le marquis de Rivière, arrêté en 1804 avec Georges Cadoudal et Pichegru, avait été condamné à mort. Le crédit de Madame Bonaparte (Joséphine) arracha, non sans difficulté, une commutation de peine au premier consul. On ne conçoit guère, en vérité, la participation d'un homme tel que M. de Rivière à des complots homicides. Cependant, ce fidèle ami du roi passa quatre ans dans une forteresse et six autres années hors de France. Rentré en 1814, il parut à la cour de Louis XVIII, où l'intrigue et le favoritisme avaient déjà pénétré. La rude franchise du royaliste mauvais courtisan, déplut aux ministres, qui s'en débarrassèrent par l'ambassade de Constantinople, poste incompatible avec un caractère sans détour et l'inexpérience diplomatique. M. de Rivière était arrivé à Marseille le 27 février, pour s'y embarquer. Après une série de vents contraires, il allait se mettre en mer lorsque l'homme du 20 mars s'échappa de l'île d'Elbe. Dès-lors, l'ambassadeur, renonçant à des fonctions qu'il ne pouvait remplir que pour le service du roi, se consacra tout entier aux intérêts de la monarchie menacée. Il prit part à Marseille à toutes les mesures, en qualité de commissaire du roi, et le duc d'Angoulême étant arrivé, il en devint le conseiller, le confident et l'ami.

CHAPITRE QUINZIÈME.

De 1815 à 1816.

—

SOMMAIRE.

—

—

NAPOLÉON avait trop d'obligations à Masséna pour ne pas l'en récompenser. Le sévère maréchal était d'ailleurs nécessaire à Paris pour affermir une soumission encore mal assurée. Il était dans l'ordre que le promoteur clandestin d'un trône éphémère achevât son ouvrage sous les yeux du maître réintégré par lui. Masséna, nommé gouverneur de Paris, partit de Toulon aussitôt qu'il eut appris sa nomination, emportant avec lui la réprobation de la Provence mystifiée.

Grouchy, alors seulement maréchal *in petto*, se trouva transitoirement investi du commandement de la huitième division. Appelé par les ordres de Napoléon à un service plus actif, Grouchy ne séjourna que fort peu de temps à Marseille, où il laissa de forts détachements de l'armée fanatisée qu'il avait amenée dans le Midi.

Les vieilles bandes de l'empire, impolitiquement conservées par le gouvernement du roi, avaient changé de drapeau, de cocarde et d'uniforme, et conservé leur ancien esprit. L'occupation de Marseille en fut la preuve Les soldats de Grouchy avaient traversé la Provence en vainqueurs et le sabre levé. Les chemins avaient retenti de bravades et de menaces d'un très fâcheux pronostic pour Marseille, tremblante à leur approche. La cavalerie surtout, avec ses lanciers avant-coureurs à banderolles tricolores, semblait avoir reçu la mission de semer l'épouvante, et le séjour d'une grande ville, au lieu d'adoucir les mœurs de ces géants enrégimentés, les rendit au contraire plus intraitables encore (1). C'est dans de pa-

(1) Un ferrailleur de profession nommé La Valse, ayant à dessein pris querelle avec un de ces colosses à bravades. un duel au fleuret aigu s'en suivit, au milieu d'une foule de curieux. Le Marseillais semblait un nain auprès d'un géant ; mais il avait le poignet ferme, non moins de cœur que son adversaire, et surtout une botte sûre. Le combat ne dura que deux minutes. Atteint à l'improviste d'un coup de pointe, l'homme aux six pieds tourna machinalement sur lui-même et tomba mort sur le carreau. Quant au vainqueur, il disparut, et depuis lors on n'a plus entendu parler de lui.

reilles dispositions qu'ils tombèrent sous les ordres du maréchal Brune, entré à Marseille avec le titre de gouverneur dans les département du Midi. Certes, il n'y avait qu'un Brune au monde pour faire regretter Masséna. Les énormités du singe des Villars et des Catinat, visitant, flagellant la Provence, ses rigueurs, ses bizarreries et ses ridicules paraîtraient fabuleux si cent mille Marseillais ne les avaient pas subis.

Brune fut aussi bon capitaine que méchant administrateur. Ses qualités guerrières sont incontestables. On ne s'élève pas des derniers rangs à la première dignité militaire, sans y être appelé par une supériorité réelle. En revanche, ses travers, dans les pays étrangers qu'il tint en divers temps sous sa verge, sont gravés dans l'histoire. Sa rapacité l'avait rendu odieux en Suisse sous le Directoire ; ses allures tyranniques à Hambourg et dans les villes anséatiques, conduite très opposée à la modération du sage Bernadotte, lui avaient fait une renommée de vampire dans le Nord de l'Europe, sous Napoléon, qui le rappela durement. Il fallut les cent jours pour réhabiliter dans les bonnes grâces de l'empereur le jacobin devenu maréchal, et Napoléon l'imposa, dans sa colère, aux Provençaux, comme un surcroît de châtiment.

Cependant, Marseille n'eut pas à se plaindre de Brune comme concussionnaire ; il était riche, et d'ailleurs, ses velléités rapaces étaient bridées par Roëderer, commissaire du gouvernement impérial. C'était le même personnage qui, le 10 août, avait, à bon ou à mauvais escient, décidé Louis XVI à quitter sa demeure pour aller se livrer à la Convention, fatale démarche qui acheva la ruine de ce prince infortuné.

Avec Roëderer, nous eûmes à Marseille, en qualité de lieutenant-général de police dans tout le Midi, l'ex-conventionnel régicide Lecointe-Puyraveau. Cet ancien girondin, très médiocre en talent, ne séjourna que par intervalles à Marseille.

Le comte Frochot, ancien préfet de Paris, auquel sa mystification par le général Mallet a donné une sorte de relief, vint remplacer M. d'Albertas. On ne s'attendait guère à trouver, dans le préfet des cent jours, un administrateur compatissant. M. Frochot fit à ses administrés tout le bien qu'il put, mais sa bonne volonté succombait sous la domination militaire.

« La Providence, dit une note que nous devons à la complaisance d'un officier supérieur qui remplit, au milieu des troubles du mois de juin, de hautes fonctions militaires avec toute la supériorité du talent et de la générosité, la Providence qui veillait sur l'avenir de Marseille inspira, pour notre préfecture, le choix de M. Frochot. M. Frochot nous a évité tout le mal qui pouvait venir de son administration; il a souvent paralysé celui que pouvaient nous faire ses terribles collaborateurs.

« M. le colonel Borely fut admis auprès du préfet par le maréchal Masséna son ancien ami. L'estime et l'intimité s'établirent entre deux hommes qui, sans marcher au même but, avaient l'un et l'autre des sentiments d'honneur » (1).

Ajoutons un mot : M. Frochot était né pour le royalisme. La fatalité le jeta dans les rangs opposés. Mais aussi

_____

(1) Cette note est insérée *in extenso* dans les éclaircissements historiques.

M. Frochot royaliste n'aurait pas été préfet des cent jours.

L'acte additionnel, appuyé dérisoirement à *priori* par on ne sait quelle constitution en germe, servit de manteau politique à l'usurpation. Après la promulgation, les registres d'adhésion individuelle furent ouverts. Le vieux jacobinisme, les libéraux de la nouvelle école, les militaires retraités, les couvrirent à l'envi de leur signature. Les royalistes se montrèrent plus difficiles; se croyant abrités par une liberté dérisoire, ils s'abstinrent. On s'attendait à ce refus, on essaya vainement de le vaincre. Le franc et loyal M. Reynaud de Trets entr'autres, pressé par le général Verdier, s'expliqua sans détour; et ce fut un des prétextes d'une proscription qui renouvelait la loi des suspects. M. Reynaud fut arrêté dans la rue, ainsi qu'un certain nombre de notabilités légitimistes. On les accusait de fomenter la révolte dans le sein d'une garde nationale qui répudiait le drapeau tricolore.

Avec les suspects on réhabilita les représentants; c'est-à-dire que le corps législatif, qu'on allait élire en vertu de l'acte additionnel, devait prendre cette odieuse qualification que la terreur avait inventée: Robespierre, Danton, Collot-d'Herbois et Barras avaient été des représentants. Circonstance singulière : les assemblées électorales des trois arrondissements et celle du département lui-même se ressemblèrent par la rareté des électeurs. L'esprit public était tombé dans une léthargie tellement profonde, que les amis d'Omer Granet, qui n'avait guère d'amis, le portèrent d'emblée à la députation où on le perdit de vue. Fouché fit nommer à Aix son secrétaire Fabry, et M. Rassis, juge à Tarascon alors, et aujourd'hui membre du conseil général, fut élu à Arles par une douzaine de votants. Treize électeurs, ni plus ni moins, fixèrent leur choix sur des noms honorables dans le collége départemental : M. d'Anthoine, ancien maire de Marseille, trop cassé pour servir encore ; Joseph Bonaparte était son neveu par alliance ; puis M. le général du génie de Somis, oncle maternel de la femme du même Joseph, homme très digne de considération et très considéré, royaliste par le fond, impérialiste par la forme ; M. Salavy père, dont les opinions et le talent revivent dans son fils Henri ; M. Alexis Rostand, alors président du tribunal de commerce, aujourd'hui à la tête du conseil général, fonctions éminentes où se développent encore à l'heure qu'il est l'homme d'affaires et l'homme d'esprit ; enfin, M. de Boulant, officier de la légion d'honneur en retraite : c'était un songe-creux fort enclin, disait-on, aux idées républicaines. Il tenait à la très honorable famille des Fontainieu par sa femme, dont, au surplus, il vivait séparé. De ces six élus, M. de Boulant se rendit seul à Paris. Il y eut la bouche cousue, ce qui nous empêche de porter un jugement quelconque sur ce personnage taciturne.

Les listes de suspects que Brune avait envoyées à Paris revinrent à Marseille avec des mesures de colère. Un arrêté de Napoléon, du 22 mai, bouleversa le tribunal civil. MM. le président Rigordy, Laget le vieux, Darluc et de Fabry, juges, furent destitués et envoyés en surveillance hors de Marseille. On en voulait moins alors à leurs personnes qu'à leurs places. Plusieurs notabilités du barreau subirent les mêmes persécutions. M. l'avocat Gras-Salicis,

conseiller de préfecture, qui avait eu l'honorable tort
d'exercer avec autant de sagesse que de talent l'intérim
de la préfecture; MM. l'avocat Dumas, royaliste de père
en fils; Tardieu, le propagateur de l'acte additionnel, (on
frappait à droite et à gauche) figuraient sur la liste fatale.
On leur joignit deux avoués, l'irréprochable M. Bérard et
son digne confrère Fortoul. Item, M. Barthélemy, notaire,
le pacificateur du 14 avril; l'avocat Caire, M. Payen,
aussi célèbre par ses savons que par ses bienfaits (1).
Ce n'était encore qu'un prélude. Une commission de
police, composée de révolutionnaires qui avaient fait leurs
preuves dans les comités de la terreur, ordonna la distribution des *cartes de sûreté*, provoqua les dénonciations,
les accueillit comme dans le bon temps; et fit arrêter, par suite, des citoyens aussi recommandables
qu'inoffensifs. Un négociant bordelais, M. Dumail junior,
ayant été dénoncé comme un homme dangereux, quoiqu'on ne pût, à la rigueur, lui reprocher que l'intempé-
rance de langue naturelle aux gascons, fut saisi, conduit
entre deux gendarmes, et enfermé au Pont-Saint-Esprit.
Cependant tous les suspects ne furent pas découverts;

(1) M. Payen était adjudant-major du bataillon d'artillerie de la
garde nationale lorsque les cent jours arrivèrent. Il entendit mur-
murer qu'on devait l'arrêter. M. Payen crut d'autant moins à ce
bruit que, délégué par le préfet Frochot pour présider à un des
ateliers de charité que la misère publique avait forcé d'établir, il
se rendait tous les jours à la préfecture, où il était bien accueilli.
Cependant, un mandat d'amener, signé de Bonaparte lui-même,
le fit incarcérer. Il partit quelques jours après pour Châlons, avec
les autres prisonniers
Rentré dans ses foyers après la chute de l'empereur, M. Payen
fut reçu aux acclamations générales, et depuis lors, revêtu de divers emplois honorifiques, il s'y montra fidèle et dévoué.

mais on fit partir pour Grenoble M. Reynaud de Trets et pour Châlons-sur-Saône MM. Tardieu, Gras-Salicis, Payen et Laget de Podio. Les uns et les autres eurent pour prison les villes de leur exil.

Du reste, le voyage forcé de nos amis, à part le danger des éventualités et le désagrément de l'escorte, ne dut pas les inquiéter outre mesure, attendu que le séjour de leur pays n'était guère à regretter lorsqu'ils en sortirent. Aux échafauds près, Marseille était en pleine terreur. Malheureuse ville, la rage de tes envieux ne s'éteindra donc jamais! Pourquoi faut-il que tu sois maltraitée à proportion de ta fidélité?

Ecoutons l'éloquent défenseur de l'Hôtel-de-Ville, M. Hilarion Desolliers, que le pays vient de perdre dans un âge encore florissant, et dont la mort a causé tant et de si légitimes regrets.

« A défaut d'amour et de respect, on voulut au moins obéissance et résignation; on eut recours aux mesures de rigueur; un grand appareil militaire fut déployé. Marseille est aussitôt convertie en place de guerre; elle devient le quartier-général de l'armée du Var. La ville est déclarée en état de siége, et par là l'autorité civile et municipale se trouve annulée. Dès ce moment, les soldats, à demi contenus jusqu'alors, cessent de se contraindre, et traitent les habitants en peuple conquis. »

Le 26 mai les généraux de Bonaparte firent célébrer cette fête qu'on salua dérisoirement de l'antique nom de *Champ-de-mai*. Les troupes seules y prirent part; un silence profond répondait seul à leurs hourras de cosaques.

Les chefs irrités voulant punir Marseille de son antipathie, cherchèrent à surexciter l'ardeur de la soldatesque. Le vin et les liqueurs furent distribués à profusion et des avis particuliers promirent l'impunité à la violation de la discipline ; une partie du 35ᵐᵉ régiment de ligne, celui-là même qui avait fait trembler Toulon de son terrible enthousiasme napoléonien, était arrivée la veille. On comptait là-dessus pour redoubler la secousse.

Au retour de la cérémonie, le 14ᵐᵉ de chasseurs à cheval défilait sur le Cours ; le poste militaire était occupé par des grenadiers de la garde nationale, l'officier fait prendre honorablement les armes. Un escadron s'élance le sabre à la main, et enjoint de crier vive l'empereur ! au corps-de-garde, qui se tait. Les soldats irrités poussent leurs chevaux ; les grenadiers croisent la baïonnette ; les sabres recourbés menacent la tête du capitaine. Cependant les officiers reculent devant le sang et font retirer leur troupe.

Vers la fin du jour, un mélange bizarre d'officiers, de mamelucks et de nègres promènent en triomphe le buste de Napoléon. Chacun fuit, les maisons se barricadent, l'ovation se passe dans un désert ; les militaires s'en irritent, et dans leur fureur, insultent les passants et l'épée sur la poitrine les obligent à crier comme eux.

Le poste du Cours essuie une seconde tentative avec démonstrations et menaces ; elle fut aussi vaine que la première : vive la France ! vive la paix ! la garde nationale n'eut pas d'autre cri. La même scène se renouvelle à l'Hôtel-de-Ville.

Les haines de parti se réveillent et le sang coule. Un

vieillard avait vu de meilleurs temps, il les regrettait; on l'en punit en le tuant dans un quartier solitaire. Le même soir, deux femmes sont blessées, l'une à la tête, l'autre au sein.

A la nuit, des groupes de soldats ivres ou furieux courent les rues à grands cris, font déployer partout le drapeau tricolore, sous peine d'invasion, et la ville est illuminée aux dépens de ses vitres.

Le lendemain 27 mai, dès le grand matin, les troupes étaient rangées en bataille dans les principales rues; la cavalerie occupait le Cours avec quatre canons de campagne placés en batterie; une proclamation annonçait le désarmement général: malheur à ceux qui n'auraient pas déposé leurs armes avant la fin du jour; un conseil de guerre devait les juger! Et comme si Marseille avait pu leur échapper, les généraux de Bonaparte firent reconstruire à la hâte les murs tombant en ruine des courtines de la citadelle et du fort St.-Jean, et des canons de rempart les couronnèrent; le dommage d'une révolution était ainsi réparé par une autre révolution, à un quart de siècle d'intervalle.

Depuis la grande journée du 27 mai jusques au dénoûment, les chasseurs à cheval se dispersaient à la nuit dans les rues, courant à bride abbatue, le sabre levé, semant la menace et l'insulte, vociférant: vive l'empereur! guerre aux royalistes! Les étincelles scintillant dans la nuit sous les pieds des chevaux, le martellement cadencé de leurs pas dans la solitude, au sein d'un silence sinistre, imprimaient à ces scènes nocturnes on ne sait quel caractère fantastique.

Nous nous trouvions, vers le 25 juin, sur la Canebière. On eût dit, à la rareté des passants, qu'il était trois heures du matin, quoiqu'il fut à peine neuf heures du soir. Un homme à cheval débouche du cours St.-Louis, en vociférant le cri d'alarme. Un ami et nous exceptés, pas une âme sur le pavé. Tout à coup un vigoureux vive le roi! partant de la place Royale, retentit dans l'air. Le maraudeur lance son cheval du côté du bruit et ne trouve pas l'ombre d'un homme. L'éclair n'est pas plus prompt à briller et s'éteindre : il y avait, Dieu nous pardonne, des lutins royalistes dans l'atmosphère.

A Marseille et à Toulon, où il résidait alternativement, le digne maréchal avait réglé sa conduite tout à fait au rebours de l'objet de sa mission. Il n'aurait pas fait autrement s'il avait été payé pour rendre le gouvernement impérial odieux et ridicule. Lequel de nos contemporains ne se souvient pas d'avoir vu le successeur de Masséna quitter son hôtel après boire, lui et ses aides-de-camp qui n'en pouvaient mais, pour aller se pavaner au milieu des fruitières du marché St.-Louis, y faire à toute outrance du bonapartisme de club, et ramasser en retour des brocards à la pellée? Tandis que l'auditoire de face affecte un maintien sérieux, feignant d'écouter l'orateur empanaché, le groupe opposé tire la langue; l'index et le médius en ciseaux ouverts.

Et manus auriculas imitata est mobilis albas.

Qui ne l'a vu, s'abaissant ensuite au rôle d'agent municipal, passer en revue, le long des rues du Cours, la plèbe à ses trousses, les enseignes à tabac, sans en manquer une seule; et lorsque quelque malencontreuse fleur de lis oubliée ou épargnée frappait ses regards, le comptoir était traité de royaliste, mot que Brune croyait une injure, et menacé de clôture, si l'emblême bourbonien ne disparaissait pas sur l'heure. Le Turenne sans-culote était surtout curieux à voir rentrant majestueusement au quartier entouré de gamins comme un tambour-major.

A Toulon, scène analogue. Brune, à la tête d'une troupe de vagabonds, parcourut la ville, armé d'un drapeau noir, semant dans sa promenade de croque-mitaine, la terreur et le dégoût. L'effet de cette extravagance fut si prodigieux que, dès cet instant, pas un seul officier ne voulut s'attacher à la fortune d'un tel homme. Le mépris fit taire les passions politiques, et dans la suite l'amiral Ganteaume, d'abord exposé aux plus terribles dangers pour avoir osé paraître dans Toulon, finit par obtenir la soumission de cette ville sans difficultés sérieuses.

Les cent jours marseillais devaient finir au lieutenant-général Verdier, commandant la division sous la direction du maréchal Brune, après la courte apparition de Mouton-Duvernet, qui laissa des souvenirs d'estime. Verdier, personnage de médiocre capacité, manquant d'énergie et de résolution, n'avait pas la main assez ferme pour maîtriser un peuple parfois brutal à qui le brutalise.

L'oppression et l'insulte, produisant leur effet naturel, avaient augmenté l'irritation d'une ville qu'on peut écraser, mais qu'on ne change pas. La cause embrassée par les Marseillais devint pour eux plus sacrée que jamais par la persécution. Leur haine, contre celui qui les faisait traiter en esclave, était renforcée par le hideux mélange du despotisme militaire et de la terreur.

Tel était l'état de Marseille pendant le mois de juin ;
triste et cruelle situation, au fond de laquelle toutefois
l'esperance avait encore sa place; car la cause de Marseille était celle de l'Europe, et l'Europe jouée avançait
à marches forcées dans le dessein de foudroyer son audacieux contempteur. Chaque jour annonçait son approche,
et la nouvelle d'une bataille décisive étant imminente,
chacun, suivant ses intérêts, ou si l'on veut, suivant ses
passions, faisait des vœux pour ou contre Bonaparte, lorsque les journaux annoncèrent un grand succès d'avant-
garde en Belgique, succès avant-coureur d'une victoire,
disaient les uns, fable inventée à Paris, disaient les autres,
pour préparer l'opinion à un désastre. Le soleil du 24 juin
se leva donc sous des auspices fort équivoques.

Les maîtres de Marseille apprirent dans la matinée la
vérité et furent consternés. Des bureaux de la préfecture,
la nouvelle de la destruction de l'armée de Bonaparte à
Waterloo se répand, timidement encore, dans la ville. La
contenance des chefs militaires annonçant les plus vives
inquiétudes, il n'en fallut pas davantage pour détruire le
doute.

Des mesures prises à contre sens favorisent l'explosion
au lieu de l'empêcher. La troupe de ligne prend une attitude hostile, les officiers retraités, les demi-solde, réunion
de têtes carrées, rebelles à l'esprit général, mal vues et
peu considerées, peut-être parce qu'elles n'étaient pas
riches, se qualifiant pompeusement de bataillon sacré,
s'alignent, par ordre, sur la Canebière, et provoquent à
la fois la colère et le ridicule.

Cependant, le peuple des Carmes, devinant les événements, fond en colonne serrée sur la place publique et l'inonde en flots tumultueux, comme le torrent qui, grossi par l'orage, brise tout pour se faire jour.

Dans ce moment de crise, le général Verdier, lui qui par un revirement soudain vers la légitimité pouvait tout sauver, se met à parcourir les rues à cheval. Il annonce l'abdication de Bonaparte; il parle à demi-voix d'un gouvernement, mais il n'ose ou ne sait en indiquer ni le chef ni les formes, seulement il invite à s'abstenir d'invoquer le nom du roi et celui de l'usurpateur. Ce conseil de l'irrésolution et de la peur, déliant toutes les langues, le retentissement du royalisme démuselé est porté jusqu'aux nues. Les drapeaux tricolores sont arrachés des croisées et le drapeau blanc s'élève de toutes parts.

Néanmoins, tous les postes étaient occupés par des soldats mal disposés. Un corps assez nombreux était rangé en bataille, dans la rue Larmény, devant l'hôtel du général.

Le noble chef de la garde nationale, M. de Borély, averti de l'événement à la campagne, accourt où son devoir, son dévoûment et des dangers qu'il brûle de partager et d'éteindre l'appellent. Il ordonne la réunion d'une troupe réduite à moins de 700 hommes par le désarmement, les proscriptions et l'absence, quoique suppléant à la rareté par le zèle. Les rangs grossissent de moment en moment, l'insuffisance ne se faisait que trop sentir encore.

Le peuple soulevé déclare méconnaître l'autorité violemment imposée, et les soldats fanatisés répondant par de sinistres clameurs aux manifestations bruyantes des Marseillais, les hostilités se déclarent; les retraités et le poste de la Canebière tirent sur le peuple et blessent plusieurs individus.

M. Raymond l'aîné, maire de Marseille en l'absence de M. de Montgrand, accourt sur la Canebière, au bruit des coups de fusil; il interroge les soldats sur la cause de ces voies de fait, et les soldats répondent qu'ils obéissent aux ordres de leurs chefs. La foule, un moment intimidée, s'engouffre en désordre dans les rues voisines, mais reparaît bientôt menaçante et déterminée. Les généraux, convaincus enfin des périls inutiles d'une lutte sanglante, ordonnent la retraite de la garnison dans les forts. Le bataillon soi-disant sacré se retire dans la citadelle, où il entre sain et sauf, grâce à la sauve-garde de nos volontaires armés. La Canebière est à l'instant livrée au peuple et le drapeau blanc arboré au cercle des négociants blesse la vue des bonapartistes du fort; les canons sont placés aux embrasures de la grande courtine et la multitude agglomérée sur la place publique est menacée de la foudre. Aux cris d'un officier de la garde nationale, les masses vident le terrain, et les préparatifs de mort restent sans effet. La scène change de lieu. Une vive fusillade est entendue du côté de St.-Jean. Les soldats du poste du Palais avaient exaspéré le peuple par des menaces et des coups de fusil; ils ne pouvaient gagner le fort sans danger. La compagnie de chasseurs de M. Clérissy les protège jusqu'au pont levis, qu'on lève sur-le-champ, puis la généreuse escorte se trouve sous le feu roulant des remparts. La garde nationale indignée usant de représailles, le com-

bat prend un caractère déplorable. L'infatigable M. Raymond accourt au bruit; malgré ses instances, le feu continue des deux côtés. Les façades des habitations opposées au fort sont criblées de balles; un soldat nègre est
tué à côté du maire; un garde de santé a la mâchoire
percée d'un coup de feu dont il porte encore aujourd'hui
la large cicatrice.

Les escadrons de chasseurs prenant part au désordre,
et recommençant leurs courses favorites, déchargeaient en
même temps par la ville leurs carabines sur les cocardes
blanches et les vive le roi! La guerre était flagrante sur
tous les points à la fois.

Vers les quatre heures du soir, une proclamation de
Verdier, maintenant l'état de siége et annonçant un gouvernement provisoire, est affichée. « C'était, dit l'éloquent avocat de l'Hôtel-de-Ville, déclarer implicitement
à une population soulevée en faveur du roi, qu'elle
était condamnée à subir indéfiniment le joug de l'usurpation. » Loin de calmer les esprits, la proclamation eut
un effet tout contraire.

La compagnie d'artillerie s'étant emparée de l'arsenal
à la nuit tombante, y trouva quatre canons braqués sur
la ville; on les plaça sur les hauteurs du cours Bourbon,
pour tenir en respect la citadelle St.-Nicolas.

Les généraux reconnurent alors que c'en était fait de
leur pouvoir. Ils se décidèrent à quitter Marseille: c'était
une nécessité.

A trois heures dans la nuit, les troupes impériales, infanterie et cavalerie, et tous les chefs civils et militaires (1),

(1) Le disparition des deux employés civils de Napoléon, Roëde-

hormis le préfet Frochot, protégé par sa mansuétude, se mettent en marche silencieusement.

Les bataillons d'élite, c'est-à-dire les officiers retraités, les demi solde, suivis de la jacobinière militante, abandonnent aussi leur position. Le peuple, les voyant prendre position sur le cours Bourbon, leur suppose l'intention d'une attaque. Aussitôt, les canons sont prêts à faire feu : le sang va couler. Trois officiers de la garde nationale, entraînés par un généreux mouvement, se précipitent à la bouche des canons qu'ils embrassent, déclarant qu'ils périront les premiers. La foule étonnée reste immobile, et livre passage au bataillon en péril, qui s'éloigne en faisant entendre le cri de la reconnaissance : vive la garde nationale !

La sortie de la ville se fit dans un désordre facile à concevoir, au milieu de la nuit. Un grand nombre de fantassins en profitèrent pour déserter, et les hameaux situés sur la grande route d'Aix, que l'annonce des événements de Marseille tenait sur le qui-vive, furent témoins du passage successif des déserteurs isolés ou marchant par groupes. Quelques coups de fusil, échangés au hasard, se perdirent inoffensivement dans les airs.

Le gros des soldats de Verdier prit la route de Toulon, où Brune sommeillait. Les paysans de la banlieue embus-

---

rer le constituant et Lecointe-Puyraveau le régicide, fut aussi peu remarquée que leur arrivée. Le premier, d'un caractère avisé, ne pouvant pas empêcher des excès qu'il désapprouvait, affecta l'isolement pendant sa mission inutile ; il avait quitté Marseille avant la crise. Le second ne se montrait à Marseille que par intervalles, il s'y trouvait pourtant le 25 juin, puisqu'il en sortit protégé par M. de Borély qui lui donnait le bras. La biographie des contemporains dit faussement que Lecointe était alors à Lyon.

qués, harcelèrent leur première marche, sans notable dommage.

Les royalistes des communes les plus rapprochées de Marseille (Allauch, Aubagne et Cassis) instruits d'heure en heure des désordres de la grande ville, accourent en armes avec l'intention de secourir les Marseillais, dans une lutte qu'ils supposent inégale. Presqu'en arrivant, ils rencontrent les soldats qui fuient et la fusillade s'engage. L'escarmouche fut courte. La nuit, et de part et d'autre l'incertitude sur le nombre des ennemis, séparèrent les combattants. Les auxiliaires entrent dans Marseille, enfin délivrée de ses propres mains ; Marseille qui, la première des villes de France, venait de relever miraculeusement l'étendard royal.

Les soldats de Verdier n'étant plus à craindre, du moins pour le moment, le maire des cents jours, l'infatigable M. Raymond, changeant de couleurs, proclama aux flambeaux la levée de l'état de siége et la nomination du colonel M. de Borély, au commandement militaire de Marseille. La foule traduisit la timide annonce par des vive le roi! M. de Borély n'était jamais vainement sollicité ; le courageux dévoûment de ce personnage répondait à sa grande popularité. Le choix était donc excellent ; mais la garde nationale, très peu nombreuse, n'était nullement en état, malgré son incomparable activité, d'accomplir, avec toute l'utilité désirable, la lourde mission qu'elle allait avoir à remplir en dedans et en dehors des murs ; sans compter, car il faut tout dire, que parmi les citoyens armés pour la défense de la ville, et les tièdes à part, il ne manquait pas d'individus, fort honnêtes gens au fond, croyant, de la meilleure foi du monde, que l'unique moyen de corriger les jacobins était l'extermination.

Malgré le beau succès de la veille, la perspective était fort triste. De grandes calamités pouvaient tomber à l'improviste sur une population de cent mille âmes, inquiète, agitée, livrée à elle-même sans direction et sans point d'appui. Les soldats, en partant, avaient proféré la menace d'une prompte et terrible vengeance. Leurs colonnes s'étaient arrêtées au Bausset pour attendre disaient-elles, une partie de la garnison de Toulon et notamment le reste du fameux 35me régiment au drapeau noir, et rétrograder avec ce renfort, muni d'un parc d'artillerie, vers Marseille, pour y venger l'affront de la nuit précédente. Dans quelques heures, la ville pouvait être livrée à tous les fléaux.

D'un autre côté, les troupes échappées n'étant que l'arrière-garde de l'armée du Var, il était à craindre que de gros détachements ne fussent envoyés pour prendre part à la querelle, remonter le moral de leurs camarades et grossir à leur tête les masses d'envahisseurs. Et quels étaient les moyens de défense? Les magistrats des cent jours s'étaient enfuis ou cachés; mais n'étaient-ils pas, en vertu de leur odieuse origine, dans l'impossibilité morale d'obtenir obéissance et respect? M. Raymond restait seul à la mairie, ne pouvait-il pas être enfin méconnu lui-même? La seule force résidait donc dans la garde nationale, excédée de fatigue, car elle avait, avec ses 700 hommes, combattu bien avant dans la nuit, garanti la sûreté du pavé et fourni un détachement pour se tenir en observation aux environs de la ville et parer au besoin aux velléités agressives de la garnison en déroute.

Ajoutons que les troupes impériales avaient des amis dans la ville, qui cherchaient à leur indiquer notre faiblesse réelle.

Ce n'était pas tout, car il s'en fallait bien alors que le ciel fût tout-à-fait éclairci nulle part. Indépendamment des projets hostiles de Brune, Paris était menacé par l'armée de la Loire. La fin n'était pas douteuse, mais elle pouvait être retardée par les incidents Le gouvernement de Napoléon existait encore, lui-même avait abdiqué en faveur de son fils, et la chambre des représentants aux abois continuait ses délibérations ridiculement insensées.

Au milieu de cet océan de perplexités, une réunion de notables habitants amis sincères des Bourbons et de Marseille, se forma spontanément, d'après la pensée de tous les bons esprits, celle surtout de M. l'avocat Caire, qui s'était acquis, par de longs et utiles services, clandestinement rendus, la haute confiance de nos princes exilés. Cette assemblée avait pour motif la nécessité de parer d'une manière quelconque aux éventualités. Cinq dévoûments que nous ne saurions trop louer acceptèrent sans hésiter la proposition de prendre le timon abandonné au hasard. MM. le colonel Borély, dont le nom dit tout, Bruniquel de Rabaud, qui figure si noblement dans l'histoire des grandes crises marseillaises: Romagnac, homme d'instruction quoique négociant, et royaliste prononcé quoique protestant, comme son collègue Bruniquel; Casimir Rostan, érudit, issu d'une famille moitié noble, moitié commerçante, que la terreur avait décimée; le chevalier de Candolle, enfin, avec sa fidélité traditionnelle et son

généreux caractère. M. Caire fut investi des fonctions, singulièrement difficiles dans un pareil moment, de commissaire-général de police. Il avait placé à ses côtés, avec le
titre modeste de secrétaire, un homme qui avait appris
dans le commerce, la meilleure école pour ce genre d'é-
tudes, le grand art de la connaissance de ses semblables,
et qui joignait à une qualité si précieuse, dans la circonstance, l'heureux don de persuader. M. Pierre Rebuffat,
dans le cercle des affaires commerciales, possédait à un
très haut degré l'esprit d'à propos, le talent de saisir dans
la discussion le côté favorable pour le faire valoir, le côté
faible pour le voiler, et surtout une tête fertile en expédients.

Tandis que le comité royal achevait son organisation (1),
M. le marquis d'Albertas, préfet de la restauration, pu-
bliait une proclamation qui n'avait qu'un seul défaut, celui d'être datée d'Aix (2). Elle était redigée très probablement avant de connaître l'existence d'une dictature improvisée à Marseille. Mais en présence d'une autorité de
fait à laquelle le vœu public et ses premiers actes donnaient une sorte de sanction légale, M. d'Albertas crut
devoir s'abstenir désormais. Ce sage magistrat n'hésita pas

---

(1) M. le comte Frochot refusa, par attachement à son parti, la
proposition du comité royal de continuer, au nom du roi, les fonctions de préfet.

(1) Proclamation de M. d'Albertas.

« Habitants des Bouches-du-Rhône,

« Un second miracle sauve la France. La victoire s'est déclarée
pour la plus sainte des causes. Ne souillez pas ce drapeau blanc,
jusqu'à présent sans tache ; n'ensanglantez pas un si beau triomphe ; restez armés, mais calmes. C'est l'attitude qui convient à des

à sacrifier un droit incontestable à la crainte de compromettre, par d'intempestives contestations, la tranquillité publique encore mal assurée. Toutefois, à l'arrivée de M. de Bruges, M. d'Albertas prit part aux travaux du comité.

Le lendemain d'une nuit orageuse heureusement terminée, le comité royal annonça, dès l'aurore, son avènement et son entrée en exercice par la proclamation suivante :

« Louis XVIII vient de nouveau d'être proclamé dans nos murs! En attendant les ordres de notre souverain légitime, ou ceux des princes de son auguste famille, nous nous trouvons investis, par la force des circonstances, d'un grand pouvoir et d'une grande responsabilité, mais nous n'emploierons l'autorité dont nous sommes revêtus que pour maintenir l'ordre public, et pour faire triompher la cause des Bourbons et celle de la France. Tous les bons Français sont appelés à la défendre, tous sont invités à obéir à leurs chefs civils et militaires, l'obéissance et l'union étant, dans cette grande circonstance, aussi nécessaires que le courage.

sujets fidèles du plus clément de rois. Après deux mois d'exil, il m'est doux, en vous parlant pour la première fois, de vous rappeler que pour bien faire vous n'avez qu'à vous ressembler à vous-mêmes. Soyez encore les Provençaux du 14 avril 1814 : attendez avec une respectueuse confiance les ordres de votre roi.

« Eviter les insultes, les provocations inutiles, prévenir l'effusion du sang français, c'est servir Louis XVIII comme un Bourbon veut l'être! VIVE LE ROI!!

« Aix, le 26 juin 1815.

« *Le Préfet des Bouches-du-Rhône,*
« ALBERTAS. »

Le maire de Marseille, M. Raymond, disait, dans une proclamation du même jour, à peu près la même chose.

« Que tous les hommes qui doivent, d'après les lois existantes, faire partie de la garde nationale, prennent les armes ; que tous les habitants de la campagne se tiennent prêts à marcher au premier signal vers les points du territoire qui leur seront désignés. Des chefs expérimentés leur seront envoyés pour régulariser leurs efforts, et la Provence et le Midi deviendront, s'il le faut, une nouvelle Vendée, plutôt que de retomber sous le joug du despotisme ou des factieux qui se sont arrogé le droit de disposer des destinées de la France. VIVE LE ROI!!

« Marseille, 26 juin 1815.

« *Les Membres du Comité Royal provisoire*,

« Borély, Le chevalier de Candolle, M. A. Romagnac, Bruniquel, Casimir Rostan. »

Les dangers du dehors étaient les plus pressants. Il fallait que la Provence tout entière prît les armes pour résister efficacement aux projets ultérieurs de l'ennemi. Cet appel étant bien loin d'offrir une garantie complète de sécurité, des secours furent immédiatement demandés à l'amiral lord Exmouth, qui commandait les forces britanniques dans la Méditerranée, Mgr. le duc d'Angoulême fut supplié de venir se placer encore une fois à la tête de ses braves et fidèles Provençaux, et M. le marquis de Rivière reçut en même temps l'invitation pressante de joindre ses sollicitations, auprès du prince et de l'amiral, à celles du comité (1). Voici la réponse du Prince, nous la transcrivons sur l'autographe.

(1) Ce n'est pas sérieusement, sans doute, qu'on a pu objecter contre les comités royalistes, l'irrégularité de leur création et leur défaut de mandat. Lorsque une incendie éclate et menace de se propager, la nécessité est toute la loi. Il faut, avant tout, empê-

Puycerda, le 10 juillet 1815.

MESSIEURS LES MEMBRES DU COMITÉ ROYAL PROVISOIRE
DE MARSEILLE.

JE n'ai reçu qu'ici vos deux lettres des 26 et 29 juin,
car si j'avais encore été à Barcelonne, je me serais rendu
sur-le-champ au milieu des bons Marseillais pour vaincre
ou périr avec eux. Leur conduite me fait le plus grand
plaisir mais ne m'étonne pas ; je savais que le roi pouvait
tout attendre de leur dévouement. Vous avez été les
derniers à conserver le drapeau blanc et les premiers à
le relever ! Je me fais gloire d'avoir une pareille ville
dans mon gouvernement, et je m'y rendrai aussitôt que
cela me sera possible. En attendant, je vous charge,
Messieurs, de témoigner aux bons habitants, tous mes
sentiments d'estime, d'attachement et d'affection.

Je m'empresserai de faire connaitre leur conduite au
roi et je puis vous assurer d'avance que son cœur paternel
en éprouvera la plus douce jouissance.

Les événements du nord me donnent la confiance que
la Providence qui ne nous a jamais abandonnés, veillera
sur Marseille et qu'elle n'aura aucun danger à courir.
J'avais pourvu d'avance à ce que vous me demandez,

cher les flammes de gagner du terrain ; il faut les éteindre à tout
prix. Au milieu des terreurs d'une révolution, l'élite des habitants
d'une grande ville se réunit spontanément, d'honorables citoyens,
choisis dans le sein de la réunion, se dévouent et se mettent à la
tâche, au péril imminent de leur tête et de leur fortune, et bientôt
l'ordre succède aux égarements, tant il y a de puissance dans
la voix de la raison et dans celle de l'honneur et du patriotisme !
Le danger passé, ces hommes sans ambition rentrent dans la vie
privée, sans prétendre à d'autre récompense que la considération
publique ; et leur conduite serait incriminée, lorsqu'ils méritent
des éloges universels, voilà ce qu'on ne conçoit pas.

en nommant le lieutenant-général Marquis de Rivière, gouverneur de la 8ᵐᵉ division militaire, et en lui confiant les pouvoirs nécessaires, j'ai cru faire un choix agréable à la ville de Marseille; s'il n'était pas encorre arrivé le général Vicomte de Bruges, remplirait provisoirement ses fonctions. Croyez, Messieurs, au plaisir que j'éprouverai quand je pourrai vous assurer de vive voix de tous mes sentimens, tant pour vous personnellement, que pour notre bonne et fidèle ville de Marseille.

Votre très affectionné,

Signé : LOUIS-ANTOINE.

A Messieurs les Membres du Comité royal provisoire de Marseille.

Dans le temps où le comité royal, procédant dans la force de sa conscience et de sa popularité, se livrait aux grands devoirs qu'il s'était imposés de gaîté de cœur, une réaction sanglante renouvelait, en sens inverse, les alarmes des bons Marseillais et fournissait un prétexte spécieux à la calomnie.

La journée du 25 fut pleine de meurtres et de brigandages; cela n'est que trop malheureusement vrai. Les hommes coupables jadis, et toujours dangereux, que l'amnistie royale avait couverts sans les amender, et que le 20 mars avait de nouveau mis en fuite, ayant appris, au fond de leur retraite, la chute, à Marseille, du parti qui ne leur donnait ni paix ni trève, reparurent sur le pavé et, se flattant de l'impunité, aiguisèrent des poignards rouillés par un long repos. Aux débris des anciens fuyards s'étaient accolés des étrangers méridionaux, des instincts de cruauté que les lois dans toute leur force peuvent à peine contenir, des malfaiteurs de profession, et quelques nouveaux adeptes, poussés à la vengeance par le ressentiment de leurs injures personnelles. Malgré la généreuse opposition de la garde nationale incomplètement restaurée trop de sang fut répandu. Toutefois, les exagérations des journaux, des orateurs de tribune et des pamphlétaires resteront comme un exemple de plus des mensonges historiques. Des écrivains se sont crus bien modérés en n'adoptant que le chiffre de 5 à 600 ; d'autres sont allés jusqu'à des milliers, jusques à l'infini. La pitoyable crédulité de certains lecteurs et la méchanceté réfléchie de la mauvaise presse ont presque fait pâlir les septembrisations de 92 devant les massacres de 1815. Pour nos propres convictions, nos souvenirs et ceux de nos contemporains suffisaient ; mais sur une question qui intéresse de si près notre berceau, nous avons jugé utile d'aller plus loin. Nous avons compulsé attentivement et à plusieurs reprises les registres publics, et nos investigations dans ces livres longtemps en désordre, mais tenus à cette époque avec une grande exactitude, nous ont seulement appris, ce que nous savions déjà, que, dans la journée meurtrière du 26 juin, vingt-cinq individus avaient péri à Marseille, et pas un de plus. Les inexorables exigences de l'histoire nous traînant sur ce lugubre terrain, nous allons le parcourir douloureusement.

CHAPITRE SEIZIÈME.

De 1815 à 1816.

SOMMAIRE

—

—

Dans la matinée du 26 juin, une escouade de malfaiteurs vint en tumulte assiéger le jacobin Baissière, dans sa maison d'habitation, au midi de la plaine Saint-Michel. A défaut du propriétaire, qui s'était enfui, on s'en prit à la propriété qui fut envahie, pillée, saccagée de telle sorte qu'au bout de deux heures il n'y restait que les quatre murailles; l'incendie n'aurait pas été plus expéditif : on détruisit ce qu'on ne put pas emporter; les boiseries des fenêtres ne furent pas plus épargnées que le reste. Des vandales avaient passé par là.

Baissière était venu sur le Cours, probablement dans l'intention de se joindre aux habitués, ses pareils, d'un café aujourd'hui en démolition entre les rues Thubaneau et du Poids-de-la-farine. Des sicaires le découvrirent et lui firent subir une mort dont l'agonie fut affreuse. « Ce malheureux, dit M. Fabre, reçoit sur la tête un coup de sabre qui lui fait une large et profonde blessure; il tente de se réfugier dans le café, il en est repoussé et l'on ferme précipitamment la porte. Epuisé, couvert de sang, il s'assied sur les bancs extérieurs. Un coup de fusil lui fracasse la jambe et l'abbat sur le trottoir. D'autres coups de feu le déchirent. Un forcené, l'accablant d'invectives, le presse de crier vive le roi; il répond le contraire d'une voix éteinte. Les meurtriers le foulent aux pieds et l'achèvent à coup de crosse. »

Qu'avait donc fait ce Baissière pour être si cruellement traité?

Baissière tenait, avant 89, une pauvre boutique de miroitier, dans le pauvre quartier de Ste.-Barbe. Effronté, bavard, ambitieux et méchant, il s'était jeté des premiers dans les égouts de la révolution, c'est-à-dire qu'il devint en peu de temps, à force de déclamations furibondes, un clubiste à grand renom. On ne parlait que du grand patriote Baissière, et lorsque Barras et Fréron instituèrent le comité révolutionnaire de 93, ils ne manquèrent pas de l'y appeler; et là, ce prétendu vieillard inoffensif auquel on imputait, dit l'historien cité, des opinions républicaines, se gorgea de rapine et de sang. Il avait échappé par l'absence à la réaction thermidorienne (1), il est probable qu'on l'aurait épargné en 1815, s'il avait vécu dans une retraite prudente pendant les cent jours, car les réactionnaires du 26 juin en voulaient moins aux vieux jacobins, avec lesquels ils n'avaient jamais rien eu à démêler, qu'à ceux dont la participation, soit en paroles, soit en actions, aux derniers épouvantements leur avait fait courir les champs trois mois durant. Point du tout, Baissière ayant cru sottement le bon temps de retour, ne s'était pas fait faute de bravades et d'appels aux vengeances républicaines. Il y a plus, entré dans la police secrète de Brune, il s'était établi l'arc-boutant de cet arsenal d'iniquités. Plaignons pourtant Baissière, et refusons aux meurtriers un bill d'indemnité.

Avec Baissière, périrent, dans le même lieu et par d'autres mains, deux anciens officiers retraités, Folot et Vincent, accusés d'avoir figuré parmi les auxiliaires de Verdier, qu'ils auraient dû suivre.

A la place du Petit-Mazeau, au nord du Palais de justice, il existe encore une vieille boutique de pâtissier-rôtisseur aimée des procureurs du voisinage. Les deux frères Verse tenaient, en 1815, cette succulente manufacture de

_____

(1) Un de nos amis rencontra Baissière à Turin en 96 ; il était dans les vivres.

brioches et de petits pâtés. Ils avaient deux cordes à leur
arc, car ils ne s'étaient pas toujours contentés de l'industrie du tourne-broche. Un trait de leur vie suffira pour
édifier nos lecteurs sur leur compte. Amis et compagnons
des Savon, les Verse avaient coutume de manœuvrer à
l'exercice de la lanterne de 92. Ils avaient joué un rôle
d'importance à la pendaison bissée de ce Camoin, camarade du domestique de Philip, dont nous avons raconté la
fin tragique en son temps. L'expédition parachevée, l'un
des Verse, nous ne savons lequel, se tourne vers l'autre
en déroulant ses manches, et, d'un air triomphant, lui dit :
*As vi coumo ai enfounça lou tabernaclé emé un coou de
poun?* As-tu vu comment, d'un coup de poing, j'ai enfoncé
le tabernacle? Il voulait parler de la niche au faisceau
de cordes.

Plus tard, les Verse devinrent les délateurs officiels
des honnêtes gens en général, et des pâtisssiers leurs confrères de la place en particulier.

A la débâcle de Verdier, les Verse, conseillés par la
peur, allèrent se cacher auprès de leur ami Galibert cadet,
dans une maison de campagne attenant au cimetière de
St.-Charles. Cette bastide avait appartenu à M. Grégoire
le chapelier, livré en pâture aux juges-tigres de 93 par
Roybon le ferblantier, de concert avec Galibert le menuisier. Le champ du juste avait passé dans les mains de son
délateur, comme bien de condamné. Il est bon d'avertir
ici que le Galibert de St.-Charles était l'individu que nous
avons rencontré à Manosque et ailleurs, dans le précédent
volume. Les forfaits de ce misérable seraient trop longs à
raconter si nous les redisions un à un.

La retraite de ce trio de scélérats avait été facilement découverte par des hommes familiarisés, par leurs anciennes habitudes, avec la banlieue. Une bande impitoyable les y saisit, et, sans écouter leurs supplications, les amena au milieu du Cours, près des Méduses, pour leur faire un mauvais parti. Le jeune M. Auguste Attanoux, à la tête d'une faible patrouille de la garde nationale, ayant essayé sans succès pour empêcher un meurtre, demanda main forte au poste voisin, lequel fit, dit-on, une réponse négative. Attanoux, persistant généreusement, voulut tenter un dernier effort, sans prendre garde à son propre péril. « Laissez-nous faire, Monsieur l'officier, lui cria une voix, laissez-nous faire, autrement ça finira mal (1). » Et dans le même temps, une grêle de coups de bâton assommait, jusqu'à la mort, trois malheureux demandant grâce à genoux devant leurs bourreaux. Sans contredit, Galibert et les Verse méritaient mille morts, mais il était horrible d'usurper les droits du bourreau.

Ange Terrier, plus connu sous le nom de Langi, était le boulanger de la rue du Panier, habitée par le petit peuple. Joueur, comme on l'est assez généralement dans une profession où le maniement de l'argent en fait méconnaître le prix, le jeune Terrier avait hanté la bande des Savon : tant il est vrai que la passion du jeu est mauvaise conseillère, comme la faim. On ne dit pas, cependant, que Terrier se fût mêlé aux pendeurs sur la place publique. Les

(1) M. Attenoux, sorti d'une famille recommandable de Saint-Chamas et avantageusement connu à la bourse de Marseille, mourut prématurément peu d'années après cette aventure.

réactionaires de thermidor l'avaient oublié, et Terrier n'avoit pas fait parler de lui jusqu'aux cents jours. A cette époque calamiteuse, le boulanger, négligeant son état par nécessité peut-être, se fit agent de police, et, en cette qualité, se mit, avec son confrère et son ami Roubaud, à la poursuite des conscrits réfractaires et des proscrits de la dernière édition. Or, ce Roubaud était, ainsi que tous ce qui tenait à la police existante, la bête noire du parti persécuté. Par hasard, ou de dessein prémédité, un groupe affamé de vengeance rencontra, sur le chemin même qui venait de servir de théâtre à l'arrestation de M. Anglès-Capefigue, Roubaud et Terrier qui rentraient dans la ville, probablement après une de leurs battues ordinaires. On allait les tuer sur-le-champ, lorsque le fils de Terrier survint, des pierres à la main à défaut d'autres armes, pour défendre d'une manière quelconque la vie de son père. Ses efforts sont impuissants; ni son dévoûement, ni ses prières, ni ses larmes ne peuvent rien sur des cœurs dès longtemps endurcis. Il demande alors à mourir avec l'auteur de ses jours. On le repousse. Il insiste, et, malgré l'invitation réitérée de s'éloigner, il court embrasser son père, et reçoit un coup mortel en même temps que lui et Roubaud.

Plusieurs contemporains nous ayant confirmé cette version, d'ailleurs assez conforme à celle de l'historien de Marseille, nous l'admettons volontiers. Mais, sans prétendre le moins du monde ternir la beauté du trait de piété filiale, nous avouons peu comprendre un suppliant muni de pavés.

M. Anglès-Capefigue, avocat inconnu au barreau, cherchant son salut dans la fuite, s'était blotti dans une meule de foin, sur une charrette. Quatre ou cinq coupe-jarrets, qui rentraient dans la ville sur le bruit d'une révolution, étant arrivés vers le milieu du chemin de la Magdeleine, rencontrèrent l'équipage fugitif. On allait le laisser passer, mais le plus avisé de la bande persiste et le pauvre Anglès est découvert. Il était tremblant de peur. Le groupe sans entrailles le traîne dans un coin écarté et le laisse sans vie.

L'assassinat de notre infortuné condisciple affligea profondément Marseille. Ses compatriotes, oubliant son orgueil satanique et son extrême immoralité, ne voulurent voir, dans ce faux philosophe, que le membre d'une famille marseillaise honorable et considérée. M. Anglès, d'ailleurs, se plaçait, dans sa folle outrecuidance, trop au-dessus de son espèce pour se mêler aux dissentions politiques. Redoutant, en homme pusillanime qu'il était, malgré des passions ardentes qu'il s'étudiait à dissimuler, les périls de la popularité révolutionnaire, il n'avait paru comme acteur dans aucune des phases de la révolution (1).

Deux négresses éthiopiennes, dégoûtantes, presque nues, troublaient la place publique avec des vociférations inintelligibles, mêlées au nom de Bonaparte, leur Providence et leur Dieu. La plus furieuse de ces femmes, rebut

(1) Anglès n'avait retenu que le mauvais côte de ses excellentes études. Sans délicatesse et sans principes, doué d'une belle figure et d'un esprit insinuant, ce Lovelace-Diogène ne recherchait les femmes, qu'il aimait pourtant à la fureur, que pour les mener à perdition. C'est ainsi qu'il avait gagné le sobriquet de monstre, dans ses coteries intimes. Anglès, né sans fortune, s'était fait une existence assez confortable dans un emploi lucratif, à Milan, au temps de nos conquêtes. Son bien-être s'était amplifié plus tard dans la direction des douanes à Marseille, qu'il avait, au dire de ses ennemis, exercée avec un désintéressement fort problématique.

de la colonie égyptienne, comme de l'espèce humaine, hurlait après l'idole renversée comme la louve après ses louveteaux, provoquant au meurtre, dans son stupide délire, le meurtre incarné. Refoulée jusqu'à l'extrémité du quai, elle tombe dans l'eau, s'y débat convulsivement en criant toujours; une balle l'atteint au front et la fait disparaître.

Vers la même heure, cinq ou six malfaiteurs pillent, au cours Gouffé, la caisse dotée par une souscription roya-liste en faveur des volontaires pauvres des compagnies franches. En se retirant, les pillards assassinent un vieux jardinier, prétendu ou véritable jacobin.

La négresse noyée, le pillage et le meurtre à deux pas du quartier, le souvenir de leurs manifestations outrées à l'aurore des cent jours, épouvantent les habitants réfugiés d'Egypte qui végétaient dans les masures circonvoisines de la place Castellane. La peuplade aux trois quarts idiote, désertant ses chenils, se répand dans la campagne de la banlieue méridionale. Partout honnie, partout pourchassée comme un troupeau de bêtes fauves par la population agri-cole, race impitoyable et couarde, la horde errante gagne les solitudes boisées de Ste.-Marguerite et de Mont-Redon et passe vingt-quatre heures sans abri, sans aliments et dans de mortelles transes.

Un ramassis de pillards se dirige vers les châ-teaux des Aygalades et de St.-Joseph; la compagnie Gimmig est aussitôt commandée pour les préserver, et son loyal et brave capitaine, arrivé à temps, fait avorter le pillage; mais ce démembrement nécessité par le péril des lieux menacés, ajoute un degré de plus à l'audace des

émeutiers intrà-muros. A St.-Just, quartier voisin de la
ville, une maison de campagne, propriété de l'inspecteur
aux revues Reynier, subit une complète dévastation, soit
à cause du grand nombre de malfaiteurs, soit par la négligence et peut-être la connivence de l'officier chargé de sa
défense.

Plusieurs maisons de la ville, compromises par le nom
des propriétaires, sont ravagées. Les meubles des patriotes
de 89, Auguste Mossy, Omer Granet, Cayol, Fournier ;
ceux des hommes de fructidor, Mégy, Jouve, Payan et plusieurs autres moins célèbres, deviennent la proie de la canaille. Quant à la personne des propriétaires, elle fut
sauvée par l'absence. Cependant le comité royal, à bout de
voie, mande un homme désigné par le cri public comme
l'ordonnateur des désordres. (Nous ignorons le nom de cet
homme, nous le tairions quand même nous en serions instruits.) M. Romagnac, dont le corps frêle contenait une
âme énergique, lui adresse cette courte mercuriale : « Les
abominations de la place publique sont votre ouvrage,
vous seul en êtes le directeur, les coupables n'agissent
que par vos ordres ; eh bien ! Monsieur, il est quatre heures,
(M. Romagnac tenait sa montre à la main) si dans une
heure les désordres n'ont pas cessé, vous serez livré à une
commission militaire. Prenez garde, car il y va de votre
vie : sortez. » L'homme balbutia une courte réponse et se
retira. A l'heure désignée les malfaiteurs avaient disparu.
Mais de nouveaux meurtres, commis au loin, souillèrent
la matinée du lendemain.

Trois agents de l'ancienne police, Aga dit la Victoire,
Arnoux et Puget s'étaient faits alguasils, comme le Rolando

de Le Sage, après une jeunesse assez mal employée. Ils s'étaient acharnés à la poursuite des prêtres orthodoxes et des conscrits réfractaires, depuis le 18 fructidor jusques à la restauration, sans oublier de mettre à contribution, dans leurs tournées, tous les cabarets du terroir. Les fuyards, leurs anciens amis, les eurent pareillement à leurs trousses, quoiqu'avec une certaine circonspection. A l'aspect des périls du pavé brûlant de Marseille, les trois Vidocq de province étaient sortis de la ville à la hâte dès le 25 juin, et, se reposant sur la protection du maire de la petite ville de Cassis, qui, suivant toute apparence, était une de leurs connaissances, ils s'étaient crus en sûreté dans cette localité peu visitée; sécurité fatale qui les perdit. Le 27, au petit jour, une troupe d'assassins, tombée des nues, les saisit, les garotte et les fait marcher devant elle sur la route de Marseille. On s'arrête vers la descente de la Gineste. On les dépouille, on les massacre sans miséricorde, et, la vengeance accomplie, les meurtriers, revenant sur leurs pas, rentrent à Cassis, en étalant les vêtements des victimes; abominable certificat.

Telles furent les calamités qui changèrent momentanément en douleur la joie de Marseille, royalisée pour la seconde fois de ses propres mains. Nous avons tout raconté, du moins tout ce qui est venu à notre connaissance, sans omettre la moindre chose à dessein, et la plume tremblait dans notre main en écrivant! Quelle âme, fût-elle d'airain, n'en serait pas émue? Qu'il nous soit permis toutefois de considérer que la partie dominante des sicaires sortait des fuyards de 97, rendus à la société par une amnistie et chassés de nouveau par les cent jours. Ce qui semble le

prouver, c'est que, sauf exception et généralement parlant, on oublia les jacobins de vieille date assez avisés pour
se tenir à l'écart pendant le règne de Brune, tandis qu'on
exerça d'atroces vengeances sur ceux qui s'étaient montrés
à la même époque, ou longtemps auparavant au 18 fructidor, en s'associant aux brutalités de la soldatesque, en
figurant dans les vieilles émeutes, ou bien en se mêlant
aux investigations acharnée de la police de Lecointe; sur
ceux encore qui s'étaient perpétuellement livrés à d'atroces
menaces. S'il en est ainsi, comme nous en avons l'intime
conviction, pourquoi donc accuser de compliciticé tout un
peuple interdit d'effroi qui, bien loin d'applaudir à des
forcenés, depuis longtemps en horreur, gémissait au contraire sur une déplorable récidive qui calomniait Marseille
brisant ses fers? N'est-il pas, au surplus, très possible que
la révélation du nom de l'individu tancé par M. Romagnac
aurait changé les probabilités en certitudes?

Le 27 juin, au lever du soleil, la proclamation suivante
couvrait les murs de Marseille :

Marseillais,

Les violences exercées par les militaires qui ont osé
faire feu sur le peuple, ont pu faire excuser des vengeances qui ont été exercées dans le premier moment d'un
triomphe obtenu au prix de votre sang. Il est temps que
tout rentre dans l'ordre, et que des hommes étrangers à
notre ville, ou des malveillants, ne profitent pas du tumulte
pour commettre des crimes. Il est temps que les personnes
et les propriétés soient respectées. Il faut arrêter des excès
coupables. Une commission militaire sera établie pour

poursuivre rigoureusement ceux qui tenteraient de troubler la tranquillité publique. La garde nationale, si justement louée par notre auguste monarque, elle qui a si bien mérité de la ville, va redoubler d'activité et d'énergie pour que désormais tout rentre dans l'ordre et que l'on n'entende plus que les cris de joie qu'inspire le retour du règne de notre bien-aimé souverain Louis *le tant désiré !*

VIVE LE ROI!

Marseille, 27 juin 1815.

Les Membres du Comité royal provisoire,
Signés : BORÉLY, Le Chevalier de CANDOLLE, M. A.
ROMAGNAC, BRUNIQUEL, Casimir ROSTAN.

Cette affiche, dont la rédaction, pour le dire en passant, n'est pas un modèle de style, et dont il est impossible d'approuver le début qui renferme, à notre avis, un assentiment implicite à des énormités qu'aucune considération ne pouvait rendre excusables, cette affiche, disons-nous, ramena la sérénité dans l'atmosphère. La popularité, la considération, le crédit et la puissance du comité s'en accrurent. A son apparition, Marseille rentra dans son état normal, à tel point, que les malheurs de la veille semblaient n'être qu'un songe. Mais la cessation des voies de fait avait précédé la célèbre proclamation.

La scène entre M. Romagnac et le directeur mystérieux des désordres n'ayant été connue que d'un très petit nombre de personnes, on a cru généralement que la proclamation du 27 avait eu pour conséquence immédiate le retour de l'ordre. C'est une erreur, car il est certain que les malfaiteurs avaient déserté la place publique deux heures avant le coucher du soleil du 26. La cause n'existant plus l'effet avait cessé : M. Romaguac avait frappé juste.

Il fallut ensuite s'occuper de pacifier la banlieue et songer au salut des Egyptiens dépaysés. Ce fut un surcroît de fatigue pour l'infatigable garde nationale de Marseille. La compagnie de M. Lazare Estieu, chargée d'explorer les localités méridionales extrà-muros, arriva sur la plage de Mont-Redon. Les Egyptiens erraient dans les déserts du sud. D'aussi loin qu'on les aperçut, des signes de bienveillance essaient de les attirer : peine perdue. L'apparition des baïonnettes avait redoublé l'alarme parmi la horde effarée. A l'instar de la volatile devant le chasseur, la colonie ambulante reculait de monticule en monticule devant ceux qu'ils croyaient n'être là que pour tuer. Mais enfin le plus hardi, prenant courage, s'avance d'assez près pour qu'on pût s'en rendre maître. Il était transi de peur, exténué d'inanition. On le rassure, on le reconforte et on le renvoie vers les siens avec des paroles de paix. Peu d'instants après, le groupe oriental était sous les ailes de nos volontaires. Ces pauvres gens offraient un spectacle de misère et de dénûment qui fendait le cœur. Des cris confus de joie, de reconnaissance, et aussi de douleur et de faim, sortaient de la peuplade affamée. Les premiers besoins satisfaits, M. Estieu place sa capture au centre de sa compagnie, et la caravane mi-partie s'achemine paisiblement et joyeusemeut vers la ville. On plaça provisoirement les Egyptiens au fort St.-Jean, pour leur sûreté. Peu de jours après, on les rendit à leurs masures. Pendant le trajet de la porte de Rome au fort St.-Jean, le bon peuple marseillais, pardonnant à ses anciens hôtes leur dévoûment brutal à Bonaparte, n'eut pour eux que des exclamations de pitié bienveillante (1).

L'ordre régnait dans les murs et dans la campagne de Marseille, mais de graves inquiétudes existaient encore. De grands efforts étaient indispensables pour consolider un bien-être précaire. L'irritation de Brune, contre une ville qui s'était débarrassée de ses satellites par la violence et dédommagée de ses taquineries en se moquant de lui, n'était nullement appaisée. Ayant à sa disposition un grand nombre de soldats, non moins exaspérés que leur chef, et qui ne demandaient pas mieux que de prendre une revanche, Brune, aveuglé par sa fausse position, allait se mettre en campagne. Nous apprîmes, en effet, la sortie de Toulon de plusieurs bataillons, détachés de la garnison et de l'armée du Var, le maréchal à leur tête, prenant par le plus long, pour envelopper le département des Bouches-du-Rhône tout entier, ou plutôt pour se régler sur les nouvelles de Paris.

Voilà donc Marseille retombée, après vingt-deux ans, aux jours d'épouvante du mois d'août de 93. A l'approche de Cartaux second, le commerce trembla pour ses magasins, la propriété pour ses foyers et tout le monde pour soi-même. Le mouvement commercial à peine rétabli, s'arrêta de nouveau; la campagne se repeupla de fugitifs, la panique était complète, car la peur ne raisonne pas.

Le comité royal, constamment au niveau de sa mission,

(1) La partie honorable et civilisée de l'émigration égyptienne, qui habitait au quartier de la Plaine, ne fut inquiétée en aucune manière. Par la suite, cette classe estimable de réfugiés s'est fondue dans la population commerçante de Marseille.

comprit la nécessité d'opposer une digue puissante au torrent, par la création d'une armée; tel fut le dernier des
travaux qui couronnèrent son glorieux intérim.

Dès le 27 juin, le général baron Perreymond était nommé commandant supérieur des milices marseillaises. Il prit
pour second le général de Loverdo; pour chef d'état-major
M. le comte de Seren, devenu notre compatriote par son
mariage avec la fille de M. de Séderon du Beausset, qui
avait perdu ses deux fils, l'un en défendant Toulon, l'autre, si ma mémoire est fidèle, dans l'incendie du *Scipion*.
Le chevalier Lange Suffren fut investi des fonctions de
commandant de la place. Le général, chargé pour la seconde fois du commandement de Marseille militaire, annonça sur-le-champ son entrée en exercice par la proclamation suivante :

ARMÉE ROYALE EN PROVENCE.

PROCLAMATION.

Habitants de la Provence,

Appelé par le comité royal provisoire de Marseille au
commandement en chef de l'armée royale en Provence,
c'est pour la seconde fois que j'ai l'honneur de marcher à
votre tête, c'est pour la seconde fois qu'uni au brave maréchal-de-camp comte de Loverdo, loin de *lever l'étendard
de la guerre civile*, nous déployons l'étendard de l'honneur
et de la fidélité.

Eh! de quel droit ces hommes, qui pendant vingt-cinq
ans nous ont bercé de vaines promesses, oseraient-ils
s'arroger le pouvoir de comprimer plus longtemps l'expression de votre volonté vraiment nationale? Oui, la
Provence veut être gouvernée désormais par le sceptre
paternel des fils d'Henri IV.

Quelques personnes égarées, réfugiées dans deux ou trois cantons, refusent seules de céder à votre unanimité touchante. La force et la raison, n'en doutons pas, feront bientôt cesser leur erreur.

Et vous, militaires qui composez le corps d'observation du Var, devrons-nous encore vous considérer comme ennemis? Le seul développement de toute la population armée suffirait pour vous anéantir. Nous espérons que ces soldats, si longtemps l'exemple des guerriers, s'empresseront de reconnaître l'erreur d'un moment, et se rallieront au seul drapeau vraiment national, au noble étendard des lis: les braves du 9me et du 14me ont prouvé en Corse combien ils tenaient à l'honneur.

Provençaux, j'espère n'être point forcé, pour assurer le triomphe de la plus sainte des causes, de recourir à votre courage. Non, le sang français ne sera point versé, si vous continuez à montrer la même union, la même constance, la même soumission à la discipline.

VIVE LE ROI!

Marseille, 27 juin 1815.

Le Maréchal-de-camp commandant provisoirement l'armée royale en Provence ,

BARON PERREYMOND.

Il ne s'agissait plus que de rassembler des combattants en assez grand nombre pour tranquilliser à la fois les populations, mettre l'agresseur en considération, et, s'il le fallait absolument, l'obliger par la force à renoncer à sa folle entreprise.

Le 30 juin, le comité royal appela sous les armes les populations de la Provence, menacées par l'ennemi, et le 5 juillet, tous les citoyens de Marseille en état de servir reçurent l'ordre de se réunir sous le drapeau royal : jamais réquisition ne fut accueillie avec autant d'empressement, exécutée d'une manière aussi absolue et aussi prompte. Les cadres de la garde nationale furent à l'instant débordés par la multitude d'enrôlements, et les communes environantes répondirent aux désirs du comité avec tant de générosité, que le lieutenant-général de Bruges, aide-de-camp du duc d'Angoulême, étant arrivé à Marseille le 6 juillet, put immédiatement passer en revue sept mille villageois armés.

M. le colonel de Borély, un des membres du comité royal, se chargea de l'organisation.

La garde nationale forma quinze cents hommes d'élite, qui se portèrent, sous les ordres de M. le lieutenant-colonel Felmez, à Gardane, pour surveiller l'embranchement des deux routes (1).

Les compagnies franches qui, dans leur isolement, ne pouvaient pas présenter une grande force, furent réparties en trois bataillons et de suite casernées. Deux nouveaux bataillons, pris dans la garde nationale, reçurent l'ordre de se tenir prêts pour prendre la route de Toulon.

Le corps commandé par M. Felmez, après avoir passé quelques jours dans l'inaction, à Gardane, fut appelé à

(1) M. Felmez, honorable négociant à Marseille, avait servi dans l'infanterie, en qualité d'officier. Il avait quitté l'épée pour le commerce, par antipathie à l'esprit révolutionnaire de l'armée. La sagesse de sa conduite et le plus aimable caractère lui attirèrent un excellent crédit, et toutes ses relations d'affaires devinrent en peu de temps des amitiés. Les dangers de sa patrie d'adoption et le goût inné dans le cœur humain pour les anciennes habitudes, réveillèrent chez notre ami le goût de l'état militaire.

Aix par le général Perreymond, qui avait établi son quartier-général dans cette ville, déjà gardée par plusieurs compagnies de volontaires envoyés par les petites communes des environs.

Le bruit répandu de la prochaine irruption d'un corps de cavalerie ennemie, détermina le général à mettre Aix en état de siége. Toutes les portes, moins deux, furent murées, quelques travaux de défense entrepris, et des postes avancés placés sur la route. Les descendants de Sextius se croyaient à la veille d'être dévorés. A deux heures du matin on battit la générale, le général prononça la harangue de rigueur, on allait en venir aux mains; mais on parlementa, le brave Felmez parvint sans beaucoup de peine à contenir la fougue des assaillants, les cavaliers de Brune reprirent la route de Saint-Maximin, d'où ils étaient sortis sans autre dessein que de battre la campagne. Le maréchal lui-même, que les nouvelles de Paris n'encourageaient guères, rentra dans Toulon sans avoir brûlé une amorce, et tout le bruit qu'il avait fait n'aboutit qu'à un supplément de ridicule.

Mais les esprits ne pouvaient être calmés tout à fait que par la soumission de Toulon; et Marseille, qui avait alors plus de force qu'il n'en fallait pour sa défense, n'en avait pas assez pour forcer le maréchal dans ses derniers retranchements.

Le martyr du royalisme, M. le marquis de Rivière, arriva le 10 juillet à Marseille, qui le reçut comme un illustre ami de retour. Le comité royal s'empressa de remettre entre les mains du gouverneur civil et militaire de la 8me division, nommé par M. le duc d'Angoulême, le pouvoir passager dont d'impérieuses conjonctures l'avaient rendu dépositaire.

Avant de paraître à Marseille, M. de Rivière avait annoncé, par une proclamation, l'arrivée très prochaine de l'amiral Exmouth, avec une armée et des provisions de tout genre. Quoique rassurés sur les mauvais desseins de Brune par l'heureux début d'une campagne ouverte sans auxiliaires, les Marseillais virent avec plaisir la réalisation d'une demande que la nécessité justifiait, et nous traitâmes en sauveurs nos ennemis de tous les temps, parce que leur puissante coopération dissipait d'emblée toute crainte ultérieure. Après tout, l'amiral anglais venait pour hâter la conclusion ou assister à la fin d'un épisode sorti d'une conjuration que l'Angleterre avait, suivant toute apparence, favorisée dans son principe (1).

L'amiral Exmouth et sir Hudson Love, alors peu connu, entrèrent dans Marseille le 11 juillet. Les jours suivants, trente vaisseaux de transport débarquèrent une armée anglo-sicilienne de cinq mille hommes avec douze pièces de campagne. Il n'y avait parmi ces troupes qu'un seul corps d'infanterie anglaise, le reste, en uniforme bleu,

(1) En raisonnant d'après les événements, ne serait-il pas permis de supposer que l'Angleterre, peu satisfaite de la part qu'on lui avait faite en 1814, et contrariée dans ses projets de domination universelle par l'immense prépondérance de l'empereur Alexandre dans les conseils du roi de France, avait jugé digne de sa politique de tout remettre en question par un nouveau bouleversement? Passer sur le corps de Napoléon sans le concours de la Russie, s'emparer de l'ascendant de cette puissance sur le cabinet des Tuileries, se ménager le moyen d'arriver tôt ou tard à son but, soit en créant des embarras à la seconde restauration, soit en se ralliant à propos aux conspirateurs nés ou à naître, tel était son plan, si nous sommes dans le vrai.

formait cinq régiments italiens à la solde de l'Angleterre. Le débarquement fut accompagné des cris : *Vive le Roi ! vivent les Anglais!* On logea le régiment anglais dans les beaux quartiers de la ville ; la partie italienne, dans la vieille ville et dans les forts.

Les billets de logement, habituellement accueillis avec une extrême répugnance et des réclamations sans fin, rachetés en définitive par des rançons pécuniaires qu'on marchande, auraient été cette fois considérés comme une faveur municipale. Le temps ayant manqué pour les distribuer, les habitants allèrent d'eux-mêmes au devant de l'injonction. On prenait les Anglais par la main pour les introduire. Des aliments, des lits confortables, des attentions de toute espèce leur furent prodigués. On croyait ne pouvoir faire assez pour eux.

Il s'établit insensiblement dans les ménages une confiance sans pareille pour nos amis enrégimentés. On en vint jusques à laisser les appartements ouverts aux jours de fête qu'on allait passer à la campagne. On trouvait au retour la maison balayée, appropriée du haut en bas, les meubles époussetés, les ustensiles de cuisine écurés. Il y avait, pour ainsi dire, autant de domestiques dans les habitations que de soldats au régiment. L'attention anglaise fut quelquefois si courtoise, que le militaire retenu pour son service hors de la maison jusques au cœur de la nuit, en passait le reste à la belle étoile, pour ne pas troubler le sommeil des bourgeois. Du traitement patriarchal d'une part, de l'obséquiosité anglaise de l'autre, naquit un commerce de bons offices, dans la région de la casserole, qui s'étendit par-ci par-là, dit-on, jusques aux dernières inti-

mités. Au commencement on ne se comprit mutuellement
que par gestes, puis par quelques mots usuels, mais l'intelligence marseillaise fut si prompte, que les gamins de
la rue Neuve et de la rue d'Aubagne, où logeaient deux
compagnies d'élite, parlaient anglais comme les habits
rouges au bout de six mois de fréquentation, tandis que
les grenadiers bretons partirent sans avoir le moins du
monde appris la langue du pays : bon jour et bon soir,
monsieur et madame, oui et non, composaient tout leur
vocabulaire.

Sur la moindre plainte, la prison, et, dans les cas graves, la bastonnade, ramenaient les délinquants au devoir.
Cela, du reste, n'arrivait que fort rarement, à cause de la
tolérance des offensés, enclins au pardon, dans la crainte
d'une réparation trop sévère. Au reste, les punitions corporelles ne tombaient guères que sur le petit nombre de soldats irlandais du régiment. Ces grossiers insulaires rentraient la plupart du temps au logis à des heures indues,
dans une ivresse dégoûtante, payant l'attente des domestiques avec des propos orduriers qu'heureusement on n'entendait pas, assaisonnés d'un vacarme qu'on n'entendait
que trop. Oserons-nous le dire? S'il fallait juger la nation
d'O'Connel d'après cet échantillon, il faudrait beaucoup
retrancher de l'intérêt généralement accordé en Europe,
sur parole, à ces imbéciles consommateurs de pommes de
terre.

Les soldats anglais pur sang allaient au cabaret tout
de même; ils en sortaient souvent pris de vin, mais on ne
s'apercevait qu'ils avaient trop bu que lorsqu'ils gagnaient
le lit sans dire mot.

Les officiers anglais, logés dans les grands quartiers, presque tous en hôtel garni, se firent bientôt distinguer par leurs manières de bonne compagnie. Des lettres de recommandation les introduisirent dans les premières sociétés de la ville. Ils étaient jeunes, beaux, élégants, amis de la joie, galants, généreux, riches en général, s'exprimant tous en français (1), comment résister à tant d'attraits ? Ajoutez qu'ils étaient nouveaux venus, ce qui n'est pas un petit mérite aux yeux des belles : il devint de bon ton de se montrer en public sous le bras d'un accompagnateur britannique ; et si les soldats régnèrent dans les cuisine, l'état-major, à son tour, laissa d'aimables souvenirs dans les salons.

Le régiment montait quelquefois à la plaine St.-Michel pour l'exercice. On aurait cherché vainement dans ses manœuvres, l'intelligence, la précision et la promptitude françaises. Quelquefois aussi les compagnies, à tour de rôle, faisaient des promenades militaires de trois et quatre lieues avec armes et bagages. Le dimanche qui suivit le débarquement fut employé à une revue générale, hors la porte d'Aix. Le corps d'armée occupait l'espace pendant entre la place Pentagone et le mur de clôture des fous ; il s'étendait ensuite, en se rétrécissant, jusques au voisinage d'Arenc. L'artillerie était placée sur la langue de terre qui borde la grande route au couchant. Ce déploiement n'avait

(1) L'avancement dans l'armée de terre est à peu près nul en Angleterre, où tout se vend et s'achète. La première condition d'un officier pour être distingué, c'est la richesse. Les soldats eux-mêmes ne considèrent que très médiocrement les officiers sans fortune. Dans les rangs subalternes, la pique de sergent est le *nec plus ultrà* militaire.

de remarquable que le bel équipement du train d'artillerie et le concours immense de curieux. On avait mis plusieurs compagnies bleues en cantonnement dans les campagnes élevées qui terminent le territoire de Marseille au nord, en plongeant sur les avenues. Plusieurs régiments autrichiens, commandés par le général Nugent, étaient disséminés dans le département. Quelques compagnies vinrent à Marseille. On les logea chez les habitants des quartiers voisins de la grande entrée de la ville. Leur discipline n'était pas moins rigoureuse que celle des Anglais, si elle ne la surpassait pas. On admira la musique allemande, qu'on entendait tous les dimanches, avec ravissement, dans l'église des Recollets. La musique de l'armée anglo-sicilienne était loin de procurer les mêmes jouissances au dilettantisme marseillais. L'Angleterre ne songe qu'au solide.

Pour nourrir tant de monde, on eut recours à un emprunt. Des commissaires spéciaux établirent, sur les plus gros contribuables du département, des taxes de guerre, réglées sur le chiffre des impositions directes. Chaque imposé souscrivit un bon à vue de la somme imposée. Ces papillotes furent jetées dans le commerce et converties en espèces. L'exécution de la mesure fut prompte et facile; et, chose étonnante, les avances des contribuables, qui ne s'y attendaient guère, furent remboursées dans la suite.

Voilà bien des détails. Hâtons-nous d'en sortir pour écrire nos dernières pages, et dire à la presse, en quittant la plume, un éternel adieu.

Dans le moment où l'on s'occupait encore des dispositions militaires, M. Grivel arriva de Toulon. C'était un officier au caractère élevé, d'un mérite distingué; il était alors capitaine de vaisseau, il est actuellement vice-amiral et préfet maritime à Brest.

Ce personnage recommandable avait conçu la généreuse pensée de mettre un terme à une situation qui compromettait la tranquillité du Midi, et pouvait y amener la guerre civile.

Arrivé à Marseille, non sans dangers, le capitaine de vaisseau Grivel se réclama du colonel de Borély, son ancien camarade dans la marine royale; il avait conservé avec lui des relations d'amitié; il donna son ami pour caution de sa mission de paix. Une réunion eut lieu à Aubagne chez l'amiral Ganteaume, entre MM. le marquis de Rivière, Grivel et Borély. M. Grivel y développa le plan d'une pacification nécessaire. Il fallait à Toulon un officier-général dont la haute influence pût concilier toutes les divergences d'opinion et remplacer le maréchal Brune, que M. Grivel avait enfin déterminé à l'abdication.

L'amiral Ganteaume, aimé et estimé de tout le corps de la marine, était seul capable, disait M. Grivel, d'une tâche difficile et périlleuse, dans un moment où l'exaltation des esprits était extrême. L'amiral s'étant dévoué, partit aussitôt pour Toulon avec le noble capitaine de vaisseau.

Pour parer à tous les événements, cinq bataillons marseillais, sous les ordres de M. le lieutenant-général comte de Lardenoy et du colonel de Borély, vinrent occuper le Beausset, le Castelet, la Cadière et Bandol. L'armée des alliés s'avança jusqu'à Aubagne et Cuges; il était expédient d'établir une ligne française entre les auxiliaires étrangers et les troupes de Brune.

Le général anglais manifesta l'intention d'entrer à Toulon. Le colonel Borély lui déclara qu'il était prêt, avec les bataillons marseillais, à se réunir à la garnison pour opposer la force à cette cauteleuse prétention. Sir Hudson Love dut renoncer à une velléité dont l'accomplissement, en réveillant de fâcheux souvenirs, aurait probablement soulevé toutes les populations du Midi.

Par les soins de l'amiral Ganteaume, Toulon ayant reconnu le gouvernement du roi, la paix fut rétablie dans toute la Provence.

M. de Rivière vint ensuite à Toulon pour s'aboucher avec Brune, qui refusa la proposition de s'embarquer sur un vaisseau de l'Etat. En conséquence, il fut arrêté, d'un commun accord, que le maréchal prendrait la route de Paris. Brune partit donc le premier août, avec un passeport, ses aides-de-camp, vingt-un chevaux de main, et quarante chasseurs du 14me pour escorte. M. de Rivière lui accorda toutes ses demandes, et, par excès de sûreté, le fit accompagner, jusques au passage de la Durance, par M. le comte de Maupas, son cousin (celui de M. de Rivière).

En présence de si nobles procédés, après tant d'attentions accumulées, comment a-t-il été possible qu'un écrivain téméraire ait pu insinuer, dans une biographie de parti, que M. de Rivière avait ourdi le guet-apens d'Avignon, calomnie atroce que, par respect pour un vénérable personnage dont la loyauté était proverbiale, nous n'entreprendrons pas de réfuter. D'ailleurs, il n'y a point de raisonnement contre l'absurde. Le même biographe n'a-t-il pas prétendu, en outre, dans un autre article, que Lecointe-Puyraveau avait quitté Toulon pour ne pas tomber au pouvoir d'un ennemi mortel, qui n'est pas nommé, mais qui n'est pas autre que M. de Rivière? Tandis qu'il est avéré que le commissaire de l'empereur n'avait pas cessé de fomenter des troubles, à Toulon, depuis son expulsion de Marseille. M. de Rivière pouvait-il, sans compromettre la sûreté du pays, tolérer la présence de cet artisan de désordre? et son bannissement ne devait-il pas être, enfin, la punition du régicide (1)?

Toulon soumis, le roi rentré, la paix assurée, les réjouissances reprirent l'essor. A la suite d'une procession générale, où s'étaient réunies toutes les corporations religieuses et civiles, il y eut *Te Deum* solennel à St.-Martin, avec l'assistance de M. le gouverneur de Rivière, de l'amiral, accompagné de son état-major, et du général anglais, entouré de ses aides-de-camp, entrant dans une église catholique peut-être pour la première fois de leur vie. Le buste du roi parcourut les rues avec les vivat de l'année précédente; on chanta, on dansa au marché, au théâtre, comme auparavant. Nous ne savons pourtant, mais il nous semble que toutes ces démonstrations n'égalaient pas en vivacité les primeurs de 1814, si colorées, si parfumées, si naïves, si saisissantes. Elles nous parurent tenir, en quelque sorte, des reprises dramatiques, parfois saupoudrées de pâleur et d'ennui. C'était, suivant nous, une espèce d'é-

(1) Dans la suite Lecointe étent revenu clandestinement à Marseille, le général Partouneaux, qui commandait la division, le fit arrêter et conduire au château d'If, d'où ses vieux amis parvinrent à le faire échapper, après six semaines de séjour.

preuve après la lettre et la barre. Palme du Pharo, tu resteras perpétuellement au sommet comme celle du Cid !

De l'incorrigible disposition d'esprit qui porte les bonnes âmes à juger d'autrui par elles-mêmes, naissent les mécomptes et les mystifications. Esclave de la ligne droite, bon M. de Rivière, on ne vous en fit pas manquer !

Marseille avait une préfecture sans préfet, un Hôtel-de-Ville sans maire. Le lieutenant du duc d'Angoulême remplit le vide en nommant provisoirement préfet M. le marquis de Montgrand, maire M. Raymond, commissaire-général de police M. Caire. Le ministre refusa son approbation à cet arrangement. Les flatteurs de cour, prenant Louis XVIII par son faible, lui avaient fait envisager les actes de l'*alter ego* de son neveu, comme des empiétements sur son autorité royale. Après quelque retard, M. Viennot de Vaublanc fut nommé préfet de Marseille, où il resta trop peu de temps pour être bien apprécié. M. de Montgrand reprit ses anciennes fonctions à l'Hôtel-de-Ville ; il s'en démit en 1830 et rentra dans la vie privée, accompagné d'une considération méritée par une administration de dix-sept ans, exercée avec honneur, intelligence et sagesse, qualités embellies par cette fleur d'urbanité qui a passé de mode.

M. de Rivière, dont la mission était finie, profondément dégoûté, d'ailleurs, par les froideurs ministérielles, mit bientôt à la voile pour Constantinople, où l'ambassade de France l'attendait depuis longtemps. Il partit, emportant dans son bagage la vénération et la sympathie du pays; seule mais suffisante récompense, à ses yeux, d'une mission de dévoûment.

L'armée anglo-sicilienne prolongea son séjour jusques à la mi-décembre. Le conseil municipal, en signe de reconnaissance, offrit à l'amiral et au général, à chacun, une riche pièce d'orfévrerie aux armes de la ville.

Au commencement du mois d'octobre, Mgr. le duc d'Angoulême visita Marseille, et y passa quelques jours heureux. Nous ne dirons pas, car il faudrait inventer les termes, l'élan d'amour excité par la présence de ce royal ami, dans une ville où naguère, malheur, dangers, efforts, combats, tout entre elle et lui avaient été communs.

M. Reynaud de Trets, ce Marseillais intrépide et dévoué, avait été appelé, par les suffrages unanimes du pays, à la chambre de 1815 : la chambre introuvable ! Cela était aussi convenable que juste. Là-dessus, les royalistes de Marseille imaginèrent d'envoyer à Paris, en forme de pétition, une accusation contre Masséna. On avait affaire à forte partie, puisque les chambres, la ville et la cour étaient infestées des amis et des partisans du maréchal, que tout le monde craignait. La rédaction fut confiée à un écrivain fort laid, mais qui, certes, ne manquait ni de savoir ni d'esprit. Alphonse Rabbe se fit mieux connaître, dans la suite, par le scandale de son journal : *le Phocéen*. Cet homme-là faisait tour à tour du royalisme et de la démagogie, suivant le prix qu'on lui en donnait. A la philippique furent ajoutées d'innombrables signatures, on la recommanda au député de Marseille, qui promit son appui, et la pièce arriva ainsi au rôle. Elle priait la chambre de signaler Masséna à la justice du roi, comme traître.

Dans la séance du 16 février 1816, le rapporteur proposa le renvoi de la pétition au ministre de la guerre, Plusieurs voix en demandèrent la lecture. Le député Colomb s'y opposa ; c'était un ancien procureur impérial à Marseille, médiocre, ambitieux et tracassier. Alors, notre ami M. Reynaud de Trets, étant monté à la tribune, prononça le discours accusateur dont nous trancrivons une partie sur le *Moniteur :*

« Pleins de zèle, animés par le plus vif attachement pour l'auguste maison des Bourbons, nous aurions volé au devant des pas de leur ennemi et du nôtre, et nos pas ont été enchaînés trop longtemps par les mesures de tiédeur qu'a prises celui dont le devoir était de se mettre à notre tête. Tous nous croyons que ses rapport avec l'île d'Elbe...» Des murmures s'élèvent : *à l'ordre, à l'ordre, continuez, continuez.* L'orateur reprenant : « Tous nous croyons que ses rapports avec l'île d'Elbe avaient peut-être contribué à préparer les funestes événements auxquels il nous a été interdit de mettre obstacle. Je vous demande, an nom des fidèles Provençaux qui auraient sauvé la France des malheurs qu'elle a éprouvés, si ce traître n'eût pas enchaîné leur courage, je vous demande que leur pétition soit renvoyée au ministre de la guerre, plus à portée que personne de juger de la direction qu'il doit donner à cette affaire pour l'intérêt du monarque, pour l'honneur de Marseille, et même d'une province entière, à jamais dévouée à son roi. » M. de Serres s'opposa à la lecture ; le marquis de Forbin des Issards, d'Avignon, la demanda ; son avis ayant prévalu, la lecture eut lieu et la pétition fut renvoyée au ministre de la guerre, c'est-à-dire dans l'abîme aux pétitions. Inutilement des démarches réitérées furent faites, séparément ou de concert, pour stimuler la longanimité ministérielle, par M. le marquis d'Albertas, alors pair de France, et M. Reynaud de Trets; M. d'Albertas demanda par écrit, à M. Decases, la restitution de l'original de la lettre foudroyante de Masséna, que lui, d'Albertas, avait envoyé dans son temps au gouvernement; M. Decases répondit par un subterfuge. Quant à M. Reynaud de Trets, il fut éconduit avec une averse d'eau bénite de cour. Les hommes dévoués qui avaient figuré au Comité royal, allèrent plus tard à Paris, isolément et à diverses époques; au lieu de faveurs et de remercîments, ils ne reçurent de la Cour que froideurs et dédains; on les traita presque comme des sujets félons. Louis XVIII régnait aux Tuileries, M. Decases gouvernait au ministère, et la scène s'ouvrait à la comédie de quinze ans.

ÉCLAIRCISSEMENTS HISTORIQUES

ET PIÈCES OFFICIELLES.

PREMIER VOLUME.

N° 1. *Page* 123.

Copie de la relation de ce qui s'est passé à Aix , concernant le régiment suisse d'Ernest, les 26 et 27 février 1792 , envoyé à Berne par M. de Watteville , major commandant de ce régiment..

« Dimanche, 26 février, après neuf heures du matin, M. de Barbantane , maréchal-de-camp commandant ici , me fit dire de faire rentrer au quartier tous les soldats. Un instant après, il m'envoya son aide-de-camp pour me faire passer chez lui de suite. Il me dit qu'il était averti que les Marseillais arrivaient , et qu'il nous faisait rester au quartier pour être prêts à tout événement. Entre onze heures et midi , je sus par un officier que j'allais être requis par la municipalité de renforcer tous les postes, mais que la réquisition avait été envoyée au général. Aussitôt, sans en avoir d'autre avis, je fis rassembler la nouvelle garde et la fis partir pour doubler tous les postes. Un instant après , l'aide-de-camp vint au quartier et ordonna de faire prendre les armes à tout le régiment, et je fis distribuer des cartouches. Le général étant venu,-je lui dis que j'avais fait doubler tous les postes, et

que nous serions prêts dans un instant. Il me dit : « Vous
« ferez marcher un bataillon et le placerez à la grille au
« bout du Cours, pour empêcher qu'ils n'entrent en ville, »
et qu'il allait reconnaître ce qui se passait. J'envoie les deux
compagnies de grenadiers et une de fusiliers, pour chercher les drapeaux sur le Cours en ville ; l'aide-de-camp vint,
me dit de ne pas faire marcher le bataillon.

Le général arriva dans le même instant pour me dire :
« Les Marseillais arrivent dans la ville ; j'ai ordonné au
« détachement qui cherchait les drapeaux de s'arrêter sur
« la place à l'entrée du Cours ; marchons en ville avec un
« bataillon pour soutenir votre détachement et voir ce qu'il
« y a à faire. » Arrivé au bout de la rue Saint-Jean, tout
près de notre détachement, qui n'était qu'à environ quarante pas des Marseillais, le général me dit d'arrêter la colonne ; que la municipalité allait venir, et que nous aurions
nos drapeaux. Il y eut des pourparlers entre le général et les
Marseillais. Il nous fut permis d'aller chercher nos drapeaux
qui passèrent devant les Marseillais, qui leur présentèrent
les armes. Les drapeaux arrivés, le bataillon resta en colonne, on attendit la municipalité. Les Marseillais firent
marcher une pièce de canon, et la placèrent à environ soixante pas vis-à-vis la tête de la colonne, et le reste de leurs
canons était placé de manière à nous prendre par le flanc,
en cas que nous eussions débouché de cette rue. Je dis au
général que c'était une marque hostile ; qu'il devrait leur ordonner de retirer leurs canons, ou que nous allions marcher
dessus. Il fut parlementer avec eux et revint me dire qu'il
n'y avait rien à faire avec ces gens-là, qu'ils n'entendaient
point raison, et qu'il allait à la municipalité. Je lui dis de
rester avec nous et d'y envoyer son aide-de-camp. Quand le
maire et quelques officiers municipaux furent arrivés, il fut
fait une réquisition de rentrer au quartier. On logea chez

les particuliers cette armée, et dès ce moment tout fut tranquille dans la ville. A tout instant et de tous côtés il venait des gens armés qui furent logés dans la ville.

« Vers les quatre heures du soir, le général vint dire de faire marcher deux cents hommes par réquisition du département à la maison commune à leur disposition. Au moment du départ de ce détachement, arrive une réquisition du département qui demandait un bataillon. Le général marche en ville à la tête de ce bataillon ; arrivé auprès d'une rue qui aboutissait à la place de la maison commune, le maire et les officiers municipaux en écharpe se trouvent là et nous crient d'arrêter. Aussitôt le bataillon fait halte. La municipalité nous apprend que si nous avions marché encore un instant, nous nous trouvions engagés dans un coupe-gorge complet, et il y eut des pourparlers entre eux et le général. Cela dura jusqu'à l'entrée de la nuit. La municipalité fit alors une réquisition de nous faire rentrer au quartier. Au moment où nous nous mettions en marche pour nous en retourner, arriva la garde que nous avions à la maison commune, mais désarmée. Chemin faisant pour rentrer au quartier, je dis au maire et au général de faire replier tous nos postes qui allaient sans doute avoir le même sort que celui de la maison commune : ils me répondirent qu'ils ne pouvaient point le prendre sur eux ; qu'ils nous accompagneraient jusques dans notre quartier; qu'ensuite , ils iraient à la maison commune pour s'occuper de ce qu'ils auraient à faire. Je dis à un officier du régiment de se rendre à tous nos postes, et de leur ordonner de ma part de ne pas faire de résistance si on venait en force leur demander les armes. A peine eut-il le temps de le leur dire qu'on vint successivement en force pour les désarmer tous, excepté celui de la porte Saint-Jean, qui était le poste le plus près de notre quartier, lequel fut retiré alors par une réquisition que

je reçus, de faire rentrer tous nos postes ; pendant la nuit il
y eut du bruit ; on battit la générale ; on sonna le tocsin ; le
général et son aide-de-camp passèrent la nuit avec nous au
quartier. A minuit il fit partir pour Toulon un de ses officiers avec une lettre pour M. de Coincy.

« Le lundi, vers les sept heures, on vit faire toutes les
dispositions hostiles autour de nous. On plaça des troupes
et du canon dans tous les environs du quartier. Le général
voulut faire venir la municipalité ; elle ne vint point, mais
elle lui envoya les articles du décret qui pouvait avoir quelque rapport à notre situation ; il y eut des pourparlers entre
le général et le commandant de cette armée : les Marseillais
voulaient que nous partissions sur-le-champ. Notre réponse
fut que nous partirions aussitôt qu'on aurait des charrettes
pour nos équipages ; un instant après, ils voulaient que nous
sortissions la baïonnete dans le fourreau, et que nous leur
livrassions nos munitions ; un moment après, ils demandèrent à parler à quelques sergents, caporaux et soldats. Nous
leur en envoyâmes dix de chaque grade. Ils revinrent nous
confirmer les propositions précédentes, et nous dirent qu'on
leur avait fait encore d'autres propositions étonnantes. J'envoie cinq sergents ou caporaux leur dire que nous tenions à
notre seule proposition. Un caporal député revint au quartier nous dire qu'ils avaient été arrêtés ; qu'on leur avait pris
leurs sabres, que lui s'était échappé ; qu'il n'avait point voulu
abandonner le sien, et qu'on lui avait tiré trois coups de
fusil. Pendant ce pourparler, il y eut deux ou trois coups de
canon qui portèrent par dessus nous, et plusieurs coups de
fusil autour de nous, dont un blessa mortellement une de
nos sentinelles, à la porte du quartier. Avant ces actes hostiles, nous sûmes qu'on ne voulait plus nous laisser partir
que désarmés. Enfin, à midi, le général nous dit que, vu les
choses actuelles, et que n'ayant pas voulu sortir à leur pre-

mière proposition, il laissait à notre prudence de prendre le parti qui nous conviendrait, et qu'il ne nous quitterait pas. Là-dessus, je rassemblai les officiers et leur dis, en présence du général et de M. d'Olivier, lesquels m'avaient donné tout pouvoir dans ce moment critique : « Allez dire aux compa- « gnies qu'ayant éprouvé, dans d'autres circonstances, leur « attachement en moi, j'espère tout de leur docilité; qu'el- « les se tiennent prêtes à exécuter ce que je vais leur com- « mander. » Et puis, m'adressant encore au général et à M. d'Olivier, je leur dis : « N'est-ce pas, vous y consentez? » Ils me dirent : « Oui, à tout ce que vous voudrez. — Eh « bien ! leur dis-je, voici mon avis, et je vous ordonne de le « suivre comme subordonnés : j'aurais désiré, comme vous, « de périr à la tête de ce brave régiment, mais, comme chef « et maître de son sort, j'en suis responsable au canton, et « ne puis vouloir faire périr sans utilité neuf cents de ses « sujets. Le régiment est en France pour défendre le royau- « me, et non pour détruire des citoyens français : ils nous « demandent nos armes, je vous ordonne donc, et que per- « sonne, sous peine de désobéissance, ne me réponde un « mot; je vous ordonne, dis-je, de dire aux soldats que moi « je leur ordonne, et à ma seule responsabilité, de poser les « armes lorsque l'ordre en sera donné. » Ils furent le dire à leurs compagnons. Leur réponse fut qu'ils m'obéiraient en tout, et que leur vie était à ma disposition. Alors je dis au général : « Allez dire au commandant de cette armée que je « lui remets toutes les armes du régiment, s'il me donne par « écrit sa parole qu'on nous les rendra, et qu'ensuite, le « régiment partira pour Toulon. » Cet accord est réglé. J'ordonnai, il était une heure, de déposer les armes et les gibernes contre les murs. Les officiers ayant gardé leurs sa- bres, le général conseilla de les poser à l'endroit où étaient les armes, ce qu'ils firent pour éviter toute histoire à ce sujet. Le général me demanda si je croyais qu'il dût sortir avec nous ou rester ; je lui dis de rester au quartier pour veiller à nos armes et pour expédier nos équipages. Il me répondit : « Je vous joindrai en route et j'irai faire votre logement à Roquevaire. Nous sortîmes à une heure, emportant nos drapeaux, sans aucune insulte, et accompagnés de plusieurs de leurs chefs, qui se mirent à notre tête pour notre sûreté, et qui ne nous quittèrent que lorsque nous eûmes dépassé leurs postes, après avoir marché quelques cents pas. Le régiment arriva à Roquevaire vers les sept heures du soir ; au lieu d'y coucher, nous en partîmes vers les dix heures de la nuit, et nous arrivâmes au Beausset vers les six heures du matin. Nous y restâmes jusqu'à deux heures après midi, puis nous fûmes à Ollioules, où nous arrivâmes vers les six heures du soir. Nous y avons trouvé, d'après les ordres de M. de Coincy et des corps administratifs, l'étape, de bons logements et bon accueil des habitants.

Fait à Ollioules, près de Toulon, le 1er mars 1791.

Conforme à la copie qui m'est envoyée par M. Barthélemy, ambassadeur de France près de la ligue helvétique.

Le ministre des affaires étrangères,
Signé DUMOURIEZ.

Inscription placée à la porte de la cathédrale de Lucerne le jour du service funèbre pour les Suisses tués à Paris au 10 août 1792.

A   XP   Ω

HELVETIS

REGIÆ . COHORTIS

PRO . AUGUSTA . DOMO

LUTETIÆ . PARISIORUM

III . IDUS . SEXTILIS . MDCCXCII,

EXCUBIAS . AGENTIBUS

COLLATO . PEDE , SIGNISQUE . CONSTITUTIS

IN . FACTIOSAM . REBELLIUM . TURBAM

SACRAM . AULAM . CIRCUMVADENTEM

IMPAVIDE . IRRUMPENTIBUS

LUDOVICO . XVI

FRANCIÆ ET NAVARRÆ

PIO . OPTIMOQUE . REGI . UTINAM . FELICI

AD . INTERNECIONEM . USQUE . FIDISSIMIS

PARENTALIA.

N° 2, Pages 139 et 196.

Déposition faite par le citoyen ÉTIENNE SEYTRES*, au comité central des sections et au tribunal populaire d'accusation.*

Je soussigné, Etienne Seytres, procureur de la commune destitué de mes fonctions par les commissaires de la Convention nationale envoyés dans les départements des Bouches-du-Rhône et de la Drôme, déclare et atteste avec vérité les faits suivans :

Au commencement du mois de mars dernier, il fut question à la municipalité du désarmement des citoyens suspects. J'étais attentif à suivre l'exécution de cette mesure ; j'appris qu'elle était sollicitée et provoquée par le comité central de la société des amis de la république. Cette découverte me donna des inquiétudes. Des membres de ce comité se présentaient presque journellement à la municipalité ; je m'aperçus qu'ils paraissaient se méfier de moi. Le désarmement fut délibéré vers le 12 ou le 14 du mois de mars ; je demandai que le corps municipal eût à désigner nommément les citoyens suspects qui étaient indignes de porter les armes. Un membre répondit qu'on s'occupait de cela. Peu de jours après cette détermination, on parla des moyens à employer pour opérer le désarmement. Quelques membres du comité central étaient présents ; un de ces membres, ou un municipal, n'en étant pas bien mémoratif, proposa de mettre soixante et dix ou quatre-vingt compagnies sous les armes, de placer des canons au haut du Cours vis-à-vis St.-Homobon, au bas du Cours et à la Canebière. Un autre proposa de faire fermer les portes ce jour là, et de faire publier à son de trompe des défenses d'ouvrir les boutiques et aux citoyens de sortir de leur maison avant midi, et de se mettre aux fenêtres. Des municipaux et moi observâmes que cette mesure pouvait devenir funeste ; on persista : le lendemain ou le surlendemain, il fut de nouveau question de ces mesures ; je représentai au corps municipal que je voyais la ville perdue. La grande majorité fut de mon avis. J'avais lieu de présumer un complot abominable. Je sondai avec prudence et adresse et les membres du comité central, et les municipaux que je pouvais croire instruits et desquels je pouvais tirer quelque aveu ou confidence ; je parvins à savoir qu'outre le désarmement, on devait faire arrêter cinq ou six cents citoyens. Le complot que je soupçonnais me parut certain. Les citoyens Manent et Dufour, officiers municipaux, instruits comme moi de ces arrestations projettées, partageaient mes craintes et mes alarmes. Je redoublai de zèle et de soins pour connaître à fond le projet. Trois ou quatre jours avant le 19 mars, époque du désarmement, le corps municipal réuni avec divers membres du comité central, arrêta définitivement les mesures à prendre. Avant d'agiter la question, un membre proposa de faire prêter à tous les membres présents serment de garder un secret inviolable sur tout ce qui allait être dit et délibéré, sous peine d'être mis à mort. Ce serment fut délibéré et prêté. Le plan d'exécution du désarmement et de l'arrestation fut développé par un membre du comité central, qui est, à ce que je crois, le citoyen Isoard. Il fut arrêté de faire fermer les portes de la ville, de placer des gardes nationaux à toutes les brèches des remparts ; de faire publier à son de trompe, des défenses aux citoyens d'ouvrir les boutiques, de sortir avant midi, et de paraître aux fenêtres ; de mettre sur pied environ quatre-vingt compagnies, et de placer des canons au haut du Cours. Il fut aussi délibéré que les personnes arrêtées seraient provisoirement conduites dans l'église de St.-Homobon. Je frémis de cette détermination, les citoyens Manent, Dufour, Guiraud, Gayet et autres officiers munici-

paux en frémirent aussi; nous nous dîmes, après la délibération, qu'on voulait renouveler à Marseille les scènes
d'horreur de Paris des 2 et 3 septembre. J'observai que le
serment que nous venions de prêter ne pouvait pas nous
lier, et que la justice, l'humanité et notre devoir nous or-
donnaient de le violer. Il n'était plus de repos pour moi. Je
voyais, par l'exécution de ce projet, les citoyens s'entre-
gorger, et la ville livrée au pillage. Je m'occupai très sérieusement de le faire avorter; les citoyens Manent, Dufour et
Guiraud s'en occupèrent aussi avec tout le zèle possible.
Du vendredi au lundi, veille qu'on devait exécuter le projet,
j'appris d'un citoyen que je ne connais pas, mais que je
crois membre du comité central, et que je reconnaîtrais en
le voyant, que tous ceux qui devaient être arrêtés et conduits
dans l'église St.-Homobon, devaient être égorgés, parce
que, me dit-il, le projet est de se débarrasser des coquins
notoirement connus pour les ennemis de la révolution. Ce
citoyen m'ajouta : On dit que ce ne serait pas trop de couper deux mille têtes. Bien certain alors des malheurs qui
menaçaient Marseille et la France entière, je pris la résolution, fallût-il perdre la vie, de conjurer l'orage. Le lundi,
j'entrai à bonne heure à la municipalité; je parlai en particulier à tous les municipaux dont les sentiments de justice,
d'humanité et de probité m'étaient connus. Je m'expliquai
avec eux à cœur ouvert. De leur côté, les citoyens Guiraud,
Dufour et Manent, tenaient la même conduite : le projet fit
horreur. Voyant les esprits disposés, et sans craindre ni redouter les membres du comité central présents, je parlai à
peu près ainsi à la municipalité : « Nous allons perdre Mar-
« seille, et peut-être la république entière; le corps muni-
« cipal donne dans un piège dont les suites ne peuvent
« qu'être horribles. Nos concitoyens nous ont mis en place
« pour faire protéger et respecter leurs propriétés et leur

« personne, et non pour les faire égorger. Oui, je ne crains
« pas de le dire, on veut faire un massacre; car, pourquoi,
« pour quel motif veut-on mettre en arrestation ce grand
« nombre de citoyens? Le peuple ne croira-t-il pas à une
« conjuration, et ne se soulevera-t-il pas pour victimer tous
« les citoyens arrêtés? Nous ne devons pas le permettre;
« pour moi je foulerais plutôt mon écharpe sous les pieds,
« je quitterais mon poste, malgré que la loi me le prohibe,
« parce qu'on ne doit pas rester ministre de la loi, magistrat
« du peuple, pour souffrir l'assassinat; tenir le serment que
« nous avons prêté, c'est un crime; le violer c'est notre
« devoir. Personne ne doit être arrêté, et nous devons
« nous borner au désarmement des citoyens notoirement
« connus pour suspects. » Dix à douze municipaux et quelques membres du comité central étaient réunis, lorsque je
tins ce langage; il fit ouvrir les yeux. Le citoyen Mouraille,
m'appuya fortement; il ajouta que nous avions besoin de la
plus grande tranquillité; que si malheureusement la ville
venait à être dans le trouble et le désordre, les ouvriers
manqueraient de travail, et que la misère et le désespoir
pourraient causer les plus grands malheurs; en conséquence,
le citoyen Mouraille opina (conformément à ma requisi-
tion) à ce que personne ne fût arrêté, et qu'on se bornât au
désarmement de gens suspects : cet avis passa unanimement.
Un instant après, quelques municipaux et quelques membres du comité central qui s'étaient enfermés dans le cabinet
du Procureur de la commune, entrèrent dans la chambre
du conseil; l'un d'entr'eux s'adressant à moi, me dit : *Vous
n'aurez plus lieu de tant crier, le nombre des coquins de noirs
à arrêter est réduit à cent cinquante ou cent soixante.* Je
répondis : le corps municipal vient de délibérer qu'on n'ar-
rêterait personne. Il y eut quelques murmures; mais ils
furent sans suite. Les ordres furent donnés pour mettre sur

pied, le lendemain matin, le nombre des compagnies qui
avait été déterminé, et pour faire avertir tous les commissaires qui avaient été nommés et qui devaient exécuter le
désarmement, de se rendre à la maison commune à 5 heures.
Il fut aussi délibéré que les portes de la ville resteraient ouvertes, et qu'il serait libre aux citoyens de vaquer à leurs
affaires comme à l'ordinaire. Le soir, avant et après le conseil général de la commune, j'effaçai moi-même le mot
Arrêté (1) qui se trouvait à la suite ou en marge du nom
des citoyens qui devaient être mis en arrestation. J'observe
que les listes sur lesquelles étaient portés les noms de tous
ceux qui devaient être ou désarmés ou arrêtés, ne furent pas
dressées à la municipalité, ayant reconnu que l'écriture
n'était d'aucun des commis de la commune. J'observe encore, qu'au bas de chacune de ces listes, il y avait la réquisition relative au désarmement et à l'arrestation, et que
cette réquisition ne fut signée par aucun membre du corps
municipal, ayant été remises aux commissaires en l'état telles
qu'elles se trouvaient, et avec les ratures de tous les mots
Arrêté. J'observe aussi, qu'il ne fut pas seulement désarmé
les citoyens portés sur les listes, mais encore une foule d'autres sans ordre et sans la participation de la municipalité.
J'observe enfin, que les membres du comité central du club
que je connais, et qui se sont le plus souvent présentés à la
municipalité pour l'exécution du projet dont j'ai parlé ci-
dessus, sont les citoyens. . . . .

J'affirme avoir fait les déclarations ci-dessus, à deux
commissaires du comité central des sections de cette ville
qui s'occupe du salut public, le 13 de ce mois, et les avoir
réitérées le lendemain 14 au tribunal populaire d'accusation.

(1) Le citoyen Servel fils, officier municipal, en effaça quelques-uns;
cette circonstance m'avait échappé; le citoyen Manent me l'a rappelée.

A Marseille, le 22 mai 1793, l'an second de la république française.

Signé : SEYTRES.

Nota. La déposition du citoyen SEYTRES, est confirmée par celles des citoyens Georges MANENT, GUIRAUD, DUFOUR, PÈTRE, GAYET, GUICHARD, officiers municipaux, et ESMIEU, secrétaire-archiviste de la commune.

Déposition faite par le citoyen JEAN-JACQUES ESMIEU, *secrétaire-archiviste de la maison commune de Marseille, au tribunal populaire d'accusation.*

A dit et déposé :

Que dans le poste qu'il occupe à la maison commune, où il est à portée de recueillir beaucoup de renseignements précieux à la chose publique, il a été convaincu qu'il existait depuis quelques temps une conjuration qui ne tendait à rien moins qu'à détruire la Convention nationale, le seul point de ralliement pour les Français; que cette conjuration prenait sa source dans le club des Jacobins à Paris, et dans celui de Marseille, dirigés l'un et l'autre par une poignée d'hommes intrigans et corrompus, qui, par la formation des comités secrets, dirigeaient à leur gré la masse des bons patriotes, membres de ces sociétés; que c'est surtout dans le commencement du mois de mars dernier, que les membres de ces sociétés ont mis en œuvre leurs projets, qu'ils n'ont pas cessé de perdre de vue, malgré la non-réussite de celui du 10 mars à Paris. Ce qui prouve cette coalition des meneurs des deux société, c'est l'adresse à la Convention nationale, machinée par ceux de Marseille, improuvée, avec juste raison, par la Convention, qui y était outragée à chaque ligne; ce sont les courriers extraordinaires envoyés dans le même temps par les deux sociétés dont on avait soin de cacher les véritables motifs, et sous le prétexte puéril qu'ils apportaient la nouvelle de la prise de quelque place ; ce sont les motions incendiaires faites à la tribune dans le même temps par ces meneurs, tendantes à soulever le peuple, et à le porter au meurtre et au pillage ; ce sont les répétitions de ces mêmes prédications, consignées dans le journal de Micoulin, et dans celui des débats des Jacobins ; c'est la députation dans les diverses communes des départements, et dans les départements voisins de divers commissaires du club, chargés d'aller propager au loin la même doctrine, et surtout l'avilissement de la Convention, et de solliciter le rappel des membres qu'ils désignaient par l'épithète d'appelans ; enfin, c'est la conduite contre-révolutionnaire des commissaires Moïse Bayle, Boisset, Barras, Fréron, députés, et Peyron, à Marseille et dans les départements voisins, que tout le monde connaît ; c'est la levée d'une armée de six mille hommes dans le département, sous prétexte de troubles à Beaucaire et aux environs, tandis qu'il était prouvé par des procès-verbaux et des lettres des autorités constituées de cette contrée, que la plus grande tranquillité y régnait, pièces que le citoyen Mouraille lut en plein conseil général, pour dessiller les yeux, et ce qui lui valut son arrestation et sa destitution ; c'est la facilité des deux commissaires à accorder à chaque volontaire de l'armée une gratification de 50 livres, des armes, un équipement achetés à grands frais, pour des citoyens qui ne devaient aller qu'à quelques lieues de leur domicile ; mais ce n'était pas pour Beaucaire et Avignon que les commissaires destinaient cette armée, les papiers adressés à la Convention par les Bordelais, font voir à découvert le véritable dessein de ces commissaires ; c'est le serment exigé, dit-on, des volontaires composant l'armée, de suivre aveuglement leurs chefs partout où ils les conduiraient ; c'est le discours prononcé par Paris, président du département, en présence des députés Baylé et Boisset, dans les assemblées des sections de Marseille, où cet homme sanguinaire prêcha la guerre civile, le pillage, le massacre, la désobéissance aux lois et l'expulsion des sections de tous les citoyens qu'il appellait aristocrates, mais dont on redoutait les lumières, le courage et la probité; ce sont les discours séditieux que les députés Moïse Bayle, Boisset et consorts ont répétés à la tribune du club pour avilir la Convention nationale, indisposer le peuple contre une partie de ses représentants, pour faire l'apologie de Philippe d'Orléans, dit Egalité, et de l'atroce Marat, et pour dénoncer et calomnier les patriotes capables de déjouer leurs complots par leurs lumières et leur fermeté, tels que Mouraille et Seytres, qui s'étaient expliqués franchement sur le compte des commissaires et de leurs alentours.

Voilà à peu près le système qu'ont suivi, pendant plusieurs mois, les intrigants et les chefs de parti dans les deux villes de France, qui ont joué le principale rôle dans la révolution, et que Pitt a bien senti qu'il fallait mettre dans son parti. C'est dans le commencement du mois de mars dernier, que les meneurs du club de Marseille, d'accord avec ceux de Paris, après avoir disposé de longue main les esprits, par tous les moyens que l'intrigue et la scélératesse peuvent mettre en œuvre, travaillèrent à exécuter le plan de massacre et de pillage qu'ils avaient ourdi. Des assemblées furent tenues au département par divers membres des trois corps administratifs et du comité central du club. Il avait été arrêté dans ces assemblées, qu'il serait établi à Marseille un tribunal révolutionnaire composé de douze juges, et un comité de contribution forcée; que du nombre de ces juges étaient, suivant le bruit public, les citoyens Frédéric Hugues; Isoard, de l'Oratoire; Micoulin, journaliste; Requier, connu par les dix mille livres du lot qu'il s'adjugea du rançonnement de quarante mille livres d'Auriol, c'est ce que le déposant

apprit alors de quelques officiers municipaux qui l'honoraient
de leur estime et de leur confiance, et qui lui témoignaient
toute l'indignation et l'horreur de pareilles dispositions ;
qu'un jour le citoyen Mouraille, maire, exprima ses sentiments d'une manière énergique à quelques-uns de ses collègues dans le cabinet de la maison commune, en disant qu'on
lui avait arraché sa signature au bas de la délibération, mais
qu'il était parvenu à la rayer. Que peu de temps après, se
trouvant dans le cabinet où s'assemble la municipalité, un
jour qu'il ne se rappelle pas, arrivèrent sur les deux heures
après midi, huit à dix particuliers, se disant membres du
comité central du club, à la tête desquels étaient Isoard, de
l'Oratoire, et Frédéric Hugues, les autres lui étant inconnus.
Le premier portait la parole, il demanda d'abord avec quelques autres assistans, de faire fermer les portes, ce qui fut
exécuté. Il fit alors un discours, pour porter la municipalité
à procéder au désarmement de tous les gens suspects, et
prendre, à cet égard, des mesures vigoureuses. Il présenta
à cet effet, un plan d'exécution, dont les principaux articles
portaient que l'opération serait faite un jour déterminé, à
cinq heures du matin; que les compagnies de la garde nationale, dont le choix était fait, seraient sur pied pour la
protéger; que la municipalité ferait proclamer à son de
trompe, quelques instans avant le désarmement, les défenses
les plus rigoureuses à toute personne d'ouvrir les portes de
leurs maisons et magasins, de sortir à la rue et de se mettre
à leurs fenêtres, qu'il serait placé en divers endroits une
nombreuse artillerie, et surtout près l'autel de la patrie et
au haut du cours; que la consigne serait donnée aux gardes
nationales placées sur les avenues, de ne laisser entrer ni
sortir qui que ce fût de la ville, le tout jusques à ce que
l'opération fût terminée; qu'on exigea de tous les assistans
à cette assemblée, le serment solennel de garder le plus

grand secret sur ce plan, sous peine de mort ; que des mesures aussi révoltantes excitèrent l'indignation de plusieurs membres de la municipalité, et surtout du citoyen Seytres, procureur de la commune, qui en fit entrevoir tous les dangers ; que la discussion de ce plan fut renouvelée deux ou trois jours après, toujours à la sollicitation des mêmes membres du comité central du club, qui pressaient beaucoup l'exécution de l'opération ; qu'il n'a pas été continuellement présent à toutes ces discussions, mais qu'il apprit de quelques officiers municipaux et du procureur de la commune, que ce comité avait dressé et présenté des listes de beaucoup de citoyens qui devaient être désarmés, et d'autres qui devaient être arrêtés ; que l'église St.-Homobon avait été désignée pour le lieu du dépôt des personnes arrêtées ; que ces mêmes officiers municipaux, le maire, et surtout le citoyen Seytres, procureur de la commune, s'étaient fortement opposés à ces arrestations, comme ne pouvant qu'entraîner de très grands malheurs, et que cet avis prévalut fort heureusement, puisque le désarmement seul, sans arrestation, s'effectua le 19 mars de la manière que tout le monde sait. Le déposant observe, au sujet de ce plan, que dans l'intervalle de sa formation par les meneurs du club et son exécution, on apprit à Marseille que le projet de conspiration du 10 mars contre la Convention nationale avoir échoué, ce qui ne contribua sans doute pas peu à le laisser modifier.

J'affirme avoir fait la déposition ci-dessus devant le tribunal populaire d'accusation, le 15 mai 1793, l'an second de la république française une et indivisible.

Signé : ESMIEU.

N° 3. *Page 366.*

Fragment de l'histoire de Toulon, en 93, *par* M. Zénon Pons.

Toulon est situé au pied de la montagne de *Faron*, qui le domine du côté du nord; d'autres montagnes s'étendent à l'est et à l'ouest; au midi, il est baigné par la mer. Deux ports destinés, l'un à la marine royale, l'autre aux bâtiments du commerce, sont précédés de la grande et de la petite rade.

Dans le cas d'une invasion étrangère, le seul qu'on eût prévu jusqu'alors, le côté de l'est se trouve le plus exposé. Il avait fixé plus particulièrement l'attention des ingénieurs qui en avaient rendu l'accès presque impossible. La redoute placée sur la crête de la montagne de *Faron*, le fort de ce nom, celui d'*Artigues*, et la redoute de *Sainte-Catherine* forment la ligne de défense qui se termine à la mer par le fort *Lamalgue*.

Il restait beaucoup à faire pour mettre le côté de l'ouest à l'abri des attaques de l'ennemi. On sentait la nécessité d'établir une fortification permanente sur les hauteurs de *Malbousquet*; mais on était pressé par le temps : on se contenta d'aggrandir la redoute, et d'employer les moyens de défense que la localité pouvait permettre. Ils furent tels cependant, que cet ouvrage ne put jamais être emporté. Il commence la ligne de l'ouest qui vient finir à la redoute de *Saint-Antoine* et au fort du même nom. L'intervalle qui les sépare de *Malbousquet* parut trop considérable : les feux ne pouvaient se croiser d'une manière efficace. Pour obvier à cet inconvénient, on établit des batteries sur les hauteurs de *Missiessy*. Les plaines situées au pied de ces hauteurs, ainsi que la gorge par laquelle on arrive à la porte de France, étaient balayées par le feu des pontons, des chaloupes canonnières et des vaisseaux embossés à Castineau. Le fort des *Pomets* et la redoute de *Saint-André*, situés à l'entrée du vallon des Favières, s'appuient sur *Faron*, où viennent ainsi aboutir les lignes de défense de l'est et de l'ouest. Cette montagne doit être considérée comme le principal rempart de Toulon, et il importait d'empêcher que l'ennemi ne s'en rendît maître. Elevée d'environ six cents mètres au-dessus du niveau de la mer, elle est couronnée par une suite de rochers presque inaccessibles. La pente du côté du nord et de l'ouest est très rapide, et n'offre que deux sentiers praticables : l'un connu sous le nom de *Pas de Leydet* ou *de la Masque*, l'autre appelé le *Pas des Monges*.

Du côté de la mer, les alliés construisirent sur les hauteurs qui sont en avant de l'*Eguillette* et de *Balaguier*, un camp retranché par des redoutes qu'ils garnirent d'une nombreuse artillerie. Les Anglais dirigèrent seuls les travaux qui furent exécutés sur ce point. Les ingénieurs français les jugeaient défectueux, mais on refusa de suivre leurs avis. Un autre camp à Saint-Elme défendait le passage étroit des *Sablettes*. Ces deux postes ainsi fortifiés parurent suffisants pour la sûreté des escadres.

L'armée ennemie était divisée en deux corps : celui de l'est, qui d'abord ne comptait pas plus de trois mille combattants, s'éleva progressivement jusqu'à dix mille. Il avait son quartier-général à Soliés-Farlède, et se développait depuis les environs du château de *Sainte-Marguerite* jusqu'au pied de la montagne de *Coudon*, en laissant devant lui le village de *La Valette*. Il avait un camp en avant de la colline du *Thouars*, sur la hauteur de *Sainte-Musse*, un autre entre cette hauteur et *Sainte-Marguerite*, où il avait établi une batterie dirigée contre la redoute du *Cap-Brun*. Le général *Lapoype*, qui commandait ce corps d'armée, s'était emparé des fonderies de *Dardennes*, où il put faire couler des boulets, en même temps qu'il coupait le canal dont les eaux mettent en mouvement les moulins destinés à fournir des farines à la ville. Deux batteries placées dans le vallon des *Favières* inquiétaient le fort des *Pomets* et le petit *Saint-Antoine*.

Carteaux, maître d'*Ollioules*, avait mis garnison dans les villages de *Six-Fours* et de *La Seyne*, et avait pénétré dans le vallon des *Favières* par le débouché du *Broussant*. Ses troupes occupaient tout le terrain qui s'étend depuis la plage de *Faubrégats* jusqu'à la montagne dite *le Bau de quatre heures*. Destinées à agir plus activement, elles recevaient chaque jour de nouveaux renforts venus de l'intérieur, et vers la fin du siége, leur nombre s'élevait à vingt mille hommes. Le quartier-général était à *Ollioules*. Un camp avait été établi au pied de l'*Escaillon*, un second à *Bellevue*, deux autres moins considérables derrière la *Garenne* et les *Gaux*. Trois batteries embrassaient le fort de *Malbousquet* : la première, placée sur la hauteur des *Arènes*, fut appelée par les assiégeants *Redoute de la Convention*; la seconde était sur la hauteur de la *Coubran*; la troisième sur celle des *Gaux*.

D'autres batteries établies sur la hauteur de *Bellevue* et sur celle des moulins de la *Seyne*, étaient dirigées contre les fortifications élevées par les alliés en avant de l'*Eguillette* et de *Balaguier*. Les hauteurs de *Faubrégats*, de *Marville* et de *Brégayon*, étaient aussi garnies de canons et de mortiers destinés à battre la rade.

Les assiégés répondaient au feu de ces batteries par celui des forts, des pontons et des vaisseaux. On remarqua parmi ces derniers *le Puissant*, commandé par un Toulonnais nommé *Féraud*. Embossé en face de la batterie de *Brégayon*, dite des *Sans-culottes*, il faisait contre elle un feu si bien soutenu et dirigé si heureusement, que les pièces de l'ennemi ne restaient jamais montées plus d'une heure.

Les deux armées républicaines étaient séparées par la montagne de *Faron*, et ne pouvaient communiquer entre elles que difficilement et par de longs détours. Pendant que les généraux se préparaient aux opérations qui devaient les rendre maîtres de la ville, les représentants en mission auprès d'eux ne restaient pas inactifs.

Albitte, *Gasparin* et *Salicetti*, auxquels se joignirent bientôt *Robespierre jeune* et *Ricord*, étaient avec *Cartaux*. Le général *Lapoype* avait auprès de lui *Barras* et *Fréron*. Ces derniers avaient, dès le mois d'août, ordonné un emprunt de 4 millions sur le commerce de *Marseille*, pour subvenir aux dépenses du siége. *Brunet*, qui commandait l'armée d'Italie, ne les avait pas secondés avec assez de zèle; ils l'avaient dénoncé et remplacé. Traduit devant le tribunal révolutionnaire à Paris, et accusé d'avoir eu des intelligences avec les Toulonnais, il porta sa tête sur l'échafaud le 6 novembre. On organisa dans le département du Var une légion de sansculottes qui devait servir de point de ralliement aux ouvriers et aux marins déserteurs. Le village du *Bausset*, situé entre *Marseille* et *Toulon*, et vainement sollicité par ces deux villes, s'était déclaré pour la *Convention*, et avait levé un bataillon de cinq cents hommes. Tous les citoyens des autres communes du département reçurent l'ordre de marcher, depuis l'âge de seize ans jusqu'à soixante. On désarma les suspects. Un arrêté, en date du 14 septembre, déclara émigrés tous ceux qui, sans avoir leur domicile à Toulon, s'y étaient réfugiés. On emprisonna leurs familles, et leurs biens furent séquestrés.

La Convention applaudissait à ces mesures. Elle avait pâli en apprenant que les Toulonnais avaient adhéré aux propositions de l'amiral *Hood*, et proclamé *Louis XVII*. Dans sa séance du 5 septembre, elle ordonna l'impression d'une adresse aux Français méridionaux, dans laquelle elle les in-

vitait à prendre les armes contre une ville *infâme*, s'ils ne
voulaient être accusés eux-mêmes de partager les sentiments
odieux de ses habitants, plus coupables encore que les émigrés, et qui n'appartenaient plus qu'à l'histoire des traîtres
et des conspirateurs. Le 9 du même mois, elle rendit un décret qui mettait hors la loi *Trogoff, Chaussegros* et *Puissant*,
ordonnait la confiscation des biens de tous les contre-révolutionnaires composant le comité des sections, et de leurs
complices et adhérants, et les affectait aux indemnités dues
aux patriotes assassinés, incarcérés, ou persécutés dans le
département du Var, ou à leurs femmes et à leurs enfants.
Par une autre disposition de ce décret, les Anglais détenus
sur le territoire de la république devaient être regardés
comme ôtages, et répondre sur leur tête de la conduite que
l'amiral *Hood* et les sections de Toulon tiendraient à l'égard
des représentants Pierre *Baille* et *Beauvais*, de madame
Lapoype, de sa fille, et des autres patriotes opprimés. Ce
décret fut rendu par suite d'un rapport fait par *Jean-Bon-
Saint-André* au nom du comité de salut public. En le lisant,
on ne sait ce qui doit étonner le plus, de la mauvaise foi qui
dénature les faits, de la stupide crédulité qui les accueille,
ou de la perfide assurance avec laquelle on les répète encore
aujourd'hui.

Cependant l'armée des alliés, successivement accrue par
l'arrivée de renforts considérables, s'éleva bientôt à vingt
mille hommes, dont deux mille cinq cents Anglais, quatorze
mille et cinq cents Espagnols et Napolitains, et trois mille
Piémontais. La réunion sur un même point d'un si grand
nombre de soldats de diverses nations, le conflit d'autorité entre les chefs qui les commandaient, devaient occasionner de graves abus. En outre, des malveillants et
des espions s'étaient introduits dans la ville, et donnaient
connaissance aux ennemis de ce qui se passait. Déjà le comité

général et celui de surveillance avaient fait arrêter et renfermer à bord du vaisseau *le Thémistocle* quelques hommes connus par l'exaltation de leurs principes révolutionnaires, ou par les relations qu'ils avaient avec les assiégeants. Mais comme ces deux comités ne pouvaient suffire à toutes les mesures d'ordre que les circonstances exigeaient, et qu'on sentait, d'ailleurs, la nécessité de centraliser les opérations, on établit auprès du gouverneur de la place un bureau de la guerre, sous le titre de *Secrétairerie générale*, qui fut chargé de pourvoir aux besoins de l'armée et de veiller à la police intérieure.

Les caisses publiques étaient vides ; on se voyait dans l'impossibilité de faire face aux dépenses multipliées que nécessitaient les travaux des fortifications, l'achat des vivres et des munitions, la solde des fonctionnaires publics. des marins, des soldats et des ouvriers. On se décida à faire un emprunt dans les pays étrangers. Le 24 septembre, les huit sections, représentées par leurs bureaux, le comité général et les principales autorités de la ville donnèrent pouvoir, par acte devant notaire, à MM. *Pernéty*, trésorier de la marine, et *Laurent Caire*, négociant, d'emprunter un million de piastres fortes pour être employés aux besoins de la place. Les domaines nationaux, tant de terre que de mer, devaient servir de garantie. Les généraux anglais et espagnols cautionnèrent cet emprunt au nom de leurs souverains respectifs. Les commissaires partirent ; mais, arrivés en Italie, les événements qui se pressaient rendaient l'issue du siége douteuse : ils éprouvèrent des difficultés. Le mois décembre arriva et il ne purent remplir leur mission. Cet acte resta donc sans effet. Ceux qui l'avaient signé, et qui, dans la suite, tombèrent au pouvoir des républicains, furent traduits devant une commission militaire et fusillés ; les autres errèrent dans des contrées lointaines, en proie à l'indigence. On les

accusait cependant d'avoir *vendu* Toulon aux Anglais. Pour
prix d'un sacrifice douloureux commandé par la nécessité,
que leur avaient-ils demandé? Un prompt remède aux maux
de la France. Que reçurent-ils? L'exil ou la mort.

Le 1er octobre, à la pointe du jour, le *Pas de Leydet* fut
surpris et forcé par un détachement de l'armée républicaine,
fort de dix-huit cents hommes, sous les ordres du chef de
bataillon *Victor*. Les soldats auxquels la garde de ce passage
avait été confiée, se replièrent sur la redoute de la croix de
Faron; mais l'ayant trouvée abandonnée, ils cherchèrent un
abri dans le *fort*. Le général *Lapoype* donna tout de suite
avis de ce nouveau succès au général *Cartaux*. Il lui écrivit
au crayon, derrière un assignat, ce peu de mots : « Les trou-
« pes de la république viennent d'enlever la montagne de
« Faron, les retranchements et les redoutes. » Les représentants *Salicetti* et *Gasparin* s'empressèrent de l'annoncer
à la convention, et ils allaient se rendre eux-mêmes sur les
lieux. Mais à la première nouvelle de cet événement, un
conseil de guerre s'était assemblé dans Toulon. Il n'y eut
qu'une voix sur la nécessité de reprendre une position d'où
l'ennemi pouvait se rendre maître du fort *Faron*, ainsi que
des autres forts et redoutes qu'il domine. On sentit aussi
qu'il fallait se hâter et ne pas lui laisser le temps de se fortifier. Il fut décidé, en conséquence, que l'attaque aurait lieu
sur-le-champ, et du côté de l'ouest. On marcha sur deux colonnes : la première, commandée par lord *Mulgrave*, devait
monter par le fort *Saint-Antoine*; la seconde, sous les
ordres du général *Gravina*, qui avait avec lui le prince *Pi-
gnatelli* et le brigadier général *Squierdo*, devait se diriger par
la vallée de *Valbourdin*. Ces troupes sortirent de Toulon à
huit heures du matin. Arrivées sur la montagne, elles devaient être soutenues par la garnison du fort, aux ordres du
colonel *comte del Porto*. La difficulté des lieux, la cha-

leur du jour, le feu vif et soutenu des républicains, rien ne put arrêter leur marche. Etonné de la hardiesse et de la promptitude de l'attaque, l'ennemi, au lieu de conserver sa retraite par le col des *Monges*, ou celui de *Leydet*, se replia sur la crête de la montagne où, pendant quelque temps, il opposa aux assaillants une résistance opiniâtre. Il fut enfin obligé de céder, et culbuté du côté de *La Valette* et de *Tourris*. Ce revers de la montagne est hérissé de rochers à pic. Plutôt que de tomber entre les mains des royalistes, les soldats républicains se jetaient dans ces précipices, et y périssaient misérablement. Un très petit nombre parvint à se sauver; plus de douze cents furent tués, blessés ou faits prisonniers. Le général *Gravina*, par son activité et son brillant courage, avait puissamment contribué au succès de cette journée : mais, au milieu de l'action, il avait été blessé à la jambe d'un coup de feu. Les Toulonnais apprirent avec douleur que ce funeste accident allait tenir éloigné des conseils et des combats un homme dont le cœur inaccessible à la lâcheté et à la trahison n'était ouvert qu'à des sentiments généreux. Les événements qui suivirent ne firent qu'augmenter leurs regrets.

La victoire avait été décidée vers les trois heures de l'après-midi. Pendant toute la durée de l'engagement, les habitants, montés sur les remparts de la ville ou sur les toits de leurs maisons, avaient suivi des yeux les mouvements des troupes alliées, et attendaient avec impatience l'issue du combat. Ils y prenaient un intérêt d'autant plus vif, qu'un grand nombre de leurs concitoyens avaient demandé à partager les périls de cette attaque. MM. *de Villeneuve*, *de Burel*, *du Cayla*, *de Possel*, *Charles de Sédéron* et *Boullement* combattirent comme simples volontaires, et se firent distinguer par leur intrépidité. Un autre volontaire, *Thomas Graham*, gentilhomme anglais, combattit aussi avec gloire dans les rangs de ses compatriotes.

Rien ne manqua dans ce jour à la joie qui remplissait tous les cœurs. Le pavillon blanc reparut pour la première fois sur les murs de Toulon, et fut salué par la victoire. Les couleurs dites nationales, consacrées par la constitution de 1791, avaient été conservées, par égard pour les constitutionnels de la ville et du dehors ; mais elles pouvaient occasionner de funestes méprises, en confondant sur un champ de bataille les soldats de la république avec ceux de la royauté. Elles réveillaient d'ailleurs de tristes souvenirs; et ces souvenirs, que vingt années de triomphes n'ont pu depuis lors effacer, étaient encore trop récents. Le comité général et les sections, pressés de rompre entièrement avec la révolution, avaient décidé que le pavillon blanc serait substitué au pavillon tricolore, et le 1er octobre avait été choisi pour la cérémonie qui eut lieu à cette occasion. A dix heures du matin, le pavillon blanc fut hissé à un mât dressé au milieu de la place d'armes, et flotta au même instant sur les remparts de la ville, sur les forts et les vaisseaux français. Les salves de leur artillerie furent répétées par celle des bâtiments de guerre étrangers, dont la rade était alors couverte. Louis XVII fut de nouveau proclamé roi ; et, tandis que le jeune et infortuné monarque languissait dans les fers, son nom excitait dans nos murs des transports d'amour et d'allégresse. Les acclamations redoublèrent lorsqu'on aperçut le drapeau blanc sur la redoute de Faron. Il y avait été planté par un garde national de Saint-Nazaire, nommé *Granet*. Tout semblait se réunir pour présager la fin prochaine et glorieuse d'un siége commencé sous de si heureux auspices.

Le pavillon blanc reparut aussi sur les mers. Le 4 octobre, le vaisseau le *Scipion* fut envoyé sur les côtes d'Italie avec trois vaisseaux anglais, sous les ordres du contre-amiral *Geel*. Après avoir visité le golfe de la *Spezzia*, cette division était venue mouiller dans la rade de *Livourne*, lorsque, dans les premiers jours de novembre, un incendie violent, et dont la cause est restée inconnue, éclata à bord du *Scipion*. Quatre-vingt-six personnes en furent victimes, et, dans ce nombre, se trouva le brave commandant *Degoy*, qui, sourd à toutes les instances, et n'écoutant que son devoir, avait déclaré qu'il serait le dernier à abandonner son vaisseau. Le reste de l'équipage fut sauvé par les embarcations des vaisseaux anglais et de deux frégates napolitaines qui étaient en ce moment dans le port de Livourne.

Les assiégeants se bornèrent pendant quelque temps encore à incommoder les escadres combinées par le feu de leurs batteries. Lorsque les assiégés parvenaient à les détruire, l'ennemi les rétablissait aussitôt, ou en démasquait de nouvelles, et leur feu continuel exposait les escadres à de nouveaux dangers. L'artillerie de l'armée républicaine était alors commandée par un jeune officier qui avait remplacé le général *Damartin*, blessé dans les gorges d'*Ollioules*. Soldat de la Convention, *Bonaparte* l'aidait à disperser les débris d'un trône qu'il devait relever ensuite pour s'y placer lui-même.

Le 14 octobre, on aperçut de la hauteur de *Malbousquet* beaucoup de mouvements parmi les troupes du général *Cartaux*; ils étaient occasionnés par les réjouissances auxquelles donnait lieu la nouvelle de la prise de Lyon. On crut qu'il projetait une attaque, et une sortie fut aussitôt résolue pour déconcerter les projets qu'on lui supposait. Trois mille hommes prirent position entre les redoutes de *Malbousquet* et de *Saint-Antoine*, derrière la *Rivière-Neuve* ou le *Las*, dont les ponts avaient été précédemment coupés; c'était en quelque sorte la limite qui séparait les deux armées, et l'intention des généraux alliés n'était pas de la franchir. Un détachement de cent hommes eut ordre cependant de s'approcher de la hauteur des *Arènes* pour observer les mouvements de l'ennemi; il devait revenir sur ses pas en cas d'attaque. Au lieu d'obéir aux instructions qu'il avait reçues, il engagea une fusillade avec les avant-postes républicains; il fallut le soutenir; et l'ennemi, qui était aussitôt accouru, fut poussé jusqu'au camp qu'il avait au pied de l'*Escaillon*. Cette sortie n'avait pas eu de but bien déterminé : les alliés, satisfaits du succès qu'ils venaient d'obtenir, rentrèrent dans la ville.

Depuis l'attaque de *Faron*, le corps d'armée de l'est semblait réduit à une inaction complète. Le général *Lapoype* résolut cependant de s'emparer du *Cap-Brun*, d'où il pourrait inquiéter le fort *Lamalgue* et les vaisseaux qui entraient dans la rade ou qui en sortaient. Deux cents hommes étaient occupés à se fortifier dans ce poste. Attaqués le 15 octobre par deux mille républicains, il les repoussèrent. L'ennemi revint à la charge avec du canon et des renforts, et contraignit cette poignée de soldats à se retirer dans le fort *Lamalgue*. Ils avaient résisté assez longtemps pour donner au gouverneur de Toulon le temps de les secourir : il n'en fit rien, et ce ne fut que lorsque le général *Lapoype* eut pris possession du *Cap-Brun* qu'on sentit la nécessité de l'en éloigner. Une colonne sortie du fort *Lamalgue* marcha droit vers ce cap, tandis que deux autres colonnes parties de Toulon se dirigeaient, l'une vers *La Valette*, et l'autre sur les hauteurs du *Thouar*. Le général *Lapoype*, se voyant dépassé dans ses flancs, et craignant d'être coupé, abandonna la position dont il venait de se rendre maître : et rentra dans le village de *La Garde :* ne s'y croyant pas encore en sûreté, il l'évacua pendant la nuit. Les alliés auraient pu camper sur le terrain pour attaquer l'ennemi dès le lendemain à la pointe du jour; ils auraient pu profiter de l'ardeur dont les troupes étaient animées, pour tomber brusquement, et de tout côté, sur l'ennemi consterné. Les Anglais en décidèrent autrement. Le siége eût été trop tôt fini; cette journée eût eu de trop heureuses conséquences : ils avaient résolu de rester enfermés dans les murs de la ville.

Les soldats, qui, dans la matinée, avaient si vaillamment défendu le *Cap-Brun*, appartenaient au régiment de *Royal-Louis*, qui avait été composé d'hommes éprouvés. La perte qu'il essuya dans cette journée fut considérable. Des volontaires se présentèrent aussitôt pour remplir les vides que la mort venait de faire dans les rangs de ces braves. Il eût été facile aux alliés de lever plusieurs bataillons semblables; mais ils prétendirent qu'il y avait dans Toulon des hommes suspects dont il fallait se méfier; et ce ne fut que dans le mois de novembre que les Espagnol s'occupèrent à organiser un second régiment qu'il prirent à leur solde, et qui porta le nom de *Royal-Provence*. Après avoir rendu hommage à la bravoure et au dévoûment des soldats de la garnison, pourrions-nous, sans injustice oublier de faire mention d'un corps d'élite organisé immédiatement après l'entrée des armées coalisées, sous le nom de *compagnie de guides à cheval?* L'officier qui la commandait, M. Hyacinthe *Panon*, unissait beaucoup de sang-froid à une rare intrépidité. Les jeunes Français qu'il avait sous ses ordres marchaient toujours à la tête des colonnes, et donnaient aux étrangers l'exemple du courage. Vingt-cinq hommes seulement composaient cette compagnie; mais ils semblaient se multiplier pour se trouver partout où le péril les appelait.

A la fin d'octobre, le général *Doppet* remplaça *Cartaux* dans le commandement de l'armée républicaine. Les succès que ce dernier avait obtenus contre les Marseillais lui avaient valu d'abord les faveurs de la Convention; mais son incapacité fut bientôt reconnue, et *Doppet* quitta l'armée des Alpes pour prendre sa place. Ce choix n'était pas heureux. *Cartaux* avait été peintre, *Doppet* avait été médecin. Il était à peine arrivé sous les murs de Toulon qu'un nouveau décret, en date du 3 novembre, lui donna pour successeur *Dugommier*, nommé général en chef de l'armée d'Italie.

L'ennemi se voyant en état d'agir avec plus de vigueur qu'il n'avait fait jusqu'alors, attaqua, dans la matinée du 9 novembre, le camp de *Balaguier*, mais sans succès. Dans l'après-midi, il feignit de marcher sur *Malbousquet* et *Saint-Antoine*, dans le temps que le général *Lapoype* simulait une attaque contre le *Cap-Brun;* puis tout à coup se porta de nouveau sur *Balaguier*, avec douze à quinze cents hommes, et fut encore une fois contraint de se retirer. Il revint à la charge vers les sept heures du soir, avec deux à trois mille hommes. Le camp menacé venait de recevoir de la ville des troupes fraîches et des munitions. On laissa les républicains s'approcher des retranchements, et, au moment où ils croyaient s'en rendre maîtres, un feu vif de mousqueterie et une décharge à mitraille de l'artillerie les forcèrent à abandonner précipitamment le champ de bataille, qui resta couvert de morts et de blessés.

Vers le milieu du mois de novembre, le chevalier *Gilbert Eliot* et lord *O'Hara* étaient arrivés à Toulon. Ils avaient l'un et l'autre figuré dans les rangs de l'opposition. Nommés commissaires plénipotentiaires de S. M. B., conjointement avec lord *Hood*, ils renouvelèrent, dans un discours adressé à une députation du comité général, l'assurance formelle de la fidélité de leur souverain à remplir les engagements déjà pris avec une ville dont *la possession*, dirent-ils, *présentait à S. M. des objets d'attention bien intéressants, et lui imposait des devoirs bien sacrés.* Ils annoncèrent en même temps qu'ils avaient été chargés de diriger les affaires et les intérêts civils de Toulon et des autres places qui pourraient être occupées en France par les armées britanniques, et de publier une déclaration qui confirmait la promesse faite par l'amiral *Hood* de rendre la ville, ainsi que les forts, les vaisseaux et les munitions qui s'y trouvaient. Mais cette remise ne devait avoir lieu que lorsqu'*un traité de paix aurait stipulé, en faveur de S. M. et de ses alliés, la restitution de toutes les conquêtes que la France aurait faites durant la guerre, avec une juste indemnité des frais et dommages qu'elle aurait occasionnés.* S. M. était disposée à faire tout ce qui dépendrait d'elle pour repousser les attaques qui seraient tentées contre Toulon; elle ne prétendait pas cependant prescrire aux Français la forme de leur gouvernement, mais n'hésitait pas de déclarer que le rétablissement de la monarchie dans la personne de *Louis XVII* lui paraissait le système le plus propre à rendre le bonheur à la France. Enfin, S. M. promettait d'*étendre sa protection et son secours; autant que les circonstances le lui permettraient, à tous ceux qui témoigneraient le désir de concourir à un ouvrage aussi salutaire.*

Cette déclaration fut rendue publique le 20 novembre. Les Toulonnais y avaient cherché avidement de nouveaux motifs d'espérance; ils n'y trouvèrent que de justes sujets de crainte. Ces terribles mots: *autant que les circonstances le permettront*, ne cessèrent dès-lors de retentir à leurs oreilles, et commencèrent à dissiper les trop flatteuses illusions qui leur avaient caché jusqu'à ce jour tout ce que leur situation avait d'affreux.

Les alliés s'aperçurent bientôt d'un mécontentement que les habitants ne cherchaient pas à dissimuler. Pour faire renaître la confiance, les amiraux *Hood* et *Langara*, qui, jusqu'à ce jour, étaient restés à bord de leurs vaisseaux d'où ils descendaient rarement à terre, prirent un logement en ville. Mais la loyauté des Anglais allait être mise à une nouvelle épreuve.

Le comité de surveillance, dans une adresse en date du

13 novembre, avait invité les sections à achever leur ouvrage, en renonçant elles-mêmes à l'exercice de la souveraineté, et en cessant de vivre sous une forme de gouvernement purement démocratique. Après avoir énuméré en peu de mots les inconvénients de ce régime, incompatible avec le bon ordre et la sûreté publique, il exhortait les citoyens à ne pas différer plus longtemps d'appeler au milieu d'eux les princes frères de Louis XVI.

Les sections et le comité-général avaient accueilli avec enthousiasme la proposition du comité de surveillance, et décidé que *Monsieur, comte de Provence*, nommé régent pendant la minorité et la captivité de *Louis XVII, Mgr. le comte d'Artois* et les autres princes français seraient invités à se rendre à Toulon. On savait qu'après avoir reçu la nouvelle de l'occupation de cette ville par les troupes alliées, S. A. R. le prince-régent avait quitté l'Allemagne, et s'était avancé jusqu'à Turin. On fit en conséquence toutes les dispositions convenables à bord du vaisseau le *Commerce de Marseille*, qui fut décoré avec une magnificence vraiment royale. M. de Trogoff devait le monter, et le conduire à Gênes. Déjà on avait nommé une garde d'honneur, et désigné les commissaires chargés de porter aux pieds du prince les hommages et les vœux des habitants; mais il fallait l'autorisation de l'amiral espagnol et des plénipotentiaires anglais. Le 23 novembre, les députés des sections se rendirent auprès de l'amiral *Langara*. Touché des sentiments qu'ils exprimaient, il répond qu'il a instruit son souverain de la délibération prise relativement à la régence du royaume; qu'il ne doute pas que S. M. n'y applaudisse, et qu'ils ne devaient pas tarder de donner à *Monsieur* ce nouveau témoignage de leur amour et de leur dévoûment. Les commissaires anglais avaient d'autres vues. « Ils partageaient, dirent-ils, le respect et la vé-

« nération des Tolonnais pour le prince dont la présence
« était l'objet de leurs vœux; mais des considérations poli-
« tiques s'opposaient à leur accomplissement. La régence de
« la France intéressait l'Europe entière, et une question aussi
« importante, et qui embrassait les relations politiques les
« plus importantes et les plus compliquées, ne pouvait être
« traitée par une seule ville, isolée pour le moment du reste
« de la France, et ayant des relations récentes et sacrées avec
« une autre puissance. Tout ce que les ministres du roi de
« la Grande-Bretagne pouvaient faire dans cette circons-
« tance pour seconder le zèle louable des habitants de Tou-
« lon, était de soumettre sans délai cette matière intéres-
« sante à la sagesse et aux lumières de S. M., et d'attendre
« ses ordres. Jusqu'alors ils ne pouvaient consentir à la pro-
« position qui leur était faite d'appeler *Monsieur, comte de
« Provence*, à Toulon, pour y exercer les fonctions de ré-
« gent, parce que ce serait destituer S. M. B., avant l'époque
« stipulée, de l'autorité qui lui avait été dernièrement confiée.
« Cependant ils ne s'opposaient pas au désir que témoignaient
« les habitants de porter leurs hommages aux pieds de ce
« prince, et de lui exprimer les vœux que devaient inspirer
« ses vertus personnelles, ou que pouvaient réclamer les
« droits de sa naissance. »

Les Toulonnais n'étaient pas encore revenus de l'étonnement et de l'indignation que leur avait causé cette réponse,
lorsqu'un événement non moins extraordinaire et tout aussi
inattendu vint redoubler leurs alarmes. Le général anglais,
David Dundas, avait pris le commandement des troupes à
la place de lord *Mulgrave*, qui s'était concilié l'estime générale par ses talents et sa bravoure. Lord *Goodhall*, gouverneur de la ville, avait été remplacé par lord *O'Hara*. Depuis
l'arrivée de ce dernier, on remarquait la plus grande activité

dans les travaux qui s'exécutaient sur tous les points. On avait ajouté de nouveaux moyens de défense à ceux qui existaient déjà à *Malbousquet :* on avait perfectionné le camp retranché de *Balaguier*, et augmenté le nombre des batteries ; on achevait de fortifier le *Cap-Brun ;* un camp de Napolitains avait été établi auprès de la redoute de *Saint-Antoine ;* un autre, de troupes espagnoles, couvrait la pente qui conduit de la redoute de *Malbousquet* à la mer ; tous les postes avaient été renforcés. Les ennemis, qui, de leur côté, redoublaient d'activité, avaient démasqué, le 29 novembre, sur la hauteur des *Arènes*, une batterie dont le feu continuel inquiétait beaucoup la garnison de *Malbousquet.* Une sortie fut résolue pour la détruire. Le 30, à trois heures du matin, trois mille hommes, divisés en deux colonnes, passèrent le *Las* sous le fort *Saint-Antoine.* La colonne de gauche, composée en grande partie de Français et d'Anglais, marche droit à la batterie, et surprend les républicains, qui sont obligés de l'abandonner avec précipitation. Mais les alliés avaient négligé de se faire suivre par des officiers d'artillerie, et d'apporter les clous nécessaires pour mettre les canons de l'ennemi hors de service. Il fallut en envoyer chercher, ce qui occasionna une perte de temps considérable. A la tête de l'autre colonne, lord *O'Hara* attaqua les différents postes qui occupaient le vallon de *Piétuyas*, sous les ordres du général *Garnier*, tandis qu'un détachement se porte au centre de l'armée, qui était commandé par le général *Mouret*, et fait mine de s'emparer de la route d'*Ollioules.* Le danger était pressant. Le général *Garnier* avait été abandonné de ses troupes ; tous les chefs accoururent ; *Dugommier* parvient à rallier les régiments qui se présentent à lui, et à les ranimer par une courte harangue. Bientôt le combat change de face. Les officiers qui entourent lord *O'Hara* lui montrent le danger auquel il s'expose, en voulant lutter plus longtemps contre toutes les forces de l'ennemi; ils le conjurent de donner le signal de la retraite; mais il est sourd à leurs instances. Sa colonne, entourée, pressée de toutes parts, est mise en déroute. Les vainqueurs reprennent la position des *Arènes*, poursuivent les fuyards et marchent sur *Malbousquet*. Les uns l'attaquent de front, tandis que les autres cherchent à le tourner. Le feu des batteries arrêta leur impétuosité, et les contraignit de renoncer à leur entreprise. La perte des républicains, dans cette journée, fut considérable ; celle des alliés le fut bien plus encore ; le seul régiment de Royal-Louis perdit cent hommes et deux officiers. Le général *Dugommier* avait reçu deux blessures au bras. Lord *O'Hara*, blessé également, était tombé au pouvoir de l'ennemi.

Dans toute autre circonstance, l'échec qu'on venait d'essuyer eût fait peu d'impression sur les habitants; ils en auraient accusé l'imprudence ou l'impéritie du général anglais, et n'auraient pas cru qu'une perte facilement réparée pût avoir aucune influence sur la destinée de leur patrie : mais depuis quelque temps ils portaient sur tout ce qui se passait autour d'eux des regards inquiets et soupçonneux. Dans la soirée du 3o, un parlementaire était venu annoncer la prise de lord *O'Hara*, et demander, au nom de ce général, qu'on lui envoyât son chirurgien. Après plusieurs messages à bord de l'amiral *Hood*, le parlementaire retourna dans le camp ennemi. Il fut suivi d'un second, et puis de plusieurs autres. Les Anglais assuraient qu'il était question d'un échange de prisonniers. Peu de jours après, un cabriolet couvert fut conduit sur le chemin d'Ollioles, pour recevoir deux des commissaires conventionnels qui se trouvaient auprès du général *Dugommier*. On ignore leur nom; quelques personnes cependant assurent avoir reconnu *Robespierre jeune*. Ils entrèrent dans la ville; et, après un long entretien avec le nouveau gouverneur, le général *Dundas*, ils obtinrent la permission de visiter leur collègue *Beauvais* détenu au fort Lamalgue. *Pierre Baille* n'existait plus : il s'était donné la mort dans les premiers jours de septembre. Les habitants ne concevaient pas qu'un échange de prisonniers pût nécessiter de si fréquents messages, et encore moins la venue de deux représentants. La prise du général *O'Hara* donnait lieu surtout à mille conjectures. N'était-il pas étonnant qu'un gouverneur de place eut été fait prisonnier dans une sortie? Un autre que lui n'était-il pas chargé du commandement des troupes? N'avait-il pas tout le temps de rentrer dans la ville, après avoir rempli l'objet qu'il s'était d'abord proposé? Un événement aussi étrange n'avait-il pas quelque motif secret? Ne pouvait-on pas supposer que les Anglais, renonçant à l'espoir de conserver Toulon, et n'osant, par un reste de pudeur, envoyer des députés dans le camp des républicains, avaient imaginé cet heureux expédient pour traiter avec eux? Voilà ce que pensaient quelque hommes auxquels les promesses des Anglais avaient toujours paru suspectes; d'autres, qui se prétendaient mieux instruits, repoussaient ces idées; et ne voyaient dans la conduite du général *O'Hara* que l'effet de sa prudence accoutumée. Pour se soustraire au hasard des combats, disaient-ils, il se constitue ainsi prisonnier au commencement de chaque guerre, bien sûr d'arriver avec le temps aux distinctions qui s'acquièrent par les années de service.

Ce qui se passait dans la ville n'était pas propre à rassurer les esprits. On avait remarqué depuis longtemps la mésintelligence qui régnait parmi les alliés. Les Anglais affectaient une suprématie qui humiliait les autres nations. Sous prétexte que les Toulonnais avaient d'abord traité avec eux, ils prétendaient avoir seuls le droit de diriger toutes les opérations. L'orgueil national et des intérêts différents suscitaient chaque jour de nouvelles rixes. Les Espagnols se plaignaient du peu d'activité des Anglais, et de l'insuffisance des moyens employés jusqu'alors. Les Anglais, à leur tour, se plaignaient de n'être pas secondés ; ils accusaient la lenteur du comité général, et prétendaient que la diversité des nations et des langues opposaient des obstacles continuels à l'exécution des plans les mieux combinés. Il paraît certain, en outre, que les républicains avaient des partisans parmi les officiers anglais, qui témoignaient hautement leur mécontentement de ce qu'on les envoyait combattre des hommes armés, disaient-ils, pour la défense de leurs droits.

Les habitants eux-mêmes n'était pas plus d'accord entre eux que les alliés. Les opinions, qui avaient paru quelque temps réunies, s'étaient divisées de nouveau. Les uns voulaient, comme nous l'avons vu, qu'on abolît tout ce qui rappelait le régime républicain, et qu'on fermât les sections ; les autres soutenaient qu'elles avaient sauvé la ville une fois, et qu'elles pouvaient la sauver encore. Les Anglais se rangèrent de l'avis des premiers, et, sous prétexte d'assurer la tranquillité publique, défendirent aux citoyens de s'assembler et de délibérer. Sans se mettre en peine de l'engagement solennel qui garantissait aux chefs civils et militaires le libre exercice de leurs fonctions, ils les réduisirent à n'être plus que les instruments passifs de leurs propres volontés. Non contents d'avoir su rendre inutiles le zèle et le courage de la garde nationale, ils la désarmèrent, alléguant que ces armes étaient nécessaires aux combattants, et laissèrent seulement dans les postes intérieurs un nombre de fusils égal à celui des citoyens commandés pour monter la garde ou faire des patrouilles. Dans les premiers jours du siége, ils avaient consulté les officiers du génie français ; mais ils craignirent ensuite de trouver en eux des surveillants importuns, et les reléguèrent dans des postes éloignés, et occupés par des troupes espagnoles.

Les déserteurs s'accordaient à annoncer pour le 15 décembre une attaque générale, dont le succès était regardé comme infaillible. On écrivait de Marseille qu'avant les fêtes de Noël, Toulon serait au pouvoir de ses ennemis; les gardes avancées de l'armée républicaine le disaient aussi, et les jacobins de la ville ne se mettaient pas en peine de dissimuler leur joie. Mais comment croire à ces sinistres présages, lorsque la position des assiégeants était encore la même qu'aux premiers jours de septembre, lorsqu'ils n'avaient pu gagner un seul pouce de terrain, lorsqu'ils n'avaient pas ouvert une seule tranchée, lorsqu'enfin, malgré des attaques réitérées et des succès momentanés, il n'avaient pu rester maîtres d'un seul des postes fortifiés qui défendent les approches de la place?

Le 25 novembre, un conseil de guerre, composé de tous les généraux de l'armée républicaine s'était assemblé en présence des commissaires de la Convention : on y avait appelé le chef de l'artillerie *Bonaparte*, et le chef du génie *Marescot*. *Dugommier*, qui n'avait que vingt à vingt-cinq mille hommes en état de combattre, tandis que les troupes alliées s'élevaient à dix-sept mille hommes, sans compter la garnison des vaisseaux, déclara qu'il n'était pas possible, avec de si faibles moyens, de s'arrêter au projet d'un siège en règle, et que la voie la plus prompte et la plus sûre de soumettre la ville, était d'obliger les escadres réunies de s'éloigner de la rade. La garnison se trouvant ainsi privée des ressources qu'elle tirait de la mer, ne tarderait pas à se rendre; il était même très probable que les Anglais n'attendraient pas ce moment, et renonceraient à l'espoir de conserver Toulon, dès qu'ils ne verraient plus de sûreté pour leurs vaisseaux. Il communiqua ensuite au conseil un plan d'attaque qu'il avait conçu lui-même, et un autre qui lui avait été envoyé par le comité du saiut public. Ces deux plans différaient peu. D'un avis unanime, il fut décidé qu'on attaquerait le plus tôt possible la montagne de *Faron* et la redoute anglaise placée entre *Balaguier* et *Eguillette*, d'où l'on pouvait battre la grande et la petite rade, et incendier les vaisseaux en tirant sur eux à boulets rouges. Les assiégeants appelaient cette redoute le *petit Gibraltar* à causes des retranchements qui l'entouraient, et lui donnaient quelque ressemblance avec l'imprenable citadelle que les Anglais possèdent sur les côtes d'Espagne. Les assiégés la désignaient indistinctement par les noms de *grand Camp*, de *fort Caire* et de *fort Mulgrave*. Elle était protégée par une double enceinte, flanquée par deux autres redoutes, et défendue par deux mille hommes et un camp retranché. Toutes ces fortifications étaient garnies d'une nombreuse artillerie qu'on avait tirée des vaisseaux français désarmés. L'ennemi qui avait aussi à sa disposition une artillerie formidable qu'il avait fait venir de fort loin, malgré les obstacle des lieux et de la saison, établit de nouvelles batteries destinées à briser les épaulements, rompre les palissades, et faciliter ainsi l'attaque qu'il méditait. Le chef du génie proposa en même temps de fermer par une ligne de circonvallation les gorges qui s'étendent entre les hauteurs de *Piétayas*, des *Arènes*, des *Gaux* et de la *Goubran*; mais cette mesure, dictée par la prudence, ne put être exécutée qu'imparfaitement. Le 14 décembre, *Dugommier*, accompagné de quelques officiers généraux, alla reconnaître la redoute anglaise, et résolut de la faire attaquer par deux colonnes, dont l'une, celle de droite, s'avancerait sur le front de la redoute, tandis que l'autre se dirigerait le long du rivage et escaladerait la sommité retranchée qui domine le fort de l'*Eguillette*. Par ce moyen, on coupait la double communication de la redoute avec le camp et la mer, et on rendait inutile le feu des redoutes intermédiaires. Le même jour, les républicains commencèrent un feu très vif de canon et de mortier, qu'ils continuèrent nuit et jour sans interruption le 15 et le 16 : ils tiraient en même temps sur le camp de *Saint-Elme* et sur *Malbousquet*. Dans la soirée du 16, la pluie tombait par torrents, mais elle n'arrêta pas les dispositions des généraux. Les divisions *Garnier* et *Mouret* eurent ordre de se tenir sous les armes, afin d'empêcher toute diversion qu'on pourrait tenter de ce côté. Le reste de l'armée s'ébranla, et se réunit au village de *La Seyne*. Les soldats étaient impatients d'en venir aux mains, et cette ardeur fut regardée comme un présage certain du succès. Le 17, à une heure du matin, le signal est donné ; mais, par une de ces méprises ordinaires à la guerre, les deux colonnes, commandées par les généraux *Laborde* et *Victor*, au lieu de se séparer, se portent ensemble sur la redoute anglaise, et gravissent à l'envi l'une de l'autre la hauteur escarpée sur laquelle elle était assise. Pendant près de deux heures, ce fut un volcan inaccessible. « Notre marche, dit le chef de « bataillon *Marescot*, fut ralentie, mais non arrêtée par les « difficultés sans nombre répandues sur nos pas, et par le « feu violent de canon et de mousqueterie ; les chevaux de « frise, les abattis franchis, le feu des canons éteint, le pa- « rapet escaladé, des traverses multipliées, qui faisaient l'effet « d'une seconde enceinte inattendue, arrêtent nos efforts : « le feu meurtrier qui en part nous oblige à ressortir par les « embrasures par lesquelles nous étions entrés. Nous ren- « trons et nous ressortons encore. Enfin, un troisième et « dernier élan fixe la victoire, et la formidable redoute « reste en notre pouvoir. »

Les représentants *Salicetti*, *Ricord*, *Robespierre jeune* et *Fréron* étaient sur le champ de bataille, excitant par leurs discours le courage des soldats. *Dugommier* combattait à la tête des colonnes. On rapporte qu'au moment où elles avaient été repoussées pour la seconde fois, il s'était écrié : *Je suis perdu*, songeant sans doute au sort que la Convention réservait aux généraux malheureux ; mais il était digne de vaincre, et surtout de servir une cause meilleure.

Les troupes alliées, réduites de plus d'un tiers, s'étaient repliées sur les hauteurs de l'*Eguillette* et de *Balaguier*. Lorsque le jour parut, elle simulèrent une attaque soutenue par le feu du vaisseau français *le Pompée*, et se retirèrent ensuite, laissant le promontoire au pouvoir des républicains.

Pendant que *Dugommier* était vainqueur à l'ouest ; le général *Lapoype* feignait de se porter sur le *Cap-Brun*, rassemblait la plus grande partie de ses troupes au château de *Bodouvin*, et marchait à l'attaque de *Faron*. Une colonne, commandée par ce général en personne, se dirigea vers la redoute, et fut repoussée malgré des prodiges de valeur. La seconde, suivie d'une compagnie de pionniers et de six cents travailleurs, attaqua le *Pas-de-Leydet* et s'en rendit maîtresse. La troisième partit du *Revest*, et gravit la montagne, sans être arrêtée par des obstacles qui paraissaient insurmontables. Ces deux dernières colonnes réunies marchèrent à l'attaque de la croix de *Faran*. Le feu qui en partit rendit d'abord toute tentative inutile ; mais un chemin frayé avec une inconcevable rapidité, des canons hissés à travers les rochers et les précipices, intimidèrent les troupes alliées. Les Français, ayant pris possession de la redoute, y restèrent immobiles, et semblèrent attendre le moment où le fort serait évacué.

Dans la matinée du 17, on ignorait encore dans la ville ce qui venait de se passer ; on formait seulement diverses conjectures sur le bruit lointain du canon qui s'était fait entendre pendant la nuit. Mais la vérité ne tarda pas à être connue, lorsqu'on vit débarquer sur le quai les débris de la garnison du fort *Caire*. On accourt, on s'interroge sur les causes qui ont pu amener un événement si funeste, et sur les conséquences qu'on doit en attendre. La consternation est peinte sur tous les visages.

Chassés de *Balaguier*, les Anglais songèrent à s'éloigner de Toulon, comme *Dugommier* l'avait prévu. Ils assemblèrent cependant un conseil de guerre. Le général *Gravina* s'y trouvait. Lorsqu'on était venu annoncer à ce brave officier que les ennemis étaient maîtres du promontoire, il avait répondu : *ils l'ont pris, il faut le reprendre*. Il fit entendre le même langage dans le conseil. Quelque forte que fût la position dont les républicains venaient de s'emparer, on pouvait les forcer à l'abandonner. Ne pouvait-on pas aussi, comme au 1er octobre, les culbuter des hauteurs de *Faron?* Tous les autres points n'étaient-ils pas intacts et en état de défendre la ville? Les Anglais seuls s'obstinèrent à regarder les derniers succès des assiégeants comme décisifs. Cependant ils firent répandre le bruit qu'ils allaient tout disposer pour opérer un débarquement à *Balaguier*, et ils invitèrent à cet effet les habitants à préparer, au moyen de toiles qu'on leur distribua, des sacs qui devaient être remplis de terre, et transportés pour former de nouveaux retranchements. C'était un moyen grossier dont ils se servaient pour calmer l'agitation des esprits. Il est certain néanmoins qu'un débarquement, soutenu par le feu de plusieurs vaisseaux embossés, aurait pu les rendre de nouveau maîtres d'une position qui, de l'avis du général *Gravina*, n'était pas tenable pour l'ennemi aussi longtemps qu'il n'occuperait pas Toulon même. C'est ce que sembla prouver, en effet, l'empressement avec lequel il mit le feu aux ouvrages qui y avaient été construits. Le commandant du vaisseau *le Puissant*, l'intrépide *Feraud*, demandait qu'on lui adjoignît seulement deux autres vaisseaux, et promettait sur sa tête d'empêcher les républicains de s'y établir. En supposant même que cela fût impossible, les escadres auraient pu du moins mouiller dans la rade des îles d'Hyères; on aurait pu fortifier le cap *Cépet*, et, au moyen d'un petit nombre de vaisseaux et de frégates, maintenir libre l'accès de la rade. N'avait-on pas vu, en 1707, une garnison de quatre mille hommes résister, dans les murs de Toulon, à une armée de soixante mille hommes, commandée par un des plus grands capitaines de son siècle, qui agissait de concert avec une armée navale, et qui était maître de la croix de *Faron*, à une époque où les forts *Sainte-Catherine, d'Artigue* et *Lamalgue* n'existaient pas?

Cependant les Toulonnais ne savaient que penser de tous les mouvements qu'ils voyaient faire autour d'eux. Les Espagnols eux-mêmes et les Napolitains partageaient leur étonnement. Ces généreux étrangers manifestèrent hautement leur indignation, lorsqu'ils surent que, sans avoir conclu de capitulation, sans avoir pris aucune mesure pour assurer la vie et la fortune de tant de malheureux, on voulait les laisser dans l'erreur jusqu'au dernier moment, et livrer ainsi à la merci d'un vainqueur féroce une population que les puissances coalisées avaient pris l'engagement de défendre et de protéger.

L'alarme fut générale, lorsqu'on aperçut le sommet de *Faron* couvert de troupes républicaines. Les habitants et les réfugiés cherchaient avec empressement à connaître le sort qui leur était réservé, craignant toujours cependant d'apprendre ce dont ils cherchaient encore à douter. Les Anglais, pour donner plus de vraisemblance au projet qu'ils avaient annoncé de réconquérir *Balaguier*, faisaient transporter des pics, des pelles, des pioches, et tout ce qui était nécessaire à la construction de nouveaux retranchements; mais c'était en vain. Dans l'après midi, on sut qu'ils faisaient embarquer, dans l'arsenal, leurs équipages et leurs malades. Alors les plus prompts à prendre une détermination songent à s'éloigner d'une ville qui va devenir le tombeau de tous ceux qui l'habitent. Ils rentrent dans leurs maisons; mais, dans le trouble qui les agite, ils ne savent, ni ce qu'ils doivent laisser; ni ce qu'ils doivent emporter. Ils ne s'occupent pas du lieu où ils pourront trouver un asile; il n'en est pas de si sauvage où ils ne se croient pas plus en sûreté que dans leur patrie. Ils arrivent sur le quai. Heureux ceux qui sont reçus dans des embarcations, et portés à bord des bâtiments de guerre français? Les autres affrètent à des prix exorbitants les navires de commerce que le port marchand renferme dans son enceinte.

Néanmoins, des bruits plus rassurants circulent par intervalles; on rougit presque de s'être alarmé si facilement. Quelques-uns de ceux qui étaient sur le point de s'embarquer reviennent sur leurs pas; mais cette lueur d'espoir s'évanouit presque aussitôt, et l'épouvante lui succède. Plusieurs membres du comité général se rendent alors chez le commandant de la place pour savoir ce qu'ils ont à faire dans l'état où se trouve la ville; ils ne peuvent obtenir de lui que des réponses évasives. La foule entoure son hôtel et demande à grands cris qu'on lui donne des armes; il les promet pour le lendemain.

Dans la soirée, les Anglais firent sauter le fort des *Pomets* et la redoute de *Saint-André*. Le retranchement de *Saint-Antoine*, la redoute de ce nom et celle de *Malbousquet* furent évacués, et les troupes qui les gardaient se retirèrent dans le camp de *Sainte-Anne*, et de là dans la ville. Les garnisons des forts *Faron*, *d'Artigues* et *Sainte Catherine* se replièrent successivement sur *Lamalgue* et la *Grosse-Tour*, où elles devaient s'embarquer.

Le tumulte allait croissant dans Toulon. A minuit, le gouverneur fit publier, à la clarté des flambeaux, que les habitants pouvaient rentrer dans leurs maisons, et s'y croire en sûreté; qu'on ne songeait pas à les abandonner, et que les alliés ne les quitteraient jamais sans emmener tous ceux qui voudraient les suivre. En même temps les sentinelles font retirer la multitude rassemblée sur le quai.

Tandis que quelques-uns, rassurés par cette proclamation, obéissent à l'ordre qui vient d'être donné, que d'autres courent dans les églises implorer l'assistance divine, la plupart, toujours en proie à la plus vive anxiété, parcourent les rues, se demandant mutuellement ce qu'ils vont devenir. Les bombes que les républicains lançaient de *Malbousquet*, le canon du fort d'*Artigues*, dirigé contre les maisons voisines de la porte d'Italie, augmentent l'effroi qui glace tous les cœurs. On retourne sur le quai ; on le trouve encombré de malles, de caisses, de ballots et de matelas, sur lesquels sont étendus les malades et les blessés espagnols. L'affluence augmente d'un moment à l'autre. Près de vingt mille individus de tout âge et de tout sexe sont impatients de s'éloigner de ce funeste rivage. Les embarcations ne peuvent suffire. On se pousse, on se heurte, on se dispute les places les plus rapprochées du bord du quai; on rappelle le nocher qui s'éloigne, on le conjure de revenir au plus tôt. Quand le jour parut, on eut la certitude qu'il restait encore des troupes dans la ville, et qu'elle pourrait tenir tout le temps nécessaire pour l'embarquement. Les mouvements s'opérèrent avec plus d'ordre : à la faveur d'un calme qui avait succédé à un vent impétueux, trois cents chaloupes ou canots allaient et venaient, emportant ceux qui s'y jetaient pêle-mêle. La plupart de ces malheureux nourrissaient encore des illusions, et se flattaient que le danger serait bientôt passé, et qu'ils pourraient, après une absence de quelques jours, rentrer dans leurs foyers. Une alerte, causée du côté du Cours, par la chute d'une bombe, fit renaître la confusion; mais elle fut à son comble lorsque, sur les neuf heures, on entendit une décharge de mousqueterie. Des soldats napolitains se dirigeaient de la porte d'Italie vers le quai; ils trouvent sur leurs pas un groupe nombreux de citoyens, et, lui supposant des intentions hostiles, ils veulent le disperser en tirant quelques coups de fusil qui atteignirent deux ou trois personnes. Le bruit se répand aussitôt que les républicains sont dans la ville. Mille voix font entendre le cri : *Voici l'armée ! voici Cartaux* (1)*!* On n'en peut plus douter à la vue du pavillon tricolore hissé tout-à-coup sur le vaisseau amiral du port par un effet de la malveillance ou de la peur. Hommes, femmes, enfants vieillards, remblants d'effroi se confondent et se pressent. Les plus éloignés poussent ceux qui sont devant eux; les plus rapprochés du bord du quai tombent dans la mer. Tous se précipitent dans les embarcations qui se présentent et s'y entassent, sans considérer si elles pourront suffire à leur charge. Ils laissent sur le quai les objets les plus précieux, sans aucun regret, sans aucune prévoyance des besoins à venir. Les matelots effrayés craignent de voir leurs barques submergées, et ne parviennent à s'éloigner qu'après de longs efforts. Les radeaux placés autour de la patache et des vaisseaux qui servaient de casernes, s'enfoncent sous le poids de la multitude qui s'y est entassée. La darse est en un instant couverte de malheureux qui luttent contre la mort. Tous les cœurs sont fermés à la pitié ; on repousse à coups d'aviron et de sabre ceux qui nagent encore, et demandent à être reçus dans les embarcations. L'épouvante s'empare des soldats napolitains qui, rangés le long du rempart de la mâture, attendent qu'on les transporte à bord de leurs vaisseaux, et font feu sur ceux qui sortent du port, pour les contraindre à leur donner passage. Mais comment rstracer dans leur affreuse vérité tant de scènes d'horreur ? Elles ont laissé des souvenirs ineffaçables dans la mémoire de ceux qui en furent les témoins ; ils trouveraient nos récits bien au-dessous de la vérité ; les autres refuseraient d'y croire. Les membres

(1) La plus grande partie des habitants ignorait que l'armée républicaine eût cessé d'être sous les ordres du général Cartaux.

d'une même famille, qui longtemps s'étaient tenus étroitement serrés, sont tout-à-coup séparés; ils se cherchent, mais inutilement. Quelques-uns ne se reverront plus; d'autres ne se rejoindront qu'après plusieurs mois d'incertitudes et d'angoisses. L'époux appelle son épouse; une mère redemande son fils en bas age, et les cris déchirants de la douleur maternelle ne sont pas entendus; une autre infortunée donne prématurément le jour à l'enfant qu'elle portait dans son sein. Il en est qui, désespérés, cherchent la mort dans les flots auxquels tantôt ils demandaient leur salut. Ceux-là s'éloignent de la ville; ils se croient à l'abri de tout danger, lorsqu'atteints par les boulets que font pleuvoir les batteries de la côte, ils disparaissent dans l'abîme qui se referme pour jamais sur eux (1). Mais du moins ceux qui ont échappé aux périls que la fureur des hommes multiplie autour d'eux, trouveront un accueil empressé à bord de ces étrangers auxquels ils avaient donné naguère tous les témoignages de la plus généreuse confiance; non, ils se verront repoussés. Les Anglais joindront même les menaces aux refus, jusqu'à ce que, honteux de leur barbarie à la vue des Espagnols et des Napolitains qui vont au-devant des fugitifs et leur prodiguent à l'envi les soins les plus touchants, ils consentent enfin à leur donner asile(2).

Les Anglais avaient tout disposé pour détruire ce qu'ils ne pouvaient emporter. Tels étaient les adieux qu'ils réservaient au peuple qui les avait salués du nom de libérateurs. Ils n'ont pas voulu laisser à d'autres le soin de les accuser. Nos lecteurs pourront consulter le rapport que sir *Sidney Smith* adressa à l'amiral *Hood*, et dans lequel il lui rendit compte des mesures prises pour assurer le succès de la mis-

(1) Deux chaloupes furent englouties.

(2) On rapporte que l'amiral Langara ne pût s'empêcher de verser des larmes sur les malheurs de Toulon : Pauvres Français, s'écria-t-il, nous sommes venus vous assassiner.

sion qu'il avait reçue, des dangers qu'il eut à braver, du zèle avec lequel il fut secondé par les officiers *Gore*, *Tupper*, *Midleton* et *Paters*, et de sa joie à la vue des flammes qui s'élevaient autour de lui pour dévorer tant de monuments empreints de la grandeur du siècle de Louis XIV.

Rendons encore une fois justice à la loyauté des Espagnols. Chargés d'incendier les vaisseaux qui se trouvaient dans le bassin de la vieille darse, ils s'y refusèrent. *Sidney Smith* en fut instruit : ses fureurs n'avaient pas été épuisées sur l'arsenal et sur les vaisseaux qui lui étaient échus en partage : de nouveaux feux allaient être allumés par ses ordres. Mais ses tentatives furent rendues inutiles par le dévouement des officiers, soldat et ouvriers qui étaient restés dans la ville, et qui réunirent leurs efforts pour conserver à la France les débris de sa marine.

Les dernières troupes anglaises avaient évacué Toulon à huit heures, et étaient sorties par une poterne voisine de la porte d'Italie. Un corps de quatre mille Espagnols, auxquels se joignirent quatre à cinq cents Toulonnais ou réfugiés, devait effectuer sa retraite par la même issue, lorsque l'embarquement aurait cessé (1). Quel fut leur étonnement de la trouver barricadée! Il était onze heures du soir. A coups redoublés de hache et à l'aide du levier, ils parviennent enfin à s'ouvrir un passage, et à sortir d'une ville où leur présence était désormais inutile, et où ils allaient être exposés aux plus grands périls. Ces troupes se réunirent à la

_____

(1) Parmi les Toulonnais qui s'embarquèrent les derniers, il en est qui ne différèrent ainsi de mettre leurs jours en sûreté, que pour préserver un grand nombre de leurs concitoyens de la vengeance des républicains. MM. *Dufau* et *Demore*, au secrétariat général; MM. *Baudœuf* et *Mittre*, au comité général; MM. *Amic* et *Coulomb*, à la municipalité, ne songèrent à fuir qu'après avoir brûlé tous les papiers qui pouvaient compromettre ceux qui étaient restés. MM. *Julien* père et fils, employés à la municipalité, passèrent une partie de la nuit occupés du même soin.

garnison du fort Lamalgue, sur la plage qui est entre la ville et la grosse tour. Le bataillon de *Royal - Louis*, qui s'y trouvait aussi, fut embarqué le dernier. Dans la matinée du 19, les escadres s'éloignèrent, et allèrent mouiller aux îles d'*Hyères*.

A minuit, le feu prit à la frégate l'*Iris*, qui servait de poudrière (1). Elle sauta en l'air avec un fracas épouvantable, et la ville fut ébranlée jusque dans ses fondements. L'arsenal paraissait tout en feu; neuf vaisseaux et trois frégates étaient aussi la proie des flammes qui, réfléchies par l'onde, répandaient au loin une affreuse clarté. Les bombes continuaient à tomber dans la ville, dont les portes étaient toujours fermées. La mort se présentait sous mille aspects divers à la foule éplorée qui remplissait les rues et faisait retentir l'air de cris et de gémissements qui n'étaient interrompus que par le bruit des flammes et les chants que les républicains faisaient entendre au pied des murs. Cependant quelques hommes courageux vont enlever les mèches allumées qui devaient faire sauter les poudrières situées dans l'intérieur de la ville, ou se portent dans l'arsenal pour arrêter les progrès de l'incendie. Quelques-uns courent aux portes, et espèrent, en les ouvrant, désarmer la fureur des soldats impatients d'entrer, et qui se disposaient à escalader les remparts. Un grand nombre d'habitants cherchent alors à sortir de la ville; mais ils sont maltraités et dépouillés de tout ce qu'ils emportent avec eux; quelques-uns même sont fusillés. Déjà les républicains avaient fait subir le même sort aux marins qui, au moment de l'évacuation, s'étaient embarqués dans des chaloupes, et étaient allés se rendre aux avant-postes de l'armée.

(1) Les Espagnols y mirent imprudemment le feu, au lieu de la couler bas, selon l'ordre qu'ils en avaient reçu.

Les forçats, à la faveur du désordre de cette nuit terrible, étaient parvenus à briser leurs chaînes. Réunis aux ouvriers qui travaillaient à se rendre maîtres du feu, ils parvinrent à éteindre l'incendie. Le magasin général et celui de la grande mâture furent seuls la proie des flammes. Quelques instants plus tard, elles se seraient communiquées à la corderie qui était remplie de chanvre, et au magasin aux câbles, ainsi qu'au grand hangard qui renfermait environ quarante mille charges de blé.

L'explosion de la frégate l'*Iris* avait fait craindre aux généraux de l'armée française qu'on ne leur eût tendu quelque piége. Aussi, quoique les portes de la ville fussent ouvertes, ils ne se hâtaient pas d'entrer. Les représentants, qui frémissaient sans doute à la pensée que les Anglais ne leur laisseraient rien à détruire, écrivaient à la Convention : « Notre première lettre sera datée des ruines de Toulon (1). » Ils disaient encore : « Presque tous les habitants se sont « sauvés. Ceux qui sont restés serviront pour appaiser les « mânes de nos braves frères qui ont combattu avec tant « de vaillance (2). » Dans un conseil de guerre qui avait eu lieu la veille, ils avaient été d'avis de les passer au fil de l'épée. *Dugommier*, qui joignait à de grands talents militaires et a une rare bravoure, des sentiments d'humanité plus rares encore, leur avait dit, en montrant du doigt les embarcations qui couvraient la mer et se dirigeaient de la ville vers les escadres : « Voyez-vous ces fugitifs ? Ce sont les traîtres « qui ont livré Toulon : ils se dérobent au châtiment qu'ils « ont mérité. Que restera-t-il dans cette ville coupable ? « des femmes, des enfants, des vieillards, quelques hommes « qui ont partagé l'horreur que nous inspirait la conduite « de leurs concitoyens, et que vous allez immoler injuste-

_____

(1) *Moniteur* du 5 nivôse an 2.
(2) *Idem.*

« ment. » Cet avis prévalut; mais si les conventionnels re-
noncèrent au projet d'exterminer dans un seul jour, et pour
ainsi dire d'un seul coup, les restes de cette population
infortunée, ils savourèrent le plaisir de la détruire en détail.
Un détachement fut envoyé pour sonder le terrain. Des
Allobroges composaient cette formidable avant-garde. Un
morne silence régnait alors dans la ville, et avait succédé
au tumulte des jours précédents. Rassurés sur les progrès
de l'incendie, les habitants étaient rentrés dans leurs demeures, mais ils ne devaient pas y rester longtemps à l'abri
d'un ennemi plus redoutable encore que les flammes qui les
menaçaient quelques instants auparavant. Les Allobroges
parcourent la ville. Les effets précieux qui étaient restés
amoncelés sur le quai, ne suffisent pas à leur avidité. Ils frappent aux portes des maisons, l'effroi les leur ouvre. Ils se
livrent à tous les excès que la victoire autorise.

Dans la matinée du 19, les bataillons républicains commencèrent à entrer. Un grand nombre d'officiers et de
soldats du régiment de la marine s'étaient avancés au-devant
d'eux. Ils venaient de préserver les établissements maritimes d'une ruine totale : ce service récent ne put leur faire
trouver grâce aux yeux des conventionnels. Deux cents furent fusillés aussitôt sur la place d'armes, le long du mur
de la corderie. Ces malheureux, victimes de leur fidélité à
la cause de la monarchie, restèrent sans sépulture sur le
terrain où ils avaient reçu la mort. Ils étaient foulés aux
pieds par les soldats et les chevaux, et écrasés sous les roues
des voitures et des canons qui bientôt encombrèrent toutes
les rues. La rade, naguère si peuplée, était entièrement
déserte, et n'offrait plus que les restes fumants des vaisseaux
incendiés; le port était couvert de débris et de cadavres.
Tel était le spectacle que Toulon présentait aux regards
des vainqueurs.

Le pillage continuait; une soldatesque effrénée, à laquelle se joignirent bientôt tous les malfaiteurs de la ville, et une foule de paysans accourus du dehors, pénétraient dans les maisons, et enlevaient tout ce qu'ils trouvaient à leur convenance. Les habitants les laissaient faire, insensibles à la perte de leur fortune. Néanmoins plusieurs furent frappés et mutilés; d'autres furent égorgés sans pitié. Ni la faiblesse qui essaie, par la prière et les larmes, de détourner le danger, ni l'héroïsme qui le brave, ne pouvaient désarmer ces furieux. On raconte qu'un octogénaire, M. Durand, ancien major de la place, osa paraître avec sa cocarde blanche et sa croix de St.-Louis devant les soldats qui venaient de forcer l'entrée de sa maison. C'est un royaliste! s'écrient-ils aussitôt. Oui, je le suis et je l'ai toujours été, répond le vieillard d'une voix ferme, et mon seul désir est de mourir pour mon Roi. Il dit, et tombe percé de coups.

Les représentants et leurs agents voyaient un riche butin prêt à leur échapper. Ils firent cesser le pillage, en donnant aux soldats l'assurance que les dépouilles des rebelles seraient vendues, et que les sommes qu'on en retirerait leur seraient distribuées. En conséquence, ils prirent quelques jours après un arrêté qui obligeait tous les habitants à porter à la commission municipale un état exact et détaillé de tous les meubles, effets, denrées et marchandises qu'ils possédaient, menaçant de faire traduire devant une commission militaire toute personne qui n'aurait pas fait de déclarations, ou qui en aurait fait d'infidèles. Mais s'ils étaient avides de richesse, ils l'étaient bien plus encore du sang des malheureux Toulonnais.

Dans l'après-midi du 19, une proclamation enjoignit à tous les citoyens, sans distinction, de se rendre sur la place située hors de la porte d'Italie, et connue sous le nom de Champ-de-Mars. Des patrouilles devaient parcourir la ville,

visiter les maisons', et fusiller à l'instant tous ceux qui n'auraient pas obéi à cet ordre. Les Toulonnais interprétèrent
cette mesure selon leurs craintes ou leur espérances : la plupart cependant étaient résignés à la mort. Dans le trajet,
ceux qui essayaient de se détourner étaient poussés avec
violence ou poursuivis à coups de sabre. L'enceinte fatale
était entourée de soldats et d'artillerie. Quelques moments
s'écoulèrent jusqu'à l'arrivée des représentants. Il fut alors
question de faire mitrailler cette multitude par le canon
placé sur le bastion de St.-Bernard. Mais la nuit approchait :
beaucoup de patriotes étaient confondus dans la foule;
l'obscurité eût pu favoriser le désespoir, et le sang des bourreaux se mêler à celui des victimes. On renonça donc à cet
horrible projet. On dit même que *Salicetti*, profitant de l'hé-
sitation de ses collègues, plaida la cause de l'humanité.
Rebelles Toulonnais, rentrez dans vos demeures, dit alors
une voix terrible, c'était celle de *Fréron, et allez-y attendre
que la Convention vous fasse connaître ses volontés*. Le jour
d'après, l'ordre donné la veille fut renouvelé; mais cette
fois des mesures avaient été prises, tout avait été disposé
d'avance. En retournant sur les lieux qu'un si grand nombre
d'entre eux devaient arroser de leur sang, ces malheureux
reçoivent les derniers embrassements de leurs familles éplo-
rées. Quand ils sont rassemblés sur le Champ-de-Mars, les
représentants choisissent un certain nombre de jurés parmi
les prisonniers du *Thémistocle* (1). Aigris par une longue
captivité, furieux de ce que leurs plus implacables ennemis
sont soustraits à leur rage par une prompte fuite, ceux-ci
se font avec joie les juges, disons mieux, les bourreaux de

---

(1) Ce vaisseau fut du nombre de ceux que les Anglais incendièrent ; mais,
placé très-près de terre, il fut facile à tous ceux qui s'y trouvaient renfermés
de se sauver avant que les flammes eussent fait des progrès. Ces prisonniers
reçurent une gratification de 4 à 5 mille francs.

ceux qui sont restés. Coiffés d'un bonnet rouge, et tenant à la main une baguette à l'extrémité de laquelle était un carton sur lequel étaient écrits ces mots : *patriote opprimé*, ils traversent dans tous les sens cette foule muette et tremblante. Ils désignent les coupables au gré de leurs intérêts, de leur haine ou de leur caprice. *Passe de ce côté*, disaient-ils à ceux qu'ils destinaient à la mort. En vain quelques-uns embrassent leurs genoux et essaient de les attendrir, en invoquant les souvenirs de l'enfance, les liens du sang ou d'une ancienne amitié. Moins barbares qu'eux, les soldats favorisent la fuite de plusieurs de ces victimes qui implorent leur pitié. Ceux qui n'ont pas été désignés reçoivent encore une fois l'ordre de rentrer dans la ville. Ils avaient à peine fait quelque pas, que le signal est donné, et la foudre renverse les malheureux qui, au nombre de deux cents, avaient été entassés le long d'un des murs de clôture du Champ-de-Mars. Plusieurs décharges se succèdent. Cependant tous n'avaient pas été mortellement atteints. Alors une voix se fait entendre, et promet, au nom de la république, la grâce de ceux qui vivent encore. Quelques-uns se relèvent, et sont foudroyés de nouveau. D'autres moins confians, imitent l'immobilité des morts jusqu'à ce que, à la faveur des ténèbres, ils puissent s'éloigner de ce champ de carnage et d'horreur.

Ces fusillades en masse furent renouvelées pendant trois jours. *Huit cents* Toulonnais périrent ainsi sans jugement. Quand cette première soif du sang fut appaisée, on créa une commission militaire qui *alla un train épouvantable ;* c'est ainsi que s'exprime *Fréron*, et on doit croire celui qui trouvait qu'à Marseille les grandes mesures avaient été manquées. Riches et pauvres, jeunes et vieux furent frappés. Un vieillard de quatre-vingt-quatorze ans fut porté sur un brancard au lieu du supplice. La réputation d'honnête homme devint, comme celle de royaliste, un titre de proscription. Aucune profession ne fut épargnée : l'ouvrier, le marin, le soldat, le bourgeois, le négociant, le prêtre reçurent la mort indistinctement. Parmi ces victimes, on remarqua le *P. Garnier*, supérieur de l'oratoire ; le *P. Eustache*, de la même congrégation, et l'un des membres les plus éclairés du comité général ; les deux vénérables curés, MM. *Daumas* et *Robert*, et le *P. Honorati*. Ce dernier, accusé d'avoir accompagné à l'échafaud les malheureux qui avaient été condamnés par le tribunal populaire, périt pour avoir adouci par les consolations de la religion les derniers moments de ceux dont on prétendait venger la mort et réhabiliter la mémoire. Rien ne put altérer la sérénité et le courage sans effort de ces hommes évangéliques. Ils n'interrompirent leurs chants pieux que pour adresser des paroles de paix à ceux qui, par des cris féroces, insultaient à leur malheur. Ils moururent en héros chrétiens : une fin glorieuse devait couronner une vie consacrée à l'exercice de toutes les vertus.

N° 4, page 372.

Jugements de la Commission révolutionnaire présidée par Leroy dit Brutus en 1794 à Marseille, conservés en placards au nombre seulement de dix, dans les archives de la Cour royale d'Aix.

1. LIBERTÉ ÉGALITÉ.

Jugement du 4 pluviose.

Jugement rendu en présence du peuple souverain par la Commission militaire.

Au nom de la République Française.

Les membres de la Commission militaire établie à Marseille par arrêté du représentant du peuple du 17 nivose, pour juger définitivement sans appel de jurés et sans recours au tribunal de Cassation, les contre-révolutionaires qui ont conspiré l'année dernière contre l'unité et l'indivisibilité de la République, et ont tenté par des manœuvres aussi perfides que criminelles, de détruire la Convention nationale de France ;

Attendu qu'il résulte des dénonciations, de la vérification des pièces produites contre les prévenus ci-après nommés, ainsi que de leurs propres aveux qu'ils sont coupables d'avoir porté les armes contre la république, ou occupé des postes civils dans des autorités contre-révolutionaires et fédéralistes, dans lesquelles on complotait l'envoi de troupes contre la Convention nationale française ;

Attendu qu'il est prouvé qu'ils ont pris part et signé des délibérations liberticides et qu'ils ont même proposé et arrêté de soudoyer des deniers de la nation des soldats qu'on faisait marcher contre la république et contre ses armées, que d'autres ont fourni de l'argent pour payer les troupes rebelles qui devaient se porter sur divers points de la république pour opérer la désunion et la guerre civile ;

Interrogatoires subis, réponses des accusés entendues,

La Commission militaire, d'après l'opinion prononcée à haute voix par Jean Lefèvre, Jean-François Lespine, Charles Tiberge, François Vauchés, tous membres de la commission, et Brutus président ;

A condamné à la peine de mort les nommés ci-après, tous prévenus et convaincus du crime de contre révolution :

Beau, Joseph, commis du receveur du district.

Boisson, Honoré, bénéficier de la Cathédrale.

Aillaud, Antoine, chirurgien.

Payan, Jean, négociant.

Samatan, Bazile, négociant.

Mégy, Bernard, cuisinier.

Rancurel, Lazare, portefaix.

Blanc, Pascal, chirurgien.

Deidier, Pierre, criblier.

Bonhomme, Pierre, négociant.

Chaulan, François-Sébastien, marchand drapier.

Laury, François, menuisier.

Arbaud, Victor-Alphonse, homme de loi, juge de paix (celui-ci était d'Aix et un des plus fougueux révolutionaires de 1789).

Billard, Hugues, notaire à Pertuis.

Total 14 condamnés, acquittement zéro.

2. *Jugement du 7 pluviose an 2, portant condamnation contre :*

Puech, Louis, maire du Martigues.

Giraud, François, curé de Grans.

Garçonet, Guillaume-François, ci-devant noble de Pélissane.

Girard, Antoine, huissier à Aix.

Maurel, Joseph, de St.-Marcel-lès-Marseille, chef de bataillon des sections.

Martin, Jean-Baptiste, officier municipal à St.-Chamas.

Tassy, Joseph, agent de la contre-révolution.

Martin, Jacques, d'Arles, contre-révolutionaire acharné.

Giraud, Antoine, d'Eguilles, prêchant la contre-révolntion.

Priou, Louis-Gaspard, président de la section 20.

Laugier, Joseph, dit Giboin, aristocrate fieffé.

Baron, Thomas, concierge des prisons à Salon.

Guichard, Joseph-Henri, chef de bataillon à Marseille.

Total 13 condamnés, acquittement zéro.

3. *Jugement du 11 pluviose mettant en liberté 27 individus.*

4. *Jugement du 13 pluviose qui condamne à mort 17 individus.*

Martin, Jean, bouchonier, accusé d'avoir traduit les représentants en prison.

Bonneti, Joseph, prêtre, premier vicaire de l'évêque Roux et président d'une section d'Aix.

Ricord, Charles, parfumeur, commissaire à l'armée départemeutale.

Dorgain, Jean-Joseph, de Tarascon, commissaire de l'armée départementale.

Bourdon, Jean-André, march. d'indiennes, accusé d'avoir porté les armes contre le n° 11.

Remusat, Jean-André, marchand de bas, un des plus chauds contre-révolutionnaires.

Chabaud, Jean-Joseph, capitaine marin, commandant d'une batterie contre le n° 11.

Garcin, Antoine, négociant, ayant donné 50 livres à chaque volontaire de l'armée départementale, grand motioneur, fédéraliste et royaliste.

Ayme, François-Victor, secrétaire greffier du tribunal sectionnaire.

Grégoire, Guillaume, marchand chapelier, dénoncé comme un sectionnaire enragé, il avait 66 ans.

Brunet, Toussaint, capitaine des canoniers, contre le n° 11.

Chastras, Barnabé, teneur de livres, décidé royaliste, ayant demandé qu'on pendît les républicains.

Broquetti, Alexandre, courtier, ayant fait dans sa section la motion d'égorger six cents mille patriotes.

Astrevigne, Agricol, teneur de livres, membre du comité de surveillance de sa section, accusé d'avoir dénoncé, incarcéré des patriotes et fait prononcer contre eux des jugements illégaux.

Rolland, Pierre, négociant, vice-président de section, prêchant l'incendie et l'égorgement du n° 11.

Rebequi, Honoré, président de section.

Bonnery, Pierre, médecin de St.-Remy, aristocrate enragé.

Total 17 condamnés, acquittement zéro.

5. *Jugement du 21 pluviose portant condamnation
à mort de 14 prévenus.*

Carcassonne, Jean-Dominique, sectionnaire fédéraliste, motionaire enragé.

Mouraille, Jean-Baptiste, calfat, membre du comité de surveillance de sa section, espion et motionaire.

Giraud, Joseph, négociant, ayant arrêté des patriotes à la tête d'un corps de cens hommes (*échappé*).

Ponsard, Roch, droguiste, recruteur pour l'armée rebelle, désarmant les patriotes.

Paul, Philippe, motionaire, fédéraliste, etc., etc.

Tautier, Pierre, peintre en tapisserie, commissaire de sa section.

Bonamour, Pierre, agioteur, ayant marché dans l'armée rebelle commandant une force armée pour incarcérer les patriotes, dénonciateur, enragé sectionnaire.

Chabrier, André, d'Eyrargues, administrateur illégal de sa commune, signataire de délibérations tendantes à ne plus reconnaître les décrets de la Convention depuis le 31 mai.

Silvy, Jean-Antoine, d'Aix, secrétaire de sa section, membre du comité.

Pélissier, François-Barthélemy-Casimir, de Grans, ancien conseiller à la cour des comptes, secrétaire de section, ayant donné 200 fr. pour l'armée rebelle, dénonçant les martyrs de la liberté au tribunal sanguinaire de Sans-Nom.

Valliere, Barthélemy, de Grans, président du comité de Grans.

Etienne, François, d'Aubagne, chirurgien membre de la municipalité provisoire, ayant prêté le serment contre la Convention.

Pignatel, Jean-Baptiste, d'Allauch, officier municipal.

Castellet, Maurice, d'Arles, prêtre, ci-devant Augustin, aumônier de l'hôpital, dénonçant la Convention comme un composé de scélérats.

Total 14 condamnés, acquittement zéro.

6. *Jugement du 26 pluviose, 22 condamnations.*

Arquier, Jean-François, de Beaumelle, conseiller au Parlement d'Aix.

Laure, Pierre, négociant, il avait reçu chez lui lors de son séjour à Nice, le curé de St.-Ferréol Olive.

Romieu, Mathieu, inspecteur des douanes à Cette.

Jourdan, Joseph, marchand de vin à Marseille.

Cucurni, Etienne, d'Aubagne.

Renoux, Jean-Baptiste, marchand toillier à Aix.

Bertrand, Barthélemy-François, curé constitutionel des Augustins, prédicateur zelé de la contre-révolution.

Boyer, Guillaume, chapelier.

Etienne, Dominique, agent de change.

Orcel, François, quincailler.

Mathieu, Jacques, négociant.

Baile, Joseph, curé de Meyreuil.

Mocherat, Germain, commis à Aix.

Perret, Jean-Paul, fabr. de bonnets à Aix.

Redortier, Esprit, d'Aix, ancien consul, procureur du pays.

Terris, Jean-Claude, commis au district d'Aix.

Millet, Jn.-Bte., d'Aix, membre du comité général d'Aix.

Giraud, Simon, md. mercier à Aix.

Astoin, Jn.-Bte.-Ant., greffier du tribunal du district d'Aix.

Bouse, Jean-François, espagnol, domicilié à Aix.

Salvator, Jn.-Ant., propriétaire à Aix.

Fabre, Jn.-Bte.-Scipion, négociant à Marseille.

Total 22 condamnés, les condamnations de ce jugement ne sont pas motivées à quelques exceptions près.

7. *Jugement du* 29 *pluviose, acquittement* 17 *accusés dont* 6 *de Marseille.*

8. *Jugement du* 8 *ventose.*

Dageville, Jacques, architecte, âgé de 73 ans, commissaire au tribunal révolutionaire, espion des aristocrates, ayant occupé le fauteuil en absence.

Girard, Jn.-M., emballeur, membre du comité de sa section, commandant un bataillon.

Glandevés (de), Ant.-Jh.-Louis, ci-devant noble, révolutionaire royaliste, ayant fourni des fonds.

Guerin, André, d'Aix, porte-drapeau de l'armée rebelle.

Guilhermy, Léon-Ant., négociant-courtier, contre révolutionaire, royaliste, agioteur et accapareur.

Conte, Etienne, fabr. de bas, secrétaire de sa section.

Charrel, François, auffier, contre-révolutionaire fédéraliste.

Hugues, Joseph, aîné, négociant, âgé de 80 ans, ayant fourni soixante mille francs pour l'armée rebelle.

Gardane, Jn.-Bte., contre-revolutionaire fanatique, royaliste et fédéraliste, ayant prêté le serment contre la Convention.

Sardou, Jn.-Jh., curé de la Trinité, contre-révolutionaire, ayant prêté le même serment.

Cavalier, Jn.-Jh.-Casimir, curé de St.-Thomas, auteur de pétitions liberticides.

Bonnardel, Claude-Jh., âgé de 28 ans, ayant fourni à l'entretien de l'armée rebelle et proposé de faire guillotiner les déserteurs.

Constantin, Michel, juge de paix, ayant prêté le serment liberticide.

Blacas, Paul-Etienne, négociant, membre du comité de sa section.

Arnoux, Marc-Pantaléon, propriétaire, ayant fourni à l'armée rebelle.

Azemar, Gaspard-Honoré, contre-révolutionnaire royaliste avilissant la Convention, ayant porté les armes contre la république.

Bourlion, Ant., fabr. de cartes, électeur provisoire, ayant prêté le serment.

Brest, L., huissier, et en cette qualité ayant prêté le serment.

Blancard, Georges, nég., ayant porté les armes contre la république, contre-révolutionnaire royaliste, auteur de motions liberticides.

Laugier, François, de Graveson, âgé de 27 ans, administrateur provisoire commandant la garde nationale, ayant marché contre la république.

Fontaine, Jacques, de Graveson, administrateur provisoire.

Fontaine, Louis, de Graveson, administrateur provisoire, ayant marché contre la république.

Fontaine, Pierre, de Graveson, contre-révolutionnaire émigré, ayant marché contre la république.

Total 23 condamnés, 20 acquittements, ces derniers tous étrangers à Marseille.

9. *Jugement du 9 ventose.*

Charrier, Jacques, cardeur en soie, contre-révolutionnaire agioteur, âgé de 61 ans.

Collet, Guillaume-César, apothicaire, vice-président de sa section.

Dalmas, François, courtier de change, contre-révolutionnaire, correspondant avec les ennemis de la république, ayant prêté le serment.

Gras, Eustache, portefaix, commissaire de sa section, ayant prêché les vertus de Barbaroux, s'opposant à l'acceptation de la Constitution et menaçant du bâton les patriotes qui la demandaient avec allégresse.

Bourguignon père, Jn.-Honoré, ci-devant noble, négociant, ayant fourni des sommes pour l'armée rebelle.

Bourguignon fils, Marc-Ant., ayant marché dans l'armée rebelle.

D'Antoine, Pascal, capitaine marin, s'étant réuni aux autres marins contre les républicains du n° 11.

Esmenard, Dominique - François, avoué, contre-révolutionnaire, motioneur incendiaire. Il était frère du poète Esmenard.

Fabre, Philibert, md. toilier, auteur d'adresses liberticides.

Ferry, Jean, noble verrier, commissaire de sa section., espion des aristocrates, frapant à toutes les portes le jour du bombardement, menaçant de faire fusiller les paresseux.

Embry, Christophe, architecte, membre du comité général, excitant le peuple à méconnaître la Convention.

Espanet, Jh., nég., contre-révolutionnaire favorisant les mesures du comité général, ayant fait la motion de livrer à la guillotine ceux qui s'opposeraient aux mesures de ce comité.

Gallicy, Honoré, nég., courtier, ayant fait plusieurs motions incendiaires, annonçant à sa section la contre-révolution de Toulon.

Grégoire, Jn., md. toilier, capitaine d'une compagnie contre le n° 11.

Girard, Jn.-Bte., assureur, président du comité secret de sa section, ayant prêté le serment.

Seymandy, Jacques, nég., âgé de 70 ans, contre-révolutionnaire, royaliste, connu depuis 1789 par ses infâmes principes, ayant fourni des sommes pour l'armée rebelle.

Montfort, François, notaire à Aigualière, correspondant avec les généraux rebelles.

Ricord, Esprit-Paul, tonnelier, officier municipal à Marseille.

Francoul, Hip.-Auguste, commis courtier, contre-révolutionaire émigré, aide-de-camp à l'armée rebelle.

Total 20 condamnés, 2 acquittements.

10. *Jugement du 19 ventose, 29 acquittements dont
15 hommes et 14 femmes, aucun Marseillais.*

Total des dix jugements, 123 condamnés, 95 acquittés.
Tous les autres jugements manquent.

———————

*Condamnations à mort du tribunal révolutionaire de Marseille
pendant ses deux sessions en 1793 et 1794, avant et après
la commission de Brutus, Maillet cadet, président; Giraud,
accusateur public.*

Cette liste est très incomplète; on ne la donne que pour
telle, les documents officiels ayant disparu. Les noms des
condamnés sont extraits des recueils généraux imprimés
dans le temps, et ces recueils eux-mêmes sont loin d'être
exacts et complets.

———————

Achard, François, du Martigues, 16 pluviose an 2.

Aignes, d'Arles, 6 germinal, an 2.

Alivon, F., magasinier, 26 ventose an 2, époque de la réha-
bilitation de Maillet.

Allemand fils, 6 octobre 1793.

Allen, frippier, 11 novembre 1793.

Amalric, portefaix, 30 septembre.

Ambleville, Leroy, juge de paix, élu légalement, 2 floréal
an 2.

Angelier, prêtre, 8 novembre 1793.

Arbaud, juge de paix, 4 pluviose an 2.

Artaud, Jh., d'Eguilles, 3 nivose an 2.

Artaud, Elzéard, d'Eguilles, 3 nivose.

Artaud, Jn.-A., officier municipal, 24 octobre 1793.

Aubagne, Gautier, trompette d'Aubagne, 5 floréal an 2.

Aube, de la Ciotat, 28 frimaire.

Aubert, d'Aubagne, 27 ventose an 2.

Aubert, femme Lambert, de Tarascon, 3 floréal an 2.

Aubespry, d'Arles, 1er floréal an 2.

Audiffren, de la Ciotat, 28 frimaire an 2.

Augè, courtier, 22 germinal.

Bagarry, 16 germinal an 2.

Barbarin, de Boulbon, 5 floréal.

Barbesier, d'Aix, notaire, 23 novembre 1793.

Barlatier, d'Istres, 23 novembre.

Barnier, d'Aix, 23 frimaire an 2.

Baron, concierge de la prison à Salon, 7 pluviose. Il avait livré ses patriotes aux gendarmes par ordre du tribunal des sections de Marseille.

Barthélemy, Jh., de St.-Savournin, greffier, 4 nivose an 2.

Barthélemy, Louis, receveur d'enregistrement à Aubagne, 28 ventose an 2.

Baudil, dit Surchon, grand prévot des maréchaussées de Lyon, 6 nivose an 2.

Baudeuf, hydrographe, 8 germinal.

Begue, d'Aix, 30 novembre 1793.

Belmont, soldat, 15 frimaire an 2.

Benoît fils, de Roquevaire, 2 novembre 1793.

Benoît, Jn.-Bte.,   id.

Berard, d'Arles, laboureur, 26 ventose.

Berenger, perruquier d'Allauch, 27 germinal an 2.

Berenger, curé de Peypin, 4 germinal.

Bernard, Pierre, officier municipal, 24 octobre 1793.

Bertet, de Bouc, homme de loi, 28 octobre 1783.

Bertrand, Hyacinthe, homme de loi, 8 germinal an 2.

Bœuf, capitaine des douanes à la Ciotat, 18 frimaire.

Blanc, notaire à Fuveau, 26 frimaire.

Blanc, fermier de Jouques, 21 brumaire.

Blanchard, marchand, 21 germinal.

Boissière, négociant, 28 germinal.

Bonnardel, Venture, avec Richelme, 3 germinal.

Bonnecorse, ex-noble, 17 germinal.

Bonnet, Marius, 8 novembre.

Bontoux, négociant, 15 germinal.

Borelly, président de section à St.-Antoine près d'Aix, 26 ventose.

Bovis, officier de marine, 17 germinal.

Boulle, capitaine marin, 8 nivose an 2.

Boulouvard, officier de marine, 8 germinal.

Bouquier, Lazare, 13 septembre 1793.

Bourdin, du Martigues, 8 germinal.

Bournissac, grand prevôt, 10 nivose.

Bouteiller, maréchal ferrant, 15 frimaire.

Boyer, Paradis, 15 novembre 1793.

Brest, ouvrier confiseur, 26 germinal.

Bunard, cultivateur, 5 décembre 1793.

Bussac, maître de langues, 27 septembre 1793.

Cabrol, Mon-Cousson, 21 germinal.

Cabrol, clerc de procureur, 4 germinal.

Cailhol, membre du comité, 22 novembre 1793.

Caire, cuisinier, 2 floréal an 2.

Callas, instructeur d'artillerie, 20 septembre 1793.

Carle, notaire à Eguilles, 3 nivose.

Carnelly, dentiste, 6 septembre.

Cartier, de Beaucaire, 4 floréal.

Cassarin, boulanger, 2 floréal.

Caudière, du Martigues, 17 germinal.

Cangre, tailleur de pierre, 17 germinal.

Cauvier, chapelier, 3 germinal.

Cauvier, portefaix, 3 germinal.

Caussigny, de Valbelle, 21 germinal.

Chabanier, prêtre de St.-Cannat, 26 ventose.

Chapus, veuve Henrigues de St.-Chamas, 11 novembre.

Chaulan, notaire à Aubagne, 23 ventose.

Chevalier, tambour-major, 24 germinal.

Clapier (Colonge St.-Jean), de Gémenos, 5 germinal.

Cler, de St.-Chamas, 18 germinal.

Conil, du Martigues, 16 nivose.

Constant, de St.-Remy, 2 frimaire.

Corail, Ange, exécuté à Paris, 17 frimaire.

Cosnil, de Berre, 25 frimaire.

Councler, officier municipal, 24 octobre.

Cousinery, Joseph, courtier, 28 germinal.

Darmure, Demouries, 7 frimaire.

Decourt, cultivateur à Eyragues, 27 germinal.

Delaferté, imprimeur, 9 septembre 1793.

Demane, chirurgien d'Aubagne, 5 floréal.

Doulet, commis, 28 ventose.

Doutreleau, d'Arles, 8 frimaire.

Dupay, négociant, 18 septembre.

Duperren, d'Aubagne, 23 germinal.

Dupied, soldat, de Maussane, 15 frimaire.

Dupuget, d'Aix, mousquetaire noir, condamné à Paris, 5 thermidor an 2.

Dupuis, de la Ciotat, marin 28 frimaire.

Emmanuel, commis, 6 nivose an 2.

Estubi, avoué, 8 germinal.

Etienne, dit Blegier, maître de langues, 26 ventose.

Fabre, de la Garde, commis, 7 germinal.

Fabry, instituteur, 24 germinal.

Flayol, dit Printemps, boulanger à Auriol, adjudant général de l'armée du 18 frimaire.

Fossengui, d'Aix, 27 ventose.

Fourrier, de la Ciotat, 28 ventose.

Franchicour, prêtre, 18 brumaire.

Francoul, homme de loi, 16 septembre.

Froment, prêtre d'Auriol, 25 vendémiaire an 2.

Gajan, meûnier d'Aix, 26 ventose.

Gajol, de Salon, 14 brumaire.

Galibardi, doreur, 18 septembre 1793.

Gallissard, de Tarascon, 26 ventose.

Gantel, Guitton, de Mazargues, 8 nivose.

Garnier, maire de Cassis, 16 nivose.

Gasquet, magasinier, 8 floréal.

Gayde, de Velaux, cultivateur, 5 floréal.

Ginoux, avocat, 8 nivose.

Gilles, d'Eyragues, 25 germinal.

Girard, cordonnier, sergent du port, 9 brumaire.

Girard, de Lourmarin, huissier, 20 nivose.

Gouti, d'Allauch, 29 germinal.

Gouirand, maréchal ferrant d'Auriol, 24 frimaire.
Gourret, notaire à Berre, 24 brumaire.
Gouverne, du Martigues, poulailler, 46 nivose.
Grimaud, négociant, 22 germinal.
Gros, organiste de Tarascon, 44 brumaire.
Gros, relieur de Tarascon, 25 nivose.
Guerin d'Aix, cultivateur, 26 ventose.
Gueyraud, concierge de prison, 6 nivose.
Guilhen, de Berre, 23 brumaire.
Guion, marin, 42 nivose.
Hermitte, conseiller au parlement d'Aix, 25 germinal.
Hoffman, marchand, 47 frimaire.
Icard, Jean-François, marchand, 22 germinal.
Imbert, Nicolas, capitaine marin, 47 germinal.
Imberty, procureur syndic des Basses-Alpes, 4ᵉʳ brumaire.
Isnard, ancien banquier, 7 germinal.
Isnard, charcutier, 45 germinal.
Jaudon, commis, 28 germinal.
Jauffret, de Velaux, 26 frimaire.
Jehan, d'Arles, avoué, 6 germinal.
Jougon, d'Aubagne, concierge, 4 germinal.
Jourdan, prêtre d'Aubagne, 26 germinal.
Lagier, cultivateur d'Auriol, 46 germinal.
Lanat, de Berre, 47 novembre 4793.
Lantheric, bourrelier, 24 octobre 4793.
Laurent, gendarme d'Aix, 23 germinal.
Laville, médecin d'Arles, 28 novembre 4793.
Lavit, apothicaire, 24 germinal.
Le Comte, capitaine marin, d'Aubagne, 8 novembre 4793.
Lieutard, fabricant de grenailles, 2 germinal.
Lieutaud aîné, Victor, chef de bataillon, 6 nivose.
Lieutaud, Honoré, horloger, 8 germinal.
Longé, marinier d'Aubagne, 5 floréal.
Magnan fils, marchand de drap, 22 nivose an 2.
Mandine, procureur à Senas, 4 nivose.
Marcou, cultivateur d'Aix, 4 germinal.
Masse, de Roquevaire, 45 germinal.
Matery, cultivateur de Graveson, 4ᵉʳ nivose.

Mathieu (dit Bertrand), écrivain public, 17 nivose.

Mauger (dit Manneville), avocat, 12 nivose.

Morinier, prêtre de St.-Remy, 26 ventose.

Maurin, procureur syndic, 27 novembre 1793.

Maysse, Honoré, 24 germinal an 2.

Meriault, avocat d'Aix, 2 octobre 1793.

Merindol, avocat d'Aix, 27 ventose an 2.

Mignonat, huissier, 30 août 1793.

Meyfredi, juge de paix, 21 septembre 1793.

Molliés, ferblantier, 27 germinal.

Monet, cabaretier de Tarascon, 2 floréal.

Monier, d'Aubagne, 5 floréal.

Monier, de Tarascon, gendarme, 23 germinal.

Monier, d'Istres, 7 frimaire.

Mouret, vitrier, 4 germinal.

Moutte, de Pourrières, chirurgien, 26 ventose.

Nicolas, constructeur de navires, juge populaire, condamné le 28 septembre 1793.

Olivier, d'Eguilles, agriculteur, 11 novembre 1793.

Pascal, de Tarascon, 3 floréal an 2.

Pech, maçon, 24 germinal.

Pena, de Jouques, agriculteur, 16 germinal.

Perrin, d'Aix, notaire, 3 frimaire.

Peyre, guichetier, 6 nivose.

Philibert, du hameau de Château-Gombert, 25 germinal.

Philipié, marchand de bois, 29 germinal.

Pidoux, d'Aix, 8 octobre 1793.

Pinatel, secrétaire du comité, 13 septembre 1793.

Pioche, capitaine d'artillerie, 20 septembre 1793.

Pomme, d'Arles, 6 germinal.

Pont le Roy, de Beaulieu, 22 germinal.

Potet (dit chevalier de Cassis), 10 nivose.

Rabaud, Jacques, négociant, jugé à Paris le 12 floréal an 2.

Raclet, cultivateur à Tarascon, 3 floréal.

Raoux, de Graveson, menuisier, 7 frimaire.

Raoux, de Salon, cordier, 5 frimaire.

Rastègue, d'Aubagne, 5 floréal.

Rastis, de Cassis, officier municipal, 16 nivose.

Reynier, cinquième jour complémentaire, an 2.

Resquier, instituteur, 24 frimaire.

Rey, d'Aix, cultivateur, 12 octobre 1793.

Rey, de Salon, médecin, 4 frimaire.

Reynaud, propriétaire à Aubagne, 5 floréal.

Reynaud, de Tarascon, 23 germinal.

Reynier, liquoriste, 2 germinal.

Ricaud, vicaire général d'Aix, 1er nivose.

Rolland, de Cassis, procureur de la commune, 6 nivose.

Rolland, négociant, condamné à Lyon le 18 pluviose.

Rostand, Honoré, Louvicou, 27 germinal.

Rouard, d'Eguilles, cultivateur, 3 nivose.

Rousselet, tailleur d'habits, général de l'armée départementale, 16 septembre 1793.

Roux, Charles-Benoit, évêque constitutionel, 15 germinal.

Roux, commis, 15 germinal.

Ruelle, gendarme de Salon, 24 germinal.

Sabarthe, tailleur, 2 brumaire.

Saint Etienne, propriétaire d'Eguilles, 4 frimaire.

Salen, d'Eguilles, 18 brumaire.

Sanguin, d'Istres, 7 frimaire.

Sard, avocat, 13 septembre 1793.

Sauvage, perruquier, 2 germinal.

Seigneuret père, ex-noble d'Aubagne, 5 floréal.

Seigneuret fils, 5 floréal.

Seignoret, d'Arles, 14 brumaire.

Senaut, d'Aix, tailleur, 22 germinal.

Sibilot, d'Aix, 27 frimaire.

Spreux, coiffeur et officier municipal, 3 brumaire.

Suzane, faïencier et cartier, 15 germinal.

Tarteiron, Laurent, négociant, 13 nivose.

Tellier, greffier ou juge de paix, 29 messidor.

Tempié, veuve d'Assac, de Tarascon, 3 floréal.

Thomas, lieutenant des douanes, 15 germinal.

Thus, prêtre de Jouques, 26 ventose.

Timon-David, Pierre, 22 germinal.

Tornatory, d'Arles, chapelier, 11 nivose.

Tourel (dit Dalmeran Maillane), commissaire des guerres à Tarascon, 2 germinal.

Tremelat, de Roquevaire, propriétaire, 15 germinal.

Tronc, peseur, 7 brumaire.

Vellin, d'Auriol, propr. et officier municipal, 15 germinal.

Vence, Jean-Baptiste, 12 septembre.

Vian, religieux, 15 germinal.

Villaret, Antoine, 24 germinal.

Villecrose, tonnelier, 6 nivose.

Yvan, propriétaire, 15 germinal.

SECOND VOLUME.

N° 5. *Page 306 et suiv.*

Note communiquée par l'un des membres du Comité Royal provisoire.

1° La défection des régiments de ligne fut une raison pour augmenter le nombre des gardes nationales,

Celle de Marseille, organisée sous l'empire, n'était composée que de deux bataillons.

Au retour de Gap, elle fut formée en deux légions et quatre bataillons chaque, de deux compagnies d'artillerie et d'une compagnie de cavalerie, présentant un effectif de deux mille sept cents hommes.

M. de Borely fut nommé colonel de la première légion, avec le commandement supérieur de toute la garde.

M. le chevalier de Candolle, colonel de la deuxième légion.

2° Monseigneur le duc d'Angoulème, en témoignage de satisfaction de la conduite du bataillon envoyé à Gap, sous les ordres de M. de Borely, lui adresse une croix d'officier de la Légion-d'Honneur et deux de chevalier, pour en disposer à son choix.

M. de Borely réunit une commission composée des officiers et de trois sous-officiers nommés par les volontaires.

Cette commission, composée de trente-neuf personnes, se réunit de suite, et le scrutin désigne :

M. de Borely pour la croix d'officier, MM. Strafforello, capitaine, et Fortuné Fabre, pour les deux croix de chevalier.

La garde applaudit au choix et au mode de désignation qui l'associait à la faveur accordée par le prince.

3° M. de la Tour du Pin, dans un discours adressé à la garde nationale, réunie aux allées de Meilhan, avait fait entrevoir l'espérance fondée du prompt retour des Bourbons.

Sa chaleureuse allocution enflamma tous les cœurs, les résolutions les plus extrêmes pouvaient en être la suite.

Au moment d'être occupée par les troupes impériales, les conséquences pouvaient être fatales à la ville de Marseille ; il fallut rallentir une ardeur, pour le moment inutile, et la réserver pour des temps meilleurs. Cette tâche pénible fut donnée au colonel Borely; ce n'est pas sans peine qu'il parvint à modérer les esprits.

La considération la plus puissante à laquelle se rendirent nos bons concitoyens, fut l'espoir de conserver l'organisation de la garde nationale, seul moyen de protection pour notre ville, dans les mauvais jours prêts à commencer pour nous.

4° Le général Miollis fut le premier commandant supérieur pour l'empereur, avec la pénible mission de réorganiser l'administration.

Le jacobinisme prétendait à une large part dans ces nominations, surtout dans les fonctions municipales, et annonçait hautement l'usage qu'il prétendait en faire.

Le général flottait entre ses principes et la crainte du gouvernement de l'empereur, il était indécis sur des choix difficiles.

Le colonel Borely, profitant de la confiance que M. de Miollis lui accordait, lui fit entrevoir avec franchise tous les dangers auxquels allait être exposée la tranquillité de Marseille et les conséquences funestes dont l'empereur pourrait le rendre responsable.

M. Gras-Salicy fut provisoirement chargé de la préfecture et M. Raymond aîné nommé maire de Marseille.

5° Pendant le peu de temps que le général Grouchy passa à Marseille, les troupes, à l'instigation des jacobins, insultèrent les habitants et particulièrement les femmes de la halle.

Le lendemain, à l'ordre, sur la demande du colonel Borely, les officiers de chasseurs à cheval furent sévèrement réprimandés.

Le général Grouchy, élevé à un grade supérieur dans les guerres de l'empire, était dévoué à Napoléon, qui l'avait comblé de faveurs. Il ne fut jamais jacobin.

6° Le gouvernement impérial établi à Marseille, la garde nationale fut conservée; elle était indispensable au maintien de l'ordre. L'esprit de sagesse qu'elle manifesta la rendait un intermédiaire nécessaire entre l'autorité et la population.

Quelques changements furent faits dans les grades supérieurs. Les huit bataillons réunis en une seule légion. Deux nouveaux majors substitués aux lieutenants-colonels. Quelques chefs de bataillons furent remplacés.

7° Le maintien de la garde nationale fut acheté par un pénible sacrifice: il fallut arborer les couleurs tricolores. Ce ne fut pas sans peine qu'elle se rendit à l'impérieuse nécessité de donner une protection indispensable à la population entière de notre ville.

Une réflexion qui n'est pas hors de propos, c'est que les hommes les plus difficiles à persuader, en 1815, furent ceux qui, quinze ans plus tard, ont arboré le drapeau tricolore avec autant d'empressement que d'enthousiasme.

8° Brune, Verdier, Rœderer, Lecoînte-Puyravau arrivent presque en même temps. L'indécision, l'incapacité des uns, des talents relevés dans un autre, l'opiniâtre raideur du dernier, tout fait présager les plus mauvais jours.

La Providence qui veillait sur l'avenir de Marseille, inspira pour notre préfecture le choix de M. Frochot.

Administrateur éclairé et probe, essentiellement homme de bien, il nous a évité tout le mal qui pouvait venir de son administration, a souvent paralysé celui que pouvaient nous faire ses terribles collaborateurs. Par d'utiles avis, de sages conseils, il nous a fait marcher dans une route difficile, et mis à même de prévenir des mesures fatales à notre tranquillité.

9° Le maréchal Massena conserva toujours de l'amitié pour le colonel Borely, qu'il avait connu à l'armée d'Italie, à son dernier passage à Marseille, il se mit en rapport avec M. Frochot, qui venait d'arriver. Dans un long entretien sur l'esprit des habitants de Marseille. « Borely, lui dit-il, pourra vous le dire plus que moi, malgré que nous soyons loin de partager les mêmes opinions, et qu'il ne cache pas son attachement pour les Bourbons, vous pouvez vous fier à tout ce qu'il vous dira pour le maintien de la tranquillité et donner confiance à la loyauté de son caractère. »

L'estime et l'intimité s'établirent entre deux hommes qui sans marcher à un même but, avaient l'un et l'autre des sentiments d'honneur.

10. Au nombre des autres officiers, employés à Marseille, toute la garde nationale de l'époque a conservé un pénible et honorable souvenir du général Mouton Duvernet. Si

Marseille avait pu le conserver, son caractère conciliant nous aurait évité bien des mesures rigoureuses, et l'on n'aurait pas à gémir sur la fatalité de sa mort.

11. M. Rey, officier supérieur d'artillerie, était commissaire particulier de l'empereur. Quoique fort jeune, il était investi de toute sa confiance, et son opinion avait une grande influence sur les mesures de l'autorité.

D'un caractère effervescent, il nous donna souvent de grands embarras, mais sa franchise toute militaire le fit toujours agir à découvert, et il fut plus facile de modérer ou de prévenir des déterminations contraires aux intérêts de notre ville.

12° La destruction de la garde nationale était le plan suivi par une partie des chefs.

Son attitude remarquable à la revue du maréchal, où elle présenta trois mille hommes sous les armes, et les sages représentations de M. Frochot, firent ajourner une détermination dont il paraît que l'on craignait les conséquences.

Pour satisfaire aux exigences du jacobinisme, la garde fut réduite à sept cents hommes, et le désarmement des volontaires qui né furent pas compris dans le nouveau cadre, exécuté avec toute la brutalité révolutionnaire.

13. Lecointe, n'ayant pu réussir à la destruction de la garde, voulut lui opposer une force prise dans le parti jacobin; il fut résolu en secret d'organiser une fédération.

Prévenue à temps par le préfet, la garde est aussitôt réunie à la Plaine, et un acte fédératif souscrit par tous ses officiers et volontaires.

Ce nouveau sacrifice prévint la mesure la plus funeste. M. Lecointe ne le pardonna jamais au colonel Borely.

14. L'acte additionnel à la constitution fut une nouvelle épreuve. Le colonel Borely, au nom de la garde nationale, refusa positivement d'y souscrire.

Une grande réunion des autorités et de tous les chefs militaires donna à M. Lecointe l'occasion de faire une violente sortie contre M. Borely, et de lui demander compte de sa conduite et de ses intentions.

Le colonel lui répondit avec fermeté et sans cacher ses sentiments. Sa destitution et son arrestation étaient demandées par le commissaire.

Vivement soutenu par tous les officiers militaires dont il avait acquis l'estime et l'amitié, le colonel Borely est maintenu au commandement de la garde par le maréchal Brune, rompant l'assemblée, dans un moment de fermeté.

15. Réduite à sept cents hommes, la garde nationale appelée à un service pénible et fatigant, ne démentit jamais le zèle qu'elle avait voué à ses concitoyens.

Ce fut avec un effectif aussi faible qu'elle se présenta le 25 juin dans une journée où elle dut lutter contre l'agression d'une garnison nombreuse, et offrir tour à tour une puissante protection à la population de la ville et à ses plus acharnés ennemis, qui trouvèrent toujours dans nos généreux volontaires oubli du passé et sûreté pour leurs personnes et leurs propriétés.

16. Le général Verdier, qui commandait en l'absence du maréchal, reçoit par estafette la nouvelle du désastre de Waterloo; il appelle aussitôt le colonel Borely, et lui demande des conseils.

Le départ immédiat de la garnison; la garde de la ville confiée à la garde nationale, était le moyen de prévenir tous les désordres.

Mais Verdier avait eu l'imprudence de laisser transpirer cette importante nouvelle. Il s'opiniâtra à réunir la garnison.

Le colonel Borely assemble la garde nationale pour parer aux éventualités d'une pareille journée.

De nombreuses réunions sur le Cours et la Canebière donnent lieu à des rixes entre la population et la garnison, quelques coups de fusil sont tirés sur des hommes inoffensifs. Des détachements de la garde nationale arrivent; une lutte sanglante allait s'engager, le colonel persuada enfin au général Verdier de faire rentrer les troupes dans leurs quartiers.

Il conserva pour sa sûreté personnelle un imposant détachement à la rue St.-Ferréol.

Au fort St.-Jean, une vive fusillade a lieu entre la garnison et une compagnie de voltigeurs qui ramenait généreusement au fort un détachement de la ligne, oublié à la poudrière du Lazaret.

La conduite honorable du capitaine d'artillerie Bonnet, qui refusa les clés de la poudrière, empêcha de tirer le canon sur la ville.

Le général Verdier, pressé par les circonstances et les vives sollicitations du maire et du colonel Borely, se détermina à partir pour Toulon.

Le commissaire Lecointe s'était réfugié à la préfecture, M. Borely a la générosité de le prendre sous son bras et de protéger sa marche chez le général Verdier.

Il traversa les rangs nombreux de nos braves volontaires, ans essuyer une seule parole de blâme ou de reproche : exemple frappant de l'esprit de notre population.

Verdier part enfin dans la nuit, remettant le commandement militaire au colonel Borely, et nous laisse respirer après une journée des plus orageuses pour notre ville.

17. Le comité royal est formé dans la nuit. Le 26 au matin, il fallut s'occuper d'organiser les différentes branches d'administration.

Les droits de M. de Montgrand à la mairie étaient incontestables, mais M. Raymond se présentait avec des titres justifiés par la fermeté de sa conduite dans les circonstances difficiles.

Le comité laissa M. Raymond à la mairie et confia à M. de Montgrand la préfecture, vacante par l'absence de M. d'Albertas.

Une bande de malfaiteurs se porte dans la campagne, ne dissimulant pas l'intention du pillage.

Le colonel Borely commande des détachements qui se portent vivement au château de M. d'Antoine, à St.-Joseph et à celui de Barras. Le brave capitaine Gimmig y devance les pillards et par sa fermeté empêche toute dévastation.

Il n'en fut pas de même à la maison de campagne de M. Reynier, à St.-Just. L'officier chargé de la protéger n'écouta point les ordres qu'il avait reçus, soit par une faiblesse coupable ou une connivence plus coupable encore.

Il n'arrive qu'après le pillage et la dévastation. M. Reynier, anciennement quartier-maître du régiment de Barrois, avait exercé sous l'empire les pénibles fonctions d'inspecteur aux revues. Ce fut le prétexte des pillards.

18. On s'occupait à réorganiser la garde nationale. Sa faiblesse ne pouvait suffire partout.

Pendant qu'elle était occupée à prévenir les pénibles événements de la campagne, la ville offrait des scènes plus déplorables : des hommes de sang que l'on retrouve toujours dans les réactions, là où l'ordre public est ébranlé, soit par vengeance particulière, ou poussés par des meneurs que l'on n'a pu atteindre, signalaient à la mort les personnes compromises dans les derniers événements.

Le dévouement de quelques faibles détachements harcelés de fatigue, ne pouvait offrir partout une protection nécessaire.

La voix publique signale un homme que l'on n'aurait pas cru devoir trouver dans de pareils rangs. Mandé de suite au comité, M. Romagnac, avec cette fermeté qui lui est naturelle, lui adresse ces sévères paroles :

« Monsieur, la voix publique vous désigne comme le directeur des scènes déplorables qui viennent d'ensanglanter notre ville. Si dans une heure, tout n'est pas rentré dans l'ordre, vous êtes livré à une commission militaire. » Il balbutie quelques mots de défense. Tirant sa montre, M. Romagnac lui réplique : « L'heure est déjà commencée, le temps vous presse; n'oubliez pas que votre tête répond des événements qui peuvent se passer. »

L'homme sort, et la ville retrouve la tranquillité.

La voix publique, dans cette occasion, avait deviné juste.

Il est à remarquer que parmi les hommes vus et arrêtés même dans les attroupements, l'on a retrouvé ceux qui pillèrent les caisses de bienfaisance au cours Gouffé et y assassinèrent un malheureux vieillard, et se signalèrent dans les jours de discorde qui affligèrent Marseille dans les Cents-Jours.

Tristes effets des révolutions où l'on voit toujours les mêmes hommes se porter aux mêmes excès, sous quelle couleur qu'ils puissent se livrer impunément au meurtre et au pillage.

FIN DU SECOND ET DERNIER VOLUME.

TABLE.

FIN DE LA TABLE DU SECOND VOLUME.

CPSIA information can be obtained at www.ICGtesting.com
Printed in the USA
BVOW07s1440160514

353759BV00010B/224/P